国家出版基金项目
NATIONAL PUBLICATION FOUNDATION

"十三五"国家重点图书出版规划项目
教育部人文社会科学重点研究基地重大项目

U0889824

瞿林东◎主编

中国古代史学批评史

第四卷

中国古代史学批评的兴盛

（五代两宋时期）

李　凯　陶晓姗◎著

湖南人民出版社

主编简介

瞿林东，1937 年 12 月生，安徽肥东人。1964 年本科毕业于北京师范大学历史系；1967 年研究生毕业于该系中国史学史专业，师从著名历史学家白寿彝教授。现为北京师范大学资深教授、历史学院博士生导师。全国古籍整理出版规划领导小组成员、教育部社会科学委员会委员兼历史学部召集人、中国历史研究院学术咨询委员会委员。教育部人文社会科学重点研究基地北京师范大学史学理论与史学史研究中心原主任。主要从事历史学的理论与中国史学史研究，出版《唐代史学论稿》《中国古代史学批评纵横》《中国史学史纲》《中国史学的理论遗产》《史学在社会中的位置》等专著、论集；主编《历史文化认同与中国统一多民族国家》（五卷本）、《中国古代历史理论》（三卷本）、“马工程”教材《中国史学史》、《中华大典·历史典·史学理论与史学史分典》（三卷本）等书；发表《中国史学的遗产、传统和当前发展趋势》《论中国马克思主义史学的史学观》《历史学的理论成就与中国史学史研究的发展》《关于当代中国史学话语体系建构的几个问题》等论文、评论四百余篇。2017 年 9 月，北京师范大学出版社出版《瞿林东文集》（十卷本）。

总　目

总　序

◎瞿林东

一、中国古代史学批评史研究的对象

中国古代史学批评史是一个新兴的学科，我们只有在明确了它的研究对象与研究范围之后，才可能对其学术定位作出某种设想或建议。这就要求我们从什么是中国古代史学批评史谈起。

什么是中国古代史学批评史？顾名思义，它是指在中国古代史学上，那些具有批评意识的史学家、思想家、政治家或其他学人，针对史学发展中出现的各种问题而提出自己的看法。这些看法中既包含相同或相近的意见，也存在分歧和异趣，甚至完全相反的观点。对这些意见、分歧、观点进行互相讨论、辩难的史学活动、史学现象，我们称之为史学批评。史学批评既不是“挑眼”，也不是“吹捧”，不论是相同的意见还是不同的意见，均重在“发现”并提出问题；对问题的阐说，则启发时人与后人，或加以发扬，或引以为戒，这就是史学批评的产生及其意义。如此一个个史学批评个案之间的联系，构成了某一时期或某一时代的史学批评史；一个个时代的史学批评史，构成连续不断的中国古代史学批评史。对中国古代史学批评史进行研究，可以揭示批评者与被批评者的异同，可以概括某一时期或某一时代史学批评的特点，并以此探索、揭示中国古代史学批评史发展的全貌及其规律，进而为提炼出理论问题提供依据。

中国古代史学批评史研究的范围，从纵向上看，大致说来，上起春秋时期，下讫清代；从横向上看，它包括史学家、思想家、政治家及各方面学人对史学的批评，其涉及的文献亦不限于史部，经部、子部、集部也在考察范围之内。我们希望在研究中能够发掘一些有关史学批评的新资料和以往较少涉及的知识领域，尤其希望在研究中提出一些新的问题，并对其作出合理的阐述，从而通过集体的努力，使中国古代史学批评史成为一门外延清晰、内涵丰富、特色鲜明的学科。

那么，怎样为中国古代史学批评史作学科定位呢？第一，从宏观领域来看，中国古代史学批评史属于“中国历史”一级学科范围。第二，从研究内容与特点来看，中国古代史学批评史与中国古代史学史关系密切，离开中国古代史学史，中国古代史学批评史就成了无源之水、无本之木，也就无从谈起；同时，史学批评中提出的问题及相关的论述，都可能涉及理论上的分析，而脱离了史学理论的史学批评，就会成为没有思想、没有内涵的材料堆砌。有鉴于此，可以认为，中国古代史学批评史是“史学理论与史学史”这个二级学科之下的一个三级学科。

为了明确中国史学史的研究与撰述同中国史学批评史的研究与撰述之联系及区别，以凸显中国史学批评史的性质和特点，我们有必要对此作进一步的阐述。概括说来，中国史学史研究，是研究中国史学发展的面貌及其规律；中国史学批评史研究，是研究中国史学史上存在于其间的一个最活跃的内部动因即批评与反思，包含批评的意识、批评的思想、批评的理论与方法及各方面成果（思想成果和著述成果）。尽管史学批评史同史学史存在密切的关联，但毕竟是两个不同的研究对象，因而提出问题的方式和视角不同，撰述的主要内容也有所不同。这一联系与区别，是不应模糊的。

具体说来，史学批评史研究不同于史学史研究之处，主要有以下几点：

第一，具有更为广泛的史料来源。这是因为，史学批评不仅十分关注史家群体的史学观点，而且对于非史家群体之史学观点也十分关注，展示出比一般史学史研究更为丰富的内容和史料来源。

第二，是考察认识史学社会影响力的重要根据。史学成果在受众中的种种反映，一方面成为史学批评研究的对象，另一方面也是史学工作者借以进一步认识史学之社会影响力的根据。

第三，促进史学概念内涵的深化和理论的生成、发展。这是因为，史学批评所展开的范围必然涉及一定程度上的“主题重复”，如春秋时期的“良史”与汉唐时期的“良史”以及宋以后的“良史”，自有内在的联系，但其内涵却大大丰富了，史学批评对此作进一步研究，无疑会促进这一领域的理论研究。又如从司马迁论“古今之变”到郑樵论“会通之义”，再到章学诚论“通史家风”，也是如此，等等。

本书题为《中国古代史学批评史》而未以“评论史”命名，也是意在突出研究者提出问题的方式和视角。记得十几年前，有位记者问我：您的《中国古代史学批评纵横》一书，为什么不用“评论”而用“批评”？我一时语塞，觉得很难回答这个问题，说明自己并不很清楚它们之间有何异同，再说我另有一本论集，书名就是《史学与史学评论》。由于《中国古代史学批评纵横》这本小书受到一些同行尤其是中青年朋友的关注，这些年来，研究史学批评的学人逐渐多了起来，似乎用“批评”一词也就习以为常了，因而很少有人再提出这样的问题。但对于我来讲，却没有放下这个问题，总想对此作一点探究。其间，也翻阅了几本从理论上讨论学术批评的书，有中国学者写的，也有外国学者著作的中译本，但它们都是立足于文学批评而展开的，有的还是从解释学的视角对文学批评作阐说的。更重要的是，它们的讨论多是建立在西方学术文化中所谓“原生质”的、“科学”的“批评”与“评论”概念基础上展开的。这对我提高理论上的认识都有不同程度的帮助，但由于学科的不同，特别是由于文化渊源上的差异，难以获得所需要的借鉴。这就促使我从“传统”中去寻求认识问题的路径。

中国古代学人使用“评论”一词说事，当不晚于魏晋之际。

三国魏人王肃所注《孔子家语》中记述叔孙武叔这个人有个缺点，“多称人之过，而己评论之”[①]，因而受到颜回劝告。又《三国志》裴注引王隐《晋书》记：“然天下之至慎，其惟阮嗣宗乎！每与之言，言及玄远，而未曾评论时事，臧否人物，真可谓至慎矣。”[②] 这里说的专就别人之“过”发表评论或一味回避评论，均不可取。与此不同的是，王隐《晋书》还有另外的记载：“刘毅字仲雄，东莱掖人，汉城阳景王后也。亮直清方，见有不善，必评论之，王公大人望风惮之。”[③] 这里说的敢于“评论”是赞扬之意。上举数例所谓“评论”，都是指评论时事，评论人之秉性。此外也有说到评论史书的。如葛洪《抱朴子内篇》记：

> ……而班固以史迁先黄老而后六经，谓迁为谬。夫迁之洽闻，旁综幽隐，沙汰事物之臧否，核实古人之邪正。其评论也，实原本于自然，其褒贬也，皆准的乎至理。不虚美，不隐恶，不雷同以偶俗。刘向命世通人，谓为实录；而班固之所论，未可据也。[④]

这里说的“评论”，即是关于司马迁及其所著《史记》的评

---

① 王肃注：《孔子家语》，王国轩、王秀梅译注本，中华书局 2011 年版，第 240 页。

② 陈寿：《三国志》卷一八《魏书·李通传》裴注引王隐《晋书》，中华书局 1959 年版，第 536 页。又见刘义庆：《世说新语·德行》，刘孝标注引，杨勇《世说新语校笺》本，中华书局 2006 年版，第 16 页。

③ 刘义庆：《世说新语·德行》，刘孝标注引，杨勇《世说新语校笺》本，中华书局 2006 年版，第 18 页。

④ 葛洪：《抱朴子内篇》卷一〇《明本》，王明《抱朴子内篇校释》本，中华书局 1985 年版，第 184 页。

论。又如，五代时，刘昫等修《旧唐书》说到唐太宗时重修的《晋书》，这样写道："参考诸家，甚为详洽。然史官多是文咏之士，好采诡谬碎事，以广异闻；又所评论，竞为绮艳，不求笃实，由是颇为学者所讥。"①

上述这两则关于史书的评论，前者是肯定的评论，后者是借用时人之语发表了包含负面评价的评论。又有明人郭孔延撰《史通评释》，其序称，"向以己意为之评论，虽未必合作者之意"云云②。显然，这是对评论者的评论。

至于中国古代学人使用"批评"一词，至晚见于葛洪所著、邵雍辑佚的《梦林玄解·占梦》："占曰：梦殊砂，为官爵，为文章，为批评，为银财之本，为血气，为良药。"③ 此处所讲"批评"，没有明确指向，不便妄测。而元代学人是较早从学术的意义上使用"批评"一词的。据钱大昕《补元史艺文志·总集类》著录，有仇远《批评唐百家诗选》一书，其"别集类"著录仇远《金渊集》六卷。④ 仇远精于诗，时人称为"仇远先生"，《元史·张翥传》记：

> 翥少时，负其才隽，豪放不羁，好蹴鞠，喜音乐，不以家业屑其意，其父以为忧。翥一旦翻然改曰："大人勿忧，

---

① 刘昫等：《旧唐书》卷六六《房玄龄传》，中华书局1975年版，第2463页。

② 郭孔延：《史通评释序》，上海古籍出版社2006年版，第1页。

③ 葛洪：《梦林玄解》卷一二《文墨·五色颜料》，宋邵雍纂辑，明陈士元增删，明何栋如重辑，见《续修四库全书》第一〇六四册，上海古籍出版社2002年版，第24页。

④ 参见《二十五史补编》第六册，中华书局1955年版，第8425、8435页。

今请易业矣。”乃谢客，闭门读书，昼夜不暂辍，因受业于李存先生。存家安仁，江东大儒也，其学传于陆九渊氏，翥从之游，道德性命之说，多所研究。未几，留杭，又从仇远先生学。远于诗最高，翥学之，尽得其音律之奥，于是翥遂以诗文知名一时。已而薄游维扬，居久之，学者及门甚众。[①]

从这一简略的记载，大致可以得知仇远在唐诗研究上的造诣，乃有《批评唐百家诗选》之作，在中国古代学术批评史上留下了自己的印记。

值得注意的是，明代学人在奏疏与书信中亦往往使用“批评”一词。如魏允贞《条陈救弊四事乞赐采纳以弘治道疏》中有这样的话：“分别式样，以授主司，圈点批评，列置卷首，后先及第，海内士人，无不愤叹。”[②] 这反映了明朝科举考试的弊端。李贽的《寄答留都》写道：“前与杨太史书亦有批评，倘一一寄去，乃足见兄与彼相处之厚也。”[③] 陈衎对“批评”的功能有深刻的认识，认为：“所谓批评者，一则能抉古人胸中欲吐之妙，以剖千古不决之疑；一则援引商略，判然详尽，以自见其赅博。”[④] 徐芳的《与高自山》一文中更是有这样轻松的话语：“诗文传阅，取笑批评，烂如圈点，互相诒炫。”[⑤] 由此可知，在明

---

① 宋濂等：《元史》卷一八六《张翥传》，中华书局1976年版，第4284页。

② 参见陈子龙等辑：《明经世文编》卷三八七，中华书局1962年版，第4195页。

③ 参见张建业主编：《李贽文集》第一卷《焚书一·增补一》，社会科学文献出版社2000年版，第258页。

④ 陈衎：《与邓彰甫》，周亮工纂：《尺牍新钞》卷一，上海杂志公司1935年版，第5页。

⑤ 参见黄宗羲编：《明文海》卷一六二，中华书局1987年版，第1630页。

代的公私文件中，多有“批评”一词的使用。

综观上述所举事例，可以认为，大约在1700年前，中国学人已将“评论”和“批评”的概念置于不同学术领域之中，以此表述和阐说各自的学术见解，并在日常生活中也有所表现。这种现象在元明以后显得更加广泛。由于前人在使用“评论”和“批评”一词时，并未对其作出明确的解释，故难以从实质上划清二者的界限。但中国学人有重视字义和慎于遣词造句的传统[①]，由此仍可略知“评论”和“批评”的一点区别：“评论”是评量和议论，意在对事物作出适当的评价；“批评”则兼有批点和评论之意，即既包含正面评价也包含负面评价的双重目标，因而具有鲜明的反思意识。从学术的观点来看，“评论”多用于泛指，“批评”则与学术讨论的关系更为密切。

在获知古代学人对“评论”和“批评”有更明确的定义或阐述前，姑作此说。

二、发展大势与主要问题

中国古代史学批评发展大势是怎样的？其间有哪些主要问题是需要展开讨论的？这是本书需要明确的问题。

这里讲的“发展大势”，上起春秋时期，下迄清代，两千五

① 如杜佑自谓：“凡义有经典文字其理深奥者，则于其后说之以发明，皆云‘说曰’。凡义有先儒各执其理，并有通据而未明者，则议之，皆云‘议曰’。凡先儒各执其义，所引据理有优劣者，则评之，皆云‘评曰’。”（《通典》卷四二，中华书局1988年版，第1167页）《说文解字》：“论，议也。”段注：“凡言语循其理得其宜者谓之论。”凡此，均可参考。

六百年的历史。根据我们的理解和撰述工作的需要，可以将中国古代史学批评划分为七个阶段看待。由于中国历史和中国史学发展的连续性特点，这七个阶段是前后衔接、上下贯通的，同时又各具特点。

第一阶段：中国古代史学批评的开端（先秦秦汉时期）。孔子评晋国史官董狐以及孟子和《左传》作者评《春秋》，揭开了中国古代史学批评的序幕。此后，史家修养和史学与社会的关系成为中国史学上人们关注的两个重大问题。司马谈、司马迁父子对《春秋》的评论与继承、发展，班彪、班固父子对司马迁及其《史记》的批评，先后产生了《史记》《汉书》两部宏伟著作。这是中国古代史学批评开端最重要的标志。同时，刘向、刘歆父子校书并对各类历史文献作出评论，分别写出了《别录》和《七略》，为班固《汉书·艺文志》的撰述提供了资料上的准备。东汉末年，汉献帝认为纪传体《汉书》繁冗难读，由是荀悦乃有编年体《汉纪》之作，显示出史学批评对史书撰述的引导作用，从而为这一时期史学批评画上句号。

这时期在史学批评方面提出的主要概念和观念有：良史，书法不隐和史书三要素论（事、文、义），“其文直，其事核，不虚美，不隐恶”的“实录”论，以及立典五志论（达道义，彰法式，通古今，著功勋，表贤能），等等。

第二阶段：中国古代史学批评的初步发展（魏晋南北朝时期）。在史学多途发展的学术背景下，学术思想的活跃推动了史学批评的广泛展开。关于《史记》《汉书》的批评，开这一时期史学批评之先河，同时反映了与前一时期史学批评的衔接；关于《三国志》的批评，则表明时人对它的关注。有关上述三部“正史”的批评，对后世均有一定的影响。同时，史学家们关于“史例”及国史“条例”的讨论，推动了有关史书编撰形式的评论。其中，关于史书起源问题的讨论，可谓时代特点使然，对后世多有启发。值得注意的是，关于史书内容和史家修养的各种批评意见，构成这时期史学批评的主要部分。而刘勰《文心雕龙·史传》篇，在总结此前史学发展历史的基础上，提出了史学发展中的一些重要问题，可视为一篇史学批评史论纲，堪为中国史学批评初步发展阶段的标志性成果。

这时期在史学批评方面提出的主要概念和观念是：素心，信史，烦省，评论，以意为主、以文传意，以及由立典五志论演变而来的书契五善论（达道义，彰法式，通古今，表功勋，旌贤能）和注史四旨论（以补其阙，以备异闻，以惩其妄，有所论辩），等等。

第三阶段：中国古代史学批评的深入发展（隋唐时期）。唐初关注对以往众家晋史与南北朝时期所撰正史的批评，反映了在政治统一局面下历史撰述的新的要求，由此奠定了这一时期史学批评的宏大气势。《隋书·经籍志·史部》对十三类历代史书的评论，是中国史学批评史上最早的和最全面的总结；其史部大序对史官职责的表述，反映了史家对历史撰述的高度重视。关于“史才三长”学说的提出与“良史”观念的发展，增进了人们对史学主体的认识；关于治学宗旨的讨论，凸显了经世致用的史学思想；关于史注家的史学批评意识，在这个时期的《史记》注、《汉书》注和《后汉书》注中，均有所发挥。以上这几个方面，均可视为史学批评深入发展的表现。而作为最有代表性的标志性著作，则是刘知幾的《史通》一书。这部“其为义也，有与夺焉，有褒贬焉，有鉴诫焉，有讽刺焉”[①] 的书，是一部成系统的史学批评著作，也可以看作是一部提出了许多重要问题的史学理论著作。它的重要性可用一句话概括，这就是刘知幾同时代人徐坚说的：“居史职者，宜置此书于座右。”[②]

这一时期在史学批评方面提出的主要概念和观念有：直书，曲笔，鉴识，探赜，疑古，惑经，以及史学功用论，史才三长论（才、学、识），史之有例犹国之有法论，史之称美者以叙事为先论，史官辨职论，编年纪传论，师古与随时（稽古与随时）论，行状不实论，等等。

第四阶段：中国古代史学批评的兴盛（五代两宋时期）。从五代后晋开运二年（945）《旧唐书》面世，至宋仁宗嘉祐五年（1060）《新唐书》撰成刊行后，围绕两《唐书》、两《五代史》的修撰与比较而展开的史学批评，受到学人的关注。而《资治通鉴》的撰成则直接促进了史学批评的发展，不论是司马光的自述，还是宋神宗的评论，都产生了很大影响。由此“通鉴学”勃然兴起，朱熹、杨万里的相关评论又昭示了新的史书体裁，即纲目体、纪事本末体的出现。郑樵、李焘的史学批评，前者上承

① 刘知幾：《史通·自叙》，浦起龙《史通通释》本，上海古籍出版社2009年版，第271页。
② 刘昫等：《旧唐书》卷一〇二《刘子玄传》，中华书局1975年版，第3171页。

司马迁，后者接续司马光，进一步丰富了史学之“通”的观念。《册府元龟》国史部总序及各门小序，对史学的由来、社会功用、史官职责、作史原则、撰述流程中的种种情况等作了概括和评论，显示了类书中蕴含的史学批评思想，凸显出“史学事业”的新观念。晁公武称：“日夕躬以朱黄，雠校舛误。终篇，辄撮其大旨论之。”[①] 这是目录学家、文献学家之学术批评思想积累以至形成的艰辛历程。高似孙的《史略》一书，以重视评史书、论史学而显示出自身特色，表明了鲜明的史学批评意识。欧阳修不理会他人对其爱好金石学的嘲讽，坚持《集古录》的研究和撰述；而赵明诚《金石录序》进而申言，“盖史牒出于后人之手，不能无失，而刻词当时所立，可信不疑”，具有“考其异同”的作用；赵明诚夫人李清照在此书后序中写道，此书“是正讹谬，去取褒贬，上足以合圣人之道，下足以订史氏之失者，皆载之，可谓多矣”[②]。综上，类书、目录书和金石之学中包含的史学批评，是这时期史学批评的特点。宋代学人撰写了大量的史料笔记，其中多有自觉的补史意识和史学批评思想，是这时期史学批评走向兴盛的一个重要方面。宋代文学之士关注史学，通观其所批评，往往得失两存，但有胜于无，重在分析和判断。

这时期在史学批评方面提出的主要概念和观念有：公正，议论，记注，疏谬，不实，非才，法世，会通，以及信史论，史学

---

① 晁公武：《郡斋读书志》衢本序，孙猛《郡斋读书志校证》本，上海古籍出版社 2011 年版，第 15 页。

② 赵明诚：《金石录》，金文明《金石录校证》本，广西师范大学出版社 2005 年版，第 1、531 页。

源起论，良史“四足”论（明、道、智、文），纪事本末论，史法论，作史三原则论（事实、褒贬、文采），等等。

第五阶段：中国古代多民族史学发展与史学批评（辽夏金元时期）。中国是一个多民族国家，自秦汉起成为不断发展的统一的多民族国家。因地理条件、历史环境、文明进程的差别，各民族史学的发展迟速不一。由于文字的困难和文献的不足，我们对民族史学尚缺乏较深入的研究。本书第五卷凭借汉文的有关记载，试图在民族史学与史学批评领域作初步的研究，俾使这时期的史学批评占有其特定的位置。应当强调的是，这时期的史学批评既受中原文化的影响，也有各民族的文化基础。民族史学在史学思想、史学批评意识方面，或许在针对性和具体表述上存在一定的差异，但在本质上却是一致的。中国史学上的经典文献、著名史家以及史学观念和史学研究方法等，都是民族史学发展中的评论对象。《辽史·文学传上·萧韩家奴传》记：辽兴宗“又诏译诸书，韩家奴欲帝知古今成败，译《通历》《贞观政要》《五代史》”①。这里自然包含萧韩家奴对这些历史著作的评论。同书《列女传》记：“耶律氏，太师适鲁之妹，小字常哥。幼爽秀，有成人风。及长，操行修洁，自誓不嫁。能诗文，不苟作。读《通历》，见前人得失，历能品藻。”②《通历》是中唐晚期史家马总所撰的一部简明的编年体通史，耶律常哥读而又能“品藻”，说明对其有深刻的认识。《金史·世宗本纪中》记：“上谓

---

① 脱脱等：《辽史》卷一〇三《文学传上》，中华书局1974年版，第1450页。

② 脱脱等：《辽史》卷一〇七《列女传》，中华书局1974年版，第1472页。

宰臣曰：‘近览《资治通鉴》，编次累代废兴，甚有鉴戒，司马光用心如此，古之良史无以加也。’”① 同书《世宗本纪下》记："上谓宰臣曰：‘朕近读《汉书》，见光武所为，人有所难能者。……此其度量盖将大有为者也，其他庸主岂可及哉。’”② 这里所记当指范晔《后汉书》所叙史事。金世宗对《资治通鉴》《后汉书》的评论当不止于此。《元史·仁宗本纪一》记：仁宗为皇太子时"有进《大学衍义》者"，仁宗认为"‘治天下，此一书足矣。’因命……刊行，赐臣下"。③ 这个评论虽有些夸张，但表明了元仁宗对此书的重视。又，《元史·察罕传》记元仁宗同史官察罕有这样一段对话：

> 帝尝问张良何如人。对曰："佐高帝，兴汉，功成身退，贤者也。"又问狄仁杰。对曰："当唐室中衰，能卒保社稷，亦贤相也。"因诵范仲淹所撰碑词甚熟。帝叹息良久曰："察罕博学如此邪！"尝译《贞观政要》以献。帝大悦，诏缮写遍赐左右。且诏译《帝范》。④

上文举出的几个实例，生动地反映出中国历史上的历史文化认同之思想传统的真实存在，同时也反映了与民族史学相关联的记述中史学批评思想的真实存在。

---

① 脱脱等：《金史》卷七《世宗本纪中》，中华书局 1975 年版，第 175 页。
② 脱脱等：《金史》卷八《世宗本纪下》，中华书局 1975 年版，第 202 页。
③ 宋濂等：《元史》卷二四《仁宗本纪一》，中华书局 1976 年版，第 536 页。
④ 宋濂等：《元史》卷一三七《察罕传》，中华书局 1976 年版，第 3311 页。

元初，马端临著《文献通考》，其《经籍考》多引“晁氏曰”“陈氏曰”，反映了对前人史学批评的重视。马端临对前人著述抱有宽厚、平实的态度，认为“编简浩如烟埃，著述自有体要，其势不能以两得也”，“时有古今，述有详略”。[①] 这是表明史书体裁不同和时代不同，著述亦自不同，不应苛求前人，显示出实事求是的史学批评方法论。

这时期在史学批评方面提出的主要概念和观念是：“史笔天下之大信”论，“宁可亡人之国，不可亡人之史”论，“自古帝王得失兴废，班班可考者，以有史”论，“事”与“道”关系论，文献论，“理”（义理、事理、文理）“情”（人情）评判标准论，“心术”为修史之本论，等等。

第六阶段：中国古代史学批评的拓展（明时期）。这时期的史学批评，从洪武元年（1368）明太祖朱元璋诏修《元史》，至明末朱明镐《史纠》面世，贯穿了整个明朝的历史。关于前朝正史的修撰与评论，由《元史》上溯元修三史、两《五代史》、两《唐书》，直至《史记》，显示出中国古代史学批评史之连续性的特点。关于修撰本朝史过程中的评论，既表明时人对史学认识的深入，也表明存在各种歧见。随着思想史研究的发展，辩证思维在史学批评领域也有突出的表现。王世贞论国史、野史、家史的得失可谓经典之论，凸显了中国古代史学批评在方法论上的成就。关于刘知幾《史通》的研究和评论在这时期形成第一个

---

① 马端临：《文献通考序》，中华书局2011年版，书首第1页。

高潮，而相关专书的问世，凸显了批评之批评的活力。与此相关的是多种有关史学批评、史学理论的文献整理汇编的成果涌现出来，以及对有关概念的讨论等。以上这几个方面，不仅可以使人们看到明代史学批评的开拓、进展，同时也可以使人们看到以往被长期忽略的一个积极的史学倾向：明代学人对理论的兴趣。正是这几个方面，使人们看到中国古代史学批评发展的前景。

在明代学人所编的目录书中，用“批评”一词冠以书名者，并不是偶然现象，如《批评后汉书》《批评自警编》[1]，前者是批评史书，后者应是就自我修养而作。

尤其值得关注的是，明朝末年，学人在书名上冠以“批评”一词的现象更为普遍。据明崇祯刻本张溥所著《历代史论》中，二编目录附《正雅堂古今书目》所载，冠以“批评”一词的书名有：

批评二十一史全部（嗣出）

批评仪礼经传集解

批评礼书乐书

批评文献通考

批评通志略

批评杜氏通典

① 参见祁承㸁：《澹生堂读书记》《澹生堂藏书目》，郑诚整理本，上海古籍出版社2015年版，第355、373页。

批评函史①

此外，还有与“批评”相类，但以“批论”或“评选”等为名的书目。

这些批评类书籍的出现在一定意义上并非偶然。在明代科举考试中，考试官须在试卷上写下批语以示去取。这些批语有时即称为“批评”。例如，史书记载，张居正诸子参加科考时，非但请人代考，而且“临场监试官又加意誊朱、分别式样，以授主司圈点批评，列置首卷”②。批评试卷成为当时普遍存在的现象。山西人孔天胤因“善批评试卷”③ 而有所闻名。

或许正是这个原因，这些在书名上常有“批评”字样的书，在《明史·艺文志》中少有著录。尽管如此，前述书目表明，至迟在晚明至明末，学人在治学与撰述中，在书名上冠以“批评”一词，已经不是个别现象了。

这时期在史学批评方面提出的主要概念和观念有：“人恣”与“蔽真”、“人臆”与“失真”、“人谀”与“溢真”，史权，平心，公议，公实，笔正，历史评价无是非论，“经史一物”论，“六经皆史”论，评史著四旨论（据、实、慎、忠），史家修养五要素论（才、学、识、公心、直笔），“务成曩美，毋薄前修”论，等等。

---

① 张溥：《历代史论》二编目录附《正雅堂古今书目》，杭州大学图书馆藏明崇祯刻本。

② 魏允贞：《条陈救弊四事乞赐采纳以弘治道疏》，陈子龙等辑：《明经世文编》卷三八七，明崇祯平露堂刻本。

③ 李乐：《见闻杂记》卷一一，明万历刻、清修补本。

第七阶段：中国古代史学批评的集大成（清时期）。不论从成果上看，还是从思想上和理论上看，这都是中国古代史学批评的集大成时期。开一代学术风气的顾炎武，为有清一代的史学批评确定了新的起点；章学诚继续阐述“六经皆史”的观念，进一步打开了人们从史学的视角评论经书的思路；浦起龙的《史通通释》把《史通》研究推至新的高峰，在史学批评领域产生重大影响。四库馆臣所撰《四库全书总目》史部书“提要”包含了丰富的史学批评思想，值得认真发掘，合理继承。其“史评类”兼收历史评论与史学批评之书，这是需要厘清并分别进行研究的。这时期的考史名家各具风采：有的高擎“商榷”的旗帜，显露出批评的锋芒；有的则于平静和严谨的考史中，轻轻拂去前人著作中的讹误的“灰尘”，为的是显示出这些著作的“真”与“美”；有的则由疑古而批评，意在廓清古史书中的“迷雾”；有的则在考史和批评中，显露出历史理性精神，给治史者诸多启发。中国古代史学理论的集大成者章学诚提出了许多重要见解：以“史德”论补充刘知幾“史才三长”说；以“心术”论提醒治史者对历史的解释要保持在合理的范围之内；以“史意”同“史法”相对待，强调思想的重要；以“撰述”“记注”分史学两大“宗门”，表明“圆神”“方智”各有所长；以“通史家风”阐发中国史学“通古今之变”的传统；以“别识心裁”推重创新精神，显示出中国古代史学理论的多方面成就；等等。这时期，政论家、史论家、文章家和诗人龚自珍，站在通向近代历史之路的门槛，他的“欲知大道，必先为史”[①] 的庄严启示，可视为对中国古代史学成就及其功能最中肯的评论。

从整体的和发展的眼光来看，如果说刘知幾《史通》创造了史学批评的理论体系的话，那么清代的史学批评成就，则全面地、深入地把这一理论体系推进到一个新的阶段。

这时期在史学批评方面提出的主要概念和观念有：史德，史释，释通，通史家风，别识心裁，记注与撰述，史法与史意，尊史，以及“于序事中寓论断”论、“欲知大道，必先为史”论、“史者，垂于来今以作则”论、“史非一家之书，实千载之书，祛其疑，乃能坚其信”“指其瑕，益以见其美”论，等等。

中国古代史学的连续性发展为中国史学批评史提供了丰富的资料，中国古代史学批评史的存在又推动了中国史学的发展，也为中国古代史学理论的积累提供了思想遗产。中国史学就是在这种互动中不断开辟新的发展前景。

中国古代史学批评在其发展过程中，在不同阶段都会提出一些问题，而有些问题也可能是具有普遍性或规律性的，对于这些问题的研究与阐说，我们视之为横向上的会通。在许多问题中，下面这几个问题是比较重要的。

第一，史学批评作为一种史学现象，它产生的原因何在？刘知幾《史通·鉴识》篇认为“物有恒准，而鉴无定识”[②]，这着眼于批评的主体而言，说明不同的批评者对同一事物会有不同的

① 龚自珍：《龚自珍全集》第一辑《尊史》，上海古籍出版社1975年版，第81页。
② 刘知幾：《史通·鉴识》，浦起龙《史通通释》本，上海古籍出版社2009年版，第189页。

认识和评论；《史通·探赜》篇又说，“古之述者，岂徒然哉！或以取舍难明，或以是非相乱”①，这着眼于批评的客体而言，说明事物本身是复杂的，批评者面对复杂的事物难以确定取舍而作出是非判断。其《曲笔》篇着眼于主体，讲的是另外一些原因，主要指为史者的史风不正以致心术不正；其《采撰》篇着眼于客体，讲的也是另外一些原因，即“异辞疑事”本是客观存在。当然。不论着眼于主体的分析，还是着眼于客体的分析，或许还有更复杂的原因，这是史学批评研究者必须关注的；同样，对史学批评者的批评，也不能不顾及这些复杂的因素。

第二，怎样看待和分析史学批评主体提出问题的主要根源。如班彪、班固父子批评司马迁及其《史记》，是否根源于政治？唐太宗批评众家晋史，是否根源于社会？李大师、李延寿父子批评南北朝所修三部正史，是否根源于历史？刘知幾撰《史通》，把以往史学作为批评对象，是否根源于学术？柳宗元的《非国语》，是否根源于思想？这些原因之间存在怎样的联系？这是史学批评研究者不能不考虑并予以深究的。

第三，怎样看待史学批评的成果及其思想的社会意义、学术意义和理论意义。这是认识史学批评的本质所在，是史学批评史研究者需要运用自身的研究所得加以说明的。举例说来，自东汉以后，人们对司马迁《史记》的评论，如何影响中国人对自身历史的认识？《史记》对中国统一多民族国家的巩固、发展产生

---

① 刘知幾：《史通·探赜》，浦起龙《史通通释》本，上海古籍出版社2009年版，第194页。

了何等重要作用？司马迁提出的“究天人之际，通古今之变，成一家之言”的著史宗旨，对中国学术的发展具有怎样的学术意义和理论意义？等等。毋庸置疑，对于这些问题的深入阐释，史学批评的意义由此可以看得更加清楚。历史上的“汉书学”“通鉴学”及许多史学名著的批评史，都在不同程度上具有广泛的意义。中国古代史学批评史的研究，要努力发掘和阐说这方面的成果及其意义。

第四，怎样看待史学批评中出现的偏颇。如班彪、班固批评司马迁《史记》“是非颇缪于圣人”[①]。刘知幾《史通·古今正史》篇接受《北齐书·魏收传》的说法，认为魏收的《魏书》“世薄其书，号为‘秽史’”[②]，直至章学诚亦承此说。郑樵在力倡“会通之义”时，极力贬低断代为史，以至斥责班固是“浮华之士也，全无学术，专事剽窃”[③]。叶适《习学记言序目》批评司马迁破坏了古之“史法”，“古史学止于此矣”[④]。吴缜《新唐书纠谬》是为名作，其序文具有理论上的建树，但序文中批评《新唐书》“抵牾穿穴，亦已太甚”“修书之初，其失有八”[⑤]等，似有言过其实之嫌。张岱批评明代史学说：“有明一代，国史失诬，家史失谀，野史失臆，故以二百八十年，总成一诬妄之世界。”[⑥]王鸣盛《十七史商榷》批评李延寿“学浅识陋”，所撰

① 班固：《汉书》卷六二《司马迁传》，中华书局 1962 年版，第 2737-2738 页。
② 刘知幾：《史通·古今正史》，浦起龙《史通通释》本，上海古籍出版社 2009 年版，第 339 页。
③ 郑樵：《通志总序》，见《通志二十略》，中华书局 1995 年版，第 2 页。
④ 叶适：《习学记言序目》卷一九《史记一》，中华书局 1977 年版，第 264 页。
⑤ 吴缜：《新唐书纠谬序》，《丛书集成初编》本，中华书局 1985 年版，第 1 页。
⑥ 张岱：《石匮书自序》，《琅嬛文集》，岳麓书社 1985 年版，第 18 页。

《南史》《北史》“疵病百出，不可胜言”，又说李延寿是“自谓于旧锦机中织出新花样”。[①] 王鸣盛还写了一篇很长的文章批评杜佑所撰《通典》，认为《通典》“既以刘秩书为蓝本，乃自序中只字不及，复袭取官书攘为己有，以佑之笔力，撰集非难，而又取之他人者若是之多，则此书之成亦可云易也”。又说：杜佑“所云‘辄肆荒虚，诚为亿度’者，佑每自蹈之”[②]，等等。类似这样的一些批评，从今天的学术观点看来，是否有偏颇以至错误之处？如有，则不仅需要指出错在哪里，还要指出何以会出现偏颇以致错误的。这就是说，不仅知其然，还要知其所以然，把主观的、客观的原因都考察明白，这样的史学批评史才近于史学发展的真实，才具有学术价值，才能给人以深刻的启示。

中国古代史学批评史上存在的问题不止于此，上面提到的几个问题是我们要多加关注，并力图给以清晰的阐说和中肯的评论的。我们在研究和撰述中，还会遇到其他的问题，均须根据本课题的宗旨和本书撰写的原则，具体问题具体分析，才可作出合理的论述。

三、研究的方法和研究的意义

任何一种科学研究，都应当重视研究的方法和研究的意义，

---

① 王鸣盛：《十七史商榷》卷五三“《新唐书》过誉南北史”条、卷六八“并合各代每一家聚为一传”条，上海古籍出版社2013年版，第630、914页。

② 王鸣盛：《十七史商榷》卷九〇“杜佑作《通典》”条，上海书店出版社2005年版，第817页。

方法是通向研究的目标并取得相应成果的途径。从一定意义上讲，方法的正确选择与始终坚持，是科学研究成功的关键。史学史研究如此，史学批评史研究也是如此。

说到研究方法的重要，这使我们想起1948年毛泽东致历史学家吴晗的一封信，信中针对吴晗所著《朱元璋传》写道：

> 大著阅毕，兹奉还。此书用力甚勤，掘发甚广，给我启发不少，深为感谢。有些不成熟的意见，仅供参考，业已面告。此外尚有一点，即在方法问题上，先生似尚未完全接受历史唯物主义作为观察历史的方法论。倘若先生于这方面加力用一番功夫，将来成就不可限量。[①]

信中用语很严谨，很讲究分寸，说“先生似尚未完全接受历史唯物主义作为观察历史的方法论”，说明《朱元璋传》的作者吴晗先生主观上开始关注历史唯物主义了，所以这里用了“尚未完全”，并在“完全”二字下方加了着重号。这封信给我们的启发是，如果能够自觉地运用“历史唯物主义作为观察历史的方法论”，在这方面多下功夫，那么在研究历史和研究史学方面，定能取得更大的进步和更好的发展。

历史唯物主义方法论对于历史研究具有重要的和广泛的指导意义。这里，我要强调两点，一是对历史的基本认识，二是把所

---

① 毛泽东：《致吴晗》（一九四八年十一月二十四日），中共中央文献研究室编：《毛泽东书信选集》，中央文献出版社2003年版，第284页。

研究的问题置于一定的历史范围内予以考察。

关于对历史的基本认识，恩格斯有这样一段论述：

> 正像达尔文发现有机界的发展规律一样，马克思发现了人类历史的发展规律，即历来为繁芜丛杂的意识形态所掩盖着的一个简单事实：人们首先必须吃、喝、住、穿，然后才能从事政治、科学、艺术、宗教等等；所以，直接的物质的生活资料的生产，从而一个民族或一个时代的一定的经济发展阶段，便构成基础，人们的国家设施、法的观点、艺术以至宗教观念，就是从这个基础上发展起来的，因而，也必须由这个基础来解释，而不是像过去那样做得相反。[①]

这就说明，人类的历史活动中第一位的是经济活动，上层建筑和意识形态都是在这个基础上得以建立和发展，因而也必须从经济活动的角度去加以解释。史学工作者不仅首先应当懂得这个道理，而且应当在这个理论指导下从事历史研究和史学活动。在这方面，侯外庐先生是我们学习的榜样，他在总结自己的治史道路和治史方法时，首先写道："从历史唯物主义观点来看，思想是存在的反映。历史从哪里开始，思想进程也应从哪里开始。因此，社会历史的演进与社会思潮的发展是相一致的。例如，西周的官学、春秋时代的搢绅之学、战国时代的诸子并鸣之学、两汉

① 恩格斯：《在马克思墓前的讲话》（1883年3月17日），《马克思恩格斯文集》第三卷，人民出版社2009年版，第1002页。

的经学、魏晋的玄学、隋唐的佛学、宋明的理学、明清之际的早期启蒙思潮以及近代的各种社会思潮，都是和中国历史自身的演进相联系的。因此，我的具体方法是，在研究社会史的基础上，注重对社会思潮作比较全面的考察，力图把握社会思潮与社会历史的联系及其所反映的时代特点，进而研究不同学派及其代表人物的思想特色和历史地位。”① 概括说来，这段话的核心思想是指出思想史的研究应当以社会史研究为基础，这一方面是使思想史的研究有了社会基础，另一方面也能更好地说明不同历史时期的思想的特点。这是非常明确的和具体的以历史唯物主义方法论为指导，提出了中国思想史研究的方法和步骤。中国史学史、中国史学批评史研究，同样应当以对中国社会史的认识为基础；对于史学史、史学批评史的解释，也应当以对社会史的认识为主要依据。必须承认，史学史研究者和史学批评史研究者在这方面还应当下大功夫、用大气力，把研究工作不断向前推进，而本书的撰述就是一个很好的机会。

把所要研究的对象置于相应的历史范围之内进行考察，这是历史研究与史学研究实事求是的表现，是历史唯物主义方法论的原则之一，即“在分析任何一个社会问题时，马克思主义理论的绝对要求，就是要把问题提到一定的历史范围之内”②。简而言之，这个“绝对要求”，就是强调历史地看待历史的方法。就以中国史学批评史的研究来说，历史上的批评者们所批评的对

① 侯外庐：《侯外庐史学论文选集自序》(上)，人民出版社 1987 年版，第 12 页。

② 列宁：《论民族自觉权》，《列宁全集》第二十五卷，人民出版社 1988 年版，第 229 页。

象，大多是历史上的存在；而史学批评史的研究者所研究的批评者，自亦都是历史上的存在。对于前一种“历史上的存在”，我们不能对当时的研究者提出“绝对要求”，此当毋庸置疑；而对于后一种“历史上的存在”，我们作为研究者就应当自觉地遵循这一“绝对要求”。这种区别，正是反映了“要把问题提到一定的历史范围之内”的原则。在这个问题上，马克思主义理论之所以提出“绝对要求”，是因为只有这样才能获得对历史真相至少是近于历史真相的认识；如果离开了这一“绝对要求”，其结果必然是脱离了认识历史真相的路径。史学批评史的研究只有把历史上的批评者置于其所在历史范围之内进行考察，才能获得真知。因此，对于“绝对要求”的“绝对”遵循，就是十分自然的事情了。

在历史唯物主义方法论的指导和运用前提下，我们还要借鉴前人提出来的有益的方法。如刘知幾重视体例而且善言体例，他强调说：“史之有例，犹国之有法。国无法，则上下靡定；史无例，则是非莫准。”[①]《史通》全书尤其是内篇，大多在论述史书的体例和修史的体例，在讲体例的过程中广泛地涉及史学的其他问题。史学批评史的研究也要重视体例：一是判断研究对象的体例和体例思想；二是要求我们自身在撰述中遵循既定的体例，既要关注局部的体例，也要关注局部之体例与全局之体例的协调及其一致性。总之，刘知幾的体例思想是应当借鉴的。此外，刘知

---

① 刘知幾：《史通·序例》，浦起龙《史通通释》本，上海古籍出版社2009年版，第81页。

幾提倡全面看问题的方法，也是值得借鉴的。刘知幾认为，历史撰述应坚持“爱而知其丑，憎而知其善，善恶必书，斯为实录”[1] 的原则。这种具有一定的辩证思维的方法，在史学批评领域的运用具有特殊的重要性，它是帮助史学批评史研究者避免走向武断和片面的忠诚“卫士”。

再如章学诚关于知人论世的思想和方法，同样是值得借鉴的。他举出人们所熟知的正统问题为例，说明处在不同时期的人，一般都会有当时的认识和处置的方法，这是研究者与批评者所必须注意的。他这样写道：

> 昔者陈寿《三国志》，纪魏而传吴、蜀，习凿齿为《汉晋春秋》，正其统矣。司马《通鉴》仍陈氏之说，朱子《纲目》又起而正之。“是非之心，人皆有之。”不应陈氏误于先，而司马再误于其后，而习氏与朱子之识力，偏居于优也。而古今之讥《国志》与《通鉴》者，殆于肆口而骂詈，则不知起古人于九原，肯吾心服否邪？陈氏生于西晋，司马生于北宋，苟黜曹魏之禅让，将置君父于何地？而习与朱子，则固江东南渡之人也，惟恐中原之争天统也。诸贤易地则皆然，未必识逊今之学究也。是则不知古人之世，不可妄论古人文辞也。知其世矣，不知古人之身处，亦不可以遽论其文也。身之所处，固有荣辱隐显、屈伸忧乐之不齐，而言

① 刘知幾：《史通·惑经》，浦起龙《史通通释》本，上海古籍出版社2009年版，第374页。

之有所为而言者，虽有子不知夫子之所谓，况生千古以后乎？圣门之论恕也，“己所不欲，勿施于人”，其道大矣。今则第为文人，论古必先设身，以是为文德之恕而已尔。[①]

章学诚的这一段论述，有事实、有分析，不仅指出了陈寿、司马光同习凿齿、朱熹在正统问题的认识上和处置上的不同，而且从历史环境的差异指出二者不同的原因。这样，就做到了不仅知其然而又知其所以然。章学诚把这种思想和方法概括为“论古必恕”。这就是我们前面已经说到的“要把问题提到一定的历史范围之内”。以马克思主义理论的“绝对要求”同中国史学批评史上名家的认识相结合，这个问题的重要性及其方法论意义显得越发清晰和易于理解。

历史是复杂的，史学批评的现象也是复杂的。这就要求我们在研究和撰述过程中，针对具体问题作具体的分析。比如：

——对同一批评对象有所肯定，有所否定。这种情况，在中国史学批评史上所见甚多，如班彪、班固父子评论司马迁《史记》，范晔评论班固《汉书》，都属于这种情况。从他们的批评中，对其肯定与否定之方方面面，都会激起人们的思考，不论赞成或不赞成这些肯定与否定，人们都会凭借自己的认识提出一些根据，这些认识和根据一旦写成文字，流传开来，又会引起更多的人的思考，从而促进了人们对历史、对史学的深入认识。在这

① 章学诚：《文史通义·文德》，叶瑛《文史通义校注》本，中华书局2014年版，第324-325页。

方面，刘知幾的《史通》和王鸣盛的《十七史商榷》，给人们提供了足够的思考空间。从整体面貌来说，这两部书在有所肯定也有所否定方面，显得很突出。如《史通·二体》篇论编年、纪传的长处和短处时，讲得很辩证；其《直书》《曲笔》则是对两种不同的作史态度进行分析；而《杂述》篇又对各种短书小说的文献价值作了全面的评论；等等。这些都给人以深刻的启示。刘知幾说他的《史通》是“商榷古今”，这种“商榷”的理念和态度是极可取的。王鸣盛的《十七史商榷》和赵翼的《廿二史札记》，都是在“正史”范围内进行商榷，是其所是，非其所非，给后人留下了许多启发和许多可以进一步研究、探索的问题。

——对同一批评对象中的缺点，作有根据的否定。这在史学批评现象中也是常见的，从史学史来看，吴缜的《新唐书纠谬》和《五代史纂误》可视为代表作。当然，这决不是说，吴缜的这两部书没有任何缺点，但总的来说，吴缜所“纠”之“谬”、所“纂”之“误”，大多可以成立，有一定的参考价值。

——对比较研究的对象作全面的、辩证的分析。如果说上一种史学批评方法给我们以某种警示，那么这里说的比较研究中的方法，则给我们以深刻的启示。明代史家王世贞比较国史、野史、家史的长短得失时，很客观地考虑到它们各自产生的条件，以及由于这种不同的条件使它们自身各具特点，并对此作了辩证的分析。这不仅在史学批评的方法论上给人们很大启发，而且在理论上也提出了很有价值的结论，至今仍有重要的参考意义。

当然，在史学批评中，也有一些不妥当的，甚至是错误的做法。比如：

有一种情况是，对比较的对象作绝对肯定与绝对否定的评价。比较研究，是开展史学批评的一个必要的和有效的方法。正确的态度，应当是对比较的对象作全面的分析，从而得到较公允的结论。在中国史学上，有的比较研究者，对比较的对象进行评价时陷于绝对肯定与绝对否定的境地，虽然在理论上也有所建树，但毕竟其运用的这种研究方法是一种片面的方法。如郑樵是一位很有成就的史学家，他的《通志二十略》具有重要的开创性意义。但是，我们注意到他那篇影响极大的《通志总序》，对司马迁《史记》作绝对的肯定，对班固《汉书》作绝对的否定，在比较研究的方法上，以及对评论对象的全面认识上，都给人留下了不少遗憾。

还有一种情况是，对同一评论对象从整体上作无根据的全部否定。这在史学批评上也时有所见。北齐魏收《魏书》被斥为"秽史"，唐太宗全部否定当时所见十八家晋史，明代学人不满本朝史学以至于说明朝无史学，等等，都应作具体分析。

这里，还有必要提到章学诚关于"文辞"的见解，尽管这并不是一个直接涉及治史的方法问题，但多少还是和方法有一定的联系。章学诚认为："文辞非古人所重，草创讨论，修饰润色，固已合众力而为辞矣。期于尽善，不期于矜私也。"[①] 章学

① 章学诚：《文史通义·说林》，叶瑛《文史通义校注》本，中华书局1994年版，第347页。

诚引用春秋时期郑国大夫子产等人重视文辞而共同努力的典故,[①] 所以说这是“期于尽善，不期于矜私”。换言之，孔子说到这件事，正是肯定子产等人的“合众力而为”所带来的成功。这是不是也可视为重视文辞的一种表现？尤其是志同道合的一个群体对同一领域进行研究，其著述真正做到了“合众力而为辞”，同样是值得称道的。而“期于尽善”正是大家共同努力的目标。

进而言之，在中国史学上，“文辞”为古人所重而又期于“矜私”者，并非无人。历来认为，班固是极重文辞的史学家，他认为自己所著《汉书》具有“函雅故，通古今，正文字，惟学林”[②] 的特点，就含有重文辞的因素。《后汉书》作者范晔也是重“文辞”的史学家，他自称“吾杂传论，皆有精意深旨，既有裁味，故约其词句”[③]。范晔的这几句话，当是也包含着讲究“文辞”的意蕴。班、范在这方面的成就，在以下叙述的事实中可以得到证明，即南朝梁人萧统在《文选》序中特意讲道：“至于记事之史，系年之书，所以褒贬是非，纪别异同，方之篇翰，亦已不同。若其赞论之综缉辞采，序述之错比文华，事出于沉思，义归乎瀚藻，故与夫篇什。”[④] 萧统在《文选》的卷四十九和卷五十专设“史论上”和“史论下”，分别收入班固的《汉书·公孙弘传》赞一首，干宝的《晋武帝革命论》一首、《晋

① 参见《论语·宪问》，杨伯峻《论语译注》本，中华书局 1958 年版，第 154 页。
② 班固：《汉书》卷一〇〇《叙传》，中华书局 1962 年版，第 4271 页。
③ 沈约：《宋书》卷六九《范晔传》，中华书局 1974 年版，第 1830 页。
④ 萧统编：《文选》，李善注本，中华书局 1977 年版，第 2 页。

纪》总论一首，范晔《后汉书·皇后纪》论一首（以上“史论上”），以及范晔《后汉书》“二十八将传论”一首、《宦官传》论一首、《逸民传》论一首，沈约《宋书·谢灵运传》论一首、《恩倖传》论一首，班固《汉书》述《高祖纪》赞一首、述《成纪》赞一首和述“韩、彭、英、卢、吴传”赞一首，范晔《后汉书·光武纪》赞一首。[①] 这不仅表明萧统对“史论”的重视，也包含他对所收入之论、赞的欣赏。近代学人如鲁迅称赞《史记》是“史家之绝唱，无韵之离骚”[②]，梁启超感叹司马光《资治通鉴》把历史写得“飞动”起来[③]，都是大家所熟知的评论。如此看来，章学诚说的“文辞非古人所重”的论断，似非确论。

20世纪70年代末，白寿彝先生主编《中国通史纲要》一书，对文字表述提出一个总的原则：平实。而平实的具体要求是：明白、准确、凝练。明白是基础，准确是关键，凝练是提高。[④] 可以认为：一个学术群体，可以尝试以平实为风格，以明白、准确、凝练为要求，在史学著作的文字表述上，探索一条“合众力而为辞”的新路径。

在中国史学批评史上，还有一种现象也是值得关注的，这就是史学批评者的历史命运及身后影响。如刘知幾撰《史通》，有

---

① 萧统编：《文选》，李善注本，中华书局1977年版，第686-707页。

② 鲁迅：《汉文学史纲要》，见《鲁迅全集》第九卷，人民文学出版社1981年版，第420页。

③ 梁启超：《中国历史研究法补编》，《饮冰室合集》专集之九十九，中华书局1989年版，第27页。

④ 参见瞿林东：《白寿彝与二十世纪中国史学》，高等教育出版社2012年版，第339页。

人“深重其书”，认为“居史职者，宜置此书于座右”[①]。而唐末人柳璨则认为“刘子玄所撰《史通》讥驳经史过当”，于是“纪子玄之失，别为十卷，号《柳氏释史》，学者伏其优赡”。时人“以其博奥，目为‘柳箧子’”[②]。《旧唐书》作者如此称赞柳璨，自亦影响对刘知幾的评价，说刘知幾“工诃古人而拙于用己”[③] 就是“顺理成章”的事情了。然而，经过明代学者郭孔延撰《史通评释》、王惟俭撰《史通训故》和清代学者浦起龙撰《史通通释》，《史通》的学术地位经过学术史的检验而逐步得到提高，为学界所认可。

再如柳宗元著《非国语》，目的在于“救世之谬”。他在《非国语序》中写道：“余惧世之学者溺其文采而沦于是非，是不得由中庸以入尧舜之道，本诸理作《非国语》。”[④] 然而，《非国语》问世后，既有人反其道而行之作《是国语》[⑤]，更有人针锋相对地作《非〈非国语〉》。如宋人江惇礼撰《〈非国语〉论》，苏轼表示赞同说：“鄙意素不然之，但未暇为书尔。”[⑥] 元人虞集之弟槃“尝读柳子厚《非国语》，以为《国语》诚非，而柳子之说亦非也，著《非〈非国语〉》”[⑦]。这些，反映了宋元

① 刘昫等：《旧唐书》卷一〇二《刘子玄传》，中华书局 1975 年版，第 3171 页。

② 刘昫等：《旧唐书》卷一七九《柳璨传》，中华书局 1975 年版，第 4669–4670 页。

③ 欧阳修、宋祁：《新唐书》卷一三二《刘知幾传》，中华书局 1975 年版，第 4542 页。

④ 柳宗元：《柳河东集》卷四四，上海人民出版社 1974 年版，第 746 页。

⑤ 脱脱等：《宋史》卷二〇二《艺文志一·春秋类》著录：“叶真《是国语》七卷”，中华书局 1977 年版，第 5058 页。

⑥ 苏轼：《与江惇礼秀才》，见张志烈等主编：《苏轼全集校注·文集八》第十七册，河北人民出版社 2010 年版，第 6264 页。

⑦ 脱脱等：《元史》卷一八一《虞集传附虞槃传》，中华书局 1976 年版，第 4182 页。

学人对《非国语》的指摘。

明人黄瑜在其《双槐岁钞》一书中，归纳上述史事，作《非〈非国语〉》小札，写道：

宋刘章尝魁天下，有文名，病王充作《刺孟》、柳子厚作《非国语》，乃作《刺〈刺孟〉》《非〈非国语〉》。江端礼亦作《非〈非国语〉》。东坡见之曰："久有意为此书，不谓君先之也。"元虞槃亦有《非〈非国语〉》，是《非〈非国语〉》有三书也。同邪异邪，岂绍述而剿取之邪？求其书，不可得，盖亦罕传矣。今以子厚之书考之，大率辟庸蔽怪诬之说耳，虽肆情乱道时或有之，然不无可取者焉。[①]

黄瑜一方面说柳宗元《非国语》"大率辟庸蔽怪诬之说"，另一方面又说《非国语》"肆情乱道时或有之"，但他毕竟承认《非国语》"不无可取者"，比前人已进了一步。

著名历史学家侯外庐先生就《非国语》中的一篇《三川震》的理论价值写道：

柳宗元不仅肯定"天地"为物质的自然存在，而且在自然运动问题上提出了"自"的观点，即自然自己运动的观点。……

① 黄瑜：《双槐岁钞》卷六，中华书局1999年版，第122页。按：江端礼疑为江惇礼之误。

> 按“自”这一范畴，取之于道家，王充以来的旧唯物主义者对它作了唯物主义改造，以与“天”意的“故”作（有目的有意志的最初推力）对立起来。柳宗元的这种自然自己的运动观，更含有朴素辩证法因素。在自然界运动的根源问题上，他继承并发展了王充的传统，肯定无穷的阴阳二气在宇宙间不断运动，必然呈现出各种形态（如“动”与“休”、“峙”与“流”等等），它们并不受任何意志力的支配，而是“自动自休，自峙自流”，“自斗自竭，自崩自缺”，这八个“自”的四对命题是超越前人的理论。①

这是从思想史上对柳宗元所提出的“自”的范畴之极高的评价，也在一定程度上对柳宗元《非国语》在中国古代思想史和史学批评史上的地位作了明确的肯定。

上述事例表明，史学批评家的“历史命运”往往是曲折多变的。但史学批评史确也表明，凡有价值的史学批评，终究是站得住的，是有生命力的。

四、探索学科话语体系的构建

在本书的撰述过程中，我们要努力探索在唯物史观指导下，为中国史学批评史话语体系的构建作知识上和理论上的积累。

① 侯外庐：《柳宗元哲学选集》序，中华书局香港分局1976年版，书首。

首先，是如何对待中国史学遗产问题，这是首要问题。其中道理很简单，因为是讲的中国史学批评史，其话语体系构建的基本素材、内容、概念体系自亦建立在中国史学遗产的基础之上。早在八十多年前，毛泽东在《中国共产党在民族战争中的地位》一文中强调指出：

> 学习我们的历史遗产，用马克思主义的方法给以批判的总结，是我们学习的另一任务。我们这个民族有数千年的历史，有它的特点，有它的许多珍贵品。对于这些，我们还是小学生。今天的中国是历史的中国的一个发展；我们是马克思主义的历史主义者，我们不应当割断历史。从孔夫子到孙中山，我们应当给以总结，承继这一份珍贵的遗产。这对于指导当前的伟大的运动，是有重要的帮助的。[①]

毛泽东是在全面抗日战争初期民族危机深重的历史条件下写下的这段话。今天，在中华民族走向伟大复兴的征程中，我们重温这段话，更加深刻地领会到毛泽东的高瞻远瞩和对中华民族前途的坚定信念。从毛泽东的上述论点来看，重视史学遗产的研究，应是中国史学批评史话语体系构建中的第一个层面，没有这个层面的研究，则上述构建云云，说得严重一点，也只能是纸上谈兵。

---

① 毛泽东：《中国共产党在民族战争中的地位》，《毛泽东选集》第二卷，人民出版社 1991 年版，第 533–534 页。

其次，从史学遗产研究中揭示或提炼出与相关学科密切联系的概念和观念，是构建该学科话语体系的重要环节。马克思主义认为：

> ……概念、判断和推理的阶段，在人们对于一个事物的整个认识过程中是更重要的阶段，也就是理性认识的阶段。认识的真正任务在于经过感觉而到达于思维，到达于逐步了解客观事物的内部矛盾，了解它的规律性，了解这一过程和那一过程间的内部联系，即到达于论理的认识。重复地说，论理的认识所以和感性的认识不同，是因为感性的认识是属于事物之片面的、现象的、外部联系的东西，论理的认识则推进了一大步，到达了事物的全体的、本质的、内部联系的东西，到达了暴露周围世界的内在的矛盾，因而能在周围世界的总体上，在周围世界一切方面的内部联系上去把握周围世界的发展。
>
> 这种基于实践的由浅入深的辩证唯物论的关于认识发展过程的理论，在马克思主义以前，是没有一个人这样解决过的。马克思主义的唯物论，第一次正确地解决了这个问题，唯物地而且辩证地指出了认识的深化的运动，指出了社会的人在他们的生产和阶级斗争的复杂的、经常反复的实践中，由感性认识到论理认识的推移的运动。[①]

① 毛泽东：《实践论》，《毛泽东选集》第一卷，人民出版社 1991 年版，第 285–286 页。

这是马克思主义关于人的认识发展的科学的、精辟的论说。我们的先人不可能达到这样的认识高度，但从人的认识发展规律来看，他们也会自觉或不自觉地提出一些概念和观念，而后人则可根据这些概念和观念并结合自身所处的时代，考察这些概念和观念是怎样被提出来的，这些概念和观念是在怎样的程度上反映了那个时代的社会状况和人们的思想面貌的。

如《左传·宣公二年》记："赵穿攻灵公于桃园。宣子未出山而复。大史书曰：'赵盾弑其君。'以示于朝。宣子曰：'不然。'对曰：'子为正卿，亡不越竟，反不讨贼，非子而谁？'宣子曰：'呜呼！《诗》曰：我之怀矣，自诒伊戚。其我之谓矣。'孔子曰：'董狐，古之良史也，书法不隐。赵宣子，古之良大夫也，为法受恶。惜也，越竟乃免。'"[①] 从史学批评史的视角来看，这一记载中提出的重要概念，一是"良史"，一是"书法不隐"。这两个概念在中国史学史上有很大影响。但是，人们对这两个概念被提出来的历史背景却讨论得不多，以至于产生了种种歧义：有的观点认为，孔子只是表彰董狐"书法不隐"，并未称赞赵盾；有的观点认为，赵盾本是杀死晋灵公的幕后指挥与同党，不应受到赞扬；还有的观点认为，赵盾的罪名不论其"越境"与否，都是免不了的，《左传》这种记载表明《左传》作者见识的低下。[②] 笔者甚至还曾见过一篇未刊稿，认为董狐是在曲笔记载史事，因为赵盾并未"弑君"。上述诸多歧见的出现，多

---

① 《左传·宣公二年》，杨伯峻《春秋左传注》本，中华书局1981年版，第662-663页。

② 参见傅隶朴：《春秋三传比义》，中国友谊出版公司1984年版，第151-154页。

是因为没有对这一事件发生的时代及其特点作出考察，而是就事论事。其实，只要把这一事件放到它所处的春秋时期加以考察，董狐、赵盾、孔子的言行，都可迎刃而解，而这个“刃”就是“礼”。“礼”是当时的社会伦理准则，在“礼”的笼罩之下，董狐反驳赵盾的话是合于“礼”的，孔子赞扬董狐“书法不隐”也是合于“礼”的，孔子惋惜赵盾“为法受恶”则是从另一个角度来维护“礼”的。总之，把《左传》的这一记载置于当时历史条件下来看，自然是合理的。准此，则对于孔子提出的“良史”和“书法不隐”这两个概念就应作历史的看待。这从后人对司马迁的评价中可以看出有关概念内涵的变化。《汉书·司马迁传》记：“然自刘向、扬雄博极群书，皆称迁有良史之材，服其善序事理，辨而不华，质而不俚，其文直，其事核，不虚美，不隐恶，故谓之实录。”[①] 这里说的“良史”，包含了多种因素，已不同于“礼”笼罩下的“良史”；这里说的“其文直，其事核”等，也不同于“礼”笼罩下“书法不隐”所记载的史事。

然而，问题在于，上述概念在古人那里往往是模糊的，如《周书·柳虬传》记史官柳虬上疏写道：“古者人君立史官，非但记事而已，盖所以为监诫也。动则左史书之，言则右史书之，彰善瘅恶，以树风声。故南史抗节，表崔杼之罪；董狐书法，明赵盾之愆。是知直笔于朝，其来久矣。”[②] 又如刘知幾《史通·直书》篇写道：“如董狐之书法不隐，赵盾之为法受屈，彼我无

① 班固：《汉书》卷六二《司马迁传》，中华书局1962年版，第2738页。
② 令狐德棻：《周书》卷三八《柳虬传》，中华书局1971年版，第681页。

忤，行之不疑，然后能成其良直，擅名今古。”“若南、董之仗气直书，不避强御；韦、崔之肆情奋笔，无所阿容。”① 文中还有“征诸直词”“务在审实”等说法。由此可以看出，不论是柳虬还是刘知幾，对于“董狐书法”或“书法不隐”与“直笔于朝”或“征诸直词”之间的界限是模糊不清的。

上述事例表明，概念和观念是重要的，但只有考察清楚它们产生于或应用于一定时代的史学研究与社会条件时，才能显示出其重要性。正因为如此，学科话语体系的构建是一个艰难的过程，也是一个绕不过去的“关口”。

再次，对史学批评史上有关的概念、观念作创造性的转化和创新性的发展，使之构建成合理的体系。② 为此，要努力做好两件事。

第一，研究和阐述有关概念、观念提出的社会条件与历史根源。马克思、恩格斯指出：“不是意识决定生活，而是生活决定意识。”③ 如上所述，对于相同概念、观念应用于不同的历史条件与社会环境，其内涵往往有所不同，故必须研究、阐述清楚，使之有可能进入相关的概念或观念体系。对于不同历史条件和社会环境下提出的概念或观念，自应作同样的研究和阐述，并关注此概念或观念与彼概念或观念的关系，以丰富概念或观念的体系构成。

第二，根据唯物史观关于人的认识发展规律和基本原理，重

---

① 刘知幾：《史通·直书》，浦起龙《史通通释》本，上海古籍出版社 2009 年版，第 179、180 页。

② 参见习近平：《在哲学社会科学工作座谈会上的讲话》，《人民日报》2016 年 5 月 19 日。

③ 马克思、恩格斯：《德意志意识形态》，《马克思恩格斯文集》第一卷，人民出版社 2009 年版，第 525 页。

点考察中国史学批评史上那些具有某种合理因素的概念、观念，对其作出合理的解释，使之焕发出新的生命力。如前述刘知幾引用前人的观点用以评论史书，指出："夫史官执简，宜类于斯。苟爱而知其丑，憎而知其善，善恶必书，斯为实录。"[①] 这是包含了朴素辩证思想的观念。又如杜佑在评论前人的有关争论时，强调不可"将后事以酌前旨"，认为那是"强为之说"的做法。[②] 这是包含了历史地看待历史的思想，可以看作朴素的历史主义观念。再如章学诚在讲到历史撰述如何处理"天"与"人"的关系时，这样写道："盖欲为良史者，当慎辨于天人之际，尽其天而不益以人也。尽其天而不益以人，虽未能至，苟允知之，亦足以称著述者之心术矣。而文史之儒，竞言才、学、识，而不知辨心术以议史德，乌乎可哉？"[③] 这可以看作是怎样处理历史撰述中史学家的主观意识与客观历史的关系，而其核心是尽可能反映客观（尽其天）又尽可能不加入人的主观（不益以人）；同时章学诚又指出，尽管达不到这样的境界，只要努力这样去做，也可以说是懂得著述的要求了。只有做到这种程度，才可称为史德。章学诚的这个观念，用今天的话来说，就是如何理解和处理历史撰述中的主、客体关系。

上述这些事例，在不同程度上都具有一定的合理因素，也都可以在唯物史观指导下给予合理的阐述，使其融入当今的史学研

① 刘知幾：《史通·惑经》，浦起龙《史通通释》本，上海古籍出版社2009年版，第374页。
② 参见杜佑：《通典》卷三一《职官十三·王侯总序》，中华书局1988年版，第850页自注。
③ 章学诚：《文史通义·史德》，叶瑛《文史通义校注》本，中华书局2014年版，第258页。

究而获得新的生命力。

准此，如果我们在上述几个层面用大气力、下大功夫，并不断取得成就，即是为创新性发展打下坚实的基础。

应当着重说明的是，概念和观念固然是学科话语体系构建中不可缺少的要素，但我们在认识、解说、运用它们的时候，应当用学科发展的历史以至社会发展的历史加以说明，而不是用它们来说明学科发展的历史以至社会发展的历史。这样，就可避免一种理论上的错误，即恩格斯所批评的那样："不是概念应当和对象相适应，而是对象应当和概念相适应了。"[①] 在中国史学批评史上，刘知幾认为司马迁《史记》为项羽立本纪、为陈涉立世家不合于体例，即意在历史应当适应于体例，而不是体例应当适应于历史，就是类似这种理论上的错误。同时，我们还应当关注恩格斯提出的如下这一观点，即："从我们接受了进化论的时刻起，我们关于有机体的生命的一切概念都只是近似地与现实相符合。"[②] 这里，恩格斯说的是自然科学方面的问题，在哲学社会科学领域也可以作为参考。如在中国史学批评史上很早就出现了"信史""实录"这样的概念，它们反映了中国史学求真的优良传统，但若以此为依据，认为"信史"绝无错误，"实录"绝无不实之处，这就过于绝对了；反之，如若发现"信史"也有错误记载、"实录"也有不妥之处，就认为无"信史""实录"可

① 恩格斯：《反杜林论》，《马克思恩格斯选集》第三卷，人民出版社 2012 年版，第 473 页。

② 恩格斯：《恩格斯致康拉德·施米特》（1895 年 3 月 12 日），《马克思恩格斯选集》第四卷，人民出版社 2012 年版，第 668 页。

言，这就走向历史虚无主义了。可见，对于类似这样的概念，应持有合理的认识和批判。总之，学科话语体系构建，既要大胆探索，又必须谨慎推进。

*　　　　*　　　　*

关于中国史学批评史的研究，现在尚处于起步阶段，我们的认识水平，也处于起步阶段，尤其是史学批评史研究的历史意义、社会意义、学术意义和理论意义，我们现在只有一点粗浅的认识，它的深刻的意义和重要价值，都有待于进一步的发掘、梳理和阐述。一方面我们在研究中要注意从宏观上把握史学批评的大势和发展中提出的重大问题，另一方面也要重视对于个案的分析判断。这样可以使全局同局部相联系、宏观与微观相联系，庶几写出一部比较深入的中国史学批评史。

2017 年 8 月初稿

2019 年 6 月改定

目　录

前　言

一、时代特点与史学面貌

宋代是中国古代史学的繁荣时期。宋代史学的繁荣促进了宋代史学批评的展开。研究表明："两宋时期，史学批评获得多方面的成就，在理论上和方法上都呈现出繁荣景象。"[①] 宋代史学批评涉及的范围广阔，观点众多，本文尝试梳理与归纳出五代两宋史学批评的面貌。史学的发展脱离不了时代的特色，而史学思想的深化又为史学批评的展开提供了广阔的空间。宋代社会经济的发展与进步为宋代史学的繁荣提供了坚实的基础。

首先，社会剧变所带来的深刻影响应当是促进宋代史学发展的主要原因。

宋朝立国之初，社会矛盾尤其是阶级矛盾、与周边少数民族政权之间的民族矛盾一直是其试图解决却始终无法彻底解决的两

① 瞿林东：《两宋史学批评的成就》，《河北学刊》1999 年第 2 期。

大难题，这两大矛盾交错而尖锐，影响着宋代社会的方方面面。

宋代是中国历史上的一个重要时期。五代沿袭了晚唐以来的风气，藩镇割据，战乱不已。北宋的统一结束了五代以来的混乱局面。为了避免晚唐五代藩镇割据的弊病，宋初在政治上采取了一系列的措施，宋太祖主要从“夺其权”“制其钱谷”“收其精兵”[①] 三个方面加强中央集权，革除了五代以来地方藩镇擅权纷争的弊端。宋初为了加强中央集权，“对官员的任用，实行了官职名称与实际职务相脱离的政策”[②]。设立官、职、差遣，在地方则设置通判，通过分化事权的方式，避免了中央与地方出现权臣专政。北宋初期采取的改革措施取得了成效，但是其逐渐演变为“祖宗之法”，长期以来固守难变，至宋代中期积累了一系列的问题。地方财赋大量上交朝廷造成地方势弱，防范与抑制武将则使得宋代兵不堪用。北宋中期，随着社会经济的发展，土地兼并集中，社会分化严重，加之契丹、西夏的骚扰，北宋中期社会面临着严重的社会危机。面对内忧外患，宋代士人抱有强烈的忧患意识，纷纷号召变革，北宋中期先后掀起了“庆历变法”与“熙丰变法”等运动。然而变法运动所激起的党争，却进一步加剧了北宋朝局的内斗。随着东北女真的兴起，长驱直入中原，俘获宋徽宗、宋钦宗，北宋在中原的统治落下帷幕。

宋代中期以来严重的社会危机推动了宋代史学的发展。面对

---

① 李焘：《续资治通鉴长编》卷二，宋太祖建隆二年七月戊辰，中华书局 1992 年版，第 49 页。

② 周宝珠、陈振：《简明宋史》，人民出版社 1985 年版，第 24 页。

宋代中期以来的政治社会问题，宋朝的士人纷纷发表意见，强调以史为鉴，主张从史学中寻找解决现实问题的方法，从而促进了有关史学的认识与讨论。宋仁宗时张方平为应对宋夏关系而提出了《平戎十策》，其中一条称“患起于甚微，衅生于所忽，则朝廷之忧不在边防，而在四郊之内矣”[①]，这种处理民族冲突的思想实际上与《旧唐书》《新唐书》的史论相符合。《旧唐书·回纥传》论赞称：“（回纥）竟为手足之疥焉。僖、昭之世，黄、朱迭兴，竟为胸背之疽焉。”[②] 以手足与胸背来形容民族冲突与内部动乱之间的轻重。《新唐书·南蛮传》评论：“有国者知戒西北之虞，而不知患生于无备。汉亡于董卓，而兵兆于冀州；唐亡于黄巢，而祸基于桂林。”[③] 认为唐真正灭亡的原因在于内部动乱。三者都主张在处理民族冲突的同时要把内政的稳定与治理作为统治重心，由此可知张方平关于现实问题的处理受到了史学思想的影响。在宋代作为选拔人才的科举策问中也包含着以史为鉴的意识。苏辙在策问题目中指出：“今世法唐以为治，上自百官刑法礼仪，下至州郡兵民赋役，要之以唐为准……夫法与唐类，地多于唐，费用不若唐之多，而府库之蓄无以大相过者，何也？”[④] 他提到宋代应注重借鉴唐代的历史经验，然而以史为鉴，为何唐代与宋代在处理现实问题的结果上会产生差异。

① 张方平：《张方平集》卷一九，中州古籍出版社 1992 年版，第 264 页。
② 刘昫等：《旧唐书》卷一九五《回纥传》，中华书局 1975 年版，第 5216 页。
③ 欧阳修、宋祁：《新唐书》卷二二二《南蛮传》，中华书局 1975 年版，第 6295 页。
④ 苏辙：《栾城集》卷二〇《私试进士策问二十八首》，《苏辙集》，中华书局 1990 年版，第 360 页。

苏辙的策问无疑会进一步激发有关史学借鉴问题的思考。宋代君主也重视史学，主张从中吸取经验教训，作为寻找解决现实问题的途径，宋仁宗曾“谓监修国史王曾曰：‘先朝美政甚多，可谕史官详载之。’因言两《汉书》文辞温雅，《唐书》殆不能及也”①。宋仁宗重视对前朝优秀制度的学习与借鉴。经济社会的发展、文教事业的繁盛、现实忧患的刺激，这些因素进一步推动了宋代史学的发展，为史学问题的讨论与争鸣，提供了坚实的基础。

就南宋而言，靖康之变所带来的震荡与变动，无论是朝代更迭、政治形势的剧变，还是个人的家破人亡、流离失所，都是时人眼见亲历的。这种国破家亡的切肤之痛，成为时代的印记烙刻在人们的心里，使人们的精神世界遭受到巨大的冲击。这种社会现实生活骤变所产生的影响也进入社会意识形态中，深刻地影响着社会文化的内容与发展方向。南宋初年，一种以要求坚决抗金、恢复中原为内容的思潮在社会上涌动，人们关心国家的安危，希望统治阶级能够成为抗金的中坚力量。但是，南宋统治阶层却以称臣纳贡换取东南半壁江山的偏安政局，使人们对于国家的命运与前途充满了忧虑。北宋末期以婉约词风而闻名于世的女词人李清照，南渡之后就有感于时局而作一首《夏日绝句》：“生当作人杰，死亦为鬼雄。至今思项羽，不肯过江东。”② 很能反映当时人们的心理状态。现实生活的巨大变故往往会内化成为

① 李焘：《续资治通鉴长编》卷一〇七，宋仁宗天圣七年三月壬午，中华书局1992年版，第3503页。

② 李清照：《李清照诗词选》，中华书局2009年版，第73页。

驱使人们记录时事、研究历史的精神动力。在南宋士人的诗集、文稿、笔记、信札之中均可见人们对于靖康之变、抗金时事以及北宋旧事的记录与感怀，这其中自然也就保存了大量的史料。虽然这些记录由于种种原因会出现“有所同异，事有疑信”① 的差别，但是在客观上却为史家修史提供了丰富的史料资源，从而为史家系统地记录历史、总结历史提供了便利。

就史学本身而言，它作为社会意识形态之一，也深受社会历史变迁的影响。白寿彝先生说：“中国史学史上还出现这样一个传统：在中国历史遇到一定显著变化以后，总有带总结性的历史名著出现。”② 为什么中国古代史学会有这样的传统？究其原因，是与它与生俱来的“鉴戒”史观分不开的。“鉴戒”史观有两种基本的含义：一是“鉴往知来”，即研究的虽是过去，但着眼的却是未来，对于经验的总结，可以使人们积聚成功的力量；一是“引以为戒”，即居安思危，对于教训的总结，是为了不再重犯错误，可以使当下与以后能够更为顺利地发展。像社会动荡、朝代兴衰存亡这样的社会变故，其中蕴含着深刻而丰富的经验教训，自然也就成为史家关注的焦点，成为“鉴戒”的基本内容与对象。“鉴戒”思想在中国古已有之，早在周代，“鉴戒”就表现为“我不可不监于有夏，亦不可不监于有殷”③ 的“殷鉴”观念。春秋晚期，孔子鉴于世道衰微、邪说暴行而作《春秋》，

---

① 徐梦莘：《三朝北盟会编自序》，上海古籍出版社 2008 年版，第 3 页。
② 白寿彝：《白寿彝史学论集》，北京师范大学出版社 1994 年版，第 464 页。
③ 《尚书·召诰》，王世舜《尚书译注》本，四川人民出版社 1982 年版，第 188 页。

希望警示后人。东汉末年政治黑暗，社会动荡，荀悦修《汉纪》时明确表示“鉴戒”是此书的主要目的之一，希望此书能够起到“惩恶而劝善，奖成而惧败”[1] 的作用。北宋司马光历十九年，撰成二百九十四卷的《资治通鉴》，他在《进〈资治通鉴〉表》中自述此书的目的是为了达到“鉴前世之兴衰，考当今之得失，嘉善矜恶，取是舍非，足以懋古之盛德，跻无前之至治”[2]，他的这一番话也将中国古代史学中的“鉴戒”史观作了极其明白的阐释，对于当时和后世史学的影响极大。北宋末年、南宋初期，人们经受了国破家亡的大动乱，总结北宋急速灭亡的教训、寻找解决社会问题的出路就成当务之急。是时，对于前世兴衰的总结在一定程度上已成为一种自觉的史学行为，继承《资治通鉴》精神的史家辈出，史著繁多，出现了史家撰写本朝史撰述的繁荣。

其次，这一时期的史学繁荣是两宋社会文明进步的一个缩影，社会经济的发展促进了宋代史学的发展。

宋代经济繁荣，耕地得到进一步开垦，人口数量激增。宋代商品经济发达。随着商业的繁荣，隋唐以来泾渭分明、管理井然的坊市制度遭到废弃，逐渐演变为适应商业发展的厢坊制：“由于商业的兴盛达到一定程度，才促使不适应时代发展的各地坊市制，在这时为厢坊制的街巷所替代。”[3] 至宋代中期为了满足大

---

① 荀悦：《汉纪序》，《两汉纪》，中华书局 2002 年版，第 2 页。

② 司马光编著，胡三省音注：《进书表》，《资治通鉴》，中华书局 1956 年版，第 9608 页。

③ 陈振：《宋史》，上海人民出版社 2003 年版，第 306 页。

量商业交易的需要，四川地区出现了最早的纸币“交子”。手工业也得到了极大的发展。中国古代四大发明中的三项印刷术、指南针、火药都是在宋代得到大规模应用与传播。宋代制造瓷器技术取得长足的发展，瓷器成为手工业的重要商品，行销海内外。宋代贸易发达，在辽与西夏的边境上设立了“榷场”，并先后在广州、泉州、明州等地设立了“市舶司”，管理海外贸易。宋代的海外贸易远至西亚、东非，据冯承钧考证，记述宋代海外贸易的《岭外代答》一书，其贸易国家范围“西方包括大食（阿拉伯）诸国，还包括木兰皮国（在今西班牙南部及非洲西北部）和非洲东岸的昆仑层期国（今桑给巴尔）”[①]。由此可见宋代海外贸易的发达。

经济的繁荣为社会文化的昌盛提供了物质基础。宋代文化兴盛，宋朝统治者实行重文抑武政策，通过广开科举等措施，推动宋代文教的发展，两宋时期出现了一批著名的文人学者。邓广铭称：“宋代是我国封建社会发展的最高阶段，两宋时期内的物质文明与精神文明所达到的高度，在中国整个封建社会历史时期之内，可以说是空前绝后的。”[②]

宋朝时科举面向社会的各个阶层，不再有门第限制，除了“有大逆人缌麻以上亲，及诸不孝、不悌、隐匿工商异类、僧道归俗之徒”[③] 之外，平民百姓均可报名，可以说，两宋科举是面

① 冯承钧：《中国南洋交通史》，上海古籍出版社 2005 年版，第 12 页。
② 邓广铭：《谈谈有关宋史研究的几个问题》，《社会科学战线》1986 年第 2 期。
③ 脱脱等：《宋史》卷一五五《选举一》，中华书局 1977 年版，第 3605 页。

向整个知识分子阶层的。至南宋时除继承了北宋“寒门取士”的政策外，还扩大取士名额，如在宝祐四年（1256）登科的进士达六百零一人，平民出身者有近四百人。[①] 这样的科举措施彻底结束了魏晋时期以来门第取仕的限制，既便于政府网罗人才，又对文化教育的发展起到了有力的推动作用。在科举考试的推动下，宋代教育发达。宋代朝廷设国子监，在地方普及州学、县学；而以私人授教为主的书院在两宋时期得到很大的发展，著名的有白鹿洞书院、岳麓书院、象山书院、丽泽书院等，其总数量达三百所以上；普通士人与知名学者还常常自设私学，如据《宋史·郑樵传》，从其授学的学生最多时达两百余人。可以说，在两宋时期从中央到地方的各类学校蓬勃发展，其规模、数量以及办学水平都有了较大的提高。教育盛行的结果是两宋社会整体文化水平的提升。叶适《水心集》有这样的记载：“今吴、越、闽、蜀，家能著书，人知挟册。”[②] 科举与学校教育的发展，加之印刷技术的完善，还带动了南宋刻书业的兴盛，并形成了临安、越州、明州与婺州等刻书中心，而刻书业的繁荣又反过来促进了文化的普及与推广。[③]

宋代经济社会的繁荣同样促进了史学的发展。苏轼在《李氏山房藏书记》中提到：“余犹及见老儒先生，自言其少时，欲

---

① 参见俞兆鹏：《南宋人才之盛及其原因》，《杭州日报》2005 年 11 月 14 日。

② 叶适：《水心集》卷九，《景印文渊阁四库全书》第一一六四册，台湾商务印书馆 1986 年版，第 191 页。

③ 参见王星麟：《宋代的刻书业》，《史学月刊》1986 年第 1 期；大江：《全盛的宋代刻书业》，《古典文学知识》2006 年第 4 期。

求《史记》《汉书》而不可得，幸而得之，皆手自书，日夜诵读，惟恐不及。近岁市人转相摹刻诸子百家之书，日传万纸，学者之于书，多且易致如此。”① 随着宋代印刷术的大规模应用，史书等书籍的传播日益广泛，从而促进了人们对史学的认识与关注。同时随着印刷术的发展，刻本的增多，其中在传播过程中版本讹误的问题，对史书校勘提出了需求，宋代史学有关考证刊误的书籍大量出现，如三刘的《汉书刊误》、余靖的《汉书刊误》等。史书书籍版本的增多刺激了史学体裁门类的发展。

两宋时期人们尊孔崇儒，同时，对于佛道两教也持尊奉态度，儒释道三教同设并行，互相影响融合。这种兼容并包的思想特色，使得宋代出现了一批著名学者及其学派，北宋中期形成了具有广泛影响的以司马光为代表的“朔学”，以“二程”为代表的“洛学”及以“三苏”为代表的“蜀学”。至南宋时期特别是孝宗时期，学术思想非常活跃，“百家争鸣”，各学派相对自由发展，形成了以朱熹为代表的理学、陆九渊为代表的心学、吕祖谦为代表的婺学、叶适为代表的永嘉事功之学等。士人们疑古惑经，大胆地用自己的观点对经典进行诠释；学者们交游广泛，不同学术派别之间也经常进行学术交流，如“鹅湖之会”“王霸义利”之辩等，在中国学术史上影响深远。两宋时期学术思想的活跃与繁荣，是中国古代学术史上浓墨重彩的一页。

宋代史学是中国古代史学的重要时期。陈寅恪评价“中国

① 苏轼：《苏轼文集》卷一一《李氏山房藏书记》，中华书局1986年版，第359页。

史学莫盛于宋"[①]，又称"华夏民族之文化，历数千载之演进，造极于赵宋之世"[②]。关于宋代史学认识，钱穆指出"讲中国学术史，宋代是一个极盛时期"[③]。这些评价都表明宋代史学在中国古代史学中占有重要的地位。关于宋元时期史学发展的特点，白寿彝先生主编的《中国史学史》归纳为："第一，编年体史书比前一时期有很大的发展。""第二，典制体史书的发展。""第三，通史在史书撰述中的地位大大加强。""第四，古史和当代史的史书增多。""第五，新体裁、体例史书出现。""第六，民族史、地方史和域外史有很大的发展。"[④] 其中编年体史书的发展，通史的兴盛，史书修撰的增多及新的史书体裁的扩展等，这些宋代史学的特色，与史学批评的发展有着密切的联系。史学的发展为史学批评的展开提供了空间，而史学批评的深入也促进了史学发展的进步。两宋史学批评的发展正是围绕宋代史学的这些特点而展开的。

二、史学批评的兴盛

（一）宋代史学批评发展兴盛的原因

首先，宋代史学批评的发达同宋代内忧外患的时代背景有关。宋朝建立初期就面临着如何结束五代混乱局面的政治问题，

---

① 陈寅恪：《陈寅恪先生文集》卷三《金明馆丛稿二编》，上海古籍出版社 1980 年版，第 240 页。

② 陈寅恪：《陈寅恪先生文集》卷三《金明馆丛稿二编》，上海古籍出版社 1980 年版，第 245 页。

③ 钱穆：《中国史学名著》，生活·读书·新知三联书店 2000 年版，第 192 页。

④ 白寿彝主编：《中国史学史》（第 3 版），北京师范大学出版社 2016 年版，第 186-188 页。

宋代初期的许多学者希望从史学中寻求答案，进而对于史学的价值提出了新的思考与评价。宋代中期面临着内忧外患的危机，在有关变法与反变法的讨论之中，史学被视为处理有关问题的指导思想之一。南宋初期在处理和与战的问题上，反思与回顾历史成为宋代朝野通行的做法。这种贯穿两宋的危机与忧患意识使得宋代形成了探究历史与史学的热潮。

宋代君主重视史学的资治价值。君主对史学的重视促进了有关史学问题的讨论。宋代实行崇文抑武的文化政策，历代君主不仅重视有关正史的修撰，而且强调宋代国史修撰的制度化。宋代史馆修撰有《实录》《国史》《会要》《玉牒》《圣政录》《宝训》等史书。在有关君主教育的讲筵中大量包含有关史学的内容。宋代君主不仅赐予文官大量史书，而且对于边境的武臣也多颁赐史书。宋代君主对史学资治的重视，使得文臣往往通过编写史书的形式来劝戒君主，进而对有关史书修撰中存在的问题有了更多的讨论。

其次，宋代社会文化的发展促进了对于史学认识的深入。宋代经济的繁荣使得两宋社会文化得到极大的进步。随着印刷术的发展，书籍的传播更加便利。宫廷与贵族藏书得以在民间广泛流传，宋代逐渐形成有关版本校勘之学。这种书籍获得的便利为宋代学者阅读史书与讨论史学提供了空间。宋代记录文人言论的笔记大量出现，其中包含了不少的史学批评。社会文化的发展使得宋代史学批评的主体得到了扩展，史学批评的领域得以丰富。

宋代社会文化的发展催生了诸多学术流派，不同学术思想的碰撞，使得宋代议论之风盛行。宋代不仅出现了如李焘、郑樵这样以史学自任的史家积极反思史学的发展，而且在不同领域的学者中间也广泛存在着有关史学的商榷争论之风。

宋代科举取士吸引了大量的读书人。科举形式从诗赋向策论的转化使得史学内容在科举中占据了重要地位。这一方面使得读书人进一步阅读史书并思考有关史学的问题，另一方面科举策论中有关史学的讨论也得以借助科举策论的形式传播至更多的读书人。

最后，宋代史学批评同宋代史学发展的状况密切相关。在中国传统学术之中，史学首先是依附于经学与文学之中，古代史学发展至宋代，不仅史学的独立地位越发显著，而且传统史学在发展过程中所积累的问题也逐渐引起学者的关注。中国古代史学发展至宋代，业已形成悠久的修史传统，诞生了大量的史著，它们为宋代史学的发展奠定了坚实的基础。如何总结与评价这些丰富的史学资源，推进宋代史学的进步，成为宋代史家关注与聚焦的问题。

宋代史学批评关注的焦点有些为历代史学发展提出的问题。宋代盛行的编年与纪传之争为前代史学讨论的旧问题。宋代史学批评赋予了前代史学讨论以新的内涵。宋代积累了大量历代修撰的纪传体正史，通过反思历代纪传体正史，宋代史学批评形成了对会通问题的关注。会通观念成为宋代史学批评的特色。宋代诞生了编年体通史巨著《资治通鉴》，伴随着对编年体认识的深化，宋代有关的讨论逐渐催生出纪事本末体与纲目体的新史体。

官修史书至宋代进一步发展，宋代史馆制度的发展还对周边的辽金史馆制度产生了影响。围绕史馆制度中的官职、责任及期限等问题，宋代史家展开一系列的讨论。这些问题在宋代逐渐成为史学批评的重要议题。宋代史学发展的状况刺激了史学批评的展开，而史学批评的发展又反过来推动了宋代史学的进步。

（二）宋代史学批评发展趋势

五代时期虽然各政权的存续时间不长，然而对于史学，特别是官修史书给予了极大的热情。五代宋初君主颁布了一系列的修史诏令。这些诏令既关注本朝史的修撰，还重视编撰前朝史。分析这些修史诏令的内容，可以发现其对史学的认识可以概括为“彰善”与“存续”。这些诏令认为修史可以保存君主的功绩，而史书使得这些功绩得以长久保存。然而面对五代混乱的时局，这种侧重彰善与存续的修史主张与现实显得格格不入。

宋朝的建立虽然结束了五代的局面，然而宋初沿袭了五代的许多做法。至北宋中期，随着经济发展，政局稳定，在思想领域展开了对五代的反思与批评，在史学领域掀起了一系列的讨论。这种批评集中反映为宋代中期学者有关《旧唐书》与《旧五代史》的批评及其对《新唐书》与《新五代史》的赞扬。透过这些史学批评思想反映出宋代中期史学学者力图摆脱五代面貌，展现时代精神的一种努力。

北宋中期以欧阳修为代表，针对《旧唐书》与《旧五代史》的修撰，从事实、褒贬与文采三方面提出较为全面的批评。但是欧阳修在史书修撰中最为人瞩目的特点在于对褒贬的强调，他在

《免进五代史状》中曾自谦："笔削旧史、褒贬前世，著为成法。"[1] 后世有关欧阳修《新唐书》《新五代史》的评价的争议多围绕褒贬展开。

北宋中后期吴缜专门著述了有关史学批评的专书《新唐书纠谬》与《五代史纂误》。他总结了有关修史的三要素：事实、褒贬与文采。他将对欧阳修史学批评的重点放在了事实上。吴缜关于欧阳修的批评实际反映了宋代史学批评的一种新趋势，即在事实、褒贬与文采的侧重上，其重心渐从褒贬向事实转移。北宋中晚期的司马光及其《资治通鉴》代表了这种重视事实的批评倾向。司马光在有关褒贬的问题上，采取了与欧阳修不同的态度。特别是关于正统的褒贬问题，司马光采取了侧重事实的批评态度。

欧阳修与司马光在有关事实、褒贬与文采的关系处理上存在着区别。欧阳修重视褒贬，主张在史书撰述中寄予褒贬之义，时人评价他"作《本纪》，用春秋之法……于《五代史》尤所留心褒贬善恶"[2]，他学习《春秋》，重视史书文采："夫据天道，仍人事，笔则笔而削则削，此《春秋》之所作也。"[3] 司马光在一定程度上也重视褒贬，这体现在他同样看重史书所具有的垂训与鉴戒的作用，但他认为史书的资治价值是从历代事实的总结中得

---

① 欧阳修：《奏议》卷一六，《欧阳修全集》卷一一二，中华书局 2001 年版，第 1706 页。

② 欧阳发：《先公事迹》，欧阳修：《欧阳修全集·附录》卷二，中华书局 2001 年版，第 2626 页。

③ 欧阳修：《居士外集》卷一一《石鹤论》，《欧阳修全集》卷六一，中华书局 2001 年版，第 880 页。

来的。司马光主张借鉴《左传》，而非学习《春秋》："因丘明编年之体，仿荀悦简要之文。"① 司马光在《资治通鉴》的时间断限上没有上接《春秋》，而是包含着接续《左传》之意，他把实现资治的重点放在事实上。欧阳修与司马光的史学批评的差异在一定程度上代表了宋代史学批评发展阶段的不同。

宋代史学批评发展至南宋时期，在有关事实、褒贬与文采的评价倾向上分为两途。部分史家重视事实，以广博与会通著称，强调对北宋历史的反思。他们的代表为南宋李焘的《续资治通鉴长编》、徐梦莘的《三朝北盟会编》及李心传的《建炎以来系年要录》，他们无不以广泛搜集史料为意，其著史意图具有强烈的现实目的，主张鉴往知来，反思北宋的灭亡，为南宋的恢复提供借鉴。这些南宋初期史家在事实、褒贬与文采的关系上具有重视事实的倾向。

部分重视史学批评的群体则以理学家为主，他们强调对史书褒贬的强调，其中多把褒贬的源头推之于《春秋》，实际多以此时兴起的理学为标准。南宋胡寅的《读史管见》作为《资治通鉴》的评论之作，其《序》称："司马文正所述《资治通鉴》，事虽备而立意少。伯父用《春秋》经旨，尚论详评，是是非非，治乱善恶如白黑之可辨。"② 进而朱熹创立《资治通鉴纲目》，指出其著述重心为"辞事之详略，议论之同异"，认为这样的议论

① 刘恕：《资治通鉴外纪后序》，上海古籍出版社1987年影印本，第101页。
② 胡寅：《读史管见旧序》，《读史管见》，岳麓书社2011年版，第3页。

特色利于“大纲既举，而监戒昭矣”[①]。南宋理学家重视史学褒贬的倾向，突出地体现在有关“史法”问题的讨论上。南宋叶适提出“史法”之论。他认为史法经历了三个阶段，肯定孔子对旧史法的继承与发扬，批评司马迁对旧史法的破坏。这种关于“史法”的批评具有鲜明的特色，突出《春秋》所代表的旧史法，这与北宋中期从《春秋》中发掘出褒贬之义有着类似之处，反映了南宋以理学家为代表的史学批评重视史学褒贬的倾向。

北宋初期鉴于五代史学文过饰非的“彰善”风格，掀起了强调史学褒贬的浪潮。至宋代中期形成以欧阳修为代表的侧重褒贬的修史风格。此后这种批评倾向受到吴缜、司马光等人的批评。司马光等主张重视事实，从历史经验中总结资治之道。南宋时期，鉴于北宋的覆亡，在史学上围绕着重视事实还是褒贬的问题，史学批评体现了各自不同的立场，呈现出两种批评风格并存的现象。

（三）宋代史学的会通观念

会通是宋代史学批评的重要范畴，关于会通认识的深化体现出宋代史学批评理论的发展。宋代关于史学会通的评价是一个发展积累的过程。宋代诞生了多部中国古代重要的通史著作，在此过程中有关会通问题的讨论也成为宋代史学批评中的重要特色。

司马光在编写《资治通鉴》的过程中，与刘恕等人就会通的观念进行了诸多讨论。司马光认为发挥史学的借鉴作用需要从

---

① 朱熹：《资治通鉴纲目序》，《景印文渊阁四库全书》第六八九册，台湾商务印书馆1986年版，第3页。

整个历史发展中吸取经验。司马光在《历年图序》中表明了他的会通观念："夫道有失得，故政有治乱；德有高下，故功有大小；才有美恶，故世有兴衰。上自生命之初，下逮天地之末，有国家者。虽变化万端，不外是矣。"① 司马光认为史书应记载历史发展的整体，在时间上包含整个历史时期，只有这样才能从古今历史发展的治乱兴衰中总结经验教训，为现实提供借鉴。司马光主张修撰编年体通史，他在修撰《历年图》之后，编修《通志》，又在《通志》基础上扩充为《历代君臣事迹》，此书被宋神宗赐名为《资治通鉴》。

南宋时期李焘修撰《续资治通鉴长编》，其在一定程度上可以看作是对《资治通鉴》的接续之作。李焘模仿司马光的《国朝百官公卿表大事论》修撰《百官公卿表》，并由此产生了修撰《续资治通鉴长编》的想法。李焘受到司马光会通思想的影响，他把会通的重心放在了史料搜集的广博上，因而宋代有关会通问题的认识，既有纵向时间的贯通，也有横向时代的汇通，宋代史学的实践与认识丰富了有关会通的观念。在此基础上南宋郑樵总结与升华了会通思想的理论认识。

会通是郑樵史学思想的核心内容，也是他史学批评的一个重要方面。郑樵注重史家的见识，提出了以"会通"为核心的史家修养论，并指出会通是史学家在继承与创新时所依循的根本原则。郑樵的史学批评主张寓褒贬于叙事中，反对史书中设《五

---

① 司马光：《稽古录》卷一六《历年图序》，王云五主编：《丛书集成初编》第六九二册，中华书局2011年版，第173页。

行志》，并就史学其他方面展开评论，体现其史学批评的广泛性；郑樵重视史家自身的道德修养，强调史学批评“开门户之见”的意义，反映出其史评具有深刻的理论建树。

（四）宋代史学批评范围的扩展

宋代史学批评关注的领域除去传统的史书外，还扩展至文集、目录书、类书、金石学以及历史笔记等方面，逐渐兴起对史学的研究兴趣。批评范围的扩展反映出宋代史学批评具有的广泛性。

宋代历史笔记增多，笔记成为史学批评的一种重要载体。宋代历史笔记的作者注重辨析内容的真伪，肯定笔记的史学价值，积极展开对史家与史书的评价。笔记中的诸多史评成为展现宋代史学批评观点丰富性的重要侧面。《崇文总目》认为“（笔记）小说之不可废也”在于“古者惧下情之雍于上闻，故每岁孟春，以木铎徇于路，采其风谣而观之”[①]。肯定了笔记小说在记载社会风俗、补充正史方面具有重要的价值。

宋初修撰了《册府元龟》《太平御览》《太平广记》《文苑英华》等大型类书。《册府元龟》《太平御览》的材料许多来自史书，在体例上设置有专门论述史学的篇章，其中包含着有关史学批评的理论总结。《册府元龟·国史部》继承了刘知幾《史通》的理论传统，在总序及各门小序中包含了关于史学的总结。《太平御览》关于史学的认识更多地延续了刘勰《文心雕龙》的

① 王尧臣等撰，钱东垣等辑释：《崇文总目》卷三《子部·小说类》，许逸民、常振国编：《中国历代书目丛刊》，现代出版社1987年版，第98-99页。

理论特色，在《文部·史传》篇中通过不同材料的对比体现出对史传评价的重视。

目录书中的小序与解题中包含着丰富的史学批评。宋代为目录学的重要转折时期，目录书中解题地位上升，而大序与小序逐渐消亡。《崇文总目》是宋初官修的一部大型目录书。《崇文总目》的史部小序中包含了对史学分类的理论认识。南宋时期晁公武在《郡斋读书志》中设立“史评”类，这是宋代史评发达在目录书体例上的反映。陈振孙在《直斋书录解题》中提出了“会通裁定”的作史观，反映出宋代学者对于历史撰述的深入思考。高似孙《史略》注重保存历代学者在史学批评方面的观点，包含着其“善叙事”“善裁论”等史学批评原则。

宋代金石学受到重视，成为专门之学。两宋先后出现了一系列重要的金石学代表人物及其著作。宋代金石学注重“以碑考传”，强调金石与史学的互补，把金石的价值提升到经世的高度。欧阳修在《集古录跋尾》中具有重视褒贬的倾向，在叙事上主张文风的简质，他有关金石的批评深化了宋代对金石学的认识。赵明诚《金石录》具有更加自觉的批评意识，他进一步发展了欧阳修金石考史的观点，并注重对金石学自身发展的认识与评价。

宋代结束了五代混乱局面，鉴于五代的教训，倡导文治，随着时间的推移，宋代出现了一批重要的文学家。宋代古文运动的兴起，科举形式的变化，使得评史、论史成为宋代文人重视的一种文学形式。宋代社会积攒的内外忧患激发了宋代社会重视议论的风气。为现实提供借鉴的评史与论史进一步受到人们的关注，在宋代出现了文人评史、论史的热潮。宋代文集中包含了不少的史学批评思想，促进了宋代史学批评发展。

宋代史学批评范围的扩大，深化了对史学问题的认识。随着批评主体的增多与评价领域的拓展，两宋时期涌现出更为丰富的史学批评观点。宋代史学批评的发展，表现出对史学概念反思与总结的增多，对史学概念、史学认知、良史内涵等问题提出了许多有益的思考与讨论。这种认识背后蕴含着宋代学者对中国古代史学及其理论认识的深化。

宋代史学批评呈现出阶段性发展的趋势。北宋先后经历了重褒贬与重事实的批评重心的转变，至南宋时期呈现出两种批评倾向并存的特色。这种批评重心的转变使得不同的批评倾向围绕着史学问题展开了激烈的讨论，展示出宋代史学批评的活跃。关于会通思想的认识与总结是宋代史学批评的特色。会通思想在宋代得以光大，显示出宋代史学批评的深入。宋代关于会通的认识是逐步发展的，至南宋郑樵关于会通思想的总结与升华，凝练着宋代史学批评的理论特色。宋代史学批评的范围大为拓展，批评对象不限于史书，批评的主体不止于史家，在笔记、目录书、类书及金石学等方面涉及丰富的批评观点。这反映出宋代史学批评的广泛性特点，并且这种史学批评的热潮扩展了史学批评的范围。

第一章　两《唐书》与两《五代史》的比较与评论

正史修撰是中国古代史学的重要传统。五代两宋时期修史与补史意识突出，先后修撰了四部正史。北宋时期面对已经修撰完成的《旧唐书》《旧五代史》，重新编著了《新唐书》《新五代史》，这在中国古代史学发展史上是不多见的，其背后包含着有关正史修撰的讨论与批评。随着宋代对正史修撰认识的深入，在此基础上吴缜著述的史学批评专书《新唐书纠谬》与《五代史纂误》提出了有关修史的三原则。

第一节　五代修史之议

五代十国时期，政权更换频仍，五十多年间中原出现了五朝八姓，“五代终始才五十年，而更十有三君，五易国而八姓”[①]。

---

① 欧阳修：《居士集》卷三九《王彦章画像记》，《欧阳修全集》卷三九，中华书局2001年版，第570页。

然而时局的混乱、王朝的短暂没有减弱这一时期的修史热情。积极搜集与补充史料，及时而连续地修撰史书成为这一时期史学的特点，从中人们也可窥测五代时期史学批评的内涵。

一、关于修史的建议

五代时期朝廷残弱，战乱不断，民间困苦，武夫当政，文治不兴。但是无论是中央朝廷的历代帝王，还是割据地方的十国君主，都对修撰史书表现出极大的热情，体现出一种自觉的修史意识，成为这一时期史学批评的突出特色。

这种自觉的修史意识，既体现为修撰本朝史，如后唐末帝李从珂在《令修撰实录制》中称："然而致理之绩，虽已播于颂声，纪事之书，尚未编于史氏。缅惟缵奉之道，良增愧惕之怀，其实录宜令史馆急速修撰呈进。惟务周详，勿令阙漏。"[①] 后唐末帝急于为其养父后唐明宗李嗣源编撰实录，认为"纪事之书，尚未编于史氏"。同时五代君主还重视编撰唐朝史，如后晋高祖石敬瑭在《令修唐史敕》中称："有唐远自高祖，下暨明宗，纪传未分，书志咸阙。今耳目相接，尚可询求。若岁月寖深，何由寻访。"[②] 认为唐朝国史尚不完备，当时唐末之事，听闻、见闻之人尚在，应及时访求。五代注重补修前朝史，如后汉隐帝在《修晋朝实录敕》中称："五运相承，历代而犹传凤纪。百王垂训，继明而载鸿猷。况今司契御乾，握图纂极。事每循于师古，

① 董诰等编：《全唐文》卷一一三，中华书局1983年影印本，第1151页。
② 董诰等编：《全唐文》卷一一六，中华书局1983年影印本，第1182–1183页。

政必究于化源。迨自金行，成兹火德。所请编录，庶补阙文。”①后汉隐帝又有《修高祖实录敕》，把修撰前朝史与修撰本朝史放在同等重要的地位。五代时还重视修撰典制体史书，如后晋高祖在《答曹国珍请修大晋政统诏》中称：“国珍职居谏诤，志在恢宏。当其鼎社开基，乃欲象魏悬法。请详前代之编简，别创新朝之楷模，以示将来，甚为允当。”② 这是一种以典制为撰写内容的史书，汇集前代而用以本朝。这一时期南方作为割据政权的“十国”同样重视史书的修撰。前蜀君主王建在《命编建国以来实录诏》中称：“自古王者之兴，善恶之迹不泯者，有史臣传之，丹青载之。平章事张格，儒术领袖，文高于世，著述之体，自侔班马，可专编纂开国以来实录。”③ 这是君主在位而下诏编写本朝史，不仅表明南方割据政权对史书修撰的重视，而且实录一般为后世而修前代，王建的诏令可见其修撰史书的热情。

史书修撰是中国史学的传统，历代王朝的续作延绵不绝，特别是自唐代设立史馆制度后，官方修史成为一项制度，在修史材料、史馆人员、修史制度等方面有了各种的保障。但是五代时期修史的自觉意识，是这一时期的突出特点。从北宋初期修撰的目录书《崇文总目》中就可以看到在五代时期各朝君主的实录都得到保存：“《梁太祖实录》一卷，《后唐懿祖纪年录》一卷，《后唐献祖纪年录》一卷，《后唐太祖纪年录》十七卷，《后唐庄

---

① 董诰等编：《全唐文》卷一二一，中华书局1983年影印本，第1220页。
② 董诰等编：《全唐文》卷一一四，中华书局1983年影印本，第1167页。
③ 董诰等编：《全唐文》卷一二九，中华书局1983年影印本，第1288页。

宗实录》二十卷，《后唐明宗实录》三十卷，《后唐废帝实录》十七卷，《后唐愍帝实录》三卷，《晋高祖实录》三十卷，《晋少帝实录》二十卷，《汉高祖实录》二十卷，《汉隐帝实录》十五卷，《周太祖实录》四十卷。”①

五代十国时期战乱不断，政权更迭频繁，这时期不仅持续修撰史书，而且上自君王下至大臣多重视修史，修史成果不断，由此可见五代时期人们对于修史的热情。特别是五代君主多为藩镇武将出身，其中部分甚至不通文字。有些君主在位时间短暂，而部分史书的修撰则经历了王朝更迭，但这些都没有影响到史书的修撰。相较于晚唐时期因藩镇割据、时局不稳，唐武宗后各朝君主的实录无暇修撰，从五代君主的修史诏令可见，虽同为争斗不息、政局混乱之时代，五代时期无论对本朝君主实录还是前代君主实录皆续而作之，不为废弃，并且无论对篡夺者还是在位短暂者也不为遗漏。五代时为补充唐朝国史，还多方访求遗老孤臣，征集史料。这种补史的行为，是五代时期自觉史学意识的突出表现。如后唐时崔棁《请修史疏》称：“臣闻高祖神尧皇帝初定天下，起居舍人令狐德棻上言，以‘近代已来，多无正史。恐数十年后，事迹蔑闻’，因命儒学大臣，分撰南北诸史。且言异代，犹恐弃遗，况在本朝，岂以湮灭。臣尝闻宣宗缵承大业，思致时雍。旰食宵衣，忧勤庶务。十余年之内，可谓治平。于时史官，虽有注记，寻属多故，辇辂省方，未暇刊修，皆至沦坠，统

① 王尧臣等撰，钱东垣等辑释：《崇文总目》卷二《史部·实录》，许逸民、常振国编：《中国历代书目丛刊》，现代出版社1987年版，第42页。

临之盛，寂寞无闻。伏思年代未遥，耳目相接，岂无野史，散在人间，伏乞特命购求，十获五六，亦可备编修，冀成一代之信书，永祚千年之盛观。”① 崔棁以唐初令狐德棻劝说唐高宗修前朝史的言论来说明补修唐史的重要，他指出晚唐以来记载缺略，而不足以传后世，主张收集民间的材料，“岂无野史，散在人间”，为后世提供信史材料。贾纬在《上唐年补遗录奏》中称：“伏睹国史馆，唐高祖至代宗已有纪传。德宗至文宗亦存实录。武宗至济阴废帝凡六代，唯有武宗实录一卷，余皆缺落。臣今采访遗文及耆旧传说，编成五十五卷，目为《唐年补遗录》，以备将来史官修述。臣闻裴子野之修《宋略》，爰在梁时。姚思廉之纂《陈书》，乃于唐世。咸因丧坠，是有研寻……臣久居职分，深耻阙遗。今录浅闻，别陈短序。”② 贾纬引用梁朝修《宋略》与唐朝修《陈书》的事例强调五代时期补修前朝史的意义，认为“咸因丧坠，是有研寻”，面对时代遗失、史书缺载造成的史事不完，后世有义务加以补充。贾纬把修撰补充晚唐史事视为延续古代史学传统的重要责任，并称“臣久居职分，深耻阙遗”。由此可见这种补史意识在五代时期有着普遍的反映。后晋在修撰《旧唐书》的过程中，还积极地收集晚唐史料，修撰晚唐以来缺失的实录。

五代时期补充史料的意识还可以从朝廷收集史书的诏令中体现出来。如后周世宗柴荣曾颁布《求遗书诏》：“史馆所少书籍，

---

① 董诰等编：《全唐文》卷八五一，中华书局1983年影印本，第8941页。

② 董诰等编：《全唐文》卷八五六，中华书局1983年影印本，第8982页。

宜令本馆诸处求访补填。如有收得书籍之家，并许进纳。其进书人部帙多少，等第各与恩泽。如是卷帙少者，量给资帛。如馆内已有之书，不再进纳之限。”① 后汉司徒诩《请采遗书奏》称：“臣闻致理之方，咸资稽古，多闻之道，讵舍群书。历代已来，斯文不坠。石渠蓬阁，今则阙于芸编。百氏九流，在广颁于搜访。唐朝并开三馆，皆贮百家。开元之朝，群书大备。离乱之后，散失颇多。臣请国家开献书之路，凡天下文儒，衣冠旧族。有收得三馆亡书，许报馆进纳，据卷帙多少，少则酬之以缗帛，多则酬之以官资。自然五六年间，庶几粗备。”②

除了五代朝廷，私人也保持了修史的自觉意识。至北宋初期，许多五代十国时期的遗臣，自觉修撰有关的史书，其中包含了大量关于五代十国时期的材料。如孙光宪的《北梦琐言》、陈彭年的《江南别录》、郑文宝的《南唐近事》、钱易的《南部新书》、勾延庆的《锦里耆旧传》、黄休复的《茅亭客话》、周羽翀的《三楚新录》等。而曾于五代时任官的王溥，于北宋初年进献私人修撰的《五代会要》《唐会要》，其依据的材料主要源自五代时修撰的史书。因而北宋初期，宋太祖下诏修撰《五代史》，在《修五代史诏》中称：“唐季以来，兴亡相继，非青编之所纪，使后世以何观？近属乱离，未遑纂集。将使垂楷模于百代，必须正褒贬于一时。宜委近臣，俾专厥职。其梁氏及后唐、

① 董诰等编：《全唐文》卷一二五，中华书局1983年影印本，第1257页。
② 董诰等编：《全唐文》卷八五五，中华书局1983年影印本，第8972页。

晋、汉、周五代史，宜令参知政事薛居正监修。”① 其背景就是延续了五代时修史的传统与自觉意识。邓小南从制度的角度谈到：“从事政治史研究的学者们无不注意到长时段研究的必要性。以赵宋开国以来的政治历程为例，如果我们不局限于在朝代更易的框架之下认识问题，则可能注意到，中晚唐、五代乃至北宋初期（太祖、太宗朝至真宗前期）应该属于统一研究单元。”② 这表明不仅是制度上而且在史学上北宋初期仍然受到五代的巨大影响，延续了五代时期的部分传统与做法。

二、修史诏书提出的问题

五代时期君臣言论中对于修史的重视，对于补史的热情，体现出五代时期所具有的自觉史学意识。在这些言论之中，围绕着修史的具体问题，包含着其对史学的看法，体现出五代时期史学批评的关注与焦点。

分析五代君臣关于修史的言论，其在倡言修史意义与补史目的的同时，往往会涉及史学、史书、史家等的评价，从另一个角度而言这可以被认为是五代时期史学批评的一种集中论述。从这些君臣的修史言论中可以发现，在强调修史的过程中也包含了对史学意义的论述，认识到续作史书的意义在于突出史书彰善的价值。

五代时期君臣关于修史的论述，普遍突出史学在“彰善”

① 司义祖编：《宋大诏令集》卷一五〇《政事三》，中华书局 1962 年版，第 555 页。

② 邓小南：《祖宗之法——北宋前期政治述略》，生活·读书·新知三联书店 2014 年版，第 5 页。

中的作用与价值。而作为史学的“彰善”内容，则往往将其与君主的功勋事业联系在一起。如后唐末帝李从珂《令修撰实录制》称：“致理之绩，虽已播于颂声。纪事之书，尚未编于史氏。”① 后汉隐帝提到：“载唐虞之盛，传彼古文。明得失之由，存乎信史。恭惟高祖皇帝受天历数，缵汉基图。戎虏蛮夷，慑灵旗而内附。礼乐征伐，建王道于大中。功格于上元，化行于率土。将欲示其轨范，约彼《春秋》。接高光纪圣之书，续班马记言之典。废而不举，阙孰甚焉。”② 后周太祖《答窦贞固进晋朝实录敕》论道：“贞固等群书睹奥，直笔纪言，成一代之明文，继百王之盛典。岂特洪纤靡漏，抑亦褒贬有彰。将播无穷，永传不朽。叹重褒美，顷刻不忘。”③ 后周世宗《修太祖实录诏》指出：“伏以太祖圣神恭肃文武孝皇帝削平多难，开启洪图。用干戈而清域中，修礼乐而治天下。克勤克俭，乃武乃文。八纮方混于车书，三载忽遗于弓剑。英谋睿略，既高冠于前王。圣德神功，尚未编于信史。询于典礼，阙孰甚焉。宜垂不朽之文。以永无疆之美。”④ 这些五代君主的修史诏令有类似之处，在诏书中不约而同地把修史的直接理由归结为记载君主的事迹，以昭示后世。这些五代君主的修史诏令把修史与君主的功勋事迹联系在一起。这种论述似不仅仅是本朝君主自我表彰的溢美之词，后周太祖在《答窦贞固进晋朝实录敕》中提到的后晋实录，实际是后

① 董诰等编：《全唐文》卷一一三，中华书局1983年影印本，第1151页。
② 董诰等编：《全唐文》卷一二一，中华书局1983年影印本，第1219页。
③ 董诰等编：《全唐文》卷一二三，中华书局1983年影印本，第1236页。
④ 董诰等编：《全唐文》卷一二五，中华书局1983年影印本，第1257页。

汉时开始修撰，而成书于后周。代后汉而立的后周对后晋实录的评价中同样突出“叹重褒美”的价值，认为其内容可以“继百王之盛典”，认同史书在记述君主事业功勋中的作用。

这种围绕功勋事迹而突出“彰善”价值的史学意识，影响了五代宋初的史学趋势。不只是五代君主，同时期许多大臣在修撰史书，保存史料的过程中也强调史书记载盛大功业的“彰善”意义。北宋先后灭亡了割据的十国政权，其投降的大臣在北宋朝廷的倡导下，曾大量撰写相关割据政权的史书，在论述、撰述旨趣与意图时，多指出其修史意在保存故国的繁盛事迹，不能使之磨灭。郑文宝曾在南唐任官，据其撰述的《江表志叙》称：“《江表志》者，有国之时，朝章国典，灿然可观，执政大臣以史笔为不急之务。洎开宝之起居郎高远当职，始编辑升元以来故事，将成一家之言。书未成，远疾亟，数箧文章皆令焚之，无孑遗矣。太宗皇帝欲知前事，命汤悦、徐铉撰成《江南录》十卷，事多遗落，无年可编，笔削之际，不无高下，当时好事者往往少之。文宝耳目所及，编成三卷，方国志则不足，比通历则有余，聊补足以俟来者。”[①] 他追忆南唐事迹，认为“有国之时，朝章国典，灿然可观”，惋惜故国事迹难以保存，因而根据自身的听闻，著述《江表志》，强调南唐内容的记载侧重制度的繁盛。在这种史书彰善的观念下，使得有关“十国”的记述就有意为亡国君主避讳，多论述其政权灭亡源自“天数”，从而避免了对君

① 郑文宝：《江表志叙》，傅璇琮、徐海荣、徐吉军主编：《五代史书汇编》，杭州出版社2004年版，第5077页。

主亡国责任的过多纠缠。南唐降臣陈彭年所作的《江南别录》，此书意在补充徐铉的《江南录》，他在《江南别录》中关于后主李煜特别记述了“后主初即位，中使赵希操自建邺奉使江西，夜宿姑熟，中宵忽闻二人相语……一人曰：‘然则水木之岁，当至下梁。’希操心喜，以后主终得中原，果以乙亥岁国除入天朝”[①]。陈彭年特意增加补充这类记述，意图掩盖君主的亡国责任，使得史书内容的记述可以主要侧重在君主的事业功勋。因而这些五代十国的史书著述的意图是与记载盛大事迹联系在一起。修成于宋太祖时期的《旧五代史》，在内容选择与评价标准上，也受到了这种史学意识的影响，在突出盛大功勋的“彰善”的史学意识下有夸大溢美之嫌。《旧五代史》对于“冯道”的记载，其历仕五代，号为长乐公，本传侧重从功业的角度进行撰述，在评论中肯定其作为，“史臣曰：道之履行，郁有古人之风；道之宇量，深得大臣之礼”[②]。《旧五代史》对后梁、后唐反复变节的张全义，在本传中同样肯定其事迹，并评论“全义一逢乱世，十领名藩，而能免梁祖之雄猜，受庄宗之厚遇，虽由恭顺，亦系货财。《传》所谓‘货以藩身’者，全义得之矣”[③]。在这些传记中对于史料的选择、列传的编撰、人物的评价，多以赞许为主，列传主要记载了其历史上的功绩。宋代中期之后，在此史学意识影响下的历史叙述，就受到了集中的批评与反对。欧阳

---

① 陈彭年：《江南别录》，傅璇琮、徐海荣、徐吉军主编：《五代史书汇编》，杭州出版社2004年版，第5140页。

② 薛居正等：《旧五代史》卷一二六《冯道传》，中华书局1976年版，第1666页。

③ 薛居正等：《旧五代史》卷六三《张全义传》，中华书局1976年版，第848页。

修指出："五代文章陋矣，而史官之职废于丧乱，传记小说多失其传，故其事迹，终始不完，而杂以讹缪。至于英豪奋起，战争胜败，国家兴废之际，岂无谋臣之略、辩士之谈？而文字不足以发之，遂使泯然无传于后世。"① 欧阳修指责五代史书的记载不完整，内容驳杂而与事实真相存在差距，没有真正反映历史的全貌，难以为后世提供借鉴。欧阳修的批评针对的正是五代宋初强调史学"彰善"的意识，在史传的修撰中片面夸大功绩，而遮盖不足，从而对史书记述的客观公正产生了影响。

五代时期君臣重视史学"彰善"，突出史书记载盛大勋业，因而在后晋时期围绕着一种新的史学体裁，产生了相关的争论。曹国珍，字彦辅，幽州固安人。《旧五代史》载其"性颇刚僻，经艺史学，非其所长，好自矜炫，多上章疏，文字差误，数数有之，为缙绅所诮"②。他曾上书后晋高祖石敬瑭，主张修撰一种新的史体。其《请修大晋政统奏》称："请于内外臣僚之中，择选才略之士，聚《唐六典》、前后《会要》、《礼阁新仪》、《大中统类》、律令格式等，精详纂集，别为一部，商议今古，俾无漏略，目之为《大晋政统》，用作成规。"③ 要求汇集唐代的礼仪制度，并兼以古今制度的评论，称之为《大晋政统》，作为后晋的制度规范。后晋高祖石敬瑭在收到曹国珍的上奏之后，甚为满意，他在《答曹国珍请修大晋政统诏》中称："国珍职居谏诤，

① 欧阳修：《新五代史》卷三八《宦者传》，中华书局 1974 年版，第 406 页。
② 薛居正等：《旧五代史》卷九三《曹国珍传》，中华书局 1976 年版，第 1234 页。
③ 董诰等编：《全唐文》卷八五三，中华书局 1983 年影印本，第 8957 页。

志在恢宏。当其鼎社开基，乃欲象魏悬法，请详前代之编简，别创新朝之楷模，以示将来，甚为允当。”[①] 他认可曹国珍的做法，认为此书能够奠定当朝的制度基础，并成为后世效法的对象。然而汇总前朝的制度而充作本朝的典法，毕竟名实不符，因而张允在《驳曹国珍请修大晋政统疏》中就此进行了反驳：“作者之谓圣，述者之谓明。苟非圣明，焉能述作？若运因革故，则事乃惟新。或改正朔而变牺牲，或易服色而殊徽号。是以五帝殊时，不相沿乐。三王易世，不相袭礼。止于近代，率由旧章。比及前朝，日滋其目。多因行事之失，改为立制之初。或臣奏条章，君行可否。皆表其年，纪以姓名。聚类分门，成文作则。莫不悉稽前典，垂范后昆。述自圣贤，历于朝代。得金科玉条之号，设乱言破律之防。守而行之，其来尚矣。皇帝陛下运齐七政，历契千年。爰从创业开基，莫不积功累德。所宜直笔，具载鸿猷。若备录前代之编年，目作圣朝之政统，此则名不正也。夫名不正则言不顺，而媚时掠美，非其实矣。若翦截其词，此则是文不备也。夫文不备则启事端，而礼乐刑政，于斯乱矣。若改旧条而为新制，则未审何门可以刊削，何事可以编联。既当革故从新，又须废彼行此，则未知国朝能守而不失乎？臣等同共参详，未见其可。”[②] 在五代时期编撰史书，汇集政典，应用于当代，这被认为是一种体现盛大勋业的行为，因而才会有以前朝制度而充当本朝礼制的行为，并受到后晋高祖石敬瑭的赞赏。而反驳者则是从

① 董诰等编：《全唐文》卷一一四，中华书局1983年影印本，第1167页。
② 董诰等编：《全唐文》卷八五五，中华书局1983年影印本，第8968页。

实际带来的混乱，法令新旧兼有，不知如何依循展开。同时史书体例上的不一，以旧作新，不能作为本朝的功绩，既非直笔实录，又名实难副。张允在反驳曹国珍时曾提到“若运因革故，则事乃惟新”，即历史上不同时期的制度是不相类似的。他提出这一点作为反驳曹国珍修史的依据，针对的是五代时期关于史书修撰的一种观念，即认为通过史书的修撰，使得本朝与前朝联系在一起，因而史书也随着对历史连续性的记述而具有类似的长久保存的属性。史学“彰善”的价值以及史书作为承载事业功勋的载体，正是以史书记述的这种属性为基础而产生的。

五代时期的史学意识认为史学彰善是以史书为载体而具有永久性，从而认识到修史的重要性，并把历史记载的连续性与史书记载评价的持久性联系起来，把史书记载作为其功业事迹得以永久认可的标志。正是因为史学具有这种特殊的性质，因而五代君主对于补史与修史投入了巨大的热情。因它一方面可以使得功业得以保留而不至于湮没，另一方面在续作中与之前的正统王朝发生联系，也就使得自身的正统性在这种修史的过程中得到后世的认可。《大晋政统》问世于这样的背景，该书的内容主要是唐朝及之前材料的整理，而其修史目的则是要彰显后晋制度的盛大。这种体例的矛盾之处就反映出当时的史学重视史书续作，强调接续前朝，在这种修史的连续性中体现自身统治合法性的意图。但毕竟《大晋政统》除名称外在内容上难以反映后晋的情况，因而受到批评。五代时期补修前朝的实录，则是五代时期各君主的一种普遍做法。后汉隐帝时修撰了《后汉高祖实录》，同时也提出了修撰前朝后晋实录的必要。《修晋朝实录敕》中称："五运相承，历代而犹传凤纪。百王垂训，继明而载鸿猷。况今司契御乾，握图纂极。事每循于师古，政必究于化源。迨自金行，成兹火德。所请编录，庶补阙文。"① 从五德终始及师古的角度考虑，提出了修撰后晋实录的必要性。同样，后周世宗柴荣在《后周太祖实录》中称："伏以太祖圣神恭肃文武孝皇帝削平多难，开启洪图……圣德神功，尚未编于信史。询于典礼，阙孰甚焉。宜垂不朽之文，以永无疆之美。"② 提到后周太祖的功业尚需史书的记载才能得以保存，垂之后世。后周世宗柴荣还下令修撰前朝实录，在《修梁均帝唐清泰帝实录诏》中称："书契已来，史册相继。明君暗主，罔或遗之。所以纪一时之兴亡，为千古之鉴诫。梁均帝、唐清泰二主，皆居大宝，奄宅中区。虽负扆当阳，不享延洪之数。而编年纪事，宜存纂录之规。用备阙文，永传来裔。"③ 柴荣不仅认为后周太祖的事迹需要史书加以保存，而且重视修撰前朝阙载帝王的实录，指出这是"史册相继""永传来裔"的需要，即史书修撰的连续性，需要对之前阙载的帝王事迹加以补录。后汉隐帝与后周世宗在修先帝实录的同时不约而同地补充修撰了前朝的实录。在他们的诏敕中提到了史书具有记载君主事业得以永存的属性，因而史书的不断修撰也正是这种属性的要求。同时续修前史也有着现实的目的。后汉是推翻后晋而建

---

① 董诰等编：《全唐文》卷一二一，中华书局1983年影印本，第1220页。
② 董诰等编：《全唐文》卷一二五，中华书局1983年影印本，第1257页。
③ 董诰等编：《全唐文》卷一二五，中华书局1983年影印本，第1257页。

立的，因而确立自身的正统也就需要对后晋的历史进行总结。后梁均帝、后唐清泰帝为后梁与后唐的末代帝王，他们分别为后朝所推翻，因其亡国之君的地位，其实录不受重视，没有得到及时修撰。至后周已经相隔数朝，而后周世宗此时修撰他们的实录，其强调的理由为“书契以来，史册相继”，完善史书修撰之间的延续性，实际上也是承认了他们君主的正统地位。这些修史诏书反映了五代君主认识到史书作为记载君主事业功勋的重要载体，史书修撰的连续性体现了历史发展的继承性，因而后世与前世之间存在着密切的联系，这样前朝的政治制度也就影响着后世的发展，而本朝的事业功勋也就得以为后世所了解纪念，能否修撰正史实录成为自身王朝正统地位是否得以认可的一种象征。五代君主对于史书修撰连续性的认识与重视，反映出对其地位正统性的一种关注。

宋代中期之后，史学批评的主题发生了变化。由强调史书记载事业功绩的彰善价值，变为突出褒贬大义的史学风格。北宋早期古文运动代表柳开在评论班固对扬雄的言论之后，论述了他对史学的认识：“凡为史之任，在乎正其得失，而后为褒贬之。得失此不能正，况其褒贬乎？”[①] 这里提到史学评价的褒贬要建立在得失之上，而“正得失”即对事实本身记述的判断，由此昭示宋初学者重新审视既往史事的意图，在此基础上展开对史学褒贬的评论。五代时期强调史书彰善与存续的认识在北宋中期受到

① 柳开：《柳开集》卷三，中华书局2015年版，第30页。

了质疑，苏洵称“史非万世之常法，经非一代之常制”①，认为史学中得到的经验面对的是不断变化的现实情况，并不能作为长久不变可以借鉴的经验。宋代中期之后兴起的史学批评意识逐渐转变了五代时关注的史学批评主题。至宋仁宗时批评五代的史学修撰不能反映唐代的功业，并先后重修了《新唐书》与《新五代史》。北宋中期的史学主要从事实与褒贬两个方面对五代史学进行了批评。

三、《旧唐书》著者的史学批评

《旧唐书》为五代后晋时期宰相刘昫监修而成的正史。《旧唐书》记载了诸多唐代史家的传记，在记述与评论的过程中包含着著述者的史学批评思想。分析《旧唐书》中唐代史家传记的编次可以发现，唐代诸多史家有的被集中地安排在一起进行撰述，有的则分散在各传之中分别论述。其中集中撰写的合传史家，主要包括唐代初期撰修“六书二史”的史家群体，以及盛唐时期国史修撰的史家群体。《旧唐书》著者对前者的评论以赞扬为主，对后者则哀叹史才难得而修史不易。在这种史学批评的差异中体现出《旧唐书》著者的史学批评思想。

唐代逐渐完善了史馆制度，在唐初修撰正史方面取得了巨大的成绩。《旧唐书》的著者对这一成绩予以积极评价。《旧唐书》卷七十三以姚思廉、令狐德棻、邓世隆、顾胤、李延寿、李仁实

① 苏洵：《嘉祐集》卷九《史论上》，曾枣庄、金成礼《嘉祐集笺注》本，上海古籍出版社1993年版，第229页。

等为合传，加上《旧唐书》中的魏徵、李百药等列传，基本涵盖了唐初修史的史家群体。《旧唐书》的著者对这一史家群体及其修史工作给予了高度赞扬。

《旧唐书》在《魏徵传》中评价魏徵所作诸史《序论》皆为良史："初，有诏遣令狐德棻、岑文本撰周史，孔颖达、许敬宗撰隋史，姚思廉撰梁、陈史，李百药撰齐史。徵受诏总加撰定，多所损益，务存简正。隋史序论，皆徵所作，梁、陈、齐各为总论，时称良史。"[①]《旧唐书》著者赞扬令狐德棻在唐初混乱局面下倡导修史，促成了唐初对修史的重视："时承丧乱之余，经籍亡逸，德棻奏请购募遗书，重加钱帛，增置楷书，令缮写。数年间，群书略备。德棻尝从容言于高祖曰：'窃见近代已来，多无正史，梁、陈及齐，犹有文籍。至周、隋遭大业离乱，多有遗阙。当今耳目犹接，尚有可凭，如更十数年后，恐事迹湮没。陛下既受禅于隋，复承周氏历数，国家二祖功业，并在周时。如文史不存，何以贻鉴今古？如臣愚见，并请修之。'"[②]《旧唐书》的著者肯定令狐德棻的修史工作，并对唐初的史家群体总体上予以赞扬："德棻暮年尤勤于著述，国家凡有修撰，无不参预。自武德已后，有邓世隆、顾胤、李延寿、李仁实前后修撰国史，颇为当时所称。"[③]《旧唐书》的著者还对李延寿的《南史》《北史》的价值予以肯定。"高宗尝观其所撰《政典》，叹美久

① 刘昫等：《旧唐书》卷七一《魏徵传》，中华书局1975年版，第2549-2550页。
② 刘昫等：《旧唐书》卷七三《令狐德棻传》，中华书局1975年版，第2597页。
③ 刘昫等：《旧唐书》卷七三《令狐德棻传》，中华书局1975年版，第2599页。

之，令藏于秘阁，赐其家帛五十段。延寿又尝删补宋、齐、梁、陈及魏、齐、周、隋等八代史，谓之南、北史，凡一百八十卷，颇行于代。”[①] 因而在唐初史家群体的合传论赞中《旧唐书》著者从正面肯定了唐初史家的作用与价值：“姚思廉笃学寡欲，受汉史于家尊，果执明义，临大节而不可夺。及笔削成书，箴规翊圣，言其命世，亦当仁乎！……令狐德棻贞度应时，待问平直。征旧史，修新礼，以畅国风；辨治乱，谈王霸，以资帝业。‘元首明哉，股肱良哉’，其斯之谓欤！邓世隆国史时誉，固有谅直。其复书不逊，何不知之甚也！上疏请编御集，其弼直乎！顾胤清芬，可观彝范，积善余庆，其有子哉！李延寿研考史学，修撰删补，克成大典，方之班、马，何代无人。”[②]

盛唐时期史馆更加侧重唐朝本朝国史的修撰。《旧唐书》卷一〇二把盛唐时期国史修撰的史家群体刘知幾、徐坚、元行冲、吴兢、韦述作为合传对象，在撰修的过程中体现了《旧唐书》著者对盛唐史家群体的认识。相较于对唐初史家群体的赞扬，《旧唐书》对盛唐时期史家群体的评论更加流露出惋惜之情。其合传后论称：“刘、徐等五公，学际天人，才兼文史，俾西垣、东观，一代粲然，盖诸公之用心也。然而子玄郁结于当年，行冲彷徨于极笔，官不过俗吏，宠不逮常才，非过使然，盖此道非趋时之具也，其穷也宜哉！”[③] 认为盛唐时期的史家群体怀才不遇，

---

① 刘昫等：《旧唐书》卷七三《李延寿传》，中华书局1975年版，第2600-2601页。
② 刘昫等：《旧唐书》卷七三《后论》，中华书局1975年版，第2604页。
③ 刘昫等：《旧唐书》卷一〇二《后论》，中华书局1975年版，第3185-3186页。

没有遇到发挥自身才能的时代机遇，并对其修史不成的遭遇感到惋惜。

《旧唐书》著者在记载盛唐的史家群体时，其评价常优点与缺点并论，赞扬与批评兼顾。在记载史家吴兢时引朱敬则的言论称赞其史才，“朱敬则深器重之，及居相辅，荐兢有史才，堪居近侍，因令直史馆，修国史”[①]；又批评吴兢史文为追求简洁，致晚年修史伤之过简，“居职殆三十年，叙事简要，人用称之。末年伤于太简”[②]。对合传中的史家韦述，《旧唐书》称赞韦述的谱学成绩：“（韦）述好谱学，秘阁中见常侍柳冲先撰《姓族系录》二百卷，述于分课之外手自抄录，暮则怀归。如是周岁，写录皆毕，百氏源流，转益详悉。乃于《柳录》之中，别撰成《开元谱》二十卷。其笃志忘倦，皆此类也。”[③] 肯定其在史学上的成绩：“议者云自唐已来，氏族之盛，无逾于韦氏。其孝友词学，承庆、嗣立为最；明于音律，则万石为最；达于礼仪，则叔夏为最；史才博识，以述为最。所撰《唐职仪》三十卷、《高宗实录》三十卷、《御史台记》十卷、《两京新记》五卷，凡著书二百余卷；皆行于代。”[④] 但《旧唐书》的著者在肯定韦述史学成就的同时，也指出：“述在书府四十年，居史职二十年，嗜学著书，手不释卷。国史自令狐德棻至于吴兢，虽累有修撰，竟未成一家之言。至述始定类例，补遗续阙，勒成《国史》一百一

---

① 刘昫等：《旧唐书》卷一〇二《吴兢传》，中华书局 1975 年版，第 3182 页。
② 刘昫等：《旧唐书》卷一〇二《吴兢传》，中华书局 1975 年版，第 3182 页。
③ 刘昫等：《旧唐书》卷一〇二《韦述传》，中华书局 1975 年版，第 3183 页。
④ 刘昫等：《旧唐书》卷一〇二《韦述传》，中华书局 1975 年版，第 3185 页。

十三卷，并《史例》一卷，事简而记详，雅有良史之才，兰陵萧颖士以为谯周、陈寿之流。”[①] 由此可见，韦述史学成就背后凸显的是盛唐时期史馆在国史修撰上的薄弱与不足。

关于刘知幾的史学成就，《旧唐书》记述了其史学上的才能：“子玄掌知国史，首尾二十余年，多所撰述，甚为当时所称。”[②] 在《刘子玄传》中记载了较多的史学批评内容，批评唐代史馆的不足造成唐初之后史学修撰上的缺略：“知幾以监修者多，甚为国史之弊，萧至忠又尝责知幾著述无课，知幾于是求罢史任”[③]，详细记述了刘知幾在奏记中对唐代史馆制度的批评。同时在《刘子玄传》中也记载其重要的史学批评思想“史才三长”论：“史才须有三长，世无其人，故史才少也。三长：谓才也，学也，识也。”并指出无论是“有学而无才”还是“有才而无学”，都是难以胜任史职的，“犹须好是正直，善恶必书，使骄主贼臣，所以知惧，此则为虎傅翼，善无可加，所向无敌者矣。脱苟非其才，不可叨居史任。自敻古已来，能应斯目者，罕见其人”[④]。刘知幾认为正是因为史才需要兼顾才、学、识三方面的才能，才造成了史才的稀少难得。这一内容为刘知幾《史通》所不载，《旧唐书》的记载丰富了有关刘知幾史学批评的认识。结合盛唐修史的时代背景，虽然当时涌现了一批优秀史家，但是国史修撰的成果不多。这或许是《旧唐书》著者记述刘知

① 刘昫等：《旧唐书》卷一〇二《韦述传》，中华书局 1975 年版，第 3184 页。
② 刘昫等：《旧唐书》卷一〇二《刘子玄传》，中华书局 1975 年版，第 3169 页。
③ 刘昫等：《旧唐书》卷一〇二《刘子玄传》，中华书局 1975 年版，第 3173 页。
④ 刘昫等：《旧唐书》卷一〇二《刘子玄传》，中华书局 1975 年版，第 3173 页。

幾的“史才三长”说，探究史才难得的原因。

《旧唐书》还记述与评价了唐代中后期的史家。杜佑修撰了中国古代第一部典制体通史《通典》，《旧唐书》著者评论《通典》“其书大传于时，礼乐刑政之源，千载如指诸掌，大为士君子所称”[①]。对《通典》的评价从其侧重制度沿革，“礼乐刑政之源”与重视会通的思想，“千载如指诸掌”展开，体现了杜佑《通典》的著述特色。《旧唐书》除去列传中单独记载的史家，以合传形式集中记述的史家主要为唐初史家群体与盛唐史家群体。这两个史家群体在史书修撰上有着不同的结果，前者修撰了“六书二史”，后者则多年修国史而不成。这体现了唐代史馆制度的优点与缺陷并存的特点，反映了唐代前、中期史学发展的差异。

五代时期具有突出的修史与补史意识，在修撰本朝实录与前朝国史方面有着突出的成绩。在关于史学批评的认识上，五代重视史学的彰善价值，突出史书记载人物的功绩。同时对史书的认识强调其长存性，认为史书的记载是君主事业功勋得以认可长存的载体，重视史书的修撰。北宋初期的史学延续了五代的传统，重视史书的修撰。而北宋中期之后，随着史学批评的发展，对于五代史学的认识发生了转变，逐渐兴起了对五代史学的批评。

---

① 刘昫等：《旧唐书》卷一四七《杜佑传》，中华书局1975年版，第3983页。

第二节　宋人评《旧唐书》《旧五代史》

一、评史料记载的缺漏

在五代宋初重视史书修撰的背景下，《旧唐书》《旧五代史》得以修成。五代宋初君主专门颁布修史诏令，重视两书的修撰。史官搜集史料，整理材料，如贾纬撰成《唐朝补年录》，范质修成《建隆五代统录》，为两部史书的顺利完成提供了基础。然而两部史书完成后不久，其重视程度却逐渐下降，乃至在后世逐渐遭到遗弃，至清代尚需辑佚才能恢复大致面貌。这种前后地位的变化，只有分析北宋史学批评的思潮，才能认识到宋代史学发展所带来的变化。

宋太祖于开宝六年（973）四月下令修撰《旧五代史》，经过一年半的时间修撰完成。宋朝建立之初就下令修撰史书，并且修成如此之迅速，这是受到了五代重视修史、补史的史学意识影响。宋太祖在《修五代史诏》中称："唐季以来，兴亡相继，非青编之所纪，使后世以何观？近属乱离，未遑纂集。将使垂楷模于百代，必须正褒贬于一时。宜委近臣，俾专厥职。其梁氏及后唐、晋、汉、周五代史，宜令参知政事薛居正监修。"① 从宋太祖诏令中可以发现其观念与五代时期的修史诏令在思想上有着很多类似之处。

---

① 司义祖编：《宋大诏令集》卷一五〇《政事三》，中华书局1962年版，第555页。

《旧五代史》共计一百五十卷，由薛居正主持监修，其编撰者还包括卢多逊、张瞻、刘兼、李穆、李九龄等九人。《旧五代史》之所以能够快速修撰完成，是建立在五代实录修撰完备的基础上的。范质曾根据五代实录整理了《建隆五代统录》。加之编修者多历经五代，亲身见闻之事尚多，故能在短时间内撰修完成。

《旧五代史》在修撰的过程中，因时间过短，难以广泛地搜集史料，其主要依据的是五代各朝修撰的实录等书，因而很难对五代史书固有的问题进行完善。这样随着时间的推移，对《旧五代史》的不满越来越多，其中的批评之一为《旧五代史》史料的不足与记载的缺漏。

宋代古文运动的代表之一王禹偁，字元之，曾任职史官，参与编修《太祖实录》，因直书史事而遭到贬退。王禹偁在史学上著有《五代史阙文》，他在《序》中称："臣读《五代史》总三百六十卷，记五十三年行事，其书固亦多矣。然自梁至周君臣事迹，传于人口而不载史笔者，往往有之，或史氏避嫌，或简牍漏略，不有纪述，渐成泯灭，善恶鉴诫，岂不废乎！因补一十七篇，集为一卷，皆闻于耆老者也。"[①] 王禹偁对《五代史》的批评，主要是从史料不足的角度进行的。他所作的《五代史阙文》补充了史料的缺陷，并被欧阳修的《新五代史》所吸纳，由此可见其补充史料之功。同时王禹偁认为只有对事实如实的记载，才能发挥史学"善恶鉴诫"的作用，这昭示了北宋史家对《旧

① 王禹偁：《五代史阙文序》，傅璇琮、徐海荣、徐吉军主编：《五代史书汇编》第四册，杭州出版社 2004 年版，第 2471 页。

五代史》的批评逐渐从史料不足转向褒贬倡导的趋向。

宋代文人陶岳，字舜咨，宋太宗太平兴国年间进士，在其所著《五代史补序》中称："五代之相承也，其辟土则不广，享祚则非永，干戈尚被于原野，声教未浃于华夏，虽唐室名儒，或有存者，然俎豆军旅，势不两立，故其史书漏落尤甚。近年以来，议者以国家诞膺宝命，廓清区宇，万邦辐辏以入贡，九流风动而观政，五代之书，必然改作……因思自幼及长，侍长者之座，接通人之谈，至于诸国窃据，累朝创业，其间事迹，颇曾寻究，因书其所闻，得百余条，均其年代，为之次序，勒成五卷，命曰《五代史补》。虽同小说，颇资大猷，聊以备于阙遗，故不拘于类例，幸将来秉笔者，览之而已。"[1] 陶岳提到《旧五代史》在史料方面的不足，"史书漏落尤甚"必然会导致五代史书的重新撰述。陶岳认为五代时期政权短暂、战乱不断影响了修史工作的进行，因而造成了五代史书的史料缺乏、事实漏载。难能可贵的是陶岳提到其补充史料源自亲身听闻，并按年代不拘类列进行编写，以"备于阙遗"，为将来史书的撰写提供史料。陶岳《五代史补》更类似资料汇编的性质。《四库全书总目》提要认为："此书虽颇近小说，然叙事首尾详具，率得其实，故欧阳修《新五代史》、司马光《通鉴》多采用之。"[2] 然而陶岳在《序》中对《旧五代史》的批评，与王禹偁有类似的想法。他提出《旧

① 陶岳：《五代史补序》，傅璇琮、徐海荣、徐吉军主编：《五代史书汇编》第五册，杭州出版社2004年版，第2469页。

② 纪昀等编：《钦定四库全书总目》卷五一，中华书局1990年版，第717页。

五代史》的缺点不止于史料不足，随着宋朝统一全国，结束五代混乱局面，不能再因循旧的修史做法，必然需要能反映新的时代精神的著作出现。这种观点隐含着对史学褒贬的强调。

对《旧五代史》史料不足的批评，引起了宋初史官在史学上进行补作的热潮，他们不断搜集与扩充五代史料。在宋太宗时任职史官的路振曾撰《九国志》，《玉海》称“真宗时，知制诰路振采五代僭伪吴、唐、前蜀、后蜀、南汉、北汉、闽、楚、吴越九国君臣行事，撰《九国志》，为世家、列传四十九卷”[①]。宋真宗时曾任史官的郑向在天禧年间撰成《五代开皇记》，意在补充《旧五代史》在史料记载上的缺失。《宋史》称：“五代乱亡，史册多漏失，（郑）向著《开皇纪》三十卷，摭拾遗事，颇有补焉。”[②]《玉海》称：“《五代开皇纪》：天禧五年五月己丑，太常博士郑向表进《五代开皇纪》三十卷。起梁迄周，约八十万言。表言唐明宗祈天愿早生圣人，是五代开闰紫实开皇朝也，目曰开皇。”[③] 郑向撰写《五代开皇纪》意在补充史料，他认为宋朝的建立，其正闰是上接后唐明宗。这种在史书中关于正统的讨论与设置，实际上表明此书在史料补充之外，也涉及褒贬价值的讨论。

北宋时曾任宰相并监修国史的胡旦著有《五代史略》，《宋会要辑稿》称：“（宋仁宗天圣）五年十二月二十二日，秘书监致仕胡旦上……《五代史略》四十三卷。”[④] 据《宋史·艺文

---

① 王应麟：《玉海》卷四七《艺文·杂史》，大化书局1978年影印本，第930页。
② 脱脱等：《宋史》卷三〇一《郑向传》，中华书局1977年版，第9998页。
③ 王应麟：《玉海》卷四七《艺文·杂史》，大化书局1978年影印本，第930页。
④ 徐松辑：《宋会要辑稿·崇儒》五之二一，中华书局1957年影印本，第2257页。

志》的记载，胡旦还曾撰有“《唐乘》七十卷”[1]。北宋孙冲撰写过《五代纪》，据《玉海》记载：“（宋仁宗景祐）三年七月……集贤院学士孙冲上《五代纪》七十七卷。”[2] 这些有关五代史书的大量修撰，表明北宋前中期史官对《旧五代史》史事记载的不满，他们多主张进一步扩充史料，补充旧书的不足，因而先后修撰了一批有关五代内容的补充之作。

《旧唐书》修撰于五代后晋时期，开始于后晋天福六年（941），完成于后晋开运二年（945）。先由宰相赵莹主持监修，后经刘昫领衔奏进。其先后参与编修的有张昭远、贾纬、赵熙、郑受益、李为光、吕琦、尹拙等。其中赵莹对《旧唐书》的修撰完成起到了重要作用，他在《论修唐史奏》中提出了许多卓有成效的建议并被采纳。而针对唐朝缺少自武宗以后实录的情况，贾纬“搜访遗文及耆旧传说”[3]，撰成《唐朝补遗录》六十五卷，从而使《旧唐书》的修撰得以顺利完成。

由于五代时期，朝廷藏书经由战火而多遭遗失，加之晚唐以来有关实录的修撰缺略，使《旧唐书》在修撰的过程中饱受史料不足之苦。至北宋时期关于《旧唐书》的批评首先由此展开。宋太宗淳化五年（994）四月，参知政事苏易简言：“故知制诰赵邻幾留心史学，以《新唐书》纪传及近朝史书多有漏略，遂寻访自唐以及近代将相名贤事迹及家状、行状甚多，虽美志不

---

① 脱脱等：《宋史》卷二〇三《艺文二》，中华书局1977年版，第5095页。
② 王应麟：《玉海》卷四七《艺文》，大化书局1978年影印本，第930页。
③ 王溥：《五代会要》卷一八《前代史》，上海古籍出版社1978年版，第298页。

就，而遗稿尚在。”[①] 赵邻幾具有自觉的史学意识，他广泛搜集材料，为史书撰述准备材料。他对《旧唐书》与宋朝史书从史料方面提出了批评，指出其记载的缺略源自史料来源的单一。史书修撰忽视了民间材料的补充，他认为应从唐朝及宋代大臣的记载、家状及行状等民间材料中扩大史书修撰的史料来源。至北宋中期，宋敏求《春明退朝录》记载：“庆历四年，贾魏公建议修《唐书》。始令在馆学士人供《唐书》外故事二件。积累既多，乃请曾鲁公掌侍郎，唐卿分厘，附于本传。”[②] 其记载说明宋朝中期学者重修《唐书》的主张，引起宋代朝廷的注意，可见对《旧唐书》的不满与批评首先是从史料不足展开的。

由于五代时期修撰的《旧唐书》缺少武宗以后的实录，因而对史料的补充是先从补修实录开始的。宋敏求曾补修唐武宗后实录。据《宋史》记载：“王尧臣修《唐书》，以敏求习唐事，奏为编修官……敏求家藏书三万卷，皆略诵习，熟于朝廷典故，士大夫疑议，必就正焉。补唐武宗以下六世实录百四十八卷，它所著书甚多，学者多咨之。”[③] 晁公武《郡斋读书志》记载：“国朝宋敏求次道尝补《宣宗实录》三十卷，《懿宗实录》三十卷，《僖宗实录》三十卷，《昭宗实录》三十卷，《哀宗实录》八卷。通百二十八卷，世服其博闻。”[④] 宋敏求补充唐代实录一百二十

---

① 徐松辑：《宋会要辑稿·崇儒》四之一六，中华书局1957年影印本，第2238页。

② 宋敏求：《春明退朝录》卷下，中华书局1980年版，第44页。

③ 脱脱等：《宋史》卷二九一《宋绶传附子敏求传》，中华书局1977年版，第9736-9737页。

④ 晁公武：《郡斋读书志》卷六《实录类》，孙猛《郡斋读书志校证》本，上海古籍出版社1990年版，第223页。

八卷，比贾纬《唐朝补遗录》六十五卷详细充实，内容多为《旧唐书》著者无法见到、难以利用的材料，因而无论是“学者多咨之”，还是“世服其博闻”，在赞扬宋敏求的同时，也是对《旧唐书》在史料不足方面的批评。梅尧臣曾参与编修《新唐书》。他鉴于《旧唐书》在史料方面的不足而撰成《唐载》。据《梅圣俞墓志铭》：“所撰《唐载》二十六卷，多补正旧史阙缪。乃命编修《唐书》。书成，未奏而卒。”[①] 据《东都事略》的记载，梅尧臣在《新唐书》的修撰中参与了《方镇》《百官表》的撰写，“梅尧臣入局修《方镇》《百官表》”[②]。梅尧臣的《唐载》在史料上对《旧唐书》多有补充改正之处，对《旧唐书》材料的补充，应成为《新唐书》修撰的内容。这表明《新唐书》的修撰在一定程度上针对的是《旧唐书》的史料不足。吕夏卿同样为《新唐书》的编修者之一，他撰写有《唐书直笔》。据《郡斋读书志》记载：“此其在书局时所建明，欧、宋间有取焉，如增入高祖字叔德之类是也。”[③]《直斋书录解题》提到《唐书直笔》“摘旧史繁阙”[④]。《唐书直笔》在补充《旧唐书》记述缺略的同时，也对《旧唐书》的内容进行了删节。吕夏卿有关史料的补充，为欧阳修、宋祁所吸纳，由此可见吕夏卿在《新唐书》

---

① 欧阳修：《居士集》卷三三《梅圣俞墓志铭》，《欧阳修全集》卷三三，中华书局2001年版，第497页。

② 王称：《东都事略》卷六五《宋庠传附弟宋祁传》，《景印文渊阁四库全书》第一四〇册，台湾商务印书馆1986年版，第419页。

③ 晁公武：《郡斋读书志》卷七《史评类》，孙猛《郡斋读书志校证》本，上海古籍出版社1990年版，第298页。

④ 陈振孙：《直斋书录解题》卷四《正史类》，上海古籍出版社1987年版，第107页。

的修撰过程中同样在史料的补充方面发挥了重要作用。这表明史料的不足，成为《旧唐书》批评的主要内容。

二、评价值判断的失当

在评论《旧唐书》《旧五代史》的过程中，宋代学者对褒贬之义的强调，成为批评正史修撰的重要观点。宋代结束了晚唐以来的混乱纷争，随着宋代君主崇尚文治，广开科举，推行崇文抑武政策。北宋中期成长起来的文人逐渐排斥晚唐、五代以来的史学撰述传统，否定宋接续五代的正统，认为五代的史学撰写难以完全反映前朝功过。因而要求改作史书，重写正史，主张在史书的修撰中蕴含对人物与事迹的评价，提倡褒贬大义。北宋时期儒学得到复兴，学者认为五代的混乱，源自道德沦丧、儒学不振。于是对《旧五代史》《旧唐书》的批评由史料不足转向褒贬倡导，主张史学褒贬之义，应以儒家的圣人之道为标准，反对五代时期史学侧重彰善，以人物功业事迹为主要内容的做法。在《春秋》学的影响下，史家主张学习《春秋》笔法，在史书修撰中体现褒贬大义，发挥史学的借鉴作用。

王皞，字子融。宋仁宗宝元二年（1039），王皞上奏进献《唐余录》六十卷。该书虽命名为《唐余录》，但实际内容为五代史事。“又集五代事，为《唐余录》六十卷以献。”[①] 该书的修撰体现了北宋对正史的批评由史料不足转向褒贬倡导的趋势。

---

① 脱脱等：《宋史》卷三一〇《王曾传附弟子融传》，中华书局1977年版，第10186页。

《唐余录》不仅强调对五代史料的补充，《玉海》称："王皞芟五代旧史，旁采诸家小说，仿裴松之《国志》附见于注。"[①] 裴注在考证、补阙史料外，尚及评论，以此而论，王皞亦当涉及评论。王皞在史书的修撰中突出褒贬之义。据《郡斋读书志》称："以本朝当承汉、唐之盛，五代，则闰也，故名之曰《唐余录》。宝元二年上之。温公修《通鉴》，间亦采之。"[②] 而《直斋书录解题》则提到："其书列韩通于《忠义传》，且表出本朝褒赠之典，新、旧史皆不及此。"[③]《唐余录》在正闰上，否定五代，而以宋接续汉、唐。在传记的撰写中，因韩通死于周、宋鼎革之时，为宋太祖讳，新旧《五代史》阙载，《唐余录》如实记载，并列之于《忠义传》大加赞扬，由此可见其对褒贬之义的倡导，也从侧面反映了对旧史褒贬的批评。

尹洙，字师鲁，宋代古文运动的早期代表之一。尹洙在《春秋》学上有精深的研究，其史学著作有《五代春秋》。据韩琦为尹洙所作墓表称："尤长于《春秋》。善议论，参质古今，开判凝滞，闻者欣服之。"[④]《宋史》本传称："洙内刚外和，博学有识度，尤深于《春秋》……其为文简而有法。"[⑤] 尹洙在史学叙述上主张文辞简约，并且强调史学的褒贬批评作用。尹洙与

① 王应麟：《玉海》卷四七《艺文·杂史》，大化书局1978年影印本，第930页。

② 晁公武：《郡斋读书志》卷六《杂史类》，孙猛《郡斋读书志校证》本，上海古籍出版社1990年版，第259页。

③ 陈振孙：《直斋书录解题》卷四《别史类》，上海古籍出版社1987年版，第109页。

④ 韩琦：《安阳集》卷四七《故崇信军节度副使检校尚书工部员外郎尹公墓表》，《景印文渊阁四库全书》第一〇八九册，台湾商务印书馆1986年版，第508页。

⑤ 脱脱等：《宋史》卷二九五《尹洙传》，中华书局1977年版，第9838页。

欧阳修往来密切，并曾相约合写《新五代史》，邵伯温《邵氏闻见录》称："《五代史》，公（欧阳修）尝与师鲁约分撰。"[①] 尹洙重视《春秋》，主张学习《春秋》的叙述，在《五代春秋》的修撰中注重在文辞笔法的使用中包含褒贬之义，《四库全书总目》提要称赞其"（《五代春秋》）笔削颇为不苟，多得谨严之遗意，知其《春秋》之学深矣"[②]，因而可以说尹洙在一定程度上影响了此后欧阳修《新五代史》重视褒贬的史学特色。

王沿，字圣源，大名馆陶人。王沿重视《春秋》，著有《春秋集传》十五卷，《宋史》本传称其"尝论以《春秋》法断事"[③]。王沿著有《唐志》二十一卷，据尹洙《王先生述》："先生与予语《春秋》，因出《唐志》二十篇，且曰：'此未尝以示人。'先生于褒贬善恶之著者，若无所措意。其甚异者，众之所尚，或诎之；众之所讥，或嘉之。予亦疑其然。先生为予开其端，质于大中之道，考之于《春秋》，无相戾者。呜呼！先生所美，唐善也；所诎，唐恶也。于今曷避而不以示人？盖夫违众之所讥谓之党，反众之所尚谓之隘，举世皆然，恶得独异而取危耶？"[④] 据尹洙的论述，王沿的《唐志》同样强调以唐代史事为鉴，突出其中的褒贬善恶。"众之所尚，或诎之；众之所讥，或嘉之。"王沿不认同之前的有关唐代史事的评论。他评论的依据

① 邵伯温：《邵氏闻见录》卷一五，中华书局1983年版，第166-167页。

② 纪昀等编：《钦定四库全书总目》卷四八，中华书局1990年版，第666页。

③ 脱脱等：《宋史》卷三〇〇《王沿传》，中华书局1977年版，第9960页。

④ 尹洙：《河南集》卷一三《王先生述》，《景印文渊阁四库全书》第一〇九〇册，台湾商务印书馆1986年版，第68页。

为“质于大中之道，考之于《春秋》”，即王沿有关的批评是以《春秋》为依据，强调史书的褒贬作用。王沿的这一做法影响了尹洙，尹洙称“予亦疑其然。先生为予开其端”，尹洙开始怀疑而后接受了王沿的做法。由此则由王沿至尹洙再到欧阳修，师法《春秋》，重视褒贬的批评观点在北宋的史学上产生了越来越大的影响。这表明宋代史学批评中强调的褒贬之义，与当时《春秋》学的兴盛有着密切的关系。

宋初三先生之一的石介，字徂莱，兖州奉符人。他在宋初儒道复兴运动中发挥了重要的作用，积极倡导古文。他著有《唐鉴》一书，该书不以史料见长，而强调褒贬之义。欧阳修所作《徂莱先生石介墓志铭》称：“其遇事发愤，作为文章，极陈古今治乱成败，以指切当世。贤愚善恶，是是非非，无所讳忌，世俗颇骇其言。由是谤议喧然，而小人尤嫉恶之，相与出力必挤之死。先生安然，不惑不变，曰：‘吾道固如是，吾勇过孟轲矣。’……乃作《庆历圣德诗》，以褒贬大臣，分别邪正，累数百言……其戒奸臣、宦女，则有《唐鉴》，曰吾非为一世监也。”[①]《唐鉴》的修撰，与石介本身的文章风格有着密切联系。石介的文章重视议论，强调褒贬之义。石介著有《庆历圣德诗》评价当朝大臣，划分邪正，因而《唐鉴》同样重视褒贬之义，他自称此书“非为一世监”，意在对后世产生影响。据石介的《唐鉴序》：“国家虽承五代之后，实接唐之绪，则国家亦当以唐

① 欧阳修：《居士集》卷三四《徂莱先生石介墓志铭》，《欧阳修全集》卷三四，中华书局2001年版，第506-507页。

为鉴……呜呼！奸臣不可使专政，女后不可使预事，宦官不可使任权……臣故采摭《唐史》中女后、宦官、奸臣事迹，各类集作三卷，谓之《唐鉴》。”[①]《唐鉴》的内容主要围绕奸臣、宦官、女后事迹，石介认为这些是导致唐朝灭亡的原因，宋朝应吸取教训。其在史书的撰述中强调褒贬之义，在正统上否定五代，以宋接续唐，并以唐亡的教训作为论述的对象。石介在叙述中展现出对史书褒贬之义的重视。

孙甫，字之翰，许州阳翟人，撰有《唐史记》，其后正文散佚，而议论得以保留，被编为《唐史论断》。他熟悉唐代的史事，据欧阳修所撰墓志铭可知《唐史记》的重心由记载史事转向议论褒贬，“公博学强记，尤喜言唐事，能详其君臣行事本末，以推见当时治乱，每为人说，如其身履其间，而听者晓然如目见，故学者以谓终岁读史，不如一日闻公论也。所著《唐史记》七十五卷，议论宏赡”[②]。孙甫主张学习《春秋》的写法，发挥其鉴戒的作用，以达到“乱臣贼子惧”的目的。他对《旧唐书》的批评，由此出发，批评其缺乏对褒贬之义的重视。在《唐史论断序》中称：“因读唐之诸书，见太宗功德法制与三代圣王并，后帝英明不逮，又或不能守其法，仍有荒纵狠忌庸懦之君，故治少而乱多……《唐书》繁冗遗略，多失体法，事或大而不具，或小而悉记，或一事别出而意不相照。怪异猥俗，无所

---

① 石介：《徂徕先生文集》卷一八《唐鉴序》，中华书局1984年版，第210–211页。

② 欧阳修：《居士集》卷三三《尚书刑部郎中充天章阁待制兼侍读赠右谏议大夫孙公墓志铭》，《欧阳修全集》卷三三，中华书局2001年版，第495页。

不有。治乱之迹，散于纪传中，杂而不显。此固不足以彰明贞观功德法制之本、一代兴衰之由也。观高祖至文宗《实录》，叙事详备，差胜于他书，其间文理明白者尤胜焉。至治乱之本亦未之明，记事务广也。劝戒之道亦未之著，褒贬不精也。为史之体亦未之具，不为编年之体，君臣之事，多离而书之也。又要切之事或有遗略，君臣善恶之细、四方事务之繁，或备书之。此于为史之道，亦甚失矣。遂据《实录》与书，兼采诸家著录，参验不差，足以传信者，修为《唐史记》。旧史之文繁者删之，失去就者改之，意不足而它证者补之，事之不要者去之，要而遗者增之，是非不明者正之。"[①] 孙甫对《旧唐书》《实录》提出批评，认为"多失体法"，不能反映"治乱之迹"，彰显"兴衰之由"。史书修撰的重点不在于罗列事实，孙甫批评《旧唐书》"事或大而不具""或小而悉记"，反对《实录》中"记事务广"，因而孙甫史学批评的重心不在史料，而在于褒贬大义，他认为这是史之体。孙甫指出《唐史记》著述的重心在于劝戒之义，侧重对事件人物的分析与评价，认为其可以为人君大臣提供借鉴。孙甫师法《春秋》，主张恢复《春秋》的编年体，认为编年体对发挥褒贬之义起到了重要作用。孙甫称："为史者习尚纪传久矣，历代以为大典，必论之以复古，则泥矣。有能编列君臣之事，善恶得实，不尚僻怪，不务繁碎，明治乱之本，谨劝戒之道，虽为纪

---

① 孙甫：《唐史论断序》，曾枣庄、刘琳：《全宋文》第二五册，上海辞书出版社、安徽教育出版社 2006 年版，第 211 页。

传亦可矣。必论其至，则不若编年体正而文简也。”[①] 孙甫指出编年与纪传优劣的比较，并非单纯的形式之争。他认为史书体裁倘若能如实直书，详略得当，能为后世提供借鉴，则编年与纪传都可以成为优秀的史学形式。这表明孙甫关注编年与纪传之争，倡导编年体的修撰，其意在突出史书的褒贬价值的作用。孙甫的这一史学批评的观念，在宋代产生很大的影响，得到欧阳修、司马光、苏轼等的认同。“欧阳永叔、司马温公、苏子瞻称其书议论精核，以为旧史所不及。”[②] 孙甫关于史书褒贬之义的批评，在宋代产生了广泛的影响。

三、评追求骈俪的文风

欧阳修是宋代古文运动的重要代表之一，在文学上主张抛弃北宋初期重视音韵辞藻，注重形式的“西昆体”，倡导接续唐代韩愈、柳宗元古文运动提出的“文以载道”，发挥文章反映现实疾苦、传承儒学大道的作用。欧阳修关于文辞的主张，反映在史学批评上，体现为重视史书叙事的价值、强调历史记载的简洁，以口语入史，反对史书中采用骈文的形式。《宋神宗实录》中对欧阳修史学的评价，重点肯定了其叙述艺术：“（欧阳）修作《唐书·志》《五代史》，叙事不愧刘向、班固也。”[③]

---

① 孙甫：《唐史论断序》，曾枣庄、刘琳：《全宋文》第二五册，上海辞书出版社、安徽教育出版社 2006 年版，第 212 页。

② 晁公武：《郡斋读书志》卷七《史评类》，孙猛《郡斋读书志校证》本，上海古籍出版社 1990 年版，第 300 页。

③ 《神宗实录本传》，欧阳修：《欧阳修全集·附录》卷二，中华书局 2001 年版，第 2660 页。

欧阳修赞扬《春秋》叙事的简洁，“述其文，则曰简而有法。此一句，在孔子六经惟《春秋》可当之，其他经非孔子自作文章，故虽有法而不简也”[①]。倡导学习《春秋》的“辞有同异，尤谨严而简约”[②]，并且在其修撰的《新唐书》《新五代史》中贯彻这一主张。欧阳修修撰的《新五代史》七十四卷，相较《旧五代史》的一百五十卷，在篇幅上大为简略。欧阳修参与修撰的《新唐书》，据陈光崇的统计，虽然以卷数来论《旧唐书》略少，但相较字数而言则《新唐书》较省，“旧书本纪凡三十万字，新书仅九万字，较旧书减去十分之七。以全书而论，旧书约一百九十万字，新书约一百七十五万二千九百字，新书也比旧书较为简要”[③]。

欧阳修在文章中倡导行文自然，文章简洁，反对矫揉造作、刻意修饰。他在与徐无党讨论作文之法的书信中称：“著撰苟多，他日更自精择，少去其繁，则峻洁矣。然不必勉强，勉强简节之，则不流畅，须待自然之至，其如常宜在心矣。”[④] 欧阳修指出文章的优劣源自自然，注重对文章简洁的追求。欧阳修批评文章追求华丽的辞藻是难以在后世得以长久留存的。欧阳修在修撰《新五代史》时，为了使史文简洁，还通过对笔法义例的使

① 欧阳修：《居士外集》卷二二《论尹师鲁墓志》，《欧阳修全集》卷七二，中华书局2001年版，第1045页。

② 欧阳修：《居士集》卷一八《春秋论中》，《欧阳修全集》卷一八，中华书局2001年版，第307页。

③ 陈光崇：《欧阳修的史学成就》，《中国社会辑刊》1982年第1期。

④ 欧阳修：《书简》卷七《与渑池徐宰之五》，《欧阳修全集》卷一五〇，中华书局2001年版，第2474页。

用来达到这一目的。徐无党在《新五代史注》中提到，笔法义例的使用有助于叙事简洁的实现，“本纪，因旧以为名，本原其所始起，而纪次其事以时也。即位以前，其事详，原本其所自来，故曲而备之，见其起之有渐有暴也。即位以后，其事略，居尊任重，所责者大，故所书者简”[①]。关于本纪的修撰笔法，欧阳修规定即位前叙述详细，而即位后则记述简略。徐无党指出这种笔法既反映了君主登基前后的形势变化，也使得《新五代史》本纪的记述得以保持简洁。

欧阳修关于史文的批评主张，在《新唐书》《新五代史》中还体现为以当时的俗语入史。唐代刘知幾在《史通》中提出了类似的批评主张，围绕如何评价“王劭《齐志》多记当时鄙言”，指出：“所以晋、楚方言，齐、鲁俗语，《六经》诸子载之多矣。”[②] 刘知幾认为史书记述俗言，可以记载历史风俗的变化，反映时代的变迁，肯定王劭的做法。《新唐书》的修撰者欧阳修、宋祁在一定程度上接受与贯彻了刘知幾的史学批评主张。

宋祁曾批评旧史的记叙不以俗语入史，会造成史书记载的失实：“蜀人谓老为皤（音波），取皤皤黄发义。后有贼王小皤作乱。今国史乃作小波，非是。蜀人见物惊异，辄曰噫嘻嚱。李白作《蜀道难》因用之。汾晋之间，尊者呼左右曰咄，左右必曰喏。而司空图作《休休亭记》又用之。修书学士刘羲叟为予言，

---

① 欧阳修：《新五代史》卷一《梁本纪第一》注，中华书局1974年版，第1页

② 刘知幾：《史通》卷一七《杂说中》，浦起龙《史通通释》本，上海古籍出版社1978年版，第495页。

《晋书》言'咄嗟而办'，非是，宜言'咄喏而办'。然咄嗟，前世人文章中多用之，或自有义。"[①] 宋祁指出国史中关于王小波的记载，虽然音同但字不同，其并非反映了历史的真实。他又以李白、司空图为例说明历代文章中多保留俗语，进而对《晋书》中俗语的错误使用提出了批评与质疑。宋祁对历代史书文章中使用俗语的关注，表明其重视以俗语入史的问题。宋祁的观点在一定程度上代表了欧阳修的主张。欧阳修在《新五代史》的修撰过程中曾吸纳五代时期的口语并将其融入史书之中。罗大经在《鹤林玉露》中指出欧阳修在《新五代史》中采用五代俗语，在"偻罗"条中称："《五代史》汉刘铢恶史肇弘、杨邠，于是李业谮二人于帝而杀之。铢喜，谓业曰：'君可谓偻罗儿矣。'偻罗，俗言猾也。欧史间书俗语，甚奇。"[②] 罗大经对欧阳修的这一史书叙事的特色予以赞扬。其记述表明欧阳修认同在史书中采用口语的观点。

唐代文学因沿袭了魏晋以来侧重诗赋的特色，重视音韵词藻。在朝廷的诏诰律令中大量地采纳骈文的形式，特别是唐代以诗赋作为科举取士的主要手段，因而诗赋在唐代产生了重要影响，至五代时修撰的《旧唐书》，在史书的撰写中也大量地采纳了骈文形式。宋代兴起的古文运动认为对文学形式的过分追求，会影响对现实问题的反映与儒学大道的传承。《新唐书》的修撰

---

① 宋祁：《宋景文公笔记》卷上，王云五主编：《丛书集成初编》第六四册，中华书局2011年版，第455页。

② 罗大经：《鹤林玉露》甲编卷五，中华书局1983年版，第88页。

者欧阳修、宋祁关于史书叙事的批评，反对在史书中采用骈文，而主张采用古文的形式，乃至对《旧唐书》中的骈文诏令逐一作了修改，“欧、宋二公不喜骈体，故凡遇诏诰章疏四六行文者，必尽删之”①。

宋祁明确提出了骈文不可施用于史书中：“文有属对、平侧用事者，供公家一时宣读施行，以便快然，久之不可施于史传。余修《唐书》，未尝得唐人一诏一令可载于传者，唯舍对偶之文，近高古乃可著于篇。大抵史近古，对偶宜今。以对偶之文入史策，如粉黛饰壮士，笙匏佐鼙鼓，非所施云。”② 他指出骈文与古文有着不同的用途，骈文适用于朝廷办公诏书，而古文便于史书的撰述。因而宋祁在《新唐书》的修撰中完全舍弃唐代的骈文。欧阳修也有相近的史学批评主张，他在《集古录》中多次评论史传应避免采用骈文的形式，称：“唐自太宗致治之盛，几乎三代之隆，而惟文章独不能革五国之弊。既久而后，韩、柳之徒出，盖习俗难变，而文章变体又难也。”③ 欧阳修批评唐代文章沿袭南朝的骈文风气，而使得文风渐积，难以变革。欧阳修曾比较李靖墓志与史传的叙事：“唐初承陈、隋文章衰敝之时，作者务以浮巧为工，故多失其事实，不若史传为详。”④ 他指出

---

① 赵翼：《廿二史札记》卷一八，上海古籍出版社2011年版，第335页。

② 宋祁：《宋景文公笔记》卷上，王云五主编：《丛书集成初编》第六四册，中华书局2011年版，第457页。

③ 欧阳修：《集古录跋尾》卷八《唐元次山铭》，《欧阳修全集》卷一四一，中华书局2001年版，第2261–2262页。

④ 欧阳修：《集古录跋尾》卷五《唐卫国公李靖碑》，《欧阳修全集》卷一三八，中华书局2001年版，第2197页。

唐初沿袭南朝的骈文风气，使得墓志中对事实的记载多有缺失，不如《旧唐书》史传记载得详细。这些体现出欧阳修在史书修撰中对韵文的反对及倡导古文的意图。

第三节　宋人评《新唐书》《新五代史》

一、评文省而事丰

面对《旧唐书》《旧五代史》的批评，北宋中期重修了《新唐书》《新五代史》。欧阳修在《新唐书》《新五代史》的修撰中贯彻了其史学批评的思想，使得这两部书具有鲜明的史学特色。宋代围绕这两部书的批评，出现了赞扬与批判两种截然不同的意见。这种观点的冲突体现出宋代关于史学批评讨论的深化，围绕相关的争论也进一步促进了宋代史学批评对于修史观念的思考。

欧阳修修撰的《新唐书》《新五代史》，主张学习《春秋》笔法，重视史学的褒贬之义，其鲜明的史学主张在当时产生了重要的影响。宋代对于《新唐书》《新五代史》的评价多是从这一点出发。

曾公亮在《进唐书表》中评价《新唐书》：

> 窃惟唐有天下，几三百年，其君臣行事之始终，所以治乱兴衰之迹，与其典章制度之英，宜其粲然著在简册。而纪

次无法，详略失中，文采不明，事实零落，盖又百有五十年，然后得以发挥幽沫。补辑阙亡，黜正伪缪，克备一家之史，以为万世之传……其事则增于前，其文则省于旧。至于名篇著目，有革有因；立传纪实，或增或损，义类凡例，皆有据依；纤悉纲条，具载别录。①

陈师锡的《五代史记序》中则称：

五代距今百有余年，故老遗俗往往垂绝，无能道说者。史官秉笔之士，或文采不足以耀无穷，道学不足以继述作，使五十有余年间废兴存亡之迹、奸臣贼子之罪、忠臣义士之节不传于后世，来者无所考焉。惟庐陵欧阳公，慨然以自任，盖潜心累年而后成书，其事迹实录，详于《旧记》，而褒贬义例，仰师《春秋》，由迁、固而来，未之有也。至于论朋党宦女、忠孝两全、义子降服，岂小补哉，岂小补哉！②

曾公亮与陈师锡的评论，都指出《新唐书》与《新五代史》在史学上的特点。两者都批评了五代时期史学的不足——存在着事实记载上的缺略、文辞叙事上的缺陷，更为重要的是赞扬了《新唐书》与《新五代史》重视义例笔法，强调发挥史学的褒贬

① 曾公亮：《进唐书表》，欧阳修、宋祁：《新唐书》，中华书局1975年版，第6471–6472页。
② 陈师锡：《五代史记序》，欧阳修：《新五代史》附录，中华书局2015年修订本，第1050页。

劝戒作用。这种对《新唐书》《新五代史》持肯定赞扬的批评观点，对欧阳修所作正史从事实增补、叙事简洁、褒贬义例三方面进行评论，并特别强调新史相较五代史学在褒贬义例上的重要价值。这代表了宋代评价《新唐书》《新五代史》一种较为普遍的观点。

宋代关于《新唐书》《新五代史》的批评，部分延续了曾公亮、陈师锡的批评观点。刘敞在为宋仁宗所拟的表彰《新唐书》修撰者的敕书中，其评价也采取了类似的角度：

> 古之为国者，法后王，为其近于己，制度文物可观故也。唐有天下且三百年，明君贤臣相与经营扶持之，其盛德显功、美政善谋固已多矣，而史官非其人，记述失序，使兴坏成败之迹，晦而不彰，朕甚恨之。肆择廷臣笔削旧书，勒成一家，具官欧阳修、宋祁创立统纪，裁成大体，具官范镇、王畴、宋敏求网罗遗逸，厥协异同。凡十有七年，大典乃立，闳富精核，度越诸子矣。皆雠有功，朕将据古鉴今，以立时治，为朕得法，其劳不可忘也。[①]

敕书对《新唐书》的评价，始于对《旧唐书》的批评，认为《旧唐书》没有展现出唐代三百年的治乱兴衰，批评《旧唐书》史官拙劣、记述不明。因而宋仁宗下令重修《唐书》，称赞

① 吕祖谦：《宋文鉴》卷三七，《景印文渊阁四库全书》第一三五〇册，台湾商务印书馆1986年版，第385页。

《新唐书》的修撰者的功绩，认为《新唐书》具有为君主提供借鉴的重要作用。

宋代文人程鹏所著的《唐史属辞》，在史事上并没有过多的补充，而是在文辞上把《新唐书》修改为“四言成文，两两相对”，突出其中的议论褒贬。在杨杰的《唐史属辞序》中，关于《新唐书》的评论几乎沿袭了刘敞与曾公亮的观点：“仁宗皇帝尝谓商、周以来，为国长久，惟汉与唐，而不幸接乎五代。衰世之士，气力卑弱，言浅意陋，不足以起其文，而使明君贤臣，隽功伟烈，与夫奸虐，皆不暴其善恶，以动人耳目，诚不可以垂劝戒、示久远，乃诏修旧史以成新书。是时内出四库所藏，外访求遗事于天下，若文集、志刻、野语、逸史，搜索殆遍，而其册定讨论，皆一时儒学之士，凡十有七年而后成，于是与汉、晋诸史，方轨并驾，以垂无穷。吁！可谓盛矣。嘉祐中其书新出，而天下之士传录诵读，惟恐其后。时无为程鹏彦升笃爱是书，乃采一代事迹，四言成文，两两相比，题曰《唐史属辞》，总成四卷。其于善恶邪正，虽皆因其传文，而于轻重谐偶，若权衡然，可谓勤且至也。”[①] 即本书主要为内容删节，文辞简洁，应为通俗读本，由此可见强调史书褒贬的史学观念在宋代社会中的传播与影响。

宋代曾任宰相的吴充于熙宁九年（1076）所撰《欧阳修行状》，也有类似的评价：“撰《唐书·纪》十卷、《志》五十卷、《表》十五卷，又自撰《五代史》七十四卷，其为纪，一用《春

---

① 杨杰撰，赵士彩编：《无为集》卷九《唐史属辞序》，《景印文渊阁四库全书》第一〇九九册，台湾商务印书馆1986年版，第724页。

秋》法。于唐《礼乐志》，明前世礼乐之本出于一，而后世礼乐为空名。《五行志》不书事应，尽破汉儒灾异附会之说。其论著类此。《五代史》辞约而事备，及正前史之失为多。”[①] 宋祁评价：“欧阳修撰列、纪、志等众篇，各有法度，方成一家。范镇、王畴以下，撰次精赅，一代大典非修等不成。”[②] 所谓“有法度”“成一家”应是赞扬欧阳修在修史中重视义例笔法。苏轼在为欧阳修《居士集》作的序中称赞其“论大道似韩愈，论事似陆贽，记事似司马迁，诗赋似李白”[③]。韩愈在唐代倡导“古文”，在《原道》中提出“道统”论，倡导复兴不绝如缕的儒学。陆贽为唐德宗时宰相，《新唐书》本传评价他：“观贽论谏数十百篇，讥陈时病，皆本仁义，可为后世法，炳炳如丹，帝所用才十一。唐祚不竞，惜哉！”[④] 苏轼评论陆贽文章“伏见唐宰相陆贽，才本王佐，学为帝师。论深切于事情，言不离于道德”[⑤]。苏轼对欧阳修的这一评论，虽是从整体的角度评价欧阳修个人，但从其以韩愈、陆贽、司马迁为例，可知苏轼认为欧阳修倡导儒学大道，评论针对现实，本于道德仁义，叙事上则具有司马迁似的简洁特色，由欧阳修的治学特色也可知其重视史学褒贬的原因。苏辙在《神道碑》中评论欧阳修的史学时称：“公于

---

① 吴充：《欧阳修行状》，欧阳修：《欧阳修全集·附录》卷三，中华书局 2001 年版，第 2968 页。

② 宋祁：《景文集》卷二八《让转左丞札子》，中华书局 1985 年影印本，第 361 页。

③ 苏轼：《居士集序》，欧阳修：《欧阳修全集·附录》卷五，中华书局 2001 年版，第 2756 页。

④ 欧阳修、宋祁：《新唐书》卷一五七《陆贽传》，中华书局 1975 年版，第 4932 页。

⑤ 苏轼：《乞校正陆贽奏议进御札子》，《苏轼文集》卷三六《奏议》，中华书局 1986 年版，第 1012 页。

六经，长于《易》《诗》《春秋》。其所发明，多古人所未见。尝奉诏撰唐《本纪》《表》《志》，撰《五代史》，二书《本纪》法严而词约，多取《春秋》遗意，其表、传、志、考，与迁、固相上下。”[①] 苏辙突出了欧阳修的史学与《春秋》之间的联系，在史学批评中强调了其重视褒贬的特色。

二、关于褒贬旨趣

欧阳修，字永叔，吉州永丰人，为宋代重要的史学家。欧阳修的史学批评思想受到了北宋初期兴起的《春秋》学影响。北宋初期的《春秋》学延续晚唐以来的风气，主张从经书本身展开研究，放弃汉唐以来的注疏之学。欧阳修在为孙复撰写的墓志中提到这种研究方法：“先生治《春秋》，不惑于传注，不为曲说以乱经。”[②] 欧阳修认可这种研究思路，认为：“孔子圣人也，万世取信，一人而已。若公羊高、穀梁赤、左氏三子者，博学而多闻矣，其传不能无失者也。孔子之于经，三子之于传，有所不同，则学者宁舍经而从传，不信孔子而信三子。”[③] 因而主张：“经之所书，予所信也；经所不言，予不知也。”[④] 强调从经书本身阐释经学，才能得到有关圣人之道的正确理解。即使是从史学

---

① 苏辙：《神道碑》，欧阳修：《欧阳修全集·附录》卷三，中华书局 2001 年版，第 2713 页。

② 欧阳修：《居士集》卷三〇《孙明复先生墓志铭》，《欧阳修全集》卷三〇，中华书局 2001 年版，第 458 页。

③ 欧阳修：《居士集》卷一八《春秋论上》，《欧阳修全集》卷一八，中华书局 2001 年版，第 305 页。

④ 欧阳修：《居士集》卷一八《春秋论上》，《欧阳修全集》卷一八，中华书局 2001 年版，第 306 页。

角度阐释《春秋》的《左传》，欧阳修也批评“左氏之传《春秋》也，固多浮诞之辞”[①]。

欧阳修“信经疑传”的治学思路，使他在《易童子问》《诗本义》中提出“疑古”的问题。欧阳修对《春秋》的批评认识也由此展开。欧阳修认为：《春秋》叙事简洁，“述其文，则曰简而有法。此一句，在孔子六经惟《春秋》可当之，其他经非孔子自作文章，故虽有法而不简也”[②]。孔子修《春秋》意在劝戒，“孔子何为而修《春秋》？正名以定分，求情而责实，别是非，明善恶，此《春秋》之所以为作也”[③]。并称：“孔子患旧史是非错乱而善恶不明，所以修《春秋》。”[④]《春秋》的劝戒之义是通过运用笔法义例实现的。《春秋》“夫据天道，仍人事，笔则笔而削则削，此《春秋》之所作也”[⑤]。欧阳修关于《春秋》的认识影响了他的史学主张。欧阳修先后修撰了《新唐书》与《新五代史》，主张在史书的修撰中师法《春秋》笔法，寓以褒贬之义。

《新五代史》为欧阳修私人撰修，经十八年时间而撰述完成，在其去世后，由其家人上奏进献。欧阳修在《新五代史》

---

① 欧阳修：《居士集》卷一八《易或问三首之二》，《欧阳修全集》卷一八，中华书局2001年版，第303页。

② 欧阳修：《居士外集》卷二二《论尹师鲁墓志》，《欧阳修全集》卷七二，中华书局2001年版，1045页。

③ 欧阳修：《居士集》卷一八《春秋论中》，《欧阳修全集》卷一八，中华书局2001年版，第307页。

④ 欧阳修：《居士集》卷一八《春秋论下》，《欧阳修全集》卷一八，中华书局2001年版，第309页。

⑤ 欧阳修：《居士外集》卷一一《石鹢论》，《欧阳修全集》卷六一，中华书局2001年版，第880页。

中师法《春秋》笔法，强调褒贬批评，即通过历史叙事中遣词造句的运用来反映对人物事件的评价。这种强调史书褒贬的做法，还引起了欧阳修对于正统问题的思考。欧阳修在《正统论序》中称："太宗皇帝时，尝命薛居正等撰梁、唐、晋、汉、周事为《五代史》，凡一百五十篇，又命李昉等编次前世年号为一篇，藏之秘府。而昉等以梁为伪。梁为伪，则史不宜为帝纪。而亦无曰五代者，于理不安。"[①] 关于五代史，在欧阳修之前有两种编纂方式：一种为薛居正以梁、唐、晋、汉、周各作本纪；一种为李昉以梁为伪，不立本纪。这种关于史书修撰的分歧，包含着强调褒贬笔法如何处理史料体例的问题，并由此引发了欧阳修关于正统问题的思考。欧阳修作《新五代史》，批评了李昉的做法，而把梁立为本纪，欧阳修认为把梁纳入本纪是符合《春秋》的做法。《春秋》的劝戒是建立在如实直书基础上，梁篡唐为事实，不能因褒贬而否定事实，而且只有如实直书其篡逆的过程，才能真正发挥史学劝戒的作用："圣人之于《春秋》，用意深，故能劝戒切，为言信，然后善恶明。夫欲著其罪于后世，在乎不没其实。其实尝为君矣，书其为君，其实篡也，书其篡。各传其实，而使后世信之，则四君之罪，不可得而掩尔。使为君者不得掩其恶，然后人知恶名不可逃，则为恶者庶乎其息矣。"[②]

《新唐书》开始修撰于宋仁宗庆历四年（1044），完成于宋

① 欧阳修：《居士集》卷一六《正统论序》，《欧阳修全集》卷一六，中华书局2001年版，第265页。

② 欧阳修：《新五代史》卷二《梁本纪第二》，中华书局1974年版，第21页。

嘉祐五年（1060）。参与修撰的人员包括欧阳修、宋祁、范镇、王畴、宋敏求、吕夏卿、刘羲叟等人。在《新唐书》的修撰过程中，宋祁主要负责列传的部分，范镇作志，吕夏卿制表，而欧阳修主要负责完成《新唐书》中的本纪十卷，志、表的序，以及《选举志》《仪卫志》等。

欧阳修在《新唐书》中多次强调其师法《春秋》笔法，重视褒贬批评。《新唐书》把武则天分别立于《本纪》与《列传》中，“昔者孔子作《春秋》而乱臣贼子惧，其于杀君篡国之主，皆不黜绝之，岂以其盗而有之者，莫大之罪也，不没其实，所以著其大恶而不隐欤？自司马迁、班固皆作《高后纪》，吕氏虽非篡汉，而盗执其国政，遂不敢没其实，岂其得圣人之意欤？抑亦偶合于《春秋》之法也。唐之旧史因之，列武后于《本纪》，盖其所从来远矣”①。欧阳修认为把武则天立于《本纪》是学习孔子《春秋》的做法，《春秋》于国恶皆书以示劝戒，同时《春秋》主张不没其实，武则天曾为君主，把其列为《本纪》也符合史书修撰的惯例。欧阳修于《新唐书》后论中也提到对《春秋》重视褒贬的师法，“《春秋》之法，君弑而贼不讨，则深责其国，以为无臣子也。宪宗之弑，历三世而贼犹在。至于文宗，不能明弘志等罪恶，以正国之典刑，仅能杀之而已，是可叹也”②。他指出《春秋》之法重视褒贬，以此为例批评唐

① 欧阳修、宋祁：《新唐书》卷四《中宗本纪后论》，中华书局1975年版，第113页。
② 欧阳修、宋祁：《新唐书》卷八《穆宗敬宗文宗武宗宣宗本纪后论》，中华书局1975年版，第253页。

文宗。

欧阳修重视褒贬大义，他对《春秋》笔法的学习，还体现在具体的史书修撰义例上。徐无党，字名光，与欧阳修关系密切，曾为《新五代史》作注。他在《新五代史注》中对欧阳修的修史笔法进行了归纳，认为其笔法大致有“以身归曰降，以地归曰附”[①]，“易得曰取，难得曰克”[②]，“用兵之名有四：两相攻曰攻，以大加小曰伐，有罪曰讨，天子自往曰征”[③]，“当杀曰伏诛，不当杀者以两相杀为文”[④]。而这种笔法义例也包含着欧阳修的褒贬思想，如徐无党指出：“唐末之乱，强弱相并，或去彼来此，不可为常，难于遽责。至此乃书曰叛，始正其定分也。”[⑤] 唐末的混战为弱肉强食，难以分别其正邪，因而不书叛，此时开始书叛，表明正统褒贬观念的确立。徐无党认为欧阳修在笔法中不只暗含着批评，还包含着赞扬，他在注中指出：“于好杀之世，小赦必书，见其亦有爱人之意也。”[⑥] 认为在五代战乱嗜杀的时代，欧阳修在史书中即使“小赦”也一一必书，其意在表明即使在乱世，人的仁爱之心也难以完全泯灭，赞扬五代时

---

① 欧阳修：《新五代史》卷二《梁本纪第二》，开平三年六月庚戌注，中华书局 1974 年版，第 17 页。

② 欧阳修：《新五代史》卷二《梁本纪第二》，开平四年六月丙午注，中华书局 1974 年版，第 17 页。

③ 欧阳修：《新五代史》卷二《梁本纪第二》，开平二年六月壬寅注，中华书局 1974 年版，第 16 页。

④ 欧阳修：《新五代史》卷二《梁本纪第二》，开平二年六月壬寅注，中华书局 1974 年版，第 16 页。

⑤ 欧阳修：《新五代史》卷二《梁本纪第二》，开平三年二月壬戌注，中华书局 1974 年版，第 17 页。

⑥ 欧阳修：《新五代史》卷二《梁本纪第二》，开平元年十一月壬寅注，中华书局 1974 年版，第 15 页。

一些人所持有的仁爱之心。徐无党关于《新五代史》义例笔法的总结，或许并非完全符合欧阳修的观念，但徐无党的注在一定程度上表明欧阳修在修史中主张师法《春秋》的笔法义例，以实现其史书突出褒贬之义的目的。

三、评史事的不精

《新唐书》《新五代史》具有重视褒贬的史学特色。这一特色在宋代的史学发展过程中受到了一些质疑与争议，主要集中在史料采撰、史学褒贬的商榷等方面。

欧阳修是中途加入《新唐书》的修撰的，宋祁等人也为《新唐书》的完成作出了重要贡献。通过人们对宋祁等人的评价，也可一窥《新唐书》在宋代的评价。《东都事略》中王称在叙述《新唐书》修撰过程后，在传末从正反两方面分析了《新唐书》的优劣，并评价宋祁为“良史”。“祁与范镇在局一十七年，王畴一十五年，宋敏求、吕夏卿并各十年，刊纂纪、志六十卷，列传一百五十卷。至是，书成，祁进工部尚书……臣（王）称曰：唐有天下，载祀三百，其兴衰治乱之迹，必考信于史。而旧书则纪次无律，惩劝不明，不可以训。祁与诸儒博采旧闻，作为新史，于是一代之典，粲然大备。然其为书，事虽增而失之冗，文虽省而失之略，此未免有是非轻信之蔽。虽然能与班、马并驱，则虽长于载记者有不能。乌乎，祁亦良史也哉。”① 王称

① 王称：《东都事略》卷六五《宋庠传附弟宋祁传》，《景印文渊阁四库全书》，台湾商务印书馆1986年版，第419-420页。

对《旧唐书》的批评沿袭了曾公亮在《进新唐书表》中的论述，他认为《旧唐书》修撰于五代乱世，史法义例难以反映唐朝的兴衰治乱。而对于《新唐书》，则称赞其在史料上广泛搜集，“博采旧闻，作为新史，于是一代之典，粲然大备”。但王称对“事增于前，文省于旧”的评价则持保留意见，认为史实虽增而缺之精择，同时文章虽省但失之过简，从而影响对事件的完整记载。王称评价修撰者之一的宋祁，认为其可比肩司马迁、班固，具有一般撰修者所不具备的才能，可称之为“良史”。

吕夏卿，字缙叔，泉州晋江人，为《新唐书》的编修者之一，他曾撰修《唐书直笔》与《唐书新例须知》。《宋史》在评价《新唐书》的纂修者吕夏卿时，也涉及对《新唐书》的批评：“夏卿学长于史，贯穿唐事，博采传记杂说数百家，折衷整比。又通谱学，创为世系诸表，于《新唐书》最有功云。”[①]《宋史》赞扬《新唐书》在采摭上的广博丰富。《东都史略》对吕夏卿也有类似的评价，同时也批评其为求广博而尚奇异：“时修《唐书》，以夏卿为编修官。书成，进直秘阁。夏卿喜聚书，博览强记，而于历代史尤该洽。唐自韦述等著史，又有编年诸录，而旁记杂说几数百家。夏卿讨论是正，于新书为力居多，然亦好尚奇异也。”[②] 这一批评同吴缜在《新唐书纠谬》中总结的“八失”

① 脱脱等：《宋史》卷三三一《吕夏卿传》，中华书局1977年版，第10658-10659页。
② 王称：《东都事略》卷六五《吕夏卿传》，《景印文渊阁四库全书》，台湾商务印书馆1986年版，第420页。

之一的“多采小说而不精择”[①] 相一致。

对史料的争议也影响了对欧阳修重视褒贬的评价。由于欧阳修的褒贬之义是建立在史书叙述的笔法上，《新唐书》《新五代史》强调春秋笔法，进而影响到对史料的使用与史传体例的调整等。这种做法在宋代也引起了部分的争议。吴缜在《新唐书纠谬序》中称：“其始也，不考其虚实有无，不校其彼此同异，修纪、志者则专以褒贬笔削自任，修传者则独以文辞华采为先，不相通知，各从所好。”[②] 他指出《新唐书》在《本纪》与《列传》中的修撰侧重不同，批评欧阳修在《新唐书》的修撰中过分强调褒贬笔削。作为《资治通鉴》编修者之一的刘攽曾对欧阳修《五代史》在体例内容上缺载韩通提出批评，认为由此则难以称欧阳修《五代史》为真正重视褒贬，是“第二等文字”，“旧传焦千之学于欧阳公，一日，造刘贡父，刘问《五代史》成邪？焦对将脱稿，刘问为韩瞠眼立传乎？焦默然，刘笑曰：‘如此，亦是第二等文字耳’”[③]。司马光在撰修《资治通鉴》的过程中，在涉及五代、唐的史料考辨时，多次提到“今从旧传，薛史、实录”[④] 的论述，由此可见《新五代史》《新唐书》在某些史料的考证上确实存在争议。清人王鸣盛指出司马光修《资

---

① 吴缜：《新唐书纠谬序》，王云王主编：《丛书集成初编》第七五九册，中华书局2011年版，第157页。

② 吴缜：《新唐书纠谬序》，王云五主编：《丛书集成初编》第七五九册，中华书局2011年版，第159页。

③ 周密：《齐东野语》卷一三，中华书局1983年版，第234页。

④ 司马光：《通鉴考异》卷二四《朱瑄权知天平留后》，《景印文渊阁四库全书》第三一一册，台湾商务印书馆1986年版，第254页。

治通鉴》“悉据旧史，于《新（唐）书》无取焉”[①]。欧阳修在强调褒贬的过程中提出了正统论，司马光在《资治通鉴》的修撰中不立正统，由此也从侧面体现出他对欧阳修强调褒贬的批评。宋代诗人唐庚也从褒贬的角度批评《新唐书》：“司马迁敢乱道却好，班固不敢乱道却不好，不乱道又好，是《左传》，乱道又不好，是《唐书》”[②]，唐庚所谓的“道”应为褒贬之义，他指出《新唐书》“乱道又不好”，不认同欧阳修在史书修撰中突出褒贬的做法。欧阳修重视褒贬之义，突出史书记载的褒贬作用，这影响了他对史书内容的安排，使部分记述详略失当，有违史家客观全面记载史事的职责。陶懋炳在研究中指出欧阳修《新五代史》为体现其褒贬意图而在对史料的处理上有违客观："欧史每有只顾议论方便竟至不顾史实的情事。”并以《伶官传》序为例子，批评其议论的依据来自传闻，由此“欧阳修狃于正统、僭伪的陈见，《十国世家》仅十二卷，诸国良法善政，全被抹杀，这就更难称信史”[③]。重视史学的褒贬价值虽然是《新唐书》《新五代史》的突出特点，但是在史书撰述的过程中不免对史料的选择与考证带来影响。至南宋时期关于这一点的争议逐渐成为人们关注的焦点。

晁公武在《郡斋读书志》中称：“《新唐书》二百二十五卷，右皇朝嘉祐中曾公亮等被诏删定，欧阳修撰纪、志，宋祁撰列

① 王鸣盛：《十七史商榷》卷六九，上海古籍出版社2013年版，第962页。
② 何薳：《春渚纪闻》卷五，中华书局1983年版，第71页。
③ 陶懋炳：《评欧阳修的史学》，《湖南师院学报》（哲学社会科学版）1982年第1期。

传。旧书约一百九十万，新书约一百七十四万，而其中增表。故书成上于朝，自言曰'其事则增于前，其文则省于旧'也。而议者颇谓永叔学《春秋》，每务褒贬；子京通小学，惟刻意文章。采杂说既多，往往抵牾，有失实之叹焉。"① 晁公武对《新唐书》的评价中，提到曾公亮的论述，然而其重点引用则是后来评论者的批评，指责欧阳修偏重褒贬，宋祁侧重文辞，扩充了材料而没有精择，使得记述多有矛盾之处，强调《新唐书》有"失实之处"。晁公武对《新唐书》的修撰提出了较为严厉的批评，这表明宋代史学对《新唐书》侧重褒贬文辞的不同意见。陈振孙在《直斋书录解题》中批评道："今案旧史成于五代文气卑陋之时，纪次无法，详略失中，论赞多用俪语，固不足传世。而新书不出一手，亦未得为全善。本纪用《春秋》例，削去诏令，虽太略犹不失简古，至列传用字多奇涩，殆类虬户铣溪体，识者病之。欧公尝卧听《藩镇传》序，曰：'使笔力皆如此，亦未易及也。'然其《序》全用杜牧《罪言》，实无宋公一语。然则欧公殆不满于宋，名衔之著，固恶夫争名，抑亦以自表异耶？温公《通鉴》多据旧史，而唐庚子西直谓《新唐书》敢乱道而不好，虽过甚，亦不为亡谓也。刘元城亦谓：事增文省，正新书之失处云。"② 陈振孙关于欧阳修史书修撰的意见更为详尽。他认同北宋中期对《旧唐书》的批评意见，但重修的《新唐书》

① 晁公武：《郡斋读书志》卷二上，孙猛《郡斋读书志校证》本，上海古籍出版社 1990 年版，第 193 页。

② 陈振孙：《直斋书录解题》卷四《正史类》，上海古籍出版社 1987 年版，第 103-104 页。

并非完善，同样存在不足。陈振孙指出欧阳修与宋祁在史书叙事上的不同要求，他引用北宋时期学者对《新唐书》的评价，多不满其过于强调褒贬与考证上的缺略。

南宋目录学家晁公武、陈振孙针对北宋时期对《新唐书》《新五代史》的褒扬，提出了许多批评，主要涉及事实考证不精，文辞太简而记载不详，务为褒贬而非全然允当。二者在评论过程中都提到了北宋时期学者的评价，《新唐书》修撰过程中编修者围绕褒贬、文辞、事实三者侧重的不同，造成了《新唐书》风格的变化，学者对其最严厉的批评多落脚于事实方面。由此围绕三者的关系，激发了宋代学者对史书修撰原则的思考。

第四节　吴缜修史三原则的提出

一、吴缜所著两部史学批评专书

《新唐书》《新五代史》问世后，在宋代引起了广泛的反响。针对《新唐书》《新五代史》的研究与批评，在宋代产生了两部史学批评的书——吴缜的《新唐书纠谬》与《五代史纂误》。吴缜在这两部书中不仅指出了《新唐书》与《新五代史》的各种讹误，而且总结了史书错误的类型，及其出现错误的原因，并对史书修撰的原则作了分析与理论上的归纳。《新唐书纠谬》与《五代史纂误》展现出吴缜自觉的史学批评意识，体现了宋代史学批评理论上的成就。

吴缜，字廷珍，生卒年月不详。《宋史》无传，其生平仅有零星的资料传世。《新唐书纠谬序》中提到他曾“从宦巴峡”[①]，于四川地区任官。《新唐书纠谬》大致作于他在四川任官期间。吴缜的主要著述为《新唐书纠谬》与《五代史纂误》，这是宋代有关史学批评的两部专书。《新唐书纠谬》二十卷，《五代史纂误》五卷。现存《五代史纂误》为清人从《永乐大典》中辑出，缺失了部分内容，今本为原书篇幅的五六成。这两部书的主要内容为吴缜对《新唐书》与《新五代史》两书有关史事失误的考证，其中包含着对史书错误种类的归纳、讹误原因的分析，兼及对史书优劣的评价，特别是吴缜在《新唐书纠谬序》中提出的事实、褒贬与文采的修史三原则，在宋代史学批评史上占有重要地位。

据吴缜的《进〈新唐书纠谬〉表》所述，其著述此书的缘由为：“然而篇第浩博，事条猥并。刊修之官既分，编集之员不一，好尚各异，责任靡专。记事止于笔端，定论出于言下，曾不参考，了无适从。善恶多相异之辞，纪传有不同之事。虚实详略，年月姓名，阙漏复重，抵牾驳杂，既布传之已久，但习用而莫知。臣虽至愚，常切私愤，从吏之暇，披卷以寻，岁月寖深，瑕颣愈见。”[②] 吴缜认识到《新唐书》中存在不少的讹误，他不满足于对事实的考证，进而分析讹误出现的原因，总结错误的类型。在考证讹误的过程中，吴缜提出了修史的三原则。《五代史

① 吴缜：《新唐书纠谬序》，王云五主编：《丛书集成初编》第七五九册，中华书局2011年版，第160页。

② 吴缜：《进〈新唐书纠谬〉表》，王云五主编：《丛书集成初编》第七五九册，中华书局2011年版，第161–162页。

纂误》为吴缜针对《新五代史》所作的考证之作，据《宋史·艺文志》作三卷，而后散失，现存《五代史纂误》为清代史家所辑佚，《四库全书总目》提要称："（吴）缜一一抉其缺误，无不疏通剖析，切中症结，故宋代颇推重之。"① 这对《五代史纂误》在考证上的成就给予了较高评价，并指出其在宋代的广泛影响。

宋代学者关于吴缜《新唐书纠谬》与《五代史纂误》的评价，呈现出两极分化。赞扬者称赞其在考证勘误上的成就，批评者则指责他苛求《新唐书》《新五代史》而意图不正。北宋时期曾表奏进献《新唐书纠谬》的胡宗愈从正面积极肯定了此书的价值："按《新唐书》乃欧阳修、宋祁据旧史所撰，修与祁皆当世名儒，所撰唐书亦杂采诸家异说，修撰帝纪、表、志，而祁为列传，各据所闻，商略不同，故其所书事迹，详略先后，不免或有差误，窃见左朝散郎、前知蜀州吴缜撰成《新唐书正谬》，分二十门，是正差误。"② 他认为《新唐书》由多人修撰，难免存在失误，此书可以纠正《新唐书》的不足，具有"是正差误"的作用。南宋学者林駉所著《古今源流至论》是一部为科举考试而修撰的类书，其中的"新旧唐史"条针对新旧《唐书》的问题展开评论。关于《新唐书》在史事上的错误，林駉以吴缜的《新唐书纠谬》为例，举出《新唐书》在史事考证上的不足，

① 纪昀等编：《钦定四库全书总目》卷四六，中华书局 1990 年版，第 635 页。

② 吴缜：《进〈新唐书纠谬〉表》，《新唐书纠谬》，王云五主编：《丛书集成初编》第七五九册，中华书局 2011 年版，第 161 页。

“《纪》以为晏洪，而《传》以为景洪，县公之号可疑，则见于吴缜之《纠谬》，死因之数可疑则见于温公之《考异》”，并指出《新唐书》出现讹误的原因在于“大抵所编非一人，则予夺无定论，所集非一书，则纪载无定说”，这一评价与吴缜在《新唐书纠谬》中的分析相吻合。林駉称“读《春秋》者当论褒贬之大义，不当论夏五郭公之疑，读唐史者当论去取之大节，不当论疑似异同之迹”[①]，认为评价《新唐书》的原则应为肯定其褒贬方面的长处而忽略其事实考证上的短处。这表明他认可对《新唐书》在事实考证不足方面的批评，认为《新唐书》出现较多的讹误是由于编修者众多。

宋代关于吴缜的批评还聚焦于他创作《新唐书纠谬》与《五代史纂误》的动机。宋代部分学者指出吴缜撰述《新唐书纠谬》与《五代史纂误》源自他与欧阳修在修史上的不洽。南宋王明清《挥麈录后录》称：“嘉祐中，诏宋景文、欧阳文忠诸公重修《唐书》，时有蜀人吴缜者，初登第，因范景仁而请于文忠，愿预官属之末，上书文忠，言甚恳切。文忠以其年少轻佻，拒之，缜鞅鞅而去。逮夫《新书》之成，乃从其间指摘瑕疵，为《纠谬》一书。”[②] 认为吴缜因欧阳修拒绝其修史的请求而作《新唐书纠谬》以报私怨，并称此书是“从其间指摘瑕疵”。陈振孙《直斋书录解题》也提到：“朝请大夫知蜀州成都吴缜廷珍

① 林駉：《古今源流至论前集》卷二《新旧唐史》，《古今源流至论》，《景印文渊阁四库全书》第九四二册，台湾商务印书馆1986年版，第23页。

② 王明清：《挥麈录后录》卷二，《挥麈录》，中华书局1961年版，第100页。

撰。其父师孟，显于熙、丰。序言修书之时，其失有八，而纠摘其谬误，为二十门。侍读胡宗愈言于朝，绍圣元年上之。世传缜父以不得预修书，故为此。”① 指出吴缜是因其父亲无缘参与修史而著书批评欧阳修，这同样是批评吴缜品行不正，著述乃意在报复。由于吴缜在两部书中考证的讹误也并非全部准确，这就使得不少人倾向于认为吴缜因私怨而不免对欧阳修“吹毛求疵”，对《新唐书》《新五代史》的批评过分苛责。关于吴缜的创作动机，余敏辉考证了这两种说法，指出吴缜的进士及第的大致时间与《新唐书》修成的时间有出入，认为吴缜“即便是 1064 年登第，据《新唐书》修成已有四年之久了，王明清的报宿怨说不攻自破”。而吴缜父亲考中进士时，“欧阳修并不在史馆，此事当与欧阳修无涉及”②，因而这两种创作动机的论述都站不住脚。然而宋代对吴缜的这种创作动机的批评，影响了后人对吴缜的评价。

《新唐书纠谬》与《五代史纂误》作为宋代的两部史学批评专书，专门就《新唐书》与《新五代史》中的“谬”与“误”展开考证与评论。吴缜在著述中不仅考证了史书的讹误，而且从理论方面归纳出修史三原则。吴缜的这种理论意识是史学发展到一定程度的产物，北宋围绕正史修撰展开了一系列的讨论，既是宋代史学发展繁荣的体现，同时又是宋代史学批评发展深入的体现。北宋两部史学批评专书的出现，反映了宋代史学批评发展的深度。

---

① 陈振孙：《直斋书录解题》卷四《正史类》，上海古籍出版社 1987 年版，第 107 页。
② 余敏辉：《〈新唐书纠谬〉考辨》，《文献》1998 年第 4 期。

二、吴缜提出修史三原则

在宋代中期重视修史的背景下，史家对于史书修撰的优劣问题给予了大量的关注，由此出现了一系列的史学批评观点。吴缜撰述《新唐书纠谬》与《五代史纂误》，在其中提出修史三原则：事实、褒贬、文采。这为宋代对史书修撰的讨论作了理论总结。

吴缜在《新唐书纠谬序》中对事实、褒贬与文采三者的概念作了论述："夫为史之要有三：一曰事实，二曰褒贬，三曰文采。有是事而如是书，斯谓事实。因事实而寓惩劝，斯谓褒贬。事实、褒贬既得矣，必资文采以行之，夫然后成史。"[①] 吴缜对事实、褒贬与文采的内涵作出明确的定义。吴缜认为所谓事实指的是"有是事而如是书，斯谓事实"，突出史书如实直书的信史观念；褒贬的概念为"因事实而寓惩劝，斯谓褒贬"，强调史学的惩恶劝善的价值目的；文采则是"事实、褒贬既得矣，必资文采以行之，夫然后成史"，文采即史书叙事的特色，他认为这是史书不可或缺的组成部分。吴缜把事实、褒贬与文采作为修史三原则。吴缜在论述三者概念的过程中，还对三者之间的关系作了思考。他认为对事实如实直书是史学的基础，褒贬是建立在信史之上的，而"事实"与"褒贬"都得以完善之后，"文采"才有了在史学中发挥的空间。因此，吴缜实际上把"事实"对于

① 吴缜：《新唐书纠谬序》，王云五主编：《丛书集成初编》第七五九册，中华书局 2011 年版，第 159 页。

修史的意义推到了一个新的高度。

吴缜重视事实在修史中的基础作用："事实、褒贬、文采这三个方面对于史家撰写史书来说，不仅有逻辑上的联系，而且也有主次的顺序。"[①] 吴缜在《新唐书纠谬序》中称："事实、褒贬既得矣，必资文采以行之，夫然后成史。至于事得其实矣，而褒贬、文采则阙焉，虽未能成书，犹不失为史之意。若乃事实未明，而徒以褒贬、文采为事，则是既不成书，而又失为史之意。"[②] 吴缜推崇事实在修史中的作用，认为修史中褒贬与文采都要建立在事实的基础之上，这是史学成立的必要条件。关于修史三原则之间的相互关系，吴缜认为事实为修史的基础，事实完整而褒贬与文采缺乏的史书，仍保留有史学的价值，但修史中事实不存却独重褒贬、文采，则其书已经失去史学的意义。因此吴缜认为在事实、褒贬、文采三者的关系中，"为史之意"的根本为"事得其实"，褒贬与文采都是建立在此基础上的。

吴缜所著《新唐书纠谬》《五代史纂误》针对的是欧阳修《新唐书》《新五代史》在事实方面出现的讹误。欧阳修在《新唐书》《新五代史》的修撰过程中，受到北宋时期兴起的《春秋》学的影响，在史书修撰中重视笔法义例的作用，强调对人物与事迹的褒贬批评。欧阳修、宋祁等史家在修撰《新唐书》的过程中，还受到古文运动的影响，主张在史书修撰中改变

① 瞿林东：《两宋史学批评的成就》，《河北学刊》1999 年第 2 期。

② 吴缜：《新唐书纠谬序》，王云五主编：《丛书集成初编》第七五九册，中华书局 2011 年版，第 159 页。

《旧唐书》中以骈文入史的做法，甚至宋祁全改《旧唐书》诏令原文，这样反难以保持历史原貌。吴缜在《新唐书纠谬序》中对事实、褒贬、文采修史三原则及其关系的总结，可看作是吴缜对这种史书修撰方法理论上的批评。吴缜部分认同欧阳修等的修史原则："窃见嘉祐中《进〈新唐书〉表》云：'其事则增于前，其文则省于旧。'愚意以谓斯二者皆古良史之法。"[①] 认为褒贬与文采都是修史的重要方面，二者要发挥为史之意，都必须建立在事实的基础上，脱离了事实它们就失去了史学上的意义与价值。因此在《新唐书纠谬》与《五代史纂误》中，吴缜把史学批评的重心放在事实方面，认为《新唐书》与《新五代史》出现了一系列事实方面的问题，应引起修史者的重视。

吴缜提出修史三原则，在对三者关系的认识中强调事实的作用，由此归纳出"信史"的概念。吴缜认为："由是言之，史才之难，岂不信哉？必也编次事实，详略取舍，褒贬文采，莫不适当，稽诸前人而不谬，传之后世而无疑，粲然如日星之明，符节之合，使后学观之，而莫敢轻议，然后可以号信史。"[②] 他提到了"史才之难"，必须要事实、褒贬、文采都合适恰当，才能达到信史的标准。虽然吴缜在修史三原则中重视事实的价值，但在他的认识中"信史"同样包含了褒贬与文采，而且提出了更高的要求："莫不适当"。在吴缜的眼中，信史为事实、文采、褒

① 吴缜：《新唐书纠谬》卷一二，王云五主编：《丛书集成初编》第七五九册，中华书局2011年版，第321页。

② 吴缜：《新唐书纠谬序》，王云五主编：《丛书集成初编》第七五九册，中华书局2011年版，第157页。

贬三者达到和谐状态的一种综合表达。

三、吴缜史学批评的价值

吴缜在《新唐书纠谬序》中提出的事实、褒贬、文采的修史三原则，这是他在理论方面对正史修撰问题的总结。在《新唐书纠谬》与《五代史纂误》中吴缜不仅重视事实在修史中的基础作用，而且在具体考证中还注重对史书讹误原因、错误类型及考证方法进行归纳。

吴缜修撰的《新唐书纠谬》基本保留了下来，而现存《五代史纂误》为清人辑佚的产物，缺失相关序言及部分内容，因此，本书在对吴缜的史学批评进行研究时，主要以《新唐书纠谬》作为分析的对象。

吴缜在《新唐书纠谬》中归纳了史书错误出现的原因，分为八类："盖修书之初，其失有八：一曰责任不专；二曰课程不立；三曰初无义例；四曰终无审复；五曰多采小说而不精择；六曰务因旧文而不推考；七曰刊修者不知刊修之要，而各徇私好；八曰校勘者不举校勘之职，而惟务苟容。"[①] 其中前四项主要涉及修史制度的缺陷。其中的责任不专、课程不立可以说是史馆制度的固有缺陷，刘知幾的《史通》对此多有批评。北宋史馆在《新唐书》的修撰过程中，曾经因为修撰时间过长、领导分工混乱而饱受批评。因此吴缜提出的这两项批评，可以说是《新唐

---

① 吴缜：《新唐书纠谬序》，王云五主编：《丛书集成初编》第七五九册，中华书局 2011 年版，第 157 页。

书》修撰中存在的固有缺陷。吴缜指出的“初无义例”“终无审复”，反映了他对修史体例的重视，“夫史之义例，犹网之有纲，而匠之绳墨也。故唐修《晋书》而敬播、令狐德棻之徒，先为定例。盖义例既定，则一史之内，凡秉笔者，皆遵用之。其取舍详略，褒贬是非，必使后人皆有考焉”[①]。吴缜对史书义例的重视，是通过批评历代正史修撰后得出的重要结论。由此可见重视史学义例的传统对历代史家的影响。“终无审复”表明吴缜重视校勘的工作，认为史书完成前的校对与考证对完善史书具有重要的作用。

第五、第六项主要涉及批评史书采撰的不足。“多采小说而不精择”“务因旧文而不推考”，这两条主要涉及史书的材料来源。扩大史料的来源范围，应该说是《新唐书》优于《旧唐书》的特色之一。曾公亮在《进新唐书表》中称赞《新唐书》时，就提到“其事则增于前，其文则省于旧”[②]。吴缜总结的这两项原因，正是针对《新唐书》的这一评价而论。其中的“不精择”“不推考”，虽分别涉及史料与史文方面的采撰问题，但吴缜批评的重心还是在事实的考证上。在正文中他主要分析了《旧唐书》在史料考证方面的不足，由此反映了吴缜对前人评价《新唐书》的不同意见。

第七、第八项史书讹误原因的分析主要涉及史家能力的优

① 吴缜：《新唐书纠谬序》，王云五主编：《丛书集成初编》第七五九册，中华书局2011年版，第157页。

② 曾公亮：《进新唐书表》，《新唐书》，中华书局1975年版，第6471页。

劣。吴缜在论述中把批评的对象聚焦于“刊修者”与“校勘者”。刊修者的问题，是与前面提及的史馆制度的问题相联系的，因为责任不专，修史者难以协调，因而造成史书内容体例驳杂，前后存在矛盾。重视校勘者的责任是与吴缜在修史三原则中重视事实相联系的，他认为校勘者不只是处理文字上的对错，还应负责考证事实的出入、史文的讹误，乃至史书褒贬的恰当与否，对史书的完善负有重要的责任。吴缜把修撰者分为刊修者与校勘者两类，指出刊修者与校勘者的共同努力促成了史书的修撰完成，这表明吴缜重视史家在史书修撰中的作用。

吴缜不仅注重对史书讹误类型及原因的总结，而且重视校勘在史学中的价值，把其作为《新唐书》出现错误的八失之一：“校勘者不举校勘之职，而惟务苟容。”吴缜称：“方《新（唐）书》之来上也，朝廷付裴煜、陈荐、文同、吴申、钱藻，使之校勘。夫以三百年一朝之史，而又修之几二十年，将以垂示万世，则朝廷之意，岂徒然哉！若校勘者止于执卷唱读，案文雠对，则是二三胥吏，足办其事。何假文馆之士乎？然则朝廷委属之意重矣。受其书而校勘者安可不思？必也讨论击难，刊削缮完，使成一家之书，乃称校勘之职。而五人者曾不闻有所建明，但循故袭常，惟务喑嘿，致其间讹文谬事，历历具存。”[①] 吴缜重视校勘在史书修撰中的地位，在总结史书“八失”时，将校勘者与刊修者的作用等量齐观，在史学批评史中给予校勘以重要

① 吴缜：《新唐书纠谬序》，王云五主编：《丛书集成初编》第七五九册，中华书局2011年版，第159-160页。

的地位。吴缜在修史原则中重视事实，在史书修撰中推崇校勘的作用。吴缜认为校勘的责任不只是简单地校雠文字，他以“讨论击难，刊削缮完，使成一家之书”作为校勘的职责，从史学批评上升华对校勘的认识。如果说“讨论击难”侧重事实，“刊削缮完”针对文采，而“成一家之书”则有意于褒贬，那么校勘是否可视为更加广义上的一种史学批评，是对史书从事实、文采、褒贬三方面优劣当否的一种综合考察。由此可知，吴缜在“八失”中强调校勘在史书修撰中的批评责任，实际上也是其史学批评自觉意识的一种体现。

吴缜还罗列了《新唐书》中讹误的类型。吴缜在《新唐书纠谬》中把欧阳修在编撰中出现的错误进行了归类，分为二十门：“以无为有，似实而虚，书事失实，自相违舛，年月时世差互，官爵姓名谬误，世系乡里无法，尊敬君亲不严，纪志表传不相符合，事两见而异同不完，载述脱误，事状丛复，宜削而反存，当书而反阙，义例不明，先后失序，编次未当，与夺不常，事有可疑，字书非是。”[①] 吴缜总结的史书错误“二十门”，如依其修史三原则进行分类，可以发现“以无为有”“似实而虚”“书事失实”“自相违舛”“年月时世差互”“纪志表传不相符合”“官爵姓名谬误”“世系乡里无法”“事两见而异同不完”，多属于事实方面的问题。而“事状丛复”“宜削而反存”“当书而反阙”“先后失序”“编次未当”“载述脱误”，可以看作文采

① 吴缜：《新唐书纠谬序》，王云五主编：《丛书集成初编》第七五九册，中华书局2011年版，第159页。

方面的错误。而“尊敬君亲不严”“义例不明”“与夺不常”，可视为褒贬方面的失当。“二十门”的讹误类型中以事实方面的错误为多，由此可见吴缜在修史三原则中对事实的重视。吴缜在总结《新唐书》讹误时贯彻了他的修史三原则，对《新唐书》从事实、文采、褒贬三方面进行了批评。

吴缜在史书讹误的考证上，重视方法的运用。他在《新唐书纠谬》中对史事的考证主要采用类似“本校法”的考证方法，同时兼及其他考证方法，并且对考证方法的使用有着自觉的认识。他在自序中称：“方从宦巴峡，僻陋寡闻，无他异书可以考证，止以本史自相质正，已见其然，意谓若广以它书校之，则穿穴破碎，又当不止此而已也。”① 吴缜主要是利用《新唐书》中对同一事件人物的不同记载进行考证，这一方法陈垣总结归纳为“本校法”。陈垣在对“本校法”的解释说明中，曾特意以吴缜的《新唐书纠谬》为例：“本校法者，以本书前后互证，而抉摘其异同，则知其中之谬误。吴缜之《新唐书纠谬》，汪辉祖之《元史本证》，即用此法。”② 虽然吴缜称“广以它书校之，则穿穴破碎”，不主张使用其他的考证方法，但是在《新唐书纠谬》中他对考证方法的使用不限于“本校法”。《新唐书纠谬》的“字书非是”类在考证“窦建德”时采用了多种考证方法：“《窦建德传》云：‘使人如灌津，祠充墓。’今案：《史记》及

① 吴缜：《新唐书纠谬序》，王云五主编：《丛书集成初编》第七五九册，中华书局 2011 年版，第 160 页。

② 陈垣：《校勘学释例》卷六《校例》，中华书局 1959 年版，第 145-146 页。

《前汉·窦后传》《（汉书）地理志》皆作‘观’，颜师古曰：‘观津，清河之县也。’《旧书》亦作‘观’。盖唐初尝于其地置观州，然则未尝作‘灌’字者，独《新书》如是，盖误也。”①吴缜在此条按语中提到他参照《史记》《汉书》《旧唐书》的内容，由此可知，他在考证的过程中综合地使用了多种考证方法。

五代时期的史家具有积极的修史热情与自觉的补史意识。五代政局混乱，王朝短暂，但相较于晚唐实录修撰的中止，五代各王朝积极修撰历代君主实录，搜集材料补修晚唐实录，并修撰完成了《旧唐书》。通过分析五代时期历代君主的修史诏书，可以发现五代时期史家对修史的认识，他们重视史书作为评价事业功勋的载体，从而对修史投入了巨大的热情。这影响了五代史书修撰的内容，使其注重记载事迹功业，评价多以赞扬为主。在《旧唐书》中著者以合传的形式集中记述了唐初史家群体与盛唐史家群体，赞扬前者而惋惜后者，反映了对唐代史家群体批评的差异。

五代宋初修撰的正史，材料主要来自实录、国史。随着北宋的统一，大量新材料出现，北宋学者对《旧唐书》《旧五代史》的批评首先从史料不足着手，纷纷续作与补充有关唐、五代的记述，先后出现了一批史学著作。不满于五代乱世而史书自矜功伐的做法，以欧阳修为代表的北宋史家，主张师法“春秋笔法”，强调褒贬大义，批评五代史学的卑陋。欧阳修的史学批评重视史书的褒贬作用，注重文辞尚简，其先后修撰的《新唐书》《新五

---

① 吴缜：《新唐书纠谬》卷二〇，王云五主编：《丛书集成初编》第七五九册，中华书局2011年版，第389页。

代史》对后世产生了重要的影响。针对《新唐书》《新五代史》的批评，先后出现了赞扬师法的论点以及批评贬低的说法。这反映了宋代史学批评商榷的激烈与讨论的深入。宋代关于正史修撰的认识以及史学批评的讨论，刺激与催生了修史理论的深入发展。吴缜先后修撰了《新唐书纠谬》与《五代史纂误》，这是两部以史学批评为主的专书。在《新唐书纠谬》中吴缜从理论方面提出事实、褒贬、文采的修史三原则。在论述三者的关系时，吴缜认为事实是史书修撰的基础，事实错误的史书也就失去了“为史之意”。吴缜从事实考证的角度，对欧阳修重视史书褒贬的做法提出了批评。

第二章　司马光《资治通鉴》推动史学批评大发展

司马光是宋代杰出的史学家，他修撰了中国古代重要的编年体通史《资治通鉴》。自司马迁创设纪传体后，纪传体皇朝史逐渐成为正史修撰的主要形式，编年体与通史的修撰逐渐式微。司马光的《资治通鉴》不论是促进编年体的复兴，还是在通史观念的倡导上，都产生了重要而深远的影响。《资治通鉴》面世后，围绕《资治通鉴》展开的批评与改作，也进一步促进了史学批评的发展。

第一节　编年纪传之争与编年体的复兴

自司马迁著述《史记》创设纪传体后，围绕编年体与纪传体史书的评价就成为中国古代史学批评的重要主题。相较魏晋南北朝隋唐时期，宋代有关编年纪传之争在观点上更加侧重编年体；受到《春秋》学的影响，对编年体的重视多强调其与《春秋》之间的渊源；在宋代重编年体的风气下，编年体史书得到复兴。

关于宋代编年与纪传之争，近代刘咸炘与蒙文通已经注意到这一争论在宋代史学上的影响，并把这一争论放在当时学术发展的脉络上加以考察。刘咸炘认为："（宋代）于史体则好编年之严，而昧纪传之广。"[①] 蒙文通也有类似的论述，认为孙甫重编年轻纪传的观点影响了宋代后来编年体的兴盛。[②]

两宋时期普遍流行关于编年与纪传的讨论，具有重编年轻纪传的倾向。讨论围绕的焦点，主要涉及历史叙事的体裁优劣、司马迁创设纪传体的评价以及关于史学功用的发挥等。

关于历史叙事体裁的讨论，自编年、纪传两种体裁并立后就一直存在，宋代仍然沿袭了之前讨论的方向。值得注意的是，宋代出现的编年与纪传之争，看似是从魏晋南北朝以来延续的老问题，宋代一些士人的争论似乎显得了无新意，而实际上宋代编年与纪传之争背后，蕴含着新的史学批评内涵与时代主题。

在司马迁创立纪传体之后，关于纪传与编年之间的争论就不绝于耳，在经历了魏晋南北朝隋唐的讨论之后，对编年与纪传之间的优劣也有了较为公允的看法。如刘知幾认为编年与纪传二体"角力争先，欲废其一，固亦难矣。后来作者，不出二途"[③]，皇甫湜称"编年、纪传，系于时之所宜、才之所长者耳，何常之

① 刘咸炘：《刘咸炘论史学》，上海科学技术文献出版社 2008 年版，第 174 页。

② 参见蒙文通：《中国史学史》第三章第四节《孙甫与司马光》，上海人民出版社 2006 年版，第 75-79 页。

③ 刘知幾：《史通》卷二《二体》，浦起龙《史通通释》本，上海古籍出版社 1978 年版，第 27 页。

有？故是非与众人同辩，善恶得圣人之中，不虚美，不隐恶，则为纪、为传、为编年，是皆良史矣”①。瞿林东认为：“编年、纪传二体优劣的比较和争论，在晋、唐之际持续了几百年，终于引发了唐人皇甫湜撰出《编年纪传论》一文……此论为编年、纪传而发，其意却又可超乎二体之外，对继出的典制体、纪事本末体、学案体等，亦可作如是观。”② 在编年与纪传之争的问题上，皇甫湜的论述在一定意义上给此争论一个较为公允的结论。应该注意到宋代编年与纪传讨论重新兴起，与宋代《春秋》学关系密切。

宋代《春秋》学大兴，牟润孙认为“考之史传，证之典籍，谓宋人《春秋》之学最为发达，诚非夸大”③。伴随而来的是对于《春秋》褒贬批评价值的肯定，如近代刘咸炘称：“宋人之于史，有通病焉，数言可以尽之。盖高言《尚书》《周官》《春秋》《左氏》而不明于马、班。于是《尚书》又惟知训戒，于《春秋》又惟求褒贬。”④ 宋代编年与纪传之争，与《春秋》学的发展密切相关。宋代修撰编年体史书的呼声不断，兴起了编年体史书修撰的热潮，其中有些史书直接以“春秋”冠名，表明其学习《春秋》之意，如胡旦的《汉春秋》、尹洙的《五代春秋》等。

宋初《春秋》学的兴盛，有深刻的社会现实背景。以宋初

① 皇甫湜：《编年纪传论》，李昉：《文苑英华》卷七四二，中华书局1966年版，第3876页。
② 瞿林东：《中国古代史学批评纵横》，中华书局1994年版，第133-134页。
③ 牟润孙：《两宋春秋学的主流》，载于《注史斋丛稿》，中华书局1987年版，第140页。
④ 刘咸炘：《刘咸炘论史学》，上海科学技术文献出版社2008年版，第174页。

三先生石介、孙复、胡瑗为代表的学者，对于《春秋》的重视与研究，既是沿袭了晚唐《春秋》学摆脱三传、重新诠释《春秋》的思路，又在新的学说阐释下积极地影响与改造现实社会，具有强烈的经世致用目的。在《春秋》学这种思想的影响下，有关编年与纪传的讨论除了涉及史学体裁的优劣外，很大程度上落脚于史学功用问题：如何以此影响与改变社会的现实，使得史学功用的思想在宋代大为流行。

《春秋》本身具有经与史的双重属性，既被视为五经之一，又是早期的编年体史书。在宋代《春秋》学兴盛的背景下，如何发挥编年体的史学功用，在此基础上产生了两种不同的倾向与趋势，展开了一系列的讨论。

宋代重编年轻纪传的学者，虽然都重视编年体的劝戒功用，但是对实现这一功用的途径则有不同的认识。其中一类是从经学的角度出发，认为应发挥类似《春秋》教化的作用，更加重视在历史记述中褒贬文辞的使用。这使得他们在看待编年与纪传问题的时候，更多的是从经学的角度出发。

在这种经学倾向的讨论之中，存在着较为明显的经史对立思想，即编年与纪传的比较逐渐变为经与史之间的差别。《群书会元截江纲》提到："观史当识圣人之笔。事记于史官之笔者，可以史言。事出于圣人之手者，不可以史论。合古今之史而论之，温纯如左氏，简洁如子长，雄健如孟坚，是固作史之巨擘也。然其才气之所充，规模之所就，特未离乎史笔也。至于正轨范，以立百王之经，示褒贬，以代一王之法，笔削之妙，如化工焉。其可以作史者例论耶？”[①] 这里就把史分为两类，一类是史官书写，称之为史，以司马迁、班固等为代表；另一类则是出自“圣人”之手，虽然同样是记录事实，但不能以史论之。从《春秋》这部早期编年体史书出发，编年与纪传的讨论转变为史官之书与圣人之笔的差别，其发挥的功用同样不可同日而语。

这种编年与纪传的讨论发展至极端，甚至贬低与轻视对事实的记述。如王皙《春秋皇纲论》称：“皇甫湜以为编年不若纪传。至云《春秋》之作，则须《左传》《国语》，何其浅陋之甚哉……（《春秋》）所书之事，圣人之法度备矣，才识周矣，褒贬精矣，劝戒尽矣。奚复孜孜然，如左氏、司马迁之流，务多取以为胜者耶？”[②] 在这种认识之下，他们对于编年体的评价是要学习《春秋》作为经书所具有的教化与劝戒作用，甚至更加侧重记述事实的《左传》都受到其批评。由此史学评价的正确标准就是以《春秋》作为衡量单位，如吕南公称：“盖史之作，以才过人为主，其法必合于《春秋》然后当，司马迁为史，不甚合《春秋》，然而号称最良者，其才高也。”[③] 刘炎在《迩言》中同样称：“编年优于纪传。《春秋》一字之法，亦可效欤。曰《春秋》不可僭也。”[④] 从这些讨论的内容来看，有关编年与纪传

---

① 佚名：《群书会元截江纲》卷二九《诸史》，《景印文渊阁四库全书》第九三四册，台湾商务印书馆 1986 年版，第 147 页。

② 王皙：《春秋皇纲论》卷一，《景印文渊阁四库全书》第一四七册，台湾商务印书馆 1986 年版，第 131-132 页。

③ 吕南公：《与饶元礼论史书》，曾枣庄、刘琳：《全宋文》第一〇九册，上海辞书出版社、安徽教育出版社 2006 年版，第 243 页。

④ 刘炎：《迩言》卷一〇，《景印文渊阁四库全书》第七〇三册，台湾商务印书馆 1986 年版，第 545 页。

之间的优劣，其差别主要在于《春秋》出自圣人之手，在彰善惮恶、经世致用方面具有极大的影响。因此对编年与纪传的评价正是以此为标准，认为要发挥其重要的影响与改造现实的作用。

在这样的思想影响下，宋代进而产生了关于史法的讨论，认为今之史法不如古之史法，进而对纪传体乃至编年体不合于《春秋》之处进行批评。罗泌就提到对纪传体史法问题的批评："纪传设论，非作史之法也。左氏传《春秋》，每事之要时，有所谓仲尼曰、孔子曰、君子曰者……更有所谓史臣曰、臣某曰、臣曰、制曰之类，则失之矣。"① 在讨论的过程中他把纪传体中的评论同《左传》比较，认为两种讨论并非是同一种意义。这种区别不在于其评论的形式，而是其背后的作者不同，因而产生的实际效果存在着差异。朱熹认为《春秋》是"孔子但据直书而善恶自著"，他肯定《春秋》的价值在于："此是圣人据鲁史以书其事，使人自观之以为鉴戒尔。其事则齐威、晋文有足称，其义则诛乱臣贼子。"② 这成为朱熹看重的史法。叶适关于今之史法不如古之史法的比较与总结实际上也是建立在这一思想基础上的。因而朱熹对于司马光《资治通鉴》不合于史法之处加以批评，他说："臣旧读《资治通鉴》，窃见其间周末诸侯僭称王号而不正其名，汉丞相亮出师讨贼，而反书'入寇'。此类非一，殊不可晓。"③

---

① 罗泌：《路史》卷一一《后纪》，《景印文渊阁四库全书》第三八三册，台湾商务印书馆1986年版，第446页。

② 黎靖德编：《朱子语类》卷八三《春秋·纲领》，中华书局1986年版，第2145页。

③ 朱熹：《晦庵集》卷二二《辞免江东提刑奏状三·贴黄》，《景印文渊阁四库全书》第一一四三册，台湾商务印书馆1986年版，第465页。

《春秋》毕竟是中国早期的编年体史书，具有史学的性质。在《春秋》学的影响之下，还存在着另一种评价的倾向：认为史学功用的发挥必须建立在秉笔直书的基础之上。郑樵指出“凡秉史笔者，皆准《春秋》，专事褒贬。夫《春秋》以约文见义，若无传释，则善恶难明。史册以详文该事，善恶已彰，无待美刺”[①]。他认为通过如实直书同样可以达到《春秋》善恶褒贬的目的。编年体史书叙事简略，易于记载更多的史事，便于从中吸取经验教训，从而发挥史学的劝戒作用。这种劝戒作用的史学性质，突出地表现在有关继承《左传》史学传统的论述方面。苏辙认可《春秋》的史学性质，认为从史学的角度才能正确认识《春秋》的内涵，并发挥《春秋》的功用：“故凡《春秋》之事当从史。《左氏》史也。《公羊》《穀梁》皆意之也。盖孔子之作《春秋》，事亦略矣，非以为史也，有待乎史而后足也。以意传《春秋》，而不信史，失孔子之意矣。”[②]

编年与纪传之争对司马光产生了重要的影响。他肯定编年体的体裁特点，而且认为这种特点适宜编写通史。司马光在强调撰述《资治通鉴》之意义时，批评正史的繁冗：“每患迁、固以来，文字繁多，自布衣之士，读之不遍，况于人主，日有万机，何暇周览！臣常不自揆，欲删削冗长，举撮机要。”[③]《通鉴释

---

① 郑樵：《通志总序》，中华书局 1987 年版，第 1 页。

② 苏辙：《春秋集解》卷一，《景印文渊阁四库全书》第一四八册，台湾商务印书馆 1986 年版，第 5 页。

③ 司马光编著，胡三省音注：《进书表》，《资治通鉴》，中华书局 1956 年版，第 9607–9608 页。

例》中有大量关于笔法的讨论，其中许多直接表明受到了《春秋》的影响。而在发挥史学功用的认识上，司马光则是在认同史学劝戒的过程中，自觉地将其实现的途径偏重史学的方面。这就是“穷探治乱之迹，上助圣明之鉴。功大力薄，任重道悠”[①]。他认为要发挥史书记录事实，从中吸取经验教训的作用。司马光在阐述史书的撰述意图时特别强调《资治通鉴》对于君主统治的借鉴作用：“臣闻史者今之所以知古，后之所以知先，是故人主不可以不观史。善者可以为法，不善者可以为戒。”[②] 司马光在编年与纪传之争中受到的史学功用的影响主要体现在史学方面。司马光有关《资治通鉴》时间断限的安排表明其接续《左传》。南宋学者楼钥认为：“自古史法皆以编年，《春秋》是也，自司马迁《史记》创为纪传之体。无复编年之作，荀悦、袁宏书又不显，光之此书实继左氏传。”[③]因此他们在编年、纪传之争中，重视编年体，认同《春秋》的劝戒作用，但是他们在史学的实践中强调接续《左传》《国语》的精神，这无疑是在更加强调史学的性质下，通过对事实的客观记录来发挥其褒贬劝戒的作用。因此，宋代编年与纪传之争，使编年体进一步得到学者的重视，在宋代逐渐迎来新的撰述热潮。

---

① 司马光：《谢赐〈资治通鉴〉序表》，《司马温公集编年笺注》卷五七《表》，李之亮笺注，巴蜀书社2009年版，第468页。

② 司马光：《乞令校定〈资治通鉴〉所写〈稽古录〉札子》，《司马温公集编年笺注》卷五一《章奏》，李之亮笺注，巴蜀书社2009年版，第270页。

③ 楼钥：《攻愧集》卷二五，《景印文渊阁四库全书》第一一五二册，台湾商务印书馆1986年版，第534页。

第二节　司马光与有关《资治通鉴》的评论

一、司马光自评《资治通鉴》

司马光在长期的史学积累与实践过程中修撰完成了《资治通鉴》。对于史学，他有着鲜明的认识，突出史学经世，重视会通思想，批评宋代兴起的正统论。司马光这些对于史学的认识，既是对北宋以来史学思想的一种回应，又促进了后世史学思想的发展。

司马光，字君实，陕州夏县人，是宋代重要的政治家、史学家。在政治上司马光反对王安石变法，在宋哲宗时期主导了推翻变法的“元祐更化”。在史学上他主持修撰的《资治通鉴》是中国古代一部重要的编年体通史。司马光于宋英宗治平三年（1066）开局修史，编集《历代君臣事迹》，此书后由宋神宗赐名为《资治通鉴》，在刘恕、范祖禹、刘攽等人的协助下，司马光于元丰七年（1084）完成了《资治通鉴》，前后凡十九年。

（一）强调史学的资治价值

司马光的《资治通鉴》在编修方法、史料考证、历史叙述、会通意识等方面都对当时及后世史学发展产生了重要影响。这部书的出现受到了宋代重编年的史学批评影响，在史体上采纳了编年体的体裁。《资治通鉴》在褒贬、正统及笔法义例等方面都有着自身的特色，这种史学风格蕴含着司马光对部分史学观点的批评。

司马光围绕《资治通鉴》，先后撰有《通鉴目录》《通鉴考异》《通鉴举要历》。他在《资治通鉴》完成后继续搜集材料，希望在古今方面扩展《资治通鉴》的断限。《资治通鉴》在宋代及后世引起了一系列的批评、模仿及改撰，出现了一批相关著作并形成了《通鉴》学。

宋代史家有着深刻的忧患意识。晚唐五代经历了藩镇割据、战乱不已的混乱时期，宋朝建立初期强调以此为鉴，避免朝政的衰坏。北宋中期面临着一系列的内忧外患，政治上逐渐积贫积弱，产生了冗兵、冗官、冗费等问题，在边患上先后面临着契丹与西夏的威胁。现实的困境，进一步激发了北宋士人的忧患意识，范仲淹提出“先天下之忧而忧，后天下之乐而乐”[①] 的号召，正是这种忧患意识的反映。在这样的时代背景下，司马光作为史学家，主张从历史中吸取经验，强调史学的经世价值，其撰写《资治通鉴》意在为君主治国理政提供借鉴。

司马光在撰写《资治通鉴》之前，在宋英宗时期曾著有《历年图》，在《历年图序》中司马光表述了他对史学为君主提供借鉴与经世致用的认识：“庶几观听不劳，而闻见甚博，善可为法，恶可为戒，知自古以来，治世至寡，乱世至多，得之甚难，失之甚易……《书》曰：‘制治于未乱，保邦于未危。’今人有十金之产者，犹知爱之，况为天下富庶治安之主，以承祖宗

① 范仲淹：《范文正公文集》卷八《岳阳楼记》，《范仲淹全集》，四川大学出版社 2002 年版，第 195 页。

光大完美之业，呜呼，可不戒哉！可不慎哉！”[①] 在司马光设立史局、修撰《资治通鉴》时，宋神宗对司马光强调史学的经世与借鉴价值予以了肯定与赞扬：“朕惟君子多识前言往行，以畜其德，故能刚健笃实，辉光日新。《书》亦曰：‘王，人求多闻，时惟建事。’《诗》《书》《春秋》，皆所以明乎得失之迹，存王道之正，垂鉴于后世者也。”他认识到应从历史中寻求统治的方法，并称赞《资治通鉴》“其所载明君、良臣，切摩治道，议论之精语，德刑之善制，天人相与之际，休咎庶证之原，威福盛衰之本，规模利害之效，良将之方略，循吏之条教，断之以邪正，要之于治忽，辞令渊厚之体，箴谏深切之义，良谓备焉。凡十六代，勒成二百九十六卷，列于户牖之间而尽古今之统，博而得其要，简而周于事，是亦典刑之总会，册牍之渊林矣”[②]。在《资治通鉴》的修撰过程中，宋神宗充分认识与肯定了司马光关于史学借鉴的认识，因而赐该书名《资治通鉴》。

司马光关于史学经世价值的强调，在其所作《进书表》中也有体现：“每患迁、固以来，文字繁多，自布衣之士，读之不遍，况于人主，日有万机，何暇周览！臣常不自揆，欲删削冗长，举撮机要，专取关国家盛衰，系生民休戚，善可为法，恶可为戒者，为编年一书，使前后有伦，精粗不杂……鉴前世之兴衰，考当今之得失，嘉善矜恶，取是舍非，足以懋稽古之盛德，

① 司马光：《稽古录》卷一六《历年图序》，王云五主编：《丛书集成初编》第六九二册，中华书局2011年版，第173页。

② 司马光编著，胡三省音注：《资治通鉴序》，中华书局1956年版，第33页。

跻无前之至治。”[①] 司马光认为自司马迁、班固以来的历史记载虽然翔实，但是篇幅庞大而阅读不便，不利于君主从中吸取经验教训，借鉴治理国家的方法，因而主张史学要发挥经世与借鉴的作用，应精选史料，压缩篇幅，记载有关国家民生的重要内容，为君主治理国家提供借鉴。这成为司马光在《资治通鉴》中重要的史学批评。司马光在评论孙甫《唐史论断》时称赞其“旧史所不及”[②]，而《唐史论断》的内容主要是记载唐代藩镇、宦官、女祸，意图为宋代君主提供借鉴。

重视史学的借鉴与经世价值是司马光史学批评的重要方面。司马光认为史学的意义在于为后世提供借鉴：“臣闻史者今之所以知古，后之所以知先，是故人主不可以不观史。善者可以为法，不善者可以为戒。”[③] 司马光史学经世的批评思想首先强调史学为君主提供借鉴，重视对君主的史学教育，他先后编写了《历年图》《通志》，后来发展为《资治通鉴》。其次，为了发挥史学为君主提供借鉴的经世作用，他主张在史书内容的编写上，强调“专取关国家盛衰，系生民休戚，善可为法，恶可为戒者，为编年一书”[④]，主要从政治、军事方面选取材料内容组织编写。这使得司马光在《资治通鉴》的编写过程中删减与省略了大量文学、艺术等史料，并成为其史学批评中的重要特色。再者，司

① 司马光编著，胡三省音注：《进书表》，《资治通鉴》，中华书局1956年版，第9607-9608页。

② 晁公武：《郡斋读书志》卷七《史评类》，孙猛《郡斋读书志校证》本，上海古籍出版社1990年版，第300页。

③ 司马光：《乞令校定〈资治通鉴〉所写〈稽古录〉札子》，《司马温公集编年笺注》卷五一《章奏》，李之亮笺注，巴蜀书社2009年版，第270页。

④ 司马光编著，胡三省音注：《进书表》，《资治通鉴》，中华书局1956年版，第9607页。

马光认为发挥史学的经世价值，要重视史书的简略与易读性。司马光多次提到既往史书因内容的繁多造成史书阅读的困难："粗涉群史，尝欲芟去芜杂，发挥精俊，穷探治乱之迹，上助圣明之鉴。功大力薄，任重道悠。"[①] 因而要发挥史学的经世的价值，需要对庞杂的史书进行删节，司马光选取了编年体这种叙事简洁的史体。同时为了发挥史学经世的作用，司马光重视对史书节略本的修撰。司马光撰述的《历年图》《通鉴目录》《通鉴举要历》等都在一定程度上体现了这一史学批评主张。

（二）重视史书内容的会通

《资治通鉴》延续了中晚唐以来编写通史的传统，同时对南宋郑樵撰修《通志》突出会通观念产生了重要影响。司马光重视会通的思想，他关于会通的认识体现了他独特的史学批评思想。《资治通鉴》起讫时间并非真正的会通古今，这种时间断限包含着司马光对史学的思考。司马光修撰编年体通史受到宋代《春秋》学的影响，主张以史学的角度看待纪年问题，批评宋代兴起的正统论。其编修《稽古录》等史书，希望在《资治通鉴》的基础上进一步扩展其会通的思想。

司马光在修撰《资治通鉴》之前，曾撰修《通志》进献宋英宗，受到赞扬后开局修史，在《通志》的基础上进行扩充，并改名为《历代君臣事迹》，此书在宋神宗时期又被赐名为《资治通鉴》。司马光坚持会通观念，编修编年体通史。他在《历年

---

① 司马光：《谢赐〈资治通鉴〉序表》，《司马温公集编年笺注》卷五七《表》，李之亮笺注，巴蜀书社2009年版，第468页。

图序》中称："夫道有失得，故政有治乱；德有高下，故功有大小；才有美恶，故世有兴衰。上自生民之初，下逮天地之末，有国家者，虽变化万端，不外是矣。"① 司马光把史书视为记载天下有道得失、治乱兴盛的载体，其时间上应包含"上自生民之初，下逮天地之末"。这表明司马光对史学的认识是强调以人类社会兴衰的整体作为研究对象，在史书的修撰中重视会通的观念，编写编年体通史。《历年图》的时间断限与《资治通鉴》相一致。司马光在此后修撰的《通志》中也重申了会通的观念，在《进〈通志〉表》中称："臣闻治乱之原，古今同体。载在方册，不可不思。"② 司马光认识到古今治乱得失存在着共同之处，要强调史学的借鉴作用，应以会通的思想贯通地认识历史上的各种事迹。自纪传体皇朝史成为历代王朝修撰正史的传统后，不仅史书篇幅庞大，不易阅读，而且对古今兴衰治乱的认识也随着朝代的兴亡而割裂开来，难以完整会通地加以认识。

司马光认为会通是史学的本质。史书作为历史的载体，必须要以整个历史发展变化为记载的对象，而在整个历史的发展变化中治乱兴衰是历史记载的重要方面，要全面地进行记载，必须摆脱以朝代为断的史书记载方式，贯彻史学会通的观念。司马光认为历史的变化发展"上自生民之初，下逮天地之末，有国家者，

① 司马光：《稽古录》卷一六《历年图序》，王云五主编：《丛书集成初编》第六九二册，中华书局 2011 年版，第 172 页。

② 司马光：《进〈通志〉表》，《司马温公集编年笺注》卷五七《表》，李之亮笺注，巴蜀书社 2009 年版，第 467 页。

虽变化万端，不外是矣”[1]，历史上的兴衰治乱是相互联系的。而历代记载的书籍内容，“古今同体，载在方册”[2]，是以历史变化发展作为记载的对象，因而对历史整体变化发展的记载，也会在史学上体现出对会通观念的强调。司马光认为会通有利于发挥史学的借鉴作用。他指出发挥史学的借鉴价值莫过于总结历代王朝治乱兴衰的得失，而断代为史的纪传体皇朝史人为地阻断了历史事迹间的联系，不利于对兴衰治乱的总结。司马光在《历年图序》中称：“今采战国以来，至周之显德，凡小大之国，所以治乱兴衰之迹，举其大要，集以为图，每年为一行，六十行为一重，五重为一卷。”[3] 司马光关于会通的观念，还反映出他对经学与史学区别的认识。这涉及在坚持会通的同时，如何处理与评价《资治通鉴》在断限问题上的不足。

司马光在编修《资治通鉴》的过程中，还因《资治通鉴》的时间断限等问题与刘恕展开讨论，体现出司马光对于史学会通的批评认识。刘恕曾参与《资治通鉴》的修撰工作，他在《资治通鉴》的修撰过程中作出了重要贡献。司马光曾赞扬刘恕的史学才能，评价其“馆阁文学之士诚多，至于专精史学，臣得而知者，唯刘恕耳。即召为局僚，遇史事纷错难治者，辄以诿

① 司马光：《稽古录》卷一六《历年图序》，王云五主编：《丛书集成初编》第六九二册，中华书局2011年版，第172页。

② 司马光：《进〈通志〉表》，《司马温公集编年笺注》卷五七《表》，李之亮笺注，巴蜀书社2009年版，第467页。

③ 司马光：《稽古录》卷一六《历年图序》，王云五主编：《丛书集成初编》第六九二册，中华书局2011年版，第173页。

恕。恕于魏、晋以后事，考证差缪，最为精详”[①]。司马光在《乞官刘恕一子札子》又称：“（刘）恕博闻强记，尤精史学，举世少及。臣修上件书，其讨论编次，多出于恕。至于十国五代之际，群雄竞逐，九土分裂，传记讹谬，简编阙落，岁月交互，事迹差舛，非恕精博，他人莫能整治。”[②] 刘恕在《资治通鉴》完成后，又著有《资治通鉴外纪》《十国纪年》《疑年谱》等。在刘恕的《资治通鉴外纪后序》中记载了他与司马光关于《资治通鉴》时间断限的讨论。由于司马光《资治通鉴》的起讫时间为战国三家分晋（前403）至五代周世宗显德六年（959），作为一部希望贯通古今的编年体通史在时间上尚有缺失。这一问题引起了刘恕与司马光的讨论：“司马光作《通鉴》，托始于周威烈王命韩、赵、魏为诸侯，下讫五代。恕尝语光：‘曷不起上古或尧、舜？’光答以事包《春秋》，不可。又以经不可续，不敢始于获麟。恕意谓阙漏，因撰此书。起三皇、五帝，止周共和，载其世次而已。起共和庚申，至威烈王二十二年丁丑，四百三十八年为一编，号曰《外纪》，犹《国语》称《春秋外传》也。”[③] 刘恕质疑司马光《资治通鉴》在断限上的不足，司马光回应《春秋》为经，“经不可续”，因而在时间的断限上设定在《春秋》之后。刘恕指出《资治通鉴》时间断限的不足造成了在会

① 司马光：《十国纪年序》，《司马温公集编年笺注》卷六五《序》，李之亮笺注，巴蜀书社2009年版，第151页。

② 司马光：《乞官刘恕一子札子》，《司马温公集编年笺注》卷五三《章奏》，李之亮笺注，巴蜀书社2009年版，第315页。

③ 晁公武：《郡斋读书志》卷五《编年类》，孙猛《郡斋读书志校证》本，上海古籍出版社1990年版，第211页。

通上的缺漏，因而修撰《资治通鉴外纪》，把时间断限大大地向前推移。由此围绕着如何处理通史的时间断限问题而产生了对史学会通观念的批评与争论。

司马光与刘恕关于《资治通鉴》时间断限的讨论，反映出在会通观念下经学与史学的关系问题。司马光与刘恕都坚持史学会通的观念，而在具体的史书断限问题上则有着不同的观点。司马光因《春秋》的经学地位，而把史书的上限接续《春秋》之后。刘恕主张把史书时间上限推至三皇，认为这是模仿《国语》对《春秋》起到补充作用，把时间断限接续到三皇五帝，可弥补《资治通鉴》的不足。这种关于会通认识的争论包含着对经学与史学关系的认识。刘恕认同司马光的"经不可续"的观点，并赞扬其"恕乃知贤人著书。尊避圣人也如是。儒者可以法矣"[①]。关于会通的认识，司马光与刘恕有着相似的观点，认为经学与史学有着不同的属性，存在区别。司马光在《历年图序》中提到："三王之前见于《诗》《书》《春秋》，臣愚不敢复言。"[②] 他在《资治通鉴》中也论述了经学与史学的不同作用，"臣今所述，止欲叙国家之兴衰，著生民之休戚，使观之者自择其善恶得失，以为劝戒，非若《春秋》立褒贬之法，拨乱世反诸正也"[③]。司马光认为《资治通鉴》记载的是有关治乱兴衰的

---

① 刘恕：《资治通鉴外纪后序》，上海古籍出版社 1987 年影印本，第 101 页。

② 司马光：《稽古录》卷一六《历年图序》，王云五主编：《丛书集成初编》第六九二册，中华书局 2011 年版，第 173 页。

③ 司马光编著，胡三省音注：《资治通鉴》卷六九《魏纪一》，魏文帝黄初二年四月丙午，中华书局 1956 年版，第 2187 页。

事迹，以供后世借鉴。这不同于《春秋》作为经学发挥着褒贬批评的作用。因而在体现史学会通观念的纪年问题上，司马光一方面在时间断限上主张接续《春秋》之后，另一方面要求在纪年的问题上从事实出发，反对在史书纪年上寓以褒贬，体现正统。他在此后修撰《资治通鉴》中也贯彻了这一主张，在纪年中不设褒贬，不立正统。司马光在对会通的认识中坚持经史之间的区别，在时间断限上让《资治通鉴》接续《春秋》之后。刘恕提到其撰述《资治通鉴外纪》目的在于考证史事，“公为历代书，而不及周威烈王之前。学者考古，当阅小说。取舍乖异，莫知适从。若鲁隐之后，止据《左氏》《国语》《史记》、诸子，而增损不及《春秋》，则无与于圣人之经”①。刘恕提到“无与于圣人之经”，即所论本于史学而非经学的角度加以考证，从而破除学者受到上古史事荒诞混论观点的影响。刘恕主张增修《资治通鉴》之前的内容为《前纪》，补充宋代初期的历史为《后纪》。这种意识实际上也体现了司马光的思想。司马光撰写的《稽古录》包含了三部分，分别为《稽古录》《历年图》《国朝百官公卿表大事记》，三者都为编年体年表。其中《历年图》在时间上与《资治通鉴》相同，《稽古录》的断限上溯至三皇五帝，《国朝百官公卿表大事记》则记载从宋朝建立至宋英宗治平四年（1067），三者在时间上首尾相接，由此可见司马光对史学会通的重视。司马光在《进稽古录表》中写道：“惟稽古尧、舜之旧

① 刘恕：《资治通鉴外纪后序》，上海古籍出版社 1987 年影印本，第 101 页。

章，惟信史《春秋》之成法。高山可仰，覆辙在前。其兴亡在知人，其成败在立政。或当艰难之运，而不能师用贤智，或有恻隐之意，而无以照知忠邪。载籍之编，患乎太漫，鉴观之主，力不暇遑。敢用芟夷，略存体要。”① 这表明了其关于史学会通的观念是包含了上古历史的，并且司马光认为上古历史是反映历代兴衰事迹的重要部分，已经由《春秋》等记载，具有重大的借鉴意义。司马光指出其借鉴的内容为“知人”“立政”“师贤”等，这表明司马光《稽古录》的内容还是立足于史事，主张发挥史学提供现实经验的借鉴作用。由此司马光《稽古录》与刘恕《资治通鉴外纪》的论述都表明了其坚持会通的理念，而在论述中他们不约而同地指出经学与史学的差别，对上古历史的记载并非是要替代或接续经学的论述，而是希望从史学考证与借鉴的角度，坚持史学的会通观念。正是司马光与刘恕在会通观念中包含了关于经史分别的论述，使得《资治通鉴》对正统的问题提出了一系列批评。

（三）以求实的笔法批评正统论

宋代建立以后，在史学上受到《春秋》学的影响，重视史学的褒贬之义，因而在史学上渐渐出现了关于正统的争论。宋代初期正统的观念并不突出，主要延续了既往的观点，在北宋初期修撰的类书《太平御览》《册府元龟》中关于正统的论述各不相同：“《太平御览》以蜀、吴、十六国、宋、齐、梁、陈、北齐

---

① 司马光：《稽古录》卷首《进稽古录表》，王云五主编：《丛书集成初编》第六九二册，中华书局 2011 年版，第 1 页。

为偏霸，置《偏霸部》，秦与东魏、北周入《皇王部》。《册府元龟》则以秦、蜀、吴、宋、齐、梁、陈、北齐、东魏、朱梁为闰位，十六国及五代之十国另立《僭伪部》。同是北宋官书，看法却不一致。"[①] 北宋中后期关于正统论的争议逐渐兴起。

欧阳修在《正统论》中对正统作了论述："正者，所以正天下之不正也；统者，所以合天下之不一也。"[②] 在欧阳修正统论的基础上，章望之提出："余今分统为二名：曰正统、霸统。以功德而得天下者，其得者，正统也……得天下而无功德者，强而已矣，其得者霸统也。"[③] 进一步发挥了欧阳修正统论中的道德原则。苏轼强调以史实来确定正统论，反对章望之划分的"正统"与"霸统"，他在《正统论》中认为"所谓正统者，犹曰有天下云尔"[④]，强化了欧阳修正统论中的史实原则。

司马光在编修《资治通鉴》时，正是宋代正统论讨论甚嚣尘上之时。司马光在《答郭纯长官书》中针对郭纯的《会统稽元图》，对欧阳修、章望之等的正统论作了批评，指出其与事实比较存在的不合理之处，"凡此数种，皆愚陋之见，未必中理"[⑤]。司马光主要是从史学角度去看待正统问题，对正统论采取了批评的态度。在《资治通鉴》之前修撰的《历年图》中，

---

① 刘乃和：《〈《册府元龟》新探〉序》，《文献》1982年第4期。

② 欧阳修：《居士集》卷一六《正统论上》，《欧阳修全集》卷一六，中华书局2001年版，第267页。

③ 章望之：《明统》，饶宗颐：《中国史学上之正统论》，上海远东出版社1996年版，第41页。

④ 苏轼：《正统论》，《苏轼文集》卷四《论》，中华书局1986年版，第120页。

⑤ 司马光：《答郭纯长官书》，《司马温公集编年笺注》卷六一《书启四》，李之亮笺注，巴蜀书社2009年版，第12页。

司马光就提到了他对于正统问题的态度："光率意为此书，苟天下非一统，则漫以一国主其年，固不能辨其正闰。"① 即司马光出于史书纪年的需要，在天下分裂的时期，选择某一国的纪年为标准，在正统的问题上，司马光认为"不能辨正其正闰"。这种以史实为标准的观点成为司马光对北宋正统论的主要批评原则。司马光关于"正统论"的批评，在《资治通鉴》中也有论述：

学者始推五德生、胜，以秦为闰位，在木火之间，霸而不王，于是正闰之论兴矣。及汉室颠覆，三国鼎跱。晋氏失驭，五胡云扰。宋魏以降，南、北分治，各有国史，互相排黜，南谓北为索虏，北谓南为岛夷。朱氏代唐，四方幅裂，朱邪入汴，比之穷、新，《运历》《年纪》，皆弃而不数，此皆私己之偏辞，非大公之通论也。臣愚诚不足以识前代之正闰，窃以为苟不能使九州合为一统，皆有天子之名而无其实者也。虽华夏仁暴，大小强弱，或时不同，要皆与古之列国无异，岂得独尊奖一国谓之正统，而其余皆为僭伪哉。若以自上相授受者为正邪，则陈氏何所受？拓跋氏何所受？若以居中夏者为正邪，则刘、石、慕容、苻、姚、赫连所得之土，皆五帝、三王之旧都也。若以有道德者为正邪，则蕞尔之国，必有令主，三代之季，岂无僻王？是以正闰之论，自

① 司马光：《记历年图后》，《司马温公集编年笺注》卷六六《记》，李之亮笺注，巴蜀书社2009年版，第200页。

古及今，未有能通其义，确然使人不可移夺者也。[①]

司马光指出历史上正统观念的形成与五德终始说有关，他主张以事实为准，忽略正统的问题，并批评正统论，称在分裂时期小国也会有优秀的君主，而三代之时曾存在过恶劣的昏君。因而正统论以事实而论，难以令人信服。司马光在史书修撰中面对分裂时期主张采用以事实为准的态度记载史事，而不掺杂正统的观念。这一批评原则司马光在《答郭纯长官书》中也有类似的论述："所修《通鉴》，叙前世帝王，但以授受相承，借其年以记事尔，亦非有所取舍抑扬。"[②]

司马光通过分析具体的事实来批评正统论的不足。针对正统论中以华夏为正统的论述，司马光指出华夏自古以来也存在着"仁暴"的区别，如何能区别其中的正统。司马光以南朝陈与北朝魏来批评以朝代更替的"自相授受"而定其正统的说法。对以据有中原为正统的观点，司马光以十六国时期各割据势力都据有中原为例加以批评。司马光指出正统论中提出的"闰""偏""霸"的概念，虽然名称相异，但在历史实际中往往并存于世，难以区别，正统的论述会造成史书与历史事实的出入。若以是否传之后世而论正统，司马光则举出武则天的例子加以否定。然而《资治通鉴》作为编年体通史，在记载分裂时期的历史时要面对

① 司马光编著，胡三省音注：《资治通鉴》卷六九《魏纪一》，魏文帝黄初二年四月丙午，中华书局1956年版，第2186—2187页。

② 司马光：《答郭纯长官书》，《司马温公集编年笺注》卷六一《书启四》，李之亮笺注，巴蜀书社2009年版，第12页。

国号纪年的问题，司马光虽然指出在分裂时期的国号纪年只是为了便于记载而无关正统，但是如何选择纪年的势力，司马光还是作了说明："然天下离析之际，不可无岁、时、月、日以识事之先后。据汉传于魏而晋受之，晋传于宋以至于陈而隋取之，唐传于梁以至于周而大宋承之，故不得不取魏、宋、齐、梁、陈、后梁、后唐、后晋、后汉、后周年号，以纪诸国之事，非尊此而卑彼，有正闰之辨也。"①司马光以现实中宋朝建立的渊源，决定了《资治通鉴》中分裂时期国号纪年势力的选择。司马光还特别说明，因刘备世系不清而不把其视为汉朝的余绪作为采纳国号纪年的势力。《通鉴问疑》通过引述司马光的言论，指出司马光从史学的角度批评正统问题，"史书非若《春秋》，以一字为褒贬。而魏晋南北五代之际，以势力相敌，遂分裂天下，其名分位号异乎周之于吴、楚，安得强拔一国谓之正统，余皆为僭伪哉？况微弱自立者，不必书为僭。背君自立者，不必书为逆。其臣子所称，亦从而称之，乃深著其僭逆也"②。明确提出了史书与《春秋》经学的不同，不强调以褒贬为重心，主张如实直书地记载史事来反映历史的善恶曲直。

司马光在《资治通鉴》中还形成了较为系统的修撰笔法来实现其批评"正统论"的目的。这种求实而批评正统的笔法在司马伋《通鉴释例》与刘羲仲《通鉴问疑》中都有所体现。

---

① 司马光编著，胡三省音注：《资治通鉴》卷六九《魏纪一》，魏文帝黄初二年三月，中华书局1956年版，第2187–2188页。

② 刘羲仲：《通鉴问疑》，《景印文渊阁四库全书》第六八六册，台湾商务印书馆1986年版，第3页。

司马光在《通鉴释例》中分别“用天子例”与“书列国例”，对记述中国历史上的统一时期与分裂时期的不同笔法作了规定，主要涉及国号纪年的问题。“用天子例”指出：“周、秦、汉、晋、隋、唐，皆尝混一九州，传祚于后，子孙虽微弱播迁，以四方争衡（阙）皆其故臣，故全用天子之制以临之。帝后称崩，王公宰相称薨。它国称名，后称（阙）或曰某后，其君臣死皆称卒。周之诸侯不名称薨，从先王之礼。”① 在“书列国例”中指出：“三国、南北朝、五代，与诸国本非君臣，从列国之制，彼此均敌，无所抑扬。帝后皆称殂，王公皆称卒。”② 司马光在史书的撰写中重视笔法义例。他把历代王朝分为“混一九州”与“彼此均敌”两类，主要是从事实的角度加以区分，对记述分裂时期的笔法并不强调区分正统，而是认为它们“彼此均敌”，难以分别先后。这种以“天子例”与“列国例”的笔法来批评正统论的论述，在记载了司马光与刘恕讨论的《通鉴问疑》中也有体现。在刘恕与司马光的讨论中，刘恕把司马光的回答概括为：“尝混一海内者并其子孙用天子法，未尝相君臣者从列国法。”③

对于“列国例”的笔法司马光主要强调从事实出发，这也从侧面批评了正统论。在其他的笔法中，司马光也重视“天子例”与“列国例”的区分。司马光提到：“晋、隋未并天下，亦

① 邬国义：《〈通鉴释例〉三十六例的新发现》，《史林》1995年第4期。
② 邬国义：《〈通鉴释例〉三十六例的新发现》，《史林》1995年第4期。
③ 刘羲仲：《通鉴问疑》，《景印文渊阁四库全书》第六八六册，台湾商务印书馆1986年版，第4页。

用列国之制。”[①] 曾统一天下的王朝在其未统一时要遵循“列国例”的笔法，这表明司马光在笔法上关于“天子例”与“列国例”的区分主要是从事实的角度考虑，在“天子例”与“列国例”之间也并不存在正统的问题。晋、隋统一则采用天子例，未统一则采用列国例，对其得国之正否则不予评论。在“书称号例”中不仅著明了天子例的称号，而且在涉及列国例时，主张“列国、它国之君或称主，或称帝，两国事相涉，但称主”[②]，司马光在对待列国时期各国名称时并不区分正统与否，而是通称为主。他在“书建国称王例”与“诸王书名例”中针对分裂时期中的依附与割据政权，也主张从事实角度统一称谓，并不强调在笔法上予以褒贬批评。特别是在“书列国纪事取年号例”中提到“魏、宋、齐、梁、陈、五代，取其年号以纪诸国之事耳”[③]，在列国例中纪年的选择，只是“以纪诸国之事”而明确，不涉及褒贬的评判。

二、宋代关于《资治通鉴》的评论

《资治通鉴》在宋代引起了很大的反响。由于两宋面临着深刻的内忧外患，《资治通鉴》突出的资治价值受到宋代朝野君臣的关注与赞扬。围绕着《资治通鉴》的褒贬问题，宋代学者展开了商榷之论。《资治通鉴》的修史之法引起了宋代学者的兴

① 邬国义：《〈通鉴释例〉三十六例的新发现》，《史林》1995年第4期。
② 邬国义：《〈通鉴释例〉三十六例的新发现》，《史林》1995年第4期。
③ 邬国义：《〈通鉴释例〉三十六例的新发现》，《史林》1995年第4期。

趣，在宋代引发了一系列有关《资治通鉴》修撰问题的讨论，并促进了宋代有关史体的认识与创新。

（一）资治价值的重视

司马光的《资治通鉴》是在宋英宗时期著述的《通志》的基础上逐渐完善的。司马光撰述《通志》的时候就受到宋英宗的重视："光常患历代史繁，人主不能遍览，遂为《通志》八卷以献。英宗悦之。"[①] 正是因为有这样的撰述基础，司马光在提出撰述《资治通鉴》时获得了宋神宗的重视与支持，宋神宗称赞《资治通鉴》"前代未尝有此书，过荀悦《汉纪》远矣"[②]。他不仅给予司马光在修史方面的支持，而且还撰写了《序》，对《资治通鉴》以积极的评价，这成为宋代关于《资治通鉴》资治思想的典型评价。

宋神宗关于《资治通鉴》的评价，首先是从评价《史记》入手，提出了"良史之才"的概念，这样宋神宗就把《资治通鉴》放入中国史学的良史传统中去认识与评价，特别突出了《资治通鉴》所具有的资治价值，以及对于君主统治的积极意义。

宋神宗在《序》中提出了"良史之才"的标准："汉司马迁紬石室金匮之书，据《左氏》《国语》，推《世本》《战国策》《楚汉春秋》，采经摭传，网罗天下放失旧闻，考之行事，驰骋上下数千载间，首记轩辕，至于麟止，作为纪、表、世家、书、

① 脱脱等：《宋史》卷三三六《司马光传》，中华书局1977年版，第10762页。

② 李焘：《续资治通鉴长编》卷三五〇，宋神宗元丰七年十二月戊辰，中华书局1992年版，第8390页。

传，后之述者不能易此体也。惟其是非不谬于圣人，褒贬出于至当，则良史之才矣。”① 宋神宗以司马迁为例，认为《史记》史料搜罗广泛，记述会通广博，创立纪传体流传后世。宋神宗在此基础上把“良史之才”的重心放在了“是非”与“褒贬”上。宋神宗把司马光的《资治通鉴》放入中国史学的大传统之中加以认识，有关司马迁的赞扬，暗含着对司马光在会通、史料与体裁评价上的肯定。

宋神宗还在《序》中对《资治通鉴》的记述内容进行了总结与评价，这表明他对《资治通鉴》撰述特色有着较深入的认识。他分析司马光以赵魏韩分封诸侯作为《资治通鉴》起首的原因：“周虽未灭，王制尽矣！此亦古人述作造端立意之所系也。”并总结此书记述内容为“其所载明君、良臣，切摩治道，议论之精语，德刑之善制，天人相与之际，休咎庶证之原，威福盛衰之本，规模利害之效，良将之方略，循吏之条教，断之以邪正，要之于治忽，辞令渊厚之体，箴谏深切之义，良谓备焉”。宋神宗认为《资治通鉴》具有简要而广博的特点：“列于户牖之间而尽古今之统，博而得其要，简而周于事，是亦典刑之总会，册牍之渊林矣。”②宋神宗撰写《序》的“治平四年”，司马光的《资治通鉴》尚未完全成书，但是宋神宗对于《资治通鉴》内容的总结与评价还是较为恰当与合适的。宋神宗分析《资治通鉴》起首的设置，注意到司马光著述在“是非”“褒贬”上的思想意

① 司马光编著，胡三省音注：《资治通鉴序》，中华书局1956年版，第33页。
② 司马光编著，胡三省音注：《资治通鉴序》，中华书局1956年版，第33页。

图。他对《资治通鉴》内容的概括比司马光自我的论述要详细得多。这种对著史内容的概括反映出宋神宗对司马光《资治通鉴》内容的重视。他注意到此书的通史性质，认识到《资治通鉴》在内容上涉及“古今之统”，称赞此书著述“博而得其要”，具有简要而广博的特色，并强调此书可为“典刑之总会”①，具有制度上的借鉴作用。

宋神宗在《序》中还重点分析了史学的资治价值，并因此赐名《资治通鉴》。宋神宗论述资治的思想，是以古人为例加以论证的，由此可见，中国鉴戒的思想具有悠久的历史。宋神宗分别使用了荀子、孔子、孟子及《诗经》中有关借鉴的思想，把司马光资治的思想视为对古代先贤思想的继承，并进而指出：“自余治世盛王，有惨怛之爱，有忠利之教，或知人善任，恭俭勤畏，亦各得圣贤之一体。”② 他主张学习之前君主的嘉言懿行，又提到：“至于荒坠颠危，可见前车之失；乱贼奸宄，厥有履霜之渐。”③ 强调以史为鉴，避免重蹈之前王朝的过失。宋神宗自觉地认识到历史上的经验与教训对于现实统治具有重要的借鉴意义，从而在思想与实践两方面肯定了《资治通鉴》所具有的资治价值。

宋代由于内忧外患，使得社会对于资治的思想有着急迫的需求。宋神宗关于《资治通鉴》的评价与认识，在一定程度上反

---

① 司马光编著，胡三省音注：《资治通鉴序》，中华书局 1956 年版，第 33 页。
② 司马光编著，胡三省音注：《资治通鉴序》，中华书局 1956 年版，第 34 页。
③ 司马光编著，胡三省音注：《资治通鉴序》，中华书局 1956 年版，第 34 页。

映了宋人对于《资治通鉴》所具有的资治思想的认同。宋代关于《资治通鉴》的评价多肯定其鉴戒的积极价值。

司马光在撰述《资治通鉴》及其前身《通志》的过程中得到了宋英宗与宋神宗的重视与支持。司马光《资治通鉴》在事实的选择与撰述的意图上具有突出的资治价值，受到宋代君主的普遍重视。宋代君主教育的讲筵中多涉及《资治通鉴》的讲解，在《玉海·帝学》中就包含有“熙宁读《资治通鉴》”与“建炎《〈通鉴〉解义》”的记述，后者提到侍读武仲礼根据讲筵内容进献《〈通鉴〉解义》，并涉及宋高宗与宋孝宗的有关评论：“朕以闲暇取《尚书》《通鉴》，孜孜读之。帝王所以为帝王，法戒其兴亡。孝宗每览《通鉴》，谓《通鉴》万世不刊之书，于人主尤切，凡前事废兴，人才邪正，必亲题其要，或为赞、论、箴、诗，寓褒贬之法。庆元乙卯二月读《通鉴》。”[①] 此条的记录中有关在讲筵中学习《资治通鉴》的内容就涉及宋高宗、宋孝宗及宋宁宗，而宋高宗与宋孝宗在讲筵中关于《资治通鉴》的认识，反映出宋代君主对《资治通鉴》的重视源自其所具有的资治价值。南宋楼钥在《讲筵论资治通鉴》中称：“臣仰奉圣训，读《资治通鉴》，有以见陛下务考周秦以来兴亡治乱之迹，以为鉴戒，此诚圣学之要也。”[②] 他点明了《资治通鉴》在君主教育中受到重视的根源在于此书所具有的资治价值。

---

① 王应麟：《玉海》卷二六《帝学》，大化书局1974年影印本，第569页。

② 楼钥：《攻愧集》卷二五，《景印文渊阁四库全书》第一一五二册，台湾商务印书馆1986年版，第534页。

宋代不仅君主重视《资治通鉴》的资治价值，而且大臣也普遍认可《资治通鉴》对于君主的劝戒作用。宋代曾在讲筵上为皇帝讲授《资治通鉴》的张子韶评价："人主但熟读《通鉴》一书，则历代安危治乱，昭然在目，如权宠专擅之际，不必攻击其人，但使人主熟读《通鉴》，既晓知其利害，自然权纲正。"[①]宋代大臣在讲筵中把讲解《资治通鉴》视为一种劝戒的手段。宋代君主还经常以《资治通鉴》分赐大臣。现今留存的诸多宋代《谢赐〈资治通鉴〉表》中有关《资治通鉴》的认识多围绕此书的资治价值。刘挚在《谢赐〈资治通鉴〉表》中称："来事之师，莫如稽古……窃以帝王之道虽同，治忽之时不一，史惟广记，欲俾后世之多闻。"[②] 由此，从《资治通鉴》中吸取历代治理的经验教训成为宋代君臣关于司马光《资治通鉴》的一种普遍的认识。

宋代君主对《资治通鉴》的资治价值的推崇，进而影响了宋代关于《资治通鉴》的认识与评价。北宋陈莹中称："《通鉴》如药山，随取随得。"并指出《资治通鉴》的价值在于"天下之变故无常，唯稽往事，则有以知其故而应变"，批评王安石"新学""乃欲废绝史学，其事正与晋无异，将必荒唐乱天下矣"[③]。陈莹中在突出《资治通鉴》资治价值的同时，把《资治通鉴》

---

① 林之奇：《拙斋文集》卷一《记闻上》，《景印文渊阁四库全书》第一一四〇册，台湾商务印书馆1986年版，第380页。

② 刘挚：《忠肃集》卷二《谢赐〈资治通鉴〉表》，《景印文渊阁四库全书》第一〇九九册，台湾商务印书馆1986年版，第462页。

③ 王应麟：《玉海》卷四九《艺文》，大化书局1974年影印本，第983页。

同北宋变法与反变法的斗争联系在一起。北宋程俱对《资治通鉴》的称赞也是围绕其资治价值展开的："《资治通鉴》之书……凡前古是非成败之端，治乱安危之致，足以劝惩后世与启沃吾君者。"[①] 南宋宰相赵汝愚在教育其子赵崇度时评价《资治通鉴》："读是，可以见古今兴坏存亡之故。"[②] 南宋罗大经在《鹤林玉露》中称赞《资治通鉴》："昔温公作《资治通鉴》，可谓有补治道。"[③] 南宋学者李吕尤其重视《资治通鉴》的资治价值："尤留意《资治通鉴》，手抄至数四，凡兴衰得失论著数百篇。"[④] 他曾抄录《资治通鉴》四遍，并且有关的得失言论积累了数百篇，可知，他关注的同样是《资治通鉴》中有关兴衰得失的资治内容。

（二）史学褒贬的争议

司马光的《资治通鉴》作为编年体通史著作，把著述的重心放在事实与资治方面。这种关于修史的认识体现了宋代史学批评的发展趋势。北宋中期针对五代史学的问题掀起了强调史学褒贬的批评之论。然而在这种史学批评影响下诞生的史著，由于过于侧重褒贬，反而影响了对事实记述的客观性。而后北宋中后期新的史学批评风气，要求纠正这种不良倾向。司马光的《资治通鉴》在事实与褒贬方面有着鲜明的立场，这种立场体现在他

① 程俱：《北山集》卷一五《题温公帖石刻》，《景印文渊阁四库全书》第一一三〇册，台湾商务印书馆1986年版，第152页。

② 黄宗羲：《宋元学案》卷四六《玉山学案》，全祖望补修，中华书局1986年版，第1465页。

③ 罗大经：《鹤林玉露》甲集卷四《文鉴》，中华书局1983年版，第12页。

④ 周必大：《文忠集》卷七五《澹君李君吕墓志铭》，《景印文渊阁四库全书》第一一四七册，台湾商务印书馆1986年版，第790页。

修撰《资治通鉴》时立志于学习《左传》而非《春秋》，“因丘明编年之体，仿荀悦简要之文，网罗众说，成一家书”①。

宋代史学批评的风气与时代背景有着密切关系。宋代结束了纷争不断的五代时期，如何避免重蹈五代王朝的覆辙，成为宋初文人关注的目标。强调史学的褒贬立场与针砭时弊的批评风气成为宋代中期重视褒贬的批评特色。进而至南宋时期，如何总结北宋覆亡的教训，寻找南宋恢复的良策，成为时人思考的焦点。有关讨论与争辩的兴盛，在一定程度上激发了南宋史学褒贬风气的复兴。

宋代史学批评在事实与褒贬间的不同侧重，使得宋代学者对司马光《资治通鉴》的评价产生了差异。宋代理学家程颢、程颐曾与司马光讨论《资治通鉴》修撰内容：“君实修《资治通鉴》，至唐事，正叔问曰：‘敢与太宗、肃宗簒正名乎？’曰：‘然。’又曰：‘敢辩魏徵之罪乎？’曰：‘何罪？’魏徵事皇太子，太子死，遂忘戴天之仇，而反事之。此王法所当诛。后世特以其后来立朝风节，而掩其罪，有善有恶，安得相掩？”② 二程与司马光相识较早且往来密切，他们同属北宋反变法集团，因而二程有机会在司马光修撰《资治通鉴》的过程中讨论修史之事。二程并不在乎历史的整体性联系，忽视从历史的具体环境去认识与评价历史人物，主张从善恶二元的区分上对历史人物进行褒贬，这样就以褒贬为原则割裂了历史发展的现实逻辑。二程关于修史

---

① 刘恕：《资治通鉴外纪后序》，上海古籍出版社 1987 年影印本，第 101 页。
② 朱熹编：《二程遗书》卷二上，上海古籍出版社 2000 年版，第 69 页。

内容的评价是建立在有关善恶标准的褒贬之上，其对司马光《资治通鉴》在褒贬问题上的认识并非孤例。南宋初期崔敦诗曾著述有关《通鉴》学的著作，他在论述其缘由时，称："又以司马公《资治通鉴》于治乱得失，忠邪善恶，有所未论者，凡一君之后为总说，一代之末为统论，成六十卷，号《通鉴要览》。"[1] 指出《资治通鉴》在"忠邪善恶"上的论述存在不足，而此书论述的重心在于议论。由此反映出宋代有关《资治通鉴》在褒贬问题上的争议。

在司马光编修《资治通鉴》的过程中，这种有关事实与褒贬的批评倾向造成史书修撰的差异。曾参与司马光《资治通鉴》史料汇编的范祖禹以《资治通鉴》长编所汇集的唐代史料为基础著述《唐鉴》。范祖禹在《唐鉴序》中论述其著述意图在于君子小人之辨："其治未尝不由君子，其乱未尝不由小人，皆布在方策，显不可掩。"[2] 并且在有关武则天问题的论述上，也采取了与司马光不同的态度，主张从褒贬的角度否定武则天称帝。范祖禹在史学褒贬问题上与司马光有着不同立场，由此，以朱熹为代表的理学家对于范祖禹的《唐鉴》予以较高的评价："《唐鉴》一书，取法《春秋》。"[3]

宋代理学兴盛，由于司马光与理学家之间的联系，其著作也

---

① 崔敦诗：《玉堂类稿》附录，《续四库全书》第一三一八册，上海古籍出版社 2002 年影印本，第 476 页。

② 范祖禹：《范太史集》卷三六《唐鉴序》，《景印文渊阁四库全书》第一一〇〇册，台湾商务印书馆 1986 年版，第 397 页。

③ 朱熹：《资治通鉴纲目》卷四一下，《景印文渊阁四库全书》第六九一册，台湾商务印书馆 1986 年版，第 174 页。

受到理学家的重视。有关史学的认识，理学家侧重史学的褒贬价值，因此在对司马光《资治通鉴》进行评价时较为明确地指出了《资治通鉴》在褒贬义理上的不足。南宋初期理学家胡安国曾著《春秋胡氏传》，在南宋产生了不小的反响。其子胡寅绍兴年间撰成《读史管见》一书，内容主要取材《资治通鉴》中的事实，论述重心则在议论。胡寅认为司马光的《资治通鉴》在褒贬方面存在缺陷，主张采用胡安国《春秋胡氏传》中的论述，填补《资治通鉴》在议论上的不足。南宋理学家魏了翁称赞："《读史管见》以抉《资治通鉴》数千百年褒贬之实。"① 指出《读史管见》补充了《资治通鉴》在褒贬上的不足。南宋时晁公武在评论《读史管见》时也提到："司马文正所述《资治通鉴》，事虽备而立义少。遂用《春秋》经旨，尚论详评，晦庵《纲目》中多取之。"② 认为《资治通鉴》"立义少"，在褒贬方面有欠缺，并指出胡寅的《读史管见》对于此后朱熹《资治通鉴纲目》的议论还产生了影响。朱熹的《资治通鉴纲目》相较于《资治通鉴》采取了重视褒贬的倾向，南宋陈均评价《资治通鉴纲目》："文公所述，前代之史，故其书法或寓褒贬于其间。"③ 突出了此书所具有的褒贬特色。南宋时黄度曾作《通史编年》，他批评道："司马公《通鉴》于汉纪吕后、新莽，于三国进魏黜蜀，于

① 魏了翁：《鹤山集》卷五五，《景印文渊阁四库全书》第一一七二册，台湾商务印书馆1986年版，第623页。

② 晁公武：《读书附志》卷上《史评类》，孙猛《郡斋读书志校证》本，上海古籍出版社1990年版，第1117页。

③ 陈均：《九朝编年备要序》，《景印文渊阁四库全书》第三二八册，台湾商务印书馆1986年版，第1页。

东晋用五胡僭号，于唐末系五代，心疑焉，更立书法。”① 这些相似的论述都把问题的焦点指向司马光《资治通鉴》忽略褒贬的倾向。李耆卿在有关文章的评论中指出南宋时期《资治通鉴》争议的焦点为：“《资治通鉴》是续《左传》，《纲目》是续《春秋》。”② 这种差异就在于学习《春秋》体现了对褒贬的重视，而模仿《左传》则意在重视事实。由此可知，有关《资治通鉴》褒贬立场的差异反映了评论者各自史学批评倾向的不同。

司马光重视事实的史学批评倾向使得他希望通过广泛搜集事实来反映历代兴衰，为君主统治提供借鉴。宋代部分学者认识到其史学意义并非限于褒贬。南宋吕祖谦在《读书记》中就积极评价《资治通鉴》对历史事实广泛记述的重要性，他指出：“独《资治通鉴》用编年法，其志一人一事之本末，虽不若纪传之详。而国家之大体，天下之常势，首尾贯穿，兴废存亡之迹，可以坐照此观史之咽会也。”③ 吕祖谦指出《资治通鉴》采用的编年体与纪传体相比，在叙事的详尽上并不占优势，但是司马光在事实上选择关系国家兴盛的大事进行记述，成为借鉴历史兴衰的重要途径。吕祖谦认识到事实与资治之间的联系。宋代陈造在其文集中也认识到宋代有关司马光《资治通鉴》重事实与轻褒贬的争议，他在有关史学的科举策问题目中就此进行了论述：

---

① 袁燮：《絜斋集》卷一三《龙图阁学士通奉大夫尚书黄公行状》，《景印文渊阁四库全书》第一一五七册，台湾商务印书馆1986年版，第188页。

② 李耆卿：《文章精义》，《景印文渊阁四库全书》第一四八一册，台湾商务印书馆1986年版，第808页。

③ 吕祖谦：《读书记》，魏齐贤：《五百家播芳大全文粹》卷一〇六《记》，《景印文渊阁四库全书》第一四八一册，台湾商务印书馆1986年版，第754页。

“问：太史公为史，证周生，证夏无且，载褚先生之文，不一而足。欧公五代书资刘羲叟，而宋公之唐书多取小说。至司马文正拟《左氏》作《资治通鉴》，于书乃无所不取，四子者之于史，号擅其长者，而皆不专己意，于人之言掇取而备收之，其本原于经者何？自请详述其意。”[①] 陈造在策问中提到司马迁、欧阳修、宋祁及司马光都以修史取材广泛著称，有关史料的选取“于书乃无所不取”，进而陈造提出问题：这种著述重视事实搜集的做法，在经学中有什么依据呢？实际上陈造提出了宋代在重视事实与侧重褒贬之间如何取舍与看待的问题。从中我们也可认识到宋代有关《资治通鉴》褒贬问题的差异实际上源自史学批评上有关事实与褒贬侧重的不同。

（三）修史之法的商榷

司马光在《资治通鉴》的修撰过程中，采用了长编的史料汇编之法，重视史料的搜集，并强调对事实的考证及史文的删削。《资治通鉴》在修撰完成后，有关《资治通鉴》的修史之法就受到了宋代学者的瞩目。

宋代学者称赞《资治通鉴》史料汇集之广博。由于距离司马光修撰《资治通鉴》时间不远，时人普遍注意到司马光《资治通鉴》史稿的价值。司马光在编撰《资治通鉴》过程中汇编了规模庞大的史料长编，这些底稿材料在《资治通鉴》一书完成之后并未完全消失，宋代的学者对此多有了解。北宋黄庭坚曾

---

① 陈造：《江湖长翁》卷三三，《景印文渊阁四库全书》第一一六六册，台湾商务印书馆1986年版，第442页。

鉴赏过司马光的史稿："余尝观温公《资治通鉴》草，虽数百卷，颠倒涂抹，讫无一字作草，其行己之度盖如此。"[①] 通过对史稿的研究，他们普遍对司马光的长编之法予以较高的评价。南宋高似孙关注到《资治通鉴》在史料搜集方面的成就："《通鉴》采正史之外，其用杂史诸书凡三百二十二家。"[②] 他在《史略》中详细地分析了《资治通鉴》部分史料的来源并评价这些史料："皆本末粲然，则杂史、琐说、家传，岂可尽废？"[③] 胡寅的《读史管见》虽然论述的重心在于议论，但也注意到《资治通鉴》在史料方面的特色："按司马氏所缵《资治通鉴》，不取《新唐史》，以其多戾也。至《顺宗实录》，则取韩愈所撰者，十居八九，以其可信也。"[④] 南宋王应麟在比较了梁武帝时期的《通史》、北魏的《科录》及《高氏小史》等后，称赞《资治通鉴》："自有书契以来，未有如《通鉴》者。"[⑤] 对司马光史料汇集的广博与考证的精细给予了较高的评价。

宋代学者由对《资治通鉴》史料广博的关注，进而认识到司马光能够做到这一点在于寻找到恰当的修史之法。宋代学者对于司马光修撰《资治通鉴》的方法给予了较高的评价，在《玉海》中王应麟引用司马光之子司马康的论述，指出"《资治通

---

① 黄庭坚：《跋司马温公语潞公书》，魏齐贤：《五百家播芳大全文粹》卷一一〇《颂题跋》，《景印文渊阁四库全书》第一四八一册，台湾商务印书馆1986年版，第816页。

② 高似孙：《纬略》卷一二，《景印文渊阁四库全书》第八五二册，台湾商务印书馆1986年版，第407页。

③ 高似孙：《史略》卷四《通鉴参据书》，王云五主编：《丛书集成初编》第一九册，商务印书馆1939年版，第88页。

④ 胡寅：《读史管见》卷二四《唐纪》，岳麓书社2011年版，第864页。

⑤ 王应麟：《困学纪闻》卷一三《考史》，中华书局2016年版，第1693页。

鉴》之成书盖得人焉”，论述了长编汇编者刘攽、范祖禹及刘恕的职责及贡献，并称赞长编在文献汇集上的广博：“其在正史外，而有以博约之。楚汉事则司马彪、荀悦、袁宏。南北朝则崔鸿《十六国春秋》、萧方等《三十国春秋》。李延寿书虽无表志，而可观《太清记》，亦时有足采者。《建康实录》犹郐而下无讥焉。唐以来稗官野史，暨夫百家谱录、正集、别集、墓志、碑碣、行状、别传幸多存，而不敢少忽也。”[①] 从修史人员安排与史料文献来源分析了司马光长编之法的具体内容。随着宋代对《资治通鉴》修撰的重视，出现了总结《资治通鉴》修撰之法的《通鉴释例》与《通鉴问疑》。两书作者分别为《资治通鉴》修撰者司马光与刘恕的后代司马伋与刘羲仲，其内容也主要涉及《资治通鉴》修撰的讨论。刘羲仲指出著述此书的目的在于“尝备闻余论，乃纂集其（刘恕）与司马公往复相难者，作《通鉴问疑》”[②]。这两部书关注的修史之法不只是史料的搜集与考证的问题，还涉及如何删削事实与叙事史文的原则。南宋时期编修《续资治通鉴长编》的李焘主张向司马光学习长编之法，注重对史料的扩充与考证，“臣今所纂集，义例悉同光所创立，错综铨次，皆有依凭。顾臣此书讵可便谓《续资治通鉴》，姑谓《续资治通鉴长编》可也”[③]。

---

① 王应麟：《玉海》卷四七《艺文》，大化书局1974年影印本，第943页。

② 刘羲仲：《通鉴问疑》，《景印文渊阁四库全书》第六八六册，台湾商务印书馆1986年版，第3页。

③ 李焘：《续资治通鉴长编》卷首《杂识》，中华书局1992年版，第9页。

宋代学者在关注《资治通鉴》的长编之法外，关于《资治通鉴》的体例也有不少的讨论。宋代学者关于《资治通鉴》的商榷，在一定程度上促进了宋代《通鉴》学的发展。宋代学者围绕有关《资治通鉴》的删节、断限及议论展开了较多的讨论，这些讨论与此后《通鉴》学的相关著作有着密切的联系，反映出宋代有关《资治通鉴》的批评与认识的发展与深入。

由于《资治通鉴》涉及的时间跨度大，记述史事广博，因而想在短时间内完成对《资治通鉴》的阅读并不容易。司马光在修撰《资治通鉴》的同时就注意到这一问题，并修撰了《通鉴目录》与《通鉴举要历》，删繁就简，以便于阅读。有关《资治通鉴》的删节问题成为宋代学者关注的问题之一。杨万里在《通鉴韵语序》中称："司马文正公《资治通鉴》之书，学者读之，孰不有席卷篇帙，包举事辞，囊括百代，并吞千载之心。然其涯也浩，则其记览也艰，其绪也纷，则其诵数也苦，此学者通病也。"① 杨万里积极评价《资治通鉴》记述的会通与事实的广博，同时指出阅读《资治通鉴》的困难。应注意到，宋代《资治通鉴》的删节本，是与这一时期对于历史教育的重视与普及息息相关的。南宋翟汝文在谈到删节《资治通鉴》的原因时就将其归结为有关历史教育的需要："臣昨者备数进读，伏见《资治通鉴》总三百五十余卷，自建炎二年春开讲筵，经今实历四年，方毕三卷，臣恐旷日持久，未有终篇之期……愚欲望圣慈，

① 杨万里：《诚斋集》卷八二《通鉴韵语序》，《景印文渊阁四库全书》第一一六一册，台湾商务印书馆1986年版，第93页。

许令进读官等，于逐卷内采择有益于治道者，据文进读，无益者许从便略去。”① 翟汝文提到，在皇帝教育的讲筵中，《资治通鉴》因其篇幅巨大，内容繁多，不加精选则难以在短期内教授，会造成讲筵日期拖延。为方便讲筵的开展，他主张删节《资治通鉴》。而前面提到的《通鉴韵语》一书也意在把《资治通鉴》改编为朗朗上口的诗歌，以便于有关历史内容的传播。

南宋时吴曾编撰了《南北征伐编年》，据晁公武的解题称："右吴曾编集。自汉献帝讫于周世宗。其意谓《资治通鉴》征伐之事，杂见于列国言动之间，读者不得专一稽考。至南北议论，亦未详尽。遂效其体，凡一征一伐，靡所不载。绍兴辛巳，逆亮叛盟，庙堂知有是书，尝取以备乙览。"② 吴曾此书的形成，针对的是《资治通鉴》的体例问题。编年体史书因年系事，事件往往随着时间的推移而分散在不同的纪年之中。司马光为完善编年体例吸收了部分纪传体的优点，在编年之下包含着有关人物与事迹的前后记述，但《资治通鉴》中重大事件记述分散的问题并未完全解决。吴曾著述的特色在于以专题的形式、以历代战争为线索，将有关的事实编撰在一起，方便读者阅读。此书在完颜亮南侵的过程中受到朝廷的重视，发挥了它的价值。吴曾从史体的角度提出了关于《资治通鉴》修史之法的认识。他批评编年体史书的优劣，并以专题形式汇编事实以备参考，这已经与此后

① 翟汝文：《忠惠集》卷七《讲筵乞删略〈资治通鉴〉进读札》，《景印文渊阁四库全书》第一一二九册，台湾商务印书馆 1986 年版，第 268-269 页。

② 晁公武：《读书附志》卷上《编年类》，孙猛《郡斋读书志校证》本，上海古籍出版社 1990 年版，第 1109 页。

袁枢《通鉴纪事本末》有了相似之处。南宋时期有关《资治通鉴》史体的认识与评价，促进了新的史学体裁的出现。南宋时朱熹批评《资治通鉴》的叙事容易出现“逐年过了，更无讨头处”的问题，并认为“《通鉴》难看”[①]，进而朱熹著述《资治通鉴纲目》，创立了纲目体史书。南宋袁枢出于同样的目的，“(袁) 枢常喜诵司马光《资治通鉴》，苦其浩博，乃区别其事而贯通之，号《通鉴纪事本末》”[②]。正是因不满《资治通鉴》在叙事上易于混淆，他依据事件专题重新汇编事实，修撰而成《通鉴纪事本末》，创立了纪事本末体的新史体。

宋代学者在有关《资治通鉴》的时代断限方面也展开了不少的讨论。在司马光修撰《资治通鉴》的过程中，刘恕就曾提出相关的疑问，“尝思司马迁《史记》。始于黄帝而包牺、神农阙漏不录。公为历代书而不及周威烈王之前”[③]。进而他提出了补充《资治通鉴》前后时代断限的著述计划，主张编修补充《资治通鉴》断限不足的《通鉴前纪》与《通鉴后纪》。至南宋时期李焘在司马光有关北宋断代史年表《国朝百官公卿表大事记》的基础上，产生了修撰《续资治通鉴长编》的想法，他将此书以“续”作为书名，体现出他在时代的下限上希望补充《资治通鉴》的意图。在宋代，关于会通思想的讨论与认识进一步深化，对会通的认识使得学者较为重视通史的著述。在宋代围

① 黎靖德编:《朱子语类》卷一一《读书法下》，中华书局 1986 年版，第 196 页。
② 脱脱等:《宋史》卷三八九《袁枢传》，中华书局 1977 年版，第 11934 页。
③ 刘恕:《资治通鉴外纪后序》，上海古籍出版社 1987 年影印本，第 101 页。

绕着《资治通鉴》的时代断限问题，掀起了补充与接续的风气，这从另一个方面也反映出宋代有关会通观念与认识的深化。

三、批评意识与《通鉴问疑》《通鉴释例》

《通鉴问疑》的作者为刘羲仲，该书记载的是其父刘恕与司马光关于修撰《资治通鉴》的讨论及书信。《通鉴释例》的作者为司马伋，其内容为司马光修订的有关《资治通鉴》的著述笔法。这两部书的作者都是《资治通鉴》修撰者的后代，因而能收集到第一手的材料，内容上都涉及《资治通鉴》修撰过程，在性质上属于对《资治通鉴》一书的反思与批评。

刘羲仲的《通鉴问疑》，据序可知其内容为司马光与刘恕有关《资治通鉴》的相关讨论。刘羲仲为刘恕之子，与《资治通鉴》的修撰者有着广泛的联系，他“尝备闻余论，乃纂集其（刘恕）与司马公往复相难者，作《通鉴问疑》”[①]。

刘羲仲在编修《通鉴问疑》时具有很强的史学批评意识。在《通鉴问疑》中他记述了自己整理《通鉴问疑》的原因：“君实（司马光）访问道原（刘恕），疑事每卷不下数条。论议甚多，不能尽载。载其质正旧史差谬者。然道原在书局，止类事迹，勒成长编。其是非予夺之际，一出君实笔削，而羲仲不及见君实，不备知凡例，其是非予夺所以然之故。范纯大亦尝预修通

① 刘羲仲：《通鉴问疑》，《景印文渊阁四库全书》第六八六册，台湾商务印书馆1986年版，第3页。

鉴，乃书所疑问焉。”[①] 刘恕与司马光的讨论针对的是《资治通鉴》修撰中遇到的具体问题，刘羲仲对史书修撰的笔法义例产生了疑问，因而提出了有关《资治通鉴》的八条疑问，并写信询问范祖禹。而范祖禹回答：“然其间所问节目，曩日尝陪论议，因足下之问，可以解诸儒之疑。”他指出当时修撰已经涉及此类问题，对刘羲仲的回复也可以解答世人的疑问。因此刘羲仲整理了刘恕与司马光的议论，一方面希望保留与展示其父刘恕对修撰《资治通鉴》的贡献，另一方面也希望解读与回应北宋时期对《资治通鉴》的各种批评：“羲仲既痛恨先人不及见奏成书，又惧后世有以小言破言，以小道害道，不幸而似羲仲者。故纂集其往复问难，使后世有考焉。”[②] 由此可见，刘羲仲本身具有明确的史学批评意识，主动就《资治通鉴》的各种批评意见询问范祖禹，挑选刘恕有关《资治通鉴》探讨的各种书信，整理为《通鉴问疑》。这部书既是《资治通鉴》修撰过程的第一手史料，也是回应《资治通鉴》各种争议的一部史学批评著作。

刘恕在《通鉴问疑》中与司马光的讨论主要涉及断限的讨论、正统的争议、笔法处理、纪年问题等，其中许多问题成为此后讨论《资治通鉴》的焦点。本书保留的有关刘恕与司马光讨论的第一手材料，为真实恰当地理解与评价《资治通鉴》提供了可能。

---

① 刘羲仲：《通鉴问疑》，《景印文渊阁四库全书》第六八六册，台湾商务印书馆 1986 年版，第 10 页。

② 刘羲仲：《通鉴问疑》，《景印文渊阁四库全书》第六八六册，台湾商务印书馆 1986 年版，第 11-12 页。

关于正统的问题，《通鉴问疑》的记录表明司马光对正统的认识是逐渐形成的。刘恕与司马光在《通鉴问疑》中曾讨论：

君实曰："道原言诸国名号，各从臣子所称，固为通论。然修至十六国，有修不行者……若此之类，当称何国？若谓之河南、陇西，乃是郡名。若谓之秦、凉，则其所称又国号屡改。若不著名，知复为谁？又匹夫妄自尊大，即因其位号称之，则王莽、公孙述亦不当称姓名也。今欲将吴、蜀、十六国及五代偏据者，皆依《三十国春秋》书为某主，但去其僭伪字。犹《汉书》称赵王歇、韩王信也……如此以理论之，虽未为通，然非出己意，免刺人眼耳。不然则依宋公明《纪年通谱》，以五德相承，晋亡之后，元魏继之，黜宋、齐、梁、陈、北齐、朱梁，皆如诸国，称名称卒，或以朱梁比秦，居木火之间，及比王莽，补无王之际亦可也。五德之因出于汉儒，由是并依天道，以断人事之不可断者耳。"①

关于《资治通鉴》编纂中的国号问题，刘恕提出了一个基本的原则："诸国名号，各从臣子所称。"司马光认同这一论述，但是这一记述原则存在着问题。在分裂时期，地方上存在众多割据势力。如十六国时期，地方上众多的割据势力往往依附主要王

① 刘羲仲：《通鉴问疑》，《景印文渊阁四库全书》第六八六册，台湾商务印书馆1986年版，第3-4页。

朝，若用地名指称，则混同郡县；若用封号标记，则其依附者屡变，封号名称不统一会造成记述混乱；若不记录，则史实付之阙如。因而主张统一书为某主，以方便史书的修撰。司马光此时的构想是学习《汉书》把分裂时期的三国、十六国及五代时期的地方割据势力的统治者统一书写为某主，去掉其僭伪的各种国号。这种笔法接近于此后司马光在《资治通鉴》中“不立正统”的做法。司马光虽然认为这种修撰的笔法在理论上尚有不妥当之处，但是可以暂时避免上述问题。司马光在回答刘恕的问题时，还提到另一种书写国号的笔法，即借鉴宋庠《纪年通谱》中的称号，以正统观念进行区分。其完全是按照汉代五德终始的观念来进行国号的安排，这样在史书国号的修撰中就体现了正统。在此司马光将其作为一种可以考虑的处理《资治通鉴》依附势力称号的方法。因此，司马光在面对《资治通鉴》国号修撰问题时，草拟了两种不同的笔法，但这两种笔法都不同于后来《资治通鉴》中采用的笔法。这说明司马光在修撰过程中，曾将带有正统观念的国号笔法纳入其思考范围，进而在不同笔法的讨论与批评的过程中，形成了现今《资治通鉴》有关国号修撰的笔法。

刘恕关于分裂时期正统确立的疑问，进一步启发了司马光对笔法问题的思考，从而最终确立了《资治通鉴》修撰笔法中的“天子例”与“列国例”：

> 道原曰：“晋元东渡南北分疆，魏、周据中国。宋、齐受符玺，互相夷虏，自谓正统，则宋、齐与魏、周势当两存

之。然汉昭烈窜巴蜀，似晋元、吴大帝兴于江表，似后魏。若谓中国有主，蜀不得绍汉为伪，则东晋非中国也。吴介立无所承为伪，则后魏无所承也。南北朝书某主，而不名魏，何以得名吴蜀之主乎。”

君实曰：“光因道原言，以吴、蜀比南北朝又思得一法。魏、吴、蜀、宋、齐、梁、陈、后魏、秦、夏、凉、燕、北齐、后周五代诸国名号均敌，本非君臣者，皆用列国之法。没皆称殂，王公称卒。周、秦、汉、晋、隋、唐尝混一天下，传祚后世，其子孙微弱播迁，承祖宗之业，有绍复之望，欲全用天子法。以统临诸国，没则称崩，王公称薨。东晋元帝已前称崩薨而名列国。刘备虽承汉后不能纪其世次，犹宋高祖称楚元王后，李昇称吴王恪后，是非不可知，不得与汉光武、晋元帝为例 。”①

刘恕与司马光此处的讨论主要涉及如何进一步处理割据与统一王朝的笔法问题。这既关涉在分裂时期以谁为正统，又涉及分裂时期割据势力不同著述名称带来的记述笔法混乱的体例问题。刘恕的提问指出简单地把割据政权书写为某主的做法尚有一定的不足，其忽略了在分裂时期王朝前后之间的传承关系，即正统问题。如三国蜀汉、东晋这些打着统一王朝旗号的割据政权，是该按统一王朝的残存势力处理，还是按照割据政权的名号著录。还

① 刘羲仲：《通鉴问疑》，《景印文渊阁四库全书》第六八六册，台湾商务印书馆1986年版，第4页。

有孙吴、北魏这种与前统一王朝无传承关系，却在此后自称正统王朝的势力该如何撰述。刘恕还提出了笔法统一的问题，如以蜀汉不当接续东汉，则东晋不能接续西晋；如以吴无所承袭，为割据势力，则北魏类似，不能被认定为正统。司马光称“因道原言，以吴、蜀比南北朝又思得一法”，他关于《资治通鉴》的修撰笔法也是在讨论与修改中逐渐完善的。司马光把刘恕的问题归纳为笔法上如何分别“天子例”与“列国例”的问题，重申了分裂时期用“列国例”，统一时期用“天子例”的原则。同时司马光又对“天子例”作了补充，认为统一王朝的后代，如能中兴光复的仍用“天子例”，如晋元帝司马睿符合这一条件。刘羲仲《通鉴问疑》有关国号笔法的讨论也可从司马伋《通鉴释例》中的“书国号例”与“书诸王号名例”[①] 的笔法中得到印证。司马光在此处从笔法统一与不立正统两方面来解决在《资治通鉴》修撰中面临的国号问题，由此在讨论与批评的过程中确立了《资治通鉴》的修撰笔法。

《通鉴问疑》还涉及纪年等问题的讨论。刘恕与司马光的讨论主要针对《资治通鉴》修撰过程中的具体问题展开。这些讨论与批评的结果，多与由司马光遗稿整理而成的《通鉴释例》相吻合。由此可见，关于史书修撰的讨论与批评中，司马光是从事实的角度考虑问题，逐渐丰富与完善了《资治通鉴》的修撰笔法。

《通鉴释例》又名《通鉴前例》，为司马伋整理的司马光有

---

① 邬国义：《〈通鉴释例〉三十六例的新发现》，《史林》1995 年第 4 期。

关《资治通鉴》笔法的遗稿。《通鉴问疑》的作者刘羲仲曾询问《资治通鉴》的义例，而本书则保留了司马光《资治通鉴》修撰的笔法。比较两书会发现，司马光与刘恕的部分讨论，最终融入了《通鉴释例》中的笔法。由此可见，司马光与刘恕关于史书修撰的讨论与批评，促成了《资治通鉴》的问世。

《通鉴释例》记载了《资治通鉴》中的笔法，相较于《通鉴问疑》中大量的讨论与商榷的内容，《通鉴释例》显得更为完善与成熟，其主要为撰述完成之后相关笔法的总结，不仅系统著录了修撰的三十六条笔法，而且在具体的笔法阐述之外还有相关的解释与举例，有利于人们准确地认识与理解后世对《资治通鉴》的各种批评。司马光在《通鉴释例》中重视笔法，这是受到了《春秋》的影响。如“用天子例”中“帝后称崩，王公宰相称薨。它国称名，后称（阙）或曰某后，其君臣死皆称卒”[①]。在“书列国例”中则采用“帝后皆称殂，王公皆称卒”[②]。这种笔法的运用与《春秋》笔法中的“属辞比事”有着类似之处。虽然司马光在笔法上受到《春秋》的影响，但是他主张从事实的角度出发运用这些笔法。

在《通鉴释例》中司马光重视《左传》，多次引用《左传》中的事例以说明笔法。如“书重例”中“桓（阙）年以大雩有两秋”[③]；“豫言例”中的“庄公六年豫言十六年灭邓……文十一

① 邬国义：《〈通鉴释例〉三十六例的新发现》，《史林》1995 年第 4 期。
② 邬国义：《〈通鉴释例〉三十六例的新发现》，《史林》1995 年第 4 期。
③ 邬国义：《〈通鉴释例〉三十六例的新发现》，《史林》1995 年第 4 期。

年豫言宣十五年获焚如”[①]；“追序例”中的“《左传》襄公六年，齐人灭莱，追序五年以来月日”[②]；“书日后先例”中的“《左传》楚灵王死，先言癸亥，后言乙卯丙辰”[③]。这些笔法采用的事例都是直接来自《左传》，在史书笔法的问题上，无疑司马光受到《左传》的影响要更大一些。《左传》在《春秋》三传中更加接近从史学的角度来诠释《春秋》。刘恕提出借鉴《国语》而修撰《资治通鉴外纪》，司马光谈到学习《左传》而作《资治通鉴》“因丘明编年之体，仿荀悦简要之文，网罗众说，成一家书”[④]。司马光在《资治通鉴》的时间断限上虽没有上接《春秋》，却包含着接续《左传》之意。清代王鸣盛在《十七史商榷》中提到："君实盖不敢续《春秋》而欲接《左传》也。续经则僭，续传则可，其微意如此。"[⑤] 张煦侯在《通鉴学》中认为“《通鉴》追叙智瑶之立”，时间上与《左传》篇末相接，则体现了司马光“有续《左传》之微意”[⑥]。

司马光在《通鉴释例》中显示出对《左传》笔法的重视，而在论述创作《资治通鉴》的宗旨时主张学习《左传》的编年之体，在修撰《资治通鉴》时，其对时间断限的安排存在着接续《左传》的意图。由此展现出司马光对《左传》史学认识的深入，他在笔法、体裁、纪年及史文等方面都有意加以借鉴，这

---

① 邬国义：《〈通鉴释例〉三十六例的新发现》，《史林》1995 年第 4 期。
② 邬国义：《〈通鉴释例〉三十六例的新发现》，《史林》1995 年第 4 期。
③ 邬国义：《〈通鉴释例〉三十六例的新发现》，《史林》1995 年第 4 期。
④ 刘恕：《资治通鉴外纪后序》，上海古籍出版社 1987 年影印本，第 101 页。
⑤ 王鸣盛：《十七史商榷》卷一〇〇，上海古籍出版社 2013 年版，第 1508 页。
⑥ 张煦侯：《通鉴学》，安徽人民出版社 1981 年版，第 85-86 页。

种学习借鉴的过程似可看作一种评价批评的过程。刘恕同样在《资治通鉴外纪后序》中对历代编年史书进行了批评，特别是他对《国语》及柳宗元《非国语》的评论，推动了他以《国语》为目标而创作《资治通鉴外纪》。这在一定程度上表明史学批评作为史学发展的内在动力，推动与促进了史学的发展。

第三节 《通鉴》学的出现与史学批评的大发展

一、宋代方兴未艾的《通鉴》学

司马光在修撰《资治通鉴》的过程中，为实现其著述意图，围绕《资治通鉴》撰写了一系列相关著作。他为考史而撰写《通鉴考异》，为便于检索而著述《通鉴目录》，为方便阅读而删节《资治通鉴》为《通鉴举要历》。司马光的这一做法启发了后世的学者，针对《资治通鉴》的研究，逐渐涌现出一批相关的著作，形成了《通鉴》学。《通鉴》学围绕《资治通鉴》的评价与研究，先后出现了续作、节要、考释与改作等诸多形式，不仅促进了对《资治通鉴》的研究，而且由此产生的讨论与思考也促进了史学批评的发展。

宋代涌现了一批与《资治通鉴》相关的著作。这些著作或续作《资治通鉴》，补充其内容上的不足；或考证诠释《资治通鉴》史文叙事的内涵；或删节概括《资治通鉴》的篇目，以利于阅读传播；或创新体裁，在《资治通鉴》的基础上进行改作。

由此逐渐形成了一门显学——《通鉴》学。宋代《通鉴》学的发展不仅补充与完善了《资治通鉴》的不足，推动了对《资治通鉴》研究的深入，而且在《通鉴》学的激发下出现了一些新的史学体裁，如朱熹《资治通鉴纲目》形成的纲目体，袁枢《资治通鉴纪事本末》形成的纪事本末体，促进了中国古代史学的发展。

北宋时期围绕《资治通鉴》而涌现的著作，主要源自司马光、刘恕等《资治通鉴》的修撰者本身，其内容也多与修撰《资治通鉴》的过程有关。如司马光的《通鉴目录》《通鉴考异》《通鉴举要历》、刘恕的《资治通鉴外纪》等。至南宋时期有关《通鉴》学的著作逐渐增多。据《宋史·艺文志》记载，在《史部》中包含了大量的《通鉴》学著作。在《史部·编年类》中就涉及“司马康《通鉴释文》六卷、李焘《续资治通鉴长编》一百六十八卷……史炤《资治通鉴释文》三十卷……吕祖谦《宋通鉴节》五卷、《吕氏家塾通鉴节要》二十四卷、朱熹《通鉴纲目》五十九卷又《提要》五十九卷……袁枢《资治通鉴纪事本末》四十二卷、喻汉卿《通鉴总考》一百十二卷……曾慥《通鉴补遗》一百篇……崔敦诗《通鉴要览》六十卷、王应麟《通鉴答问》四卷、胡安国《通鉴举要补遗》一百二十卷、沈枢《通鉴总类》二十卷……洪迈《节资治通鉴》一百五十卷”[①]。此外还有《史抄类》中的“张栻《通鉴论笃》四卷……陈亮《通鉴纲目》二十三卷”[②]，《职官类》中的“王应麟《通

① 脱脱等：《宋史》卷二〇三《艺文二》，中华书局1977年版，第5092-5093页。
② 脱脱等：《宋史》卷二〇三《艺文二》，中华书局1977年版，第5099-5100页。

鉴地理考》一百卷又《通鉴地理通释》十四卷”[①]。《宋史·艺文志》著录的这些有关《资治通鉴》的著作，表明《通鉴》学在宋代得到了较大的发展。

首先，宋代《通鉴》学的发展取得了多方面的成果，其主要体现在续作与补充的增多，这类作品强调在内容与时间断限上完善《资治通鉴》的缺略，如刘恕的《资治通鉴外纪》补充《资治通鉴》有关上古历史的缺失，李焘的《续资治通鉴长编》完善《资治通鉴》关于本朝史的内容，记载了整个北宋时期的历史。此外曾慥的《通鉴补遗》、胡安国的《通鉴举要补遗》都为类似的著作。

其次，宋代《通鉴》学的发展还体现在注重对《资治通鉴》的考释。司马康的《通鉴释文》与史炤的《资治通鉴释文》都是对《资治通鉴》史文的诠释之作，据陈振孙的《直斋书录解题》记载，史炤的《资治通鉴释文》应是在司马康著作基础上的完善之作，“今考之，公休之书大略同而加详焉，盖因其旧而附益之者也”[②]。王应麟的《通鉴地理考》与《通鉴地理通释》则从地理方面对《资治通鉴》的内容加以考证。此外尚有喻汉卿的《通鉴总考》。

再次，为便于《资治通鉴》的阅读与传播，宋代还流行对《资治通鉴》进行删节。宋代重要的《资治通鉴》节本，除司马光的《通鉴举要历》外，还有吕祖谦的《宋通鉴节》与《吕氏

---

① 脱脱等：《宋史》卷二〇三《艺文二》，中华书局1977年版，第5110页。
② 陈振孙：《直斋书录解题》卷四《编年类》，上海古籍出版社1987年版，第114页。

家塾通鉴节要》、崔敦诗的《通鉴要览》、洪迈的《节资治通鉴》、沈枢的《通鉴总类》等。

再者，宋代《通鉴》学的发展还体现在著作中出现有关《资治通鉴》的议论之作。其中司马伋整理的《通鉴释例》与刘羲仲整理的《通鉴问疑》主要涉及《资治通鉴》修撰过程的讨论，而胡寅的《读史管见》、王应麟的《通鉴答问》与张栻的《通鉴论笃》主要是关于《资治通鉴》记载史事的议论。

最后，宋代《资治通鉴》产生以后，促进了新的史学体裁的出现。宋代学者尝试采用新的史学体裁对《资治通鉴》进行改作，先后涌现出“纲目体”与“纪事本末体”两种新体裁。其中重要的著作有朱熹的《资治通鉴纲目》、陈亮的《通鉴纲目》及袁枢的《资治通鉴纪事本末》等。

司马光的《资治通鉴》产生了重要影响，此后诞生了一批续作与补作之书，形成了《通鉴》学。司马光重视史书体裁的创新，在《资治通鉴》的基础上先后著述了《通鉴目录》《通鉴考异》《通鉴举要历》等，特别是为考证事实而创的“长编之法”，促进了李焘《续资治通鉴长编》的问世。刘恕与司马光有关会通的讨论，推动了《资治通鉴外纪》的产生，此书主张补充《资治通鉴》在时间上的不足，进一步体现会通的观念。刘恕在《后序》中注重从历代编年体通史的发展中去总结《资治通鉴》产生的意义与价值。刘羲仲的《通鉴问疑》与司马伋的《通鉴释例》具有自觉的史学批评意识，记载与保存了有关《资治通鉴》修撰的诸多讨论，涉及丰富的史学批评思想。《资治通鉴》问世后，有关批评、续作与补作之论方兴未艾，在此后进一步发展，逐渐形成蔚为大观的《通鉴》学。

二、朱熹《资治通鉴纲目》与史学批评

朱熹，字元晦，号晦翁，徽州婺源人。朱熹曾受学于李侗，李侗是罗从彦门人，罗从彦师杨时，杨时师程颐，故朱熹为程颐四传弟子，是宋代理学的集大成者。朱熹在史学方面成就斐然，他撰写的历史专著有《资治通鉴纲目》[①]《伊洛渊源录》《八朝名臣言行录》，并有大量的史学议论被收录在《朱文公文集》和《朱子语类》中。故钱穆这样评价朱熹："朱子理学大儒，经学大儒，抑其史学精卓，亦旷世无匹。"[②] 充分肯定了朱熹在理学与史学两个领域的贡献。朱熹是南宋时期极具批判意识的学者，这不仅体现在其哲学思想是对于前人成就的批判继承，而且体现在他的史学批评成就上。

朱熹做过史官，对于史书体裁体例有精深的理解，在史学评论上也有不少值得人们注重的地方：一方面他运用比较的方法分析编年体的优劣，另一方面他在理论上提出史书体裁改进的方法。

朱熹论编年体优劣，主要运用了比较的方法。这着重体现在《资治通鉴》与纪传体正史之间的比较上。《资治通鉴》是编年体通史，二百九十四卷，上起战国时三家分晋，下迄五代周世宗

---

① 按，学术界对于《资治通鉴纲目》的作者有不同看法，罗炳良先生认为此书最终成书是由朱熹撰著、赵师渊修订，本文从之（参见罗炳良：《南宋史学史》第三章，人民出版社 2008 年版，第 188 页）。

② 钱穆：《朱子新学案》，巴蜀书社 1987 年版，第 1595 页。

显德六年，记一千三百六十二年间事。此书内容丰富，体例严谨，是编年体史书的集大成者。朱熹对此书很重视，曾说："温公之言如桑麻谷粟。"[①] 这是指《资治通鉴》记载了重要的内容。但是在阅读的过程中，朱熹发现此书明显表现出编年体在记事方面的优点与缺点。其优在于"编年系日，如指诸掌"，即能按照时间先后顺序将大小事件一一记录；其劣在于"一事之首尾，或散出于数十百年之间，不相缀属"[②]，即不能将历史上持续时间较长的重大事件集中记述。基于上述认识，特别是对编年体记事失于集中的认识，朱熹认为学生读史书，在《资治通鉴》与正史之间应当侧重正史。他说："好且看正史，盖正史每一事关涉处多。只如高祖鸿门一事，《本纪》与张良灌婴诸传互载，又却意思详尽，读之使人心地欢洽，便记得起。《通鉴》则一处说便休，直是无法，有记性人方看得。"[③] 又说："《史记》《汉书》事多贯穿，纪里也有，传里也有，表里也有，志里也有。《通鉴》是逐年事，逐年过了，更无讨头处。"[④] 朱熹指出《资治通鉴》叙事，很难像纪传体记事那样"事多贯穿"、详尽易记，容易出现"逐年过了，更无讨头处"[⑤]的问题，以致他发出了"《通鉴》难看"[⑥] 的感慨。朱熹此论显然是针对编年体按时间为

---

① 黎靖德编：《朱子语类》卷一三四《历代一》，中华书局 1986 年版，第 3207 页。

② 朱熹：《晦庵集》卷八一《跋通鉴纪事本末》，《景印文渊阁四库全书》第一一四五册，台湾商务印书馆 1986 年版，第 677 页。

③ 黎靖德编：《朱子语类》卷一一《读书法下》，中华书局 1986 年版，第 196 页。

④ 黎靖德编：《朱子语类》卷一一《读书法下》，中华书局 1986 年版，第 196 页。

⑤ 黎靖德编：《朱子语类》卷一一《读书法下》，中华书局 1986 年版，第 196 页。

⑥ 黎靖德编：《朱子语类》卷一一《读书法下》，中华书局 1986 年版，第 196 页。

线索而使史事不便集中叙述的问题。关于编年体，晋唐以来人们常将其与纪传体在记事方面进行比较，争论孰优孰劣。实际上，编年体与纪传体的体裁决定了它们叙事是各有侧重，因而以己之长攻彼之短，显然是不合适的。至宋代，司马光《资治通鉴》与郑樵《通志》对于史书体裁在编撰实践上进行了改进，虽然没有完全解决这两种体裁各自在记事集中问题上的缺点，但是还是取得了一定的效果。

朱熹认为解决编年体在记事上的不足，必然要采取“错综”的办法。何谓“错综”？他解释说：“错者，杂而互之也。综者，条而理之也。”① 也就是说，要进行史书体裁的借鉴和互补。他关于体裁错综的想法最早体现在《资治通鉴纲目》的体例设定上，他将《资治通鉴》的内容，按照纲举目明的方法进行重新排列，以达到简明宜学的目的。而此后，《通鉴纪事本末》的问世，又使得朱熹对于史体错综的思考更加深入，他在《跋通鉴纪事本末》一文中说：

> 古史之体可见者，《书》《春秋》而已。《春秋》编年通纪以见事之先后，《书》则每事别记以具事之首尾。意者当时史官既以编年纪事，至于事之大者，则又采合而别记之……故左氏于《春秋》，既依经以作传，复为《国语》二十余篇，国别事殊，或越数十年而遂其事，盖亦近《书》

① 朱熹：《晦庵集》卷五四《答王伯礼》，《景印文渊阁四库全书》第一一四四册，台湾商务印书馆1986年版，第638页。

> 体，以相错综云尔……至司马温公受诏纂述《资治通鉴》，然后千三百六十二年之事，编年系日，如指诸掌……然一事之首尾，或散出于数十百年之间，不相缀属，读者病之。今建安袁君机仲（袁枢）及以暇日作为此书……于以错综温公之书，其亦《国语》之流也。①

可见，朱熹所谓的“错综”，是指像《国语》《通鉴纪事本末》那样，将《春秋》编年记事“事见先后”的条理性与《尚书》记事“事见首尾”的完整性合二为一，互补以避短。朱熹提倡史体互补，又将这种“错综史体”的方法运用到《资治通鉴纲目》上，取得了史书体裁创新的成就。不能不说，他对于史书体裁的理解是有过人之处的。

由朱熹主撰的《资治通鉴纲目》创立了新的体裁纲目体。宋孝宗乾道八年（1172），朱熹在《资治通鉴纲目序》中对此书的体例作了这样的阐释：“盖表岁以首年（逐年之上行外书某甲子，遇甲字、子字则朱书以别之。虽无事，依《举要》以备岁年），而因年以著统（凡正统之年，岁下大书；非正统者，两行分注），大书以提要（凡大书有正例、有变例。正例如始终兴废、灾祥沿革及号令征伐、杀生除拜之大者。变例如不在此例而善可为法，恶可为戒者，皆特书之也），而分注以备言（凡分注有追原其始者，有遂言其终者，有详陈其事者，有备载其言者，

---

① 朱熹：《晦庵集》卷八一《跋通鉴纪事本末》，《景印文渊阁四库全书》第一一四五册，台湾商务印书馆1986年版，第677页。

有因始终而见者，有因拜罢而见者，有因事类而见者，有因家世而见者。有温公所立之言、所取之论，有胡氏所收之说、所著之评，而两公所遗与夫近世大儒先生折衷之语，今亦颇采以附于其间云)，使夫岁年之久近，国统之离合，辞事之详略，议论之同异，通贯晓析，如指诸掌。”① 从中我们不难看出，朱熹所谓的“表岁”“首岁”是指编年叙事，而“大书”即“纲”，按照特定的史学义例标明史事提要，犹如《春秋》之经，以示修史书法；“分注”即目，犹如《左传》，或可展开具体内容的详细记述，或可展开对史事与人物的评论。这是一种将编年叙事与纪事本末两种方法进行综合的撰著方法，具有纲目清晰、条理清楚、简明扼要、便于检阅的特点。这种体裁问世后，受到了时人与后人的关注与推崇，如尹起莘《资治通鉴纲目发明》、刘友益《资治通鉴纲目书法》、汪克宽《资治通鉴纲目考异》、徐昭文《资治通鉴纲目考证》等，及至清朝，由官府刊行《御批资治通鉴纲目》《御批资治通鉴纲目前编》《御批续资治通鉴纲目》等书的出现，纲目体可谓盛行一时。有观点认为这与朱熹及其学生在此书中渗透其正统观念与理学思想，并得到历代统治者垂青有很大关联，从而使此类著作带有明显的政治教科书的性质。② 纲目体是中国史学史中少有的受到统治者大力推崇的史书体裁，这其中有其深刻的历史原因与复杂的政治因素。但是，我们也要看到

---

① 朱熹：《资治通鉴纲目序》，《景印文渊阁四库全书》第六八九册，台湾商务印书馆 1986 年版，第 3 页。

② 参见吴怀祺：《中国史学思想史》，商务印书馆 2007 年版，第 265-272 页。

这样一类纲目体著作，即著者把纲目体作为自己直书实录的新载体，以纲为提要，以目为详陈，一方面既凸显纲目体在表现结构上的条理性，另一方面又遵循史事实录的原则性。例如陈均所撰《九朝编年备要》三十卷，记北宋九朝史事，其大致成书于理宗宝庆、绍定之交，于端平二年（1235）诏进朝廷。这是我们现在所知的最早利用纲目体为体裁来撰修的本朝史史著。陈均自己说："文公（朱熹）所述，前代之史，故其书法或寓褒贬于其间。均今所书，则惟据事实录而已，不敢尽同文公之法也。"[①]可见，其撰史注重的是史实，秉承的是实录，其所取的是纲目体眉目清晰、宜于检阅的特点，而对于朱熹及其弟子在《资治通鉴纲目》中所制订的种种书法义例，并不视为应承之要务。像这样的纲目体著作也还有一些，如《中兴两朝编年纲目》《续编两朝纲目备要》等，撰者对于纲目体运用得当，内容简明而不贫乏，[②] 值得人们研究。

史学的教化功能也被南宋的理学家们看重，他们普遍认为史书有补于世教，因而对史学功能方面的评论，更着力于阐发史学在伦理教化上的作用，这在南宋理学大家朱熹的史学批评中表现得非常明显。朱熹说："《春秋》一发首不书即位，即君臣之事也；书仲子嫡庶之分，即夫妇之事也；书及邾盟，朋友之事也；书郑伯克段，即兄弟事也。一开首，人伦便尽在。"[③] 我们今天

---

① 陈均：《九朝编年备要序》，《景印文渊阁四库全书》第三二八册，台湾商务印书馆1986年版，第1页。

② 参见燕永成：《试论纲目体在南宋时的创立及应用》，《史学史研究》2010年第4期。

③ 黎靖德编：《朱子语类》卷八三《春秋》，中华书局1986年版，第2160页。

来看这段话，朱熹这样解释未免牵强附会，但从中我们也可以看出，朱熹非常注重史学伦理教化功用，具有自觉的史学批评意识。朱熹还说："且如读《史记》，便见得秦之所以亡，汉之所以兴；及至后来刘、项事，又知刘之所以得，项之所以失，不难判断。只是《春秋》却精细，也都不说破，教后人自将义理去折衷。"① 可见，在朱熹等理学家看来，班马之史，实录直书，兴亡成败有迹可考；而《春秋》却是微言大义，是可以用来做文章的。这也反映出理学家史评多评《春秋》之意、《春秋》之法，是为其阐发义理而作的铺垫。他们评论的内容存在很多附会之处，但是他们的史学批评行为都具有明显的自觉性，并在一定程度上突出了史学的教化功能。同时，我们也要认识到，在对史学功用的评论中，朱熹等人也有平实的言论，如朱熹在《蕲州教授厅记》中述李宗思的教学时说："李君得以日至于学，进诸生而教诲之。盖使之潜思乎《论语》、孟氏之书以求理义之要，又考诸编年、资治之史以议夫事变之得失焉，日力有程，不躐不惰，探策而问，劝督以时，凡以使之知所以明善修身之方、齐家及国之本，而于词艺之习则后焉，而不之急也。"② 这里，朱熹认为史学可明"事变之得失"，有修身、齐家的功用，这也是史学功用的重要内容之一。总之，南宋学人重视评论史学之功用，认为应当发挥史学在资治、借鉴、教化、育人等方面的作用，并

---

① 黎靖德编：《朱子语类》卷八三《春秋》，中华书局 1986 年版，第 2152-2153 页。

② 朱熹：《晦庵集》卷七七《蕲州教授厅记》，《景印文渊阁四库全书》第一一四五册，台湾商务印书馆 1986 年版，第 608-609 页。

对史学功能的具体应用提出“前史为鉴”、取补所缺的观点。

三、袁枢《通鉴纪事本末》及相关评论

南宋孝宗乾道九年（1173），袁枢撰成《通鉴纪事本末》一书。关于袁枢编写此书的情况，《宋史》本传记载：“枢常喜诵司马光《资治通鉴》，苦其浩博，乃区别其事而贯通之，号《通鉴纪事本末》。”[①] 全书共四十二卷，辑录《资治通鉴》原文，区分事目，依类编排，每事各详起讫，上起三家分晋，下迄后周世宗征淮南；每篇各编年月，按照事件发展的顺序叙其始末，所以称为“本末”。这种编纂方式以历史事件为中心，完整而又集中地记述其起因、发展与结果，有效地满足了人们对历史事件集中叙述的要求，并具有“文省于纪传，事豁于编年”[②] 的特点。

《通鉴纪事本末》的出现是宋代《通鉴》学发展的结果，自《资治通鉴》产生以后，以其内容的广博、考证的精详及资治的价值，受到了世人的瞩目，一批有关《资治通鉴》的节本面世。这些节本有些共同的特点，在内容上皆取材于《资治通鉴》、以删减为主，其中较少关注史事的考证。关于节本意义的认识，由于节本多以截取为主，而无史料的创新，往往被予以较低的评价。但是是否可以把节本的出现视为史书的批评形式之一？节本作者抄录史书时，往往选取与保留其肯定的内容，这多出于某种

① 脱脱等：《宋史》卷三八九《袁枢传》，中华书局1977年版，第11934页。
② 章学诚：《文史通义》卷一《书教下》，叶瑛《文史通义校注》本，中华书局1985年版，第51页。

明确的目的，在一定程度上可以看作是对史书的评价，多是对于原书作者的一种肯定与赞扬。

在中国古代史学史上，编年体是最早出现的一种史书体裁，依时间为线索记录史事，有条不紊，从《春秋》《左传》，至汉唐以降，代有力作。北宋时期司马光的《资治通鉴》是这一体裁在史书编纂应用上的优秀代表。但是，此书在编年记事方面，仍存在部分叙事的缺陷。由此，南宋学者关于编年体的评论多以此为切入点，如杨万里称："予每读《通鉴》之书，见事之肇于斯，则惜其事之不竟于斯，盖事以年隔，年以事析，遭其初莫绎其终，揽其终莫志其初，如山之峨，如海之茫，盖编年系日，其体然也。"① 这里，杨万里明确指出《资治通鉴》一书叙事分散根源在于编年体的体裁特点。由于编年体以时间为线索，逐年记述，而部分历史事件的时间跨度大，叙事难以集中，往往在经书中被其他史料所淹没。

南宋时期《通鉴纪事本末》成书后，人们对于这种以事为中心的新体裁给予了赞赏，杨万里称赞："大抵搴事之成以后于其萌，提事之微以先于其明，其情匿而泄，其故悉而约，其作窕而撷，其究遐而迩，其治乱存亡，盖病之源、医之方也。"② 杨万里赞扬了《通鉴纪事本末》的文字表述成就与现实的借鉴功用。他指出纪事本末体史书的主要特点，即"阐述一件史事的

① 杨万里：《诚斋集》卷七九《袁机仲通鉴本末序》，《景印文渊阁四库全书》第一一六一册，台湾商务印书馆1986年版，第70页。

② 杨万里：《诚斋集》卷七九《袁机仲通鉴本末序》，《景印文渊阁四库全书》第一一六一册，台湾商务印书馆1986年版，第70页。

结果之前，总要先阐述它的起因；说明一件事的发生，总要渐次说到它的发展”[①]。袁枢《通鉴纪事本末》一书在问世以后不久就出现了仿用纪事本末体的史学著述。其中杨仲良《续资治通鉴长编纪事本末》是袁书最早的继作。此书将北宋九朝史事分门别类，列事目四百一十条，目中复有子目七十条。姚勉为之作序，并概括与评价此书的特色：“司马《通鉴》一书有节本，有《举要历》，有袁氏《本末》，有朱夫子《纲目》。今此书之节要，辞剪其浮，即司马《通鉴》之自节本也；此书之标题，事举其要，即司马《通鉴》之《举要历》也；类总其萃，年系其时，袁氏之《本末》也；契提以纲，纪载以目，即朱夫子之《纲目》也。一书而诸体备焉，用心亦勤矣。”[②] 杨仲良此书体裁为纪事本末体，但每事目按时间为线索，列纲陈目，确实在具体撰述上应用了编年体、纪事本末体与纲目体的编纂方法。姚勉此论表明人们已经敏锐地发现了史书体裁的发展趋势，即各种体裁之间可以相互借鉴，在撰述时可以以一种体裁为主而兼有多种体裁的撰述方法。其实，在中国古代众多的史书中，很少有使用单一叙述方法的著作。像人们常说的纪传体代表作《史记》，它是以人物传记为主，但是每传按时间顺序叙述，又带有明显的编年叙事的特点。

袁枢《通鉴纪事本末》问世后，受到了人们的重视与好评：“孝宗读而嘉叹，以赐东宫及分赐江上诸帅，且令熟读，曰：

---

① 瞿林东：《史学与史学评论》，安徽教育出版社 1998 年版，第 138 页。

② 姚勉：《雪坡集》卷三八《本朝长编节要纲目序》，《景印文渊阁四库全书》第一一八四册，台湾商务印书馆 1986 年版，第 263 页。

'治道尽在是矣。'"[①]《通鉴纪事本末》的出现标志着纪事本末体的形成，纪事本末体成为中国史学上一种新的主要史书体裁。自袁枢《通鉴纪事本末》问世以后，继作踵起，自明清两代，沿用这种体裁写成的史书，数量庞大，蔚为大观。但是人们对于纪事本末体的缺点也多有批评，如崔文印认为史料价值低是纪事本末体的一大缺点[②]；张舜徽说："纪事本末体在历史编纂学上的地位，只是增添了一种便于记忆和检索、对初学历史的人更为适合的体例。"[③] 可见，由于《通鉴纪事本末》援引《资治通鉴》一书为史源，给人们留下了纪事本末体类史著史料价值与学术价值不高的印象。对于这种看法，笔者认为似可做两点说明：一是以《资治通鉴》为史源，并不能降低《通鉴纪事本末》在史事上的可信性。这一方面是因为司马光编修《资治通鉴》一书以取材精审著称。司马光在编修之前，大量搜集各种史料，凡历代正史、别史、实录、谱版及稗官野记、正集、别集、墓志碑铭、行状家传等无所不包，被人誉为"典刑之总会，册牍之渊林"[④]。而《资治通鉴》取材严谨，考证精详，其考史方法优良，特别是在史料考异上"抉摘幽隐，校计毫厘"[⑤]，参取众书而明于类例，为后世考史之典范。《资治通鉴》的编修也是在一套严密有序的方法和程序下进行的，从编写丛目、组织长编到笔削定稿，

① 脱脱等：《宋史》卷三八九《袁枢传》，中华书局1977年版，第11934页。
② 参见崔文印：《纪事本末体的特点及其发展》，《史学史研究》1981年第3期。
③ 张舜徽：《中国史学名著题解》，中国青年出版社1990年版，第179页。
④ 司马光编著，胡三省音注：《资治通鉴序》，中华书局1956年版，第33页。
⑤ 司马光编著，胡三省音注：《进书表》，《资治通鉴》，中华书局1956年版，第9607页。

依次承接，环环紧扣，从而保证了其编修成果的质量。因此《资治通鉴》一书历来受到推崇，堪比信史。故而《通鉴纪事本末》取资于此书，似不能以其史料的二手性质而贬抑其可信度。另一方面，袁枢在当时就以治学严谨著称，史学方面的修养很高，对于著史坚持直笔书事的原则，被时人赞为良史。因此，撰著者严肃认真的撰著态度也成为其在历史编纂学方面取得突破性成就的主观因素。二是纪事本末体的发展过程也证明：这种体裁不仅适用于对已成史书的改编，也适用于新史的撰著。例如陈邦瞻撰《宋史纪事本末》时对正史、专史、私著、传记、杂史与文集等文献资料进行广泛的搜集，已经从《通鉴纪事本末》的专辑一书发展到了博采众书，在内容上也从袁书之专注政治、军事扩大至经济、文化与典制等方面，并在史论上直抒己见。也就是说，人们的历史编纂实践证明，至晚于明代时期，纪事本末体就可以作为人们撰著新史的体裁来应用。而清代谷应泰所编《明史纪事本末》更是成书于《明史》之前，为清朝官修正史以及今人的明史研究提供了珍贵的文献资料，其史料价值的重要性已不言而喻。高士奇撰《左传纪事本末》除设题记事外，还在各题中均加入“补逸”“考异”“辨误”等，具有明显的学术研究色彩。[①]

① 参见崔文印：《纪事本末体的特点及其发展》，《史学史研究》1981年第3期。

第三章 “会通”思想与史学批评

在宋代史学史上，郑樵占有非常重要的地位，有关他的史学思想与史学成就在今天已经是研究热点，而他的史学批评更是独具特色。关于郑樵的史学批评，具有独特性、丰富性与理论性三个特点。这具体体现在一是以“会通”为核心的史家修养论，突出了“史家三长”中的“史识”，具有认识上的独特性；二是郑樵所论广泛涉及中国古代史学史上出现的史家史论与史学现象，具有内容上的丰富性；三是郑樵的评论在不少方面是对古代史学发展历程的理论性总结，其理论建树值得重视。当然，郑樵的史学批评也有偏颇之处。

李焘、叶适、吕祖谦在“会通”思想与史学批评方面也各有成就。

第一节　郑樵“会通之义”的提出及其内涵

一、“会通之义”的提出

郑樵，字渔仲，兴化军莆田人。郑樵出身书香门第，祖先当过小官，父亲郑国器是太学生，家中曾有不少田地。郑樵天资聪慧，从小酷爱读书，勤奋好学。徽宗宣和元年（1119），其父亡，从此家道中落，郑樵就谢绝人事，埋头读书。郑樵凭借自己惊人的毅力与不懈追求，经历了十年访求图书、二十年著书的艰苦历程，四十年如一日发奋读书，笔耕不辍，著述丰赡，是中国历史上著名的史学家与文献学家。郑樵一生治学，不事科举。《夹漈遗稿》卷三记载了郑樵所写的书信《与景韦兄投宇文枢密书》。时值靖康年间，金军南侵，赵宋政权岌岌可危，时年二十四岁的郑樵与堂兄郑厚胸怀报效朝廷之志，多次向给事中江常和签书枢密院事宇文虚中上书，在信中一方面指陈形势，一方面毛遂自荐，并自信一旦得到朝廷起用，就能使局势转危为安，这封信就是其中之一。郑樵写道：“使樵直史苑，则地下无冤人。”[①] 从这样的语句中，我们不难发现，年轻的郑樵对于史官表露出了浓厚的兴趣，并对自己胜任史官这一职位充满了自信。郑樵相信，如果自己能执掌修史机构的话，可以公正记载过往的史事，并能恰如其分地评价前人的成败得失，做到“地下无冤人”。这

① 郑樵：《夹漈遗稿》卷三《与景韦兄投宇文枢密书》，中华书局1985年版，第23页。

样的一句话充分表明了郑樵对于史官的看法：公正执笔，矫正冤屈，当为史官职责所在。年轻时的郑樵能清醒地了解史职之要为实录明诚，及至晚年，经过数十年的磨砺，郑樵对史之含义体会更加深刻，他说："夫史者，国之大典也。"① 典者，标准，法则也。在郑樵心中，史籍不是一般的记事之书，它是国家之重典，其记载的内容足以让后世取资效法。郑樵重视史学，并以史家为己任，晚年撰成二百卷纪传体通史《通志》，对纪传体通史的发展起了很大的推动作用。而他在著作中展开的学术批评，尤其是史学批评，更成为中国古代史学中的宝贵遗产。

郑樵并无专门论述其史学批评的篇章，但是他所做的史学批评却闻名于世。绍兴二十八年（1158），郑樵经侍讲王纶、贺允中的推荐，得"召对"，在宋高宗面前，郑樵畅言"班固以来历代为史之非"，这是一次在最高统治者面前公开进行的史学批评行为。但是非常遗憾的是，这次史学批评的具体内容我们现在已经无法得知，《宋史》本传中只记载了宋高宗对此的好评，他对郑樵说："闻卿名久矣，敷陈古学，自成一家，何相见之晚耶?"② 可以推见，郑樵在这次史学批评活动中，表现得十分出色。

郑樵一生勤于著述，可谓著作等身，但是大多数都散佚了，流传至清乾隆三十七年（1772）《四库全书》收录时，除《通志》二百卷外，只有《尔雅注》三卷和后人编辑的《夹漈遗

① 郑樵：《通志总序》，中华书局1987年版，第2页。
② 脱脱等：《宋史》卷四三六《儒林传》，中华书局1977年版，第12944页。

稿》三卷；另有《六经奥论》，据《四库全书书目》考证并非郑著。

现存郑著中，《通志》是最重要的。此书为纪传体通史，全书二百卷，含帝纪十八卷、年谱四卷、略五十二卷、世家三卷、载记八卷、列传一百一十五卷。全书记事起于三皇迄于隋末，诸略所记的部分内容下及于唐。郑樵以一人之力，撰著如此巨作，令人敬佩。《通志》一书可谓郑樵毕生心血的结晶。但是，历来受人重视的主要是其《二十略》的部分，而其纪传部分的内容，并不被人看好。这主要是因为《通志》纪传部分的内容，多是郑樵根据历代正史的记载"即其旧文从而损益"[①]，从史料属性来说多属二、三手性质，从内容上来说并无太多的改变，因而梁启超曾说："我们翻《通志》的纪传看看，和十七史有何区别，那里有点别识心裁？读者怎么不会'宁习本书，怠窥新录'？"[②] 笔者认为，研究历史，我们应当重视正史及其相关的各种文献记载，但是研究郑樵、郑樵的史学，我们就必须对郑樵的著作进行全面而深入的研究。以史学批评来说，郑樵在《通志总序》中对于历代史与史家有较为集中的阐发，因而我们今天研究郑樵，这是一篇必不可少的文献资料。但是，仅就《通志总序》以及《二十略》来研究郑樵的史学批评是不够的，这样做难以对郑樵在史学批评上的观点进行全面的概括，进而无法对

① 马端临：《文献通考》卷二〇一《经籍考二十八》，中华书局2011年版，第5785页。

② 梁启超：《中国历史研究法》第二章《过去之中国史学界》，上海古籍出版社1998年版，第22页。

其在中国史学批评史上的地位给予正确的评价。研究郑樵的史学批评，应当对整部《通志》以及郑樵的其他著述进行综合考察。

提到郑樵，就必然会提到他所极力阐发的会通思想。会通是郑樵史学思想的重要组成部分，郑樵大力阐发会通思想，并据此进行史学实践，撰著了史学巨作《通志》。会通思想也是郑樵进行史学批评的指导思想。郑樵说：“仲尼以天纵之圣，故总《诗》《书》《礼》《乐》而会于一手，然后能同天下之文；贯二帝三王而通为一家，然后能极古今之变。”① 由此我们可以看出，具体到史学，“会”是指文献史料的集聚；“通”是指史实的贯通；“会通”就是集聚天下文献，在历史记载上做到时代相续，古今贯通，极古今之变。值得人们注意的是，在《通志总序》中，郑樵使用了不同的说法来讲“会通”，如“会通之义”“会通之旨”“会通之道”。这些说法看似相类，但细察之下还是有所不同的。关于“会通之义”，郑樵说：“百川异趋必会于海，然后九州无浸淫之患；万国殊途必通诸夏，然后八荒无壅滞之忧。会通之义大矣哉！”这里“会通之义”是指一种普遍的规则，既是一种自然界的规律，也同是人类社会的法则，郑樵认为遵从会通则可以无患忧。郑樵又说：“自《春秋》之后，惟《史记》擅制作之规模，不幸班固非其人，遂失会通之旨，司马氏之门户自此衰矣。”② 可见，“会通之旨”是指以“会通”为指导

① 郑樵：《通志总序》，中华书局1987年版，第1页。
② 郑樵：《通志总序》，中华书局1987年版，第1页。

的撰史原则。郑樵又说：“自班固以断代为史，无复相因之义，虽有仲尼之圣，亦莫知其损益，会通之道自此失矣。”[①]即郑樵所认为的“会通之道”，是指从孔子《春秋》至司马迁《史记》所形成的一种以“会通”为宗旨的史书撰写传统。

从上述郑樵对于“会通”的阐发当中可以发现，其“会通”思想是对中国古代丰富的史学思想，特别是对司马迁史学思想的继承与发扬。司马迁阐述其撰著《史记》的目的时曾这样说：“欲以究天人之际，通古今之变，成一家之言。”[②] 具体到历史文献的搜求上，司马迁的主张是“拾遗补艺，成一家之言，厥协六经异传，整齐百家杂语”[③]。司马迁放眼以往的全部历史，撰著了一部内容丰富、结构恢宏的“历黄帝以来至于太初而迄”[④]的通史，其影响深远：史家撰著通史，代而相承，形成了贯越千年的“通史家风”。这当中，郑樵“生千载而后，慨然有见于古人著述之源，而知作者之旨，不徒以词采为文，考据为学也……而独取三千年来遗文故册，运以别识心裁，盖承通史家风，而自为经纬，成一家言者也”[⑤]。可见，郑樵对于“会通”的阐释与提倡及他所撰修的《通志》，在中国古代史学史上有着重要的意义。

---

① 郑樵：《通志总序》，中华书局 1987 年版，第 1 页。

② 班固：《汉书》卷六二《司马迁传》，中华书局 1962 年版，第 2735 页。

③ 司马迁：《史记》卷一三〇《太史公自序》，中华书局 1959 年版，第 3319-3320 页。

④ 司马迁：《史记》卷一三〇《太史公自序》，中华书局 1959 年版，第 3321 页。

⑤ 章学诚：《文史通义》卷五《申郑》，叶瑛《文史通义校注》本，中华书局 1985 年版，第 463 页。

二、“会通”思想的实质

会通在郑樵的学术思想上有着重要的地位，它的内容是十分丰富的，既是一种广阔的史学眼光，也是一种应当持之以恒的传统。具体到郑樵的史学批评，笔者认为以下两点或许可以作为今天郑樵“会通”思想研究的补充：首先，会通是一种新的史家修养论；其次，会通是史家继承与创新所依循的根本原则。

郑樵论“会通”，从史学批评的角度研究，当是一种新的史家修养论，郑樵实际上主张史家撰史当有“会通”之器识。郑樵发现自有书契问世以来，有诸多立言之人，但是只有春秋时期的孔子与西汉时期的司马迁才做到了最大程度上的史料汇集和以此为基础的史书撰修，他们所取得的卓越成果是与两人具备“会通”器识紧密相关的。在南宋以前的中国古代史学中，是否只有孔子与司马迁具备“会通”的史家修养，这可以进行再研究，但是郑樵的这一观点突出了孔子与司马迁在中国古代史学上的地位，他对这两人的推崇也是有根据的。我们知道，孔子是重视文献的，孔子曾说：“夏礼，吾能言之，杞不足征也；殷礼，吾能言之，宋不足征也。文献不足故也。”[①] 他认为只有掌握文献，才能做到言之有据。孔子还讲究历史的相承相因，他言：“殷因于夏礼，所损益，可知也；周因于殷礼，所损益，可知

---

① 《论语·八佾》，杨伯峻《论语译注》本，中华书局2015年版，第30页。

也。”[①] 又说：“周监于二代，郁郁乎文哉！吾从周。”[②] 孔子不仅能看到历史的变化，还能看到历史变化中的进步。正是因为孔子有这样的认识，在修《春秋》时，他博览周室文献，备采诸国史记旧闻，以鲁国史事为中心，大致将春秋时期凡二百四十二年间的重大历史事件备于一书。因此郑樵十分推崇孔子。在郑樵看来，司马迁继承了孔子的事业。的确，司马迁曾在《史记·太史公自序》中这样写道：“先人有言：‘自周公卒五百岁而有孔子。孔子卒后至于今五百岁，有能绍明世，正《易传》，继《春秋》，本《诗》《书》《礼》《乐》之际？’意在斯乎！意在斯乎！小子何敢让焉。”这表明司马迁对于“史”的内在的责任心与使命感。司马迁无疑也是一位极具器识的史家，他“网罗天下放失旧闻，考之行事，稽其成败兴坏之理”，撰成《史记》一百三十卷，“亦欲以究天人之际，通古今之变，成一家之言”。[③]《史记》内容丰富，气势恢宏，实为不朽之作，这是与司马迁非凡的见识有关的。

不少学者认为郑樵讲“会通”就是提倡通史撰述，讲究文献的搜集，这是有道理的。笔者以为郑樵讲“会通”更看重史家修养。关于史家修养，在郑樵以前已经有不少论断了。南朝刘勰认为：“史肇轩黄，体备周、孔。世历斯编，善恶偕总。腾褒裁贬，万古魂动。辞宗丘明，直归南董。”[④] 他指出史家文辞应

---

① 《论语·为政》，杨伯峻《论语译注》本，中华书局2015年版，第24页。

② 《论语·八佾》，杨伯峻《论语译注》本，中华书局2015年版，第32页。

③ 班固：《汉书》卷六二《司马迁传》，中华书局1962年版，第2735页。

④ 刘勰：《文心雕龙》卷四《史传》，黄叔琳等《增订文心雕龙校注》本，中华书局2000年版，第208页。

以左丘明为宗范，秉笔实录当以南史氏、董狐为榜样，从而提出了在这两个方面史家所应追求的素养。《隋书·经籍志》史部大序说："夫史官者，必求博闻强识、疏通知远之士，使居其位，百官众职，咸所贰焉。是故前言往行，无不识也；天文地理，无不察也；人事之纪，无不达也。"① 这是对史官在学识、器局方面的素养提出的较高的要求。及至刘知幾提出"史才三长"说，即史才、史学、史识的论点，明确地提出了对于史家修养的全面认识。② 而郑樵提出"会通"论是将史家史识放在一个更高的起点上来衡量，形成了以"会通"器识为主要内容的新的史家修养论。在郑樵看来，史家具备"会通"器识，会自觉地将历史视为一个整体进行研究，"尽见天下书"以集聚史料文献，在史书编纂时注重历史的继承性，人类社会从始至终的发展变化就会在一书之中得到体现。一位对于"会通之义"有深刻理解的史家，在撰述时必然秉承相因相承的"会通之旨"，通史撰述自然是水到渠成的结果。从这个角度来讲，是否选择通史撰述就在于史家是否具有"会通"器识。孔子、司马迁都是见识非凡的史家，其著作也都是"会通"的典范。郑樵以"会通"作为史家修养的核心内容，将著述"通史"作为考察史家成就的标准，无疑是将中国古代史学思想中关于"通"的概念推向了极致。而这种史家修养论突出史家"三长"论中的"史识"，也显示出郑樵史学批评眼光的独特性。一般说来，史家"三长"，即才、

① 魏徵等：《隋书》卷三三《经籍志》，中华书局 1973 年版，第 992 页。
② 参见瞿林东：《中国古代史学批评纵横》，中华书局 1994 年版，第 144 页。

学、识，既是对史学家综合素质的考量，也是人们评论史家的基本原则与范畴。在史家“三长”中，如果一定要分伯仲的话，史家史识当是最为难得的。史识，是史家依据其掌握的知识对历史作出的判断，而这种判断进而决定了其史学著述质量的高下。关于史识，刘知幾曾说：“夫自古学者，谈称多矣。精于《公羊》者，尤憎《左氏》；习于太史者，偏嫉孟坚。夫能以彼所长而攻此所短，持此之是而述彼之非，兼善者鲜矣。又观世之学者，或耽玩一经，或专精一史。谈《春秋》者，则不知宗周既陨，而人有六雄；论《史》《汉》者，则不悟刘氏云亡，而地分三国。亦犹武陵隐士，灭迹桃源，当此晋年，犹谓暴秦之地也。假有学穷千载，书总五车，见良直而不觉其善，逢抵牾而不知其失，葛洪所谓藏书之箱箧，五经之主人。而夫子有云：‘虽多亦安用为？’其斯之谓也。”① 可见，史家的历史见识程度决定了他对历史理解的深浅。一个人即使学富五车，如果见识短浅的话，搜集的史料再多，体裁体例运用得再娴熟，其著述都无法达到上乘之作的水平。郑樵以“会通”作为衡量史家修养的主要评论标准，注重的是史家之识见在历史学发展中的作用，他对于司马迁与班固的评价，从很大程度上来看，还是在比较班、马的史识。郑樵重史识，他以“会通”为核心的史家修养论，有以下具体的考察要求：一是“极古今之变”的历史眼光，强调的是史家观察历史的视野要开阔；二是汇聚文献，要求史家在史料的

① 刘知幾：《史通》卷一八《杂说》，浦起龙《史通通释》本，上海古籍出版社1978年版，第530页。

选择上突破过去只注重正史、杂记、书信奏疏等文字性史料的局限，而应放眼尽观所有的历史文化遗存，如服饰、图案、碑文铭记、语言等。观郑樵所论，他因为推崇“会通”却极力贬斥班固《汉书》断代为史的做法以及刘知幾对断代史的推崇，这不免失于片面。但是从整体上来看，他的评论抓住了史家修养的关键，其言语于大开大阖之间带有大破大立的气概，从而凸显出郑樵史学批评的独特风格。

郑樵讲究“会通”还体现在他将此视为史家在继承与创新中所依循的根本原则。随着社会文明的不断发展，人们对自然界、社会生活的认知不断加深，从而也开阔了史家的视野，历史撰述的内容也越来越丰富，政治、军事、文化教育、社会风俗、天文地理、朝代更迭、人物活动、典章制度等，几乎无所不包。可以说，历史的发展对史家撰述提出了越来越高的要求，并且古时简单的档案文书式的史书记录已经不能满足人们对于历史认识的需要。在这样的情况之下，史家必然要走一条继承与创新之路，在史书体裁体例等方面作有益的变化与尝试。郑樵对此是有清醒认识的，他说：“水不会于海，则为滥水。途不通于夏，则为穷途。”[①] 他提倡史家要敢于突破旧史框架，不要“因袭旧说，人云亦云”，主张“凡著书者，虽采前人之书，必自成一家之言”[②]。但是这样的创新与突破是建立在“会通”基础上的。在郑樵看来，孔子“同天下之文”编《春秋》以极古今之变的

---

① 郑樵：《夹漈遗稿》卷三《上宰相书》，中华书局1985年版，第18页。

② 郑樵：《通志总序》，中华书局1987年版，第1页。

“会通之义”当是后世史家创新时所依据的原则。郑樵纵观史学，认为司马迁是做得比较好的，司马迁继承了孔子对文献史料的重视，尽力收集当时诸家著述，创本纪、世家、表、书、传五体综合而成的新体裁，编纂成《史记》，“使百代而下，史官不能易其法，学者不能舍其书，六经之后，惟有此作”①。当然，在郑樵看来司马迁还有“博”“雅”不足的缺憾，这一观点确实有失偏颇，但至少表露出郑樵在史学批评方面的要求是十分严格的。这在对于班固的批评上表现得更为明显，甚至达到了严苛的地步。郑樵说，班固“断汉为书，是致周、秦不相因，古今成间隔”，而后世史家皆以班固为准撰著纪传体断代史，这样做导致了严重的后果，使得从孔子以来、司马迁继之的会通之道“自此失矣”②。“史家据一代之史，不能通前代之史；本一书而修，不能会天下之书而修，故后代与前代之事，不能相因依。又诸家之书散落人间，靡所底定，安得为成书乎！”③ 因此，在郑樵看来，班固不具备“会通”之器识，又不遵守“会通”之传统，即便有诸如《古今人表》之类的创造，由于没有掌握好“会通”之义，也是不尽如人意的。不能不说，郑樵的这种观点显然有失片面，贬低了班固及其《汉书》在中国古代史学上的地位与影响。值得我们注意的是，郑樵也用同样的标准评价了自己所撰写的《通志》，他自认此书是“继马迁之作”，但是“凡

---

① 郑樵：《通志总序》，中华书局1987年版，第1页。
② 郑樵：《通志总序》，中华书局1987年版，第1页。
③ 郑樵：《夹漈遗稿》卷三《上宰相书》，中华书局1985年版，第18页。

例殊途，经纬异制，自有成法，不蹈前修”[①]。这一方面是指《通志》在结构上有所创新，另一方面是指其在内容上的扩大与丰富，这些都集中体现在《通志二十略》中。郑樵说：“今总天下之大学术而条其纲目，名之曰略，凡二十略。”分析《通志二十略》，主要得出三种情况：一是立目与内容皆依前史，如礼、职官、选举、刑法、食货五略；二是立目参照前史而在内容上有所继承和发展，如天文、地理、器服、乐、艺文、灾祥六略；三是立目与内容多属作者自创者，如氏族、六书、七音、都邑、谥、校雠、图谱、金石、昆虫草木九略。《通志二十略》，每略必追本溯源，内容详实，把中国的史学内容扩大到前所未有的范围，确为《通志》全书的精华所在。因此郑樵自负地认为：“百代之宪章，学者之能事，尽于此矣。”[②] 可见，郑樵在思想上很重视史家的自得之学，看重史家在史学发展形势下所做的创新努力，但是，他强调“会通”是史家创新时必须依循的原则。由此我们可以这样认为，郑樵的史学批评，特别讲究史家“会通”器识，主张史家创新要以“会通”为原则，并以此进行他评与自评，独具特色。

三、郑樵史学批评的丰富性

郑樵针对史学的诸多方面都进行过广泛的评论。这些评论不仅在《通志总序》中有，而且在《通志二十略》中也有不少反

---

① 郑樵：《夹漈遗稿》卷三《上宰相书》，中华书局 1985 年版，第 19 页。

② 郑樵：《通志总序》，中华书局 1987 年版，第 1 页。

映，其史学批评呈现出丰富性的特点。

对于史家在著述中对史事与历史人物进行直接的评论，郑樵是反对的。他的观点是："纪传之中既载善恶，足为鉴戒，何必于纪传之后更加褒贬？"① 因此，对于所谓的"论""序""铨""评"等各种形式的史家史论，郑樵都进行了批评。郑樵对于史家著史却专事褒贬这一现象进行分析，指出其是源于人们对《春秋》的错误仿效。他说：

> 凡秉史笔者，皆准《春秋》，专事褒贬。《春秋》以约文见义，若无传释，善恶难明。史册以详文该事，善恶已彰，无待美刺。读萧曹之行事，岂不知其忠良，见莽卓之所为，岂不知其凶逆？②

郑樵指出，《春秋》由于行文简质，在理解上需要借助诠释才能扬善抑恶；而后世的史书以详文见长，记载史事清晰明了，是非曲直让人读过之后自有评断，史家再专做褒贬，行所谓的"春秋"笔法，无异于多此一举了。郑樵此论，显然不主张史家在史书著述中进行专门评论，但是对于史学"彰善瘅恶"的作用，他还是坚持的；只不过，对于这种作用，他认为应该以史家真实地、详细地记录史事的方式出现。他的这一思想，似可总结为"寓论断于序事"，也就是史家在历史叙述中表达自己的评

---

① 郑樵：《通志总序》，中华书局1987年版，第1页。

② 郑樵：《通志总序》，中华书局1987年版，第1页。

论，从而达到“读萧曹之行事，知其忠良；见莽卓之所为，知其凶逆”的效果。郑樵列举的史书所载萧曹等例，表明他的这一观点是源于他对《史记》《后汉书》等优秀历史著作的研究，这对后人在史书撰述与史论研究方面都有很大的启发。如明初修《元史》，在《凡例》中有这样的说明：“历代史书，纪、志、表、传之末，各有论赞之辞。今修《元史》，不作论赞，但据事直书，具文见意，使其善恶自见。”[①] 这与郑樵的观点并无二致。及明末顾炎武也说：“古人作史，有不待论断而于序事之中即见其指者。”[②] 这可视为对郑樵观点的升华。白寿彝先生将此类撰写史论的方法总结为“寓论断于序事”[③]，作了理论性的概括。由此，我们也可以看出史学批评对于史学理论建设的不断推进。当然，我们也应当指出，郑樵主张的“寓论断于序事”，只能视为评论的表现形式之一，而不能当作唯一的方法。至于郑樵说《史记》中的“太史公曰”不是司马迁所作的褒贬，则明显与实不符。对于所谓“春秋褒贬”说，郑樵则不以为然，他说：“凡说《春秋》者，皆谓孔子寓褒贬于一字之间，以阴中时人，使人不可晓解。三传唱之于前，诸儒从之于后，尽推己意而诬以圣人之意，此之谓欺人之学。”[④] 郑樵指出，时人对于《春秋》所做的各种阐释，实际上带有不可告人的目的。对于《春秋》微

① 宋濂等：《元史》凡例，中华书局1976年版，第4676页。

② 顾炎武：《日知录》卷二六《史记于序事中寓论断》，黄汝成《日知录集释》本，上海古籍出版社2014年版，第562页。

③ 白寿彝：《白寿彝史学论集》（下），北京师范大学出版社1994年版，第694页。

④ 郑樵：《通志》卷七四《灾祥略第一·灾祥》序，中华书局1987年版，第853页。

言大义，郑樵并不否认，但是他反对孔子之后的史家在著述时采用“约文见义”的做法。

在《通志总序》中，郑樵对于《通志》一书的体例与内容作了简述。在述及为什么以《灾祥略》代替《五传志》时，郑樵说：

> 《洪范》《五行传》者，巫瞽之学也。历代史官皆本之以作《五行志》。天地之间，灾祥万种；人间祸福，冥不可知。若之，何一虫之妖、一物之戾，皆绳之以五行？又若之，何晋厉公一视之远、周单公一言之徐，而能关于五行之沴乎？晋申生一衣之偏、郑子臧一冠之异，而能关于五行之沴乎？董仲舒以阴阳之学倡为此说本于《春秋》，牵合附会！历世史官，自愚其心目，俯首以受笼罩而欺天下！臣故削去《五行》而作《灾祥略》。[①]

这里，郑樵将《洪范》之类的五行学说斥之为“巫瞽”之学，并指出这是董仲舒对《春秋》所作的“附会”之说，他举出大量的实例对阴阳五行说进行了反驳，批评历代史官于史书中设《五行志》的做法，据事实讲道理，令人信服。郑樵认为，史书撰述必须削去五行相应的“妖妄”之说，还以“专以记实迹”的史学传统，这无疑显现了他在史学批评方面的见识。

---

① 郑樵：《通志总序》，中华书局1987年版，第3页。

郑樵还在《年谱》序中由“年谱”阐发开来，评论了史学中诸多方面的内容，概而言之，有五个方面：一是强调年谱的重要性。他说：“天下者不可以无书，为书者不可以无图谱。图载象，谱载系。为图所以周知远近，为谱所以洞察古今。故古者记年谓之谱。”二是太史公改“谱”为“表”，括囊一书尽在十表。但是班固“不达其旨，后史因失其传，史十表遂为荒唐之学”。三是批评《新唐书》在史料来源上选用谱牒，“岂可以私家冒荣之书而为信史乎”？四是批评近代编年者在纪年方法上失于繁复。五是批评史家作史使用隐语，主张史书用语“意明而语约”[①]。这里，郑樵论体裁体例、史体变迁、史料真伪、史文标准，涉猎广泛，内容丰富。当然，其评价《新唐书》之语，在观点上有些失当。

郑樵的史学批评在内容上是比较丰富的，如对史书中存在的正统说、三统五运说等内容的批评，因而有学者评说郑樵的史学批评有广泛性的特点[②]，这是有道理的。这些内容前贤多有评述，本文不再赘述。总之，郑樵在《通志》中所作的评论，涉及历史学的各个方面，具有丰富性的特点。

四、郑樵对“断代”的评论

一些学者对于郑樵的史学批评做过不少研究工作，但是观点却不相同，一种观点认为郑樵的史学批评具有广泛性、深刻性与

① 郑樵：《通志》卷二一《年谱一·年谱》序，中华书局1987年版，第405页。
② 参见吴怀祺：《〈通志〉的史学批评》，《史学史研究》1984年第4期。

时代感三个特点[①]，而另一种观点则认为郑樵的史学批评失于偏颇[②]。再纵观历代学者对于郑樵的评论，也多与郑樵的史学批评相关联，除前述马端临“讥诋前人，高自称许”[③] 的评论外，明代胡应麟言：“《通志》殊有绝到，而持论过当，力不副言。”[④] 清代学者章学诚云：“郑樵生千载而后，慨然有见于古人著述之源，而知作者之旨，不徒以词采为文、考据为学也；于是遂欲匡正史迁，益以博雅，贬损班固，讥其因袭，而独取三千年来遗文故册，运以别识心裁，盖承通史家风而自为经纬，成一家之言者也。”[⑤] 这些评论可谓毁誉参半。

白寿彝先生曾这样说：“我们评论古人的著作，要观其大体，要从主要的方面看它是否有成就，但也不必隐藏它的缺点。”[⑥] 笔者以为，评价郑樵的史学批评也当如是观之。

对于郑樵的史学批评，前文已指出其具有独特性、丰富性与深刻性的特点。然而他在《通志总序》中言辞激烈，进行史学批评时存在着言不符实、议论偏颇的问题。这一问题尤其表现在郑樵对班固的批评上。众所皆知，郑樵对班固绝无好感。从目前已有的史料来看，郑樵至少有两次批责班固。一是绍兴二十八年（1158）的“召对”，郑樵言“班固以来历代为史之非”，班固在

① 参见吴怀祺：《宋代史学思想史》第六章，黄山书社 1992 年版，第 138-148 页。

② 参见杨绪敏：《从〈通志·总序〉看郑樵史学批评的偏颇和失误》，《江苏社会科学》1996 年第 4 期。

③ 马端临：《文献通考》卷二〇一《经籍考二十八》，中华书局 2011 年版，第 5784 页。

④ 胡应麟：《经籍会通》卷二，《少室山房笔丛》，《景印文渊阁四库全书》第八八六册，台湾商务印书馆 1986 年版，第 188 页。

⑤ 章学诚：《文史通义》卷五《申郑》，叶瑛《文史通义校注》本，中华书局 1985 年版，第 463 页。

⑥ 白寿彝：《说六通》，《白寿彝史学论集》（下），北京师范大学出版社 1994 年版，第 664 页。

这次公开进行的史学批评中首当其冲。第二次就是在《通志总序》中针对班固的批评。在《通志总序》中，郑樵延续了在“召对”中的史学批评方向与风格，再次言历代为史之非，其中针对班固的批评是十分严厉的，言辞激励，甚至到了人身攻击的地步。细察郑樵所论，主要是批评班固不承“会通”之道，断代为史，影响极坏，并以此展开对于班固事业、人品等各个方面的批评。郑樵提倡会通，因而对班固断代为史极为不满。怎样看待会通与断代？从史学发展规律来看，它们本是辩证的关系：

> 会通与断代，是史学家观察历史的两种视野。通古今之变化固然重要，详一代之兴废也是很重要。其中得失优劣，应作具体分析。从中国史学的全貌来看，“包举一代”的史书不乏杰出之作，而“会通之义”确也是史学的优良传统。①

我们依此再看郑樵对班固断代为史的批评，其不免失之偏颇。一是郑樵强调会通，并将此作为唯一的史学取向，不能看到纪传体断代史于史学发展的意义与影响。断代史包举一代，更详于治乱兴衰，在横向地记述历史、反思历史、总结历史上，更为深刻。二是具体到班固《汉书》，其书断代为史，但并非拘泥于此，此书融通以断，断中有通，一方面将有阶段性特点的历史事

① 瞿林东：《中国古代史学批评纵横》，中华书局1994年版，第82页。

件与人物写入本纪与列传中，用以记录西汉一代的兴亡大势，另一方面又将具有连续性特点的典章制度和经济、文化等方面的内容写入十志或谱列于部分年表当中。以郑樵所批评的《古今人表》来说，其所列人物按照时代先后，再参之以人物品行、学术成就、事功大小，上至伏羲下至陈胜、吴广，以接汉代人物。对于《古今人表》的设置，班固作了这样的说明：可以“著在篇籍”的人物，都是“归乎显善昭恶，劝戒后人”，所以他“究极经传，继世相次，总备古今之略要”①。显然，班固意在以此弥补皇朝史的局限。但是，郑樵对于这样的用意并不领会，却着意于《古今人表》“强立差等”来批评班固“旁行邪上”“不通”②，其批评侧重一点，不免偏激。对于班固其人，《后汉书·班固传》有这样的记载：“固字孟坚，年九岁，能属文诵诗赋，及长，遂博贯载籍，九流百家之言，无不穷究。所学无常师，不为章句，举大义而已。性宽和容众，不以才能高人，诸儒以此慕之。”③ 可见，班固于学问于为人在当时都是为人称颂的。而郑樵批评班固事业上“全无学术，专事剽窃”，为人上不能继承父业、不能保其身、不能教其子等，更是明显的失之偏颇。像这样的一些偏颇与疏误，也还有一些。④

郑樵对于班固的全面否定，显然已经带有明显的个人好恶的

① 班固：《汉书》卷二〇《古今人表》序，中华书局1962年版，第861页。
② 郑樵：《通志总序》，中华书局1987年版，第1页。
③ 范晔：《后汉书》卷四〇《班固传》，中华书局1976年版，第1330页。
④ 参见杨绪敏：《从〈通志·总序〉看郑樵史学批评的偏颇与失误》，《江苏社会科学》1996年第4期。

情感因素在里面了，这也是其史学批评出现偏颇的重要原因。郑樵曾经提出“著书之家，不得有偏徇而私生好恶，所当平心直道。于我何厚，于人何薄哉”①，其论点完全可以借鉴为史学批评之用。人们在进行史学批评的时候，应当理性地看待批评对象，对其个人修养、学术成果以及历史影响等各方面给予客观、公正的评价。如果史学批评者“偏徇”“私生好恶”，其史学批评必然有失水准。只有坚持“平心直道”，奉行客观、公正的学术精神，史学批评才能朝着健康的方向发展。郑樵虽然在进行史学批评时能够认识到史家应当注重主观道德的修养，并颇有理论建树，但还是有失偏颇，不能不说这是一件遗憾的事。史学批评之难为，也由此可见一斑。

总之，郑樵的史学批评确实存在着一些不足之处，但是这些与其在史学批评领域所取得的成就相比则显得不足为论。观郑樵及其史学成就，尤其是他在史学批评方面所作的理论探索，这在中国古代史学史中都是具有代表性的。他极力阐发“会通”思想，倡导以“会通”为核心的史家修养论，以“会通”作为史学家创新的原则，这些都显示了他在史学理论与史学批评上的独特视角。他对于史学各方面有着广泛评论，涉及史书内容与体例、史料辨伪、史家学识与修养等诸多方面的内容，十分丰富。他对于加强史家个人道德修养的提倡、对于史学批评性质的阐释，即使以今人的眼光来看，也都是对史学批评理论的深入思

① 郑樵：《通志》卷二七《氏族略三·以字为氏》，中华书局1987年版，第460页。

考，依然有可供借鉴的价值。因此，郑樵应该被视为宋代重要的史学批评家，他的史学批评成就具有独特的魅力与价值。

第二节　李焘继承《资治通鉴》的史学批评及其影响

一、李焘撰《续资治通鉴长编》

李焘，字仁甫，号巽岩，眉州丹棱人，南宋绍兴年间进士。他年轻时有感于北宋灭亡，愤金仇未报，撰写《反正议》四十篇，探求改革时弊。李焘专心史学，《宋史》称其在读书上追求广博，慨然以史学自任："独博极载籍，搜罗百氏，慨然以史自任，本朝典故尤悉力研核。"[①] 此后，李焘因其史学才能而长期担任史官，曾多次参与国史撰述。

李焘撰《续资治通鉴长编》（后简称《长编》，标题、引文、注释、参考文献除外）"自绍兴、隆兴、乾道、淳熙，节次上进，收拾旧事，垂四十年。是《长编》一百六十八年之书，以四十年而成"[②]，此书共九百八十卷，记北宋史事，可谓卷帙繁复。全书上起宋太祖建隆，下迄宋钦宗靖康，并又撰《事目》十卷，《举要》六十八卷，《总目》五卷。今本为清人从《永乐大典》中辑佚而成，存有五百二十卷，遗失了熙宁至绍圣年间的部分史事及宋徽宗与宋钦宗时期的全部史事。《长编》是一部

① 脱脱等：《宋史》卷三八八《李焘传》，中华书局1977年版，第11914页。
② 马端临：《文献通考》卷一九三《经籍考二十》，中华书局2011年版，第5613页。

有关北宋一代的断代史著作。李焘在撰述此书的过程中，参考了大量有关的资料，使得此书以考证翔实与记录广博而著称。他对各种材料的来源详载出处，对各种不同的说法加以考辨以明真伪，并说明取舍的依据。四库馆臣认为此书“广搜博录，以待后人之作者，其淹贯详赡，因读史者考证之林也”①。

李焘撰述《长编》受到了《资治通鉴》的影响，在一定程度上可以看作是继承了《资治通鉴》的撰述主旨。司马光的《资治通鉴》在撰述完成后受到世人的重视。然而《资治通鉴》作为通史著作，在时代断限上尚有不足，从时代的上下限来看都难以称之为真正的通史，这一点成为宋代有关《资治通鉴》批评的问题之一。随着宋代研究《资治通鉴》成为热潮，在断限上补足有关的缺失就成为宋代《通鉴》学关注的主题之一。李焘撰述《长编》在时代的下限上补足了《资治通鉴》的缺陷，延续了这一研究的思潮。

针对《资治通鉴》断限的缺陷，司马光在《资治通鉴》完成之后，也在搜集资料希望能够完善这一不足。司马光撰写的《稽古录》包含了《稽古录》《历年图》《国朝百官公卿表大事记》三部分，这三部分在记述的内容上首尾相接，在时间上体现了从尧、舜、禹至宋哲宗治平年间的整个通史时期。司马光的《稽古录》反映出他在完善通史断限上的努力。李焘修撰《长编》实际上是延续了司马光的这一研究方向。他称：“日翻史

---

① 纪昀等编：《钦定四库全书总目》卷四七《续资治通鉴长编提要》，中华书局1990年版，第653页。

册，汇以国朝事实，谓司马光修史，先为《百官公卿表》十五卷，后颇散逸。乃先遍求正史、实录，旁采家集、野史，增广门类，起建隆，迄靖康，合新旧官制，成一百四十二卷，其重编者，仅七之一。《长编》之书，盖始于此。”[①] 李焘提到自己受到司马光《稽古录》中《国朝百官公卿表大事记》的影响，先以其为基础增补改修，进而以此作为修撰《长编》的史料基础。这表明李焘修撰《长编》时，在研究方向上受到了司马光的影响，在一定程度上可以说李焘的《长编》是司马光扩展《资治通鉴》时限的延续，继承了司马光《资治通鉴》在会通上的特点。

在研究方法上，李焘也吸取了司马光《资治通鉴》的长编之法，注重史料搜集的广博与会通。李焘详细论述了司马光的长编之法："司马光之作《资治通鉴》也，先使其僚采摭异闻，以年月日为丛目。丛目既成，乃修《长编》。唐三百年，范祖禹实掌之。光谓祖禹：'长编宁失于繁，无失于略。'当时祖禹所修《长编》，盖六百余卷，光细删之，止八十卷。今《资治通鉴·唐纪》，自一百八十五卷至二百六十五卷是也。"[②]这里李焘引用了司马光有关长编之法的论述，即长编为一种汇集史料的编修之法。为了《资治通鉴》的顺利完成，刘恕、刘攽及范祖禹分别按照时代广泛地搜集史料，进行初步的考证并汇集成有关的史料汇编，这便为长编之法。应当注意的是长编之法并非最终的史书

① 周必大：《文忠集》卷六六《敷文阁学士李简公焘神道碑》，《景印文渊阁四库全书》第一一四七册，台湾商务印书馆1986年版，第707页。

② 李焘：《续资治通鉴长编》卷首《进续资治通鉴长编表》，中华书局1992年版，第6页。

撰述之法，其中还要经过司马光一人之手的考证删削，最终著述成书。李焘在《进续资治通鉴表》中也特别提到“光细删之”，从范祖禹汇集的长编“六百余卷”到司马光成书的“止八十卷”，由此可见其改动之大。李焘提到长编之法对其修撰的影响，指出其修撰《长编》以司马光的长编之法为修撰方法，并命名其书：“臣今所纂集，义例悉用光所创立，错综铨次，皆有依凭。顾臣此书，讵可便谓《续资治通鉴》？姑谓《续资治通鉴长编》可也。旁采异闻，补实录、正史之阙略，参求真是，破巧说伪辨之纷纭……颇多所增益。”[①] 从中可见李焘关于司马光长编之法的评价，他称赞长编之法“错综铨次，皆有依凭”，并将其作为自身著作的修撰方法。这里李焘把司马光的史料汇编方法上升为贯彻全书的编撰方法，既有李焘修撰的自谦之处，其在史料的汇聚之外也必然存着考证删削之功，又包含着李焘推崇司马光在史书修撰中的会通与广博，他认为以此乃得司马光史学思想之精华。李焘评价的重点并非长编之法是否为简单的史料编辑之法，而是此种方法在会通与广博方面对史学产生的重要价值与意义。由此可知，李焘对司马光《资治通鉴》长编之法的学习，同时也是对司马光《资治通鉴》在修撰中注重史料搜集广博与会通的一种积极评价。

李焘的《长编》在断限上扩展了《资治通鉴》的下限，因而称之为“续”，而在方法上李焘采用了《资治通鉴》的长编之

① 李焘：《续资治通鉴长编》卷首《杂识》，中华书局1992年版，第9-10页。

法，强调“宁失之于繁，勿失之于略”[①]的原则，并称其为“长编”。因此可以说，李焘的《长编》继承了司马光在《资治通鉴》中所贯彻的“会通”理念，在一定程度上可视为对《资治通鉴》的延续。

二、李焘的史学批评思想

李焘学识广博、立志史学，在朝廷又曾任史官，修撰了《长编》等一系列的史著，在修史的过程中，特别是针对北宋一代的修史，他提出了不少批评与建议。李焘关于史学的批评主要包含强调修史的广博、主张史官专任、注重史学功用等方面。

首先，李焘在修史过程中强调修史的广博，反对因人废言。李焘自身的学术思想有一定的倾向性，他与宋代的理学士人多有接触，在思想上反对王安石的新学。青年时期的李焘正处于南宋初期，当时王安石的新学正盛，科举考试多以此为题，李焘此时就鲜明地提出“耻读王氏书”[②]。虽然李焘对王安石及其著作持否定的态度，然而在撰述《长编》的过程中，在涉及有关王安石及其变法的材料时，李焘还是采取了较为客观公正的态度来选取史料与记述事件。

关于变法的问题，不仅在宋神宗、宋哲宗及宋徽宗时期贯穿了有关变法与反变法的斗争，而且在涉及史学的问题上也不乏争

---

① 李焘：《续资治通鉴长编》卷首《进续资治通鉴长编表》，中华书局1992年版，第6页。
② 脱脱等：《宋史》卷三八八《李焘传》，中华书局1977年版，第11914页。

论。由于反变法的领袖司马光以史学见长，加之涉及科举选官的问题，北宋末期变法派占据主导地位的时期科举中有关历史的内容大为减少，慕容彦逢在宋徽宗时曾与他人联名上奏要求在科举中增加对历史的考察，“欲望今后时务策，并随事参以汉、唐历代事实为问”[①]，但遭到变法派反驳而中止。同时，在北宋变法派与反变法派相继掌权的过程中，他们修撰了体现各自立场的实录，由此在涉及神宗时期的历史著述中产生了朱墨本实录。这反映出当时史书修撰受到政治立场影响的不利方面。李焘虽然不满王安石及其新学，但是在涉及北宋王安石变法的问题时，则没有受到自身思想倾向的影响，在《长编》的修撰过程中大量地采用了倾向于王安石的材料，其中包括出自王安石之手的《王安石日录》。他在自注中多次提到自己使用了《王安石日录》，如“《王安石日录》可考”[②]“此据《王安石日录》”[③]等。李焘在《长编》中曾分析他对史料的取舍：“元祐史官云孔嗣宗、章衡等使还言此，绍圣史官因之，又云嗣宗奉使契丹，与章衡等连状……二史官俱失之。《王安石日录》于六年五月二十二日载此事甚详。绍圣史官专以《日录》为主，其笔削乃如此抵牾，亦太疏矣。今仍采《日录》删修，庶不失事实也。”[④]元祐史官与

① 吴曾：《能改斋漫录》卷一二《记事》，上海古籍出版社1979年版，第371页。

② 李焘：《续资治通鉴长编》卷一八八，宋仁宗嘉祐三年十二月辛亥，中华书局1992年版，第4537页。

③ 李焘：《续资治通鉴长编》卷二二〇，宋神宗熙宁四年二月辛酉，中华书局1992年版，第5342页。

④ 李焘：《续资治通鉴长编》卷二四二，宋神宗熙宁六年二月辛丑，中华书局1992年版，第5906页。

绍圣史官因各自关于变法派的立场而在《神宗实录》的修撰上大相径庭，李焘虽然反对王安石而同情司马光，并在自注中指出绍圣史官修史时所持有的政治倾向，“绍圣史官专以《日录》为主”，但是在有关事实的记述上，他还是注重记载事实的客观性，批评元祐与绍圣史官记述的问题，并以《王安石日录》的记载来记述事实。这反映出李焘强调史料广博、反对因人废言的倾向。

这种因人废言的修史倾向，实际上反映了政治立场对修史的不良影响。李焘在史学上批评这种政治因素对修史的干涉，主张力求历史撰述的客观。李焘曾以修撰国史的经历为例，针对宋代因政治立场而影响修史的做法提出批评：

> 臣窃见太平兴国三年初修《太祖实录》，命李昉等同修，而沈伦监修，五年成书。及咸平元年，真宗谓伦所修事多漏略，乃诏钱若水等重加刊修，吕端及李沆监修，二年书成，视前录为稍详，而真宗犹谓未备。大中祥符九年，复诏赵安仁等同修，王旦监修，明年书成。《太宗实录》初修于至道，再修于大中祥符九年，《神宗实录》三次重修，《哲宗实录》亦两次重修。神宗、哲宗两朝所以屡修，则与太祖、太宗异，盖不独于事实有所漏略而已，又辄以私意变乱是非。绍兴初不得不为辨白也，诬谤虽则辨白，而漏略固在，然犹愈乎近所修《徽宗实录》。盖《徽宗实录》疏舛特甚，史院已得旨修《四朝正史》，窃缘修正史当据实录，实

> 录倘差误不可据，则史官无以准凭下笔。乞用太祖、太宗故事，将《徽宗实录》重加刊修，更不别置司局，只委史院官取前所修实录，仔细看详，是则存之，非则去之，阙则补之，误则改之，实录先具，正史便当趣成。又言臣近进《续资治通鉴长编》，自建隆迄治平，自合依诏旨接续修进。乞许臣专意讨论徽宗一朝事迹纂述，长编既具即可助成正史。①

李焘在奏言中历数北宋历代实录的修撰，其中部分实录经历了多次重修。李焘把这种实录的重修大致分为两类：一类是事实有所漏略，如《太祖实录》与《太宗实录》，一类为存在“以私意变乱是非”的问题，如《神宗实录》《哲宗实录》等。这里李焘的两类划分带有批评的意味。实际上《太祖实录》与《太宗实录》的重修同样包含政治纷争的因素，陈振孙在《直斋书录解题》中就提到李焘《长编》在新旧《太祖实录》的比较中发现，在重修后太宗在陈桥驿之变中作用大为提升：“李焘云，世传太祖自陈桥推戴马上，约束诸将本太祖圣意，前录无太宗叩马之语，乃后录所增也。前录既不传，今不可考矣。李焘《长编》且载，而云旧录所无，今从新录。”② 由此可见，这种重修本身具有政治因素。然而至李焘时期，《太祖实录》与《太宗实录》的重修已经完成，有关政治纷争渐已弥合。反而是《神宗实录》

① 留正：《皇宋中兴两朝圣政》卷四七，江苏古籍出版社1988年影印本，第1414–1416页。
② 陈振孙：《直斋书录解题》卷四《编年类》，上海古籍出版社1987年版，第128页。

《哲宗实录》多次重修背后的政治因素的影响却一直持续到李焘修撰《徽宗实录》。李焘比较两类实录的重修，实际为他修撰《徽宗实录》如何摆脱政治因素的影响提供了一种途径。他批评《神宗实录》与《哲宗实录》受到政治因素的影响，主张以《太祖实录》与《太宗实录》的修撰为榜样，以事实为重心修撰《徽宗实录》，并提出了有关修撰的原则“是则存之，非则去之，阙则补之，误则改之”。由此反映出李焘修史重视事实、强调广博、反对因人废言的特色。

李焘关于广博的主张还体现在要求广泛搜集史料，批评旧有史传在史料上的不足。李焘撰述《长编》并非一蹴而就，而是分别于绍兴、隆兴、乾道、淳熙年间奏进《长编》的不同部分。李焘在不同时期进献《长编》的奏议中多次提到其对于搜集史料的认识。

他在隆兴元年（1163）的上奏中称：“臣尝尽力史学，于本朝故事，尤切欣慕，每恨学士大夫各信所传，不考诸实录、正史，纷错难信。如建隆、开宝之禅授，涪陵、岐魏之迁殁，景德、庆历之盟誓，曩宵、谅祚之叛服，嘉祐之立子，治平之复辟，熙宁之更新，元祐之图旧，此最大事，家自为说。臣辄发愤讨论，使众说咸会于一。”① 他在淳熙元年（1174）的奏进中称：“此六十年事，于实录、正史之外，颇多所增益，首尾略究端绪。”② 淳熙九年（1182）他终于完成此书，在进献此书的奏议

① 马端临：《文献通考》卷一九三《经籍考二十》，中华书局2011年版，第5611页。
② 马端临：《文献通考》卷一九三《经籍考二十》，中华书局2011年版，第5612页。

中提到："聚九朝三世之各见殊闻，事或传于两说。惟折诸圣，乃得其事。臣网罗收拾垂四十年，缀葺穿联逾一千卷。抵牾何敢自保？精力几尽此书。"[①] 李焘在修撰《长编》的时候，为追求历史记述的真实客观，务求史料搜集的广博，这体现出他在史学的认识中强调广博的主张。

其次，李焘长期任史官，对有关国史及史官提出了批评。李焘慨然以史学自任，也希望在史官之任上修撰良史。他在史官任内，针对修史出现的问题，主张史官专任，批评宋代兼职史官对修史产生的不利影响。

宋代史馆及其史官是宋代职官制度官职差遣中职的重要组成部分，史馆是馆阁三馆之一，为重要的荣誉头衔，因而宋代授史官者，并非全然为修史之人。同时，宋代的史馆无专任修史人员，编修史书时临时组织兼职修史之人进行编修。这种史官制度，对宋代的修史事业造成了不利的影响。

李焘在涉及史官的问题上提出了自己的观点。他在《四朝国史》修撰的奏议中指出："臣闻操楫佐辕技不两工，故史官必久居其任，少兼他职，乃可责成。若兼职太多，用志必分，虽高才任职，多多益办，然人之精力有限，正恐详于此，则略于彼，今史官犹有阙员，自今差除乞选兼职少者委任之，庶几专力速成大典。"[②] 他指出修史需专门之才，只有长期专心修史才能如期

---

① 马端临：《文献通考》卷一九三《经籍考二十》，中华书局2011年版，第5612页。

② 高斯得：《耻堂存稿》卷二，《景印文渊阁四库全书》第一一八二册，台湾商务印书馆1986年版，第33页。

修成，史官的选任应挑选兼职较少之人担任。南宋高斯得也以李焘有关史官专任的言论为例，进一步指出不仅史官要专任而且不应并修史书，主张学习李焘修撰《四朝国史》的做法："检照孝宗皇帝修书故事，改命史院官专一编撰四朝正史诸志，俟奏篇毕，续行纂次列传，庶几修书次第，既合旧典，又使诸史官用志不分，成篇可准，不致苟且灭灭，贻笑后世。"[①]

以李焘关于史官的批评奏议为基础，陈傅良的《论史官札子》专门就此讨论史官兼职：

> 窃见唐大顺二年二月敕吏部侍郎柳玭等修宣宗、懿宗、僖宗实录。始丞相监修国史杜让能以三朝实录未修，乃奏吏部侍郎柳玭、右补阙裴廷裕、左拾遗孙泰、驾部员外郎李衎、太常博士郑光庭等十五人修之。逾年竟不能编一字。臣以此知史事至重，不宜以他官兼领。今史院检讨皆是兼局，更出迭入，有同传舍。至修撰亦以从臣兼之，往往多近上眷渥之人，率不淹久，去掌机政，大概一年之间，方议立条例，均分卷帙，而出院多矣。则一朝巨典，无由就绪。事大体重，岂容空过岁月。提领大臣须至取旨，立限奏篇，臣恐未免逐急率课，取具临时，草草逃责而无以发明盛德大业，传信万世，要亦非秉笔者稽远之罪，而其势必至此者，无专官故也。近年李焘、洪迈以待制相继修史，不领他事，而后

① 高斯得：《耻堂存稿》卷二，《景印文渊阁四库全书》第一一八二册，台湾商务印书馆1986年版，第35页。

《四朝国史》方及成书。以臣愚见，两制臣僚位望已贵，若委以史事，见谓冷局，不过一二年间，朝廷须更迁除，虽曰专官未必久任。今职名中有秘阁修撰、右文殿修撰，并旧有史馆校勘等，正是三馆修书官名目，自郎察卿监补外之人，皆得除授。若将此二三职名，置为史官，以二年为任，自史馆校勘之类，供职稍迁秘阁修撰，又稍迁右文殿修撰，在院少亦已五、七年矣。有劳迹虽就迁次对，如李焘、洪迈兼领可也。则是史官与郎察卿监，可以驯至从班，事体略同，有专官之效，无冷局之嫌。庶几大典责成有人。况在祖宗朝，虽谏议大夫以上，皆带出为寄禄官，而以供职谏院者为谏官，则今以修撰为贴职，而以供职史院者为史官，盖旧章也。有何不可。[①]

陈傅良举唐代修实录不成的例子，指出兼职修史存在难以督促的问题。关于史官应专任修史的认识，他与李焘相同，同时他也以李焘修撰《四朝国史》的事例来论证自己的观点。陈傅良进一步分析了史官兼职同宋代职官设置有关。史馆修撰为宋代“三馆”的“贴职”，多为授予文臣的荣誉头衔，因而授史馆修撰者多非专门修史之人，而修史之人多由他官临时组织进行修史，这样就造成了修史之人多为兼职的不利局面。陈傅良认为可以借鉴宋初谏议大夫为寄禄官，而谏院谏官仍为实职的做法。史

① 陈傅良：《止斋集》卷二二《论史官札子》，《景印文渊阁四库全书》第一一五〇册，台湾商务印书馆1986年版，第682-683页。

馆修撰保留贴职的职能，同时选取部分修史之人专任史官，留出部分史馆修撰实职给予修史之人。这样就既保留了史馆修撰原有的功能，又为专任史官提供了可能。

再者，李焘强调鉴戒的史学致用思想。据《宋史》记载，李焘年轻时就对北宋的灭亡痛心不已，以恢复故土为己任。面对南宋偏居一隅的局势，他提出了一系列的建言。其中以史为鉴，既是他对史学的批评认识，也是他针对时局变化提出的针砭良方。在与宋孝宗的召对奏议之中，李焘强调对既往历史经验的学习总结，劝戒宋孝宗以祖宗之法为则："举艺祖治身、治家、治官、治吏典故，以为恢复之法。"[①] 实际上是强调对于北宋初期历史经验的借鉴，李焘把这种对宋代早期历史经验的学习视为南宋恢复事业的解决途径。李焘临终遗言也特别希望君主应以史为鉴："愿陛下经远以艺祖为师，用人以昭陵为则。"[②] 他劝谏宋孝宗在经远与恢复上，应以宋太祖与宋仁宗为榜样，学习与借鉴历史经验。

李焘突出史学鉴戒的思想，使得他在修撰史书的过程中，也对修史内容的侧重产生了思考与批评。正是在总结了这样的经验教训基础上，李焘指出史学所具有的重要的价值与功用，有关内容他选取的为"熙、丰、祐、圣、符、靖、崇、观、和、康之大废置、大征伐，关天下之大利害者"[③]。这种致用的思想，应该

① 脱脱等：《宋史》卷三八八《李焘传》，中华书局1977年版，第11914页。
② 脱脱等：《宋史》卷三八八《李焘传》，中华书局1977年版，第11919页。
③ 马端临：《文献通考》卷一九三《经籍考二十》，中华书局2011年版，第5612页。

说是秉承了司马光的《资治通鉴》的鉴戒意识。李焘关于修史内容的认识，也使得他的史学思想在当时就受到了世人的关注。南宋黄度从《长编》所具有的劝戒价值来评价李焘的史学著作："李焘《长编》本朝六七大节目本末所系愿加考详，上欣然取《长编》付讲读官"[①]，在宋代有关李焘《长编》的评价也多以此为中心，突出其所具有的重要的史学鉴戒的价值。

李焘突出史学鉴戒的思想，使得他对之前正史、国史的修撰提出批评。他认为之前的史书修撰不能正确地反映问题，因而不能为现实提供借鉴。李焘所具有的以史为鉴的思想，对后世的史学产生了重要影响，此后徐梦莘的《三朝北盟会编》及李心传的《建炎以来系年要录》在著述思想上都秉持了李焘的这种重视史料的广博、强调史学鉴戒的思想。

三、宋代学人对李焘及其《续资治通鉴长编》的评论

李焘学识广博，专长史学，在南宋初就被有识之士所赏识，不仅得到汪应辰等人的举荐，而且长期任史官，受到宋孝宗的赏识。其史学著作丰富，《长编》甫一问世，就受到宋代学人的重视。

宋人有关李焘及其《长编》的评价。首先，认可李焘的史学才能，特别是他不为权贵折腰、专注于史学的精神。李焘生活在南宋初期的宋高宗与宋孝宗时期，此时正是宋金之间纷争不

---

① 叶适：《水心集》卷二〇《故礼部尚书龙图阁学士黄公墓志铭》，《景印文渊阁四库全书》，台湾商务印书馆 1986 年版，第 372 页。

断、南宋朝野和战争论不已的时期。李焘个人的出仕与修史也与此有关。对靖康之变，李焘极为痛心，主张恢复，他于绍兴年间考中进士，然而当时为秦桧主政时期，他的个人主张与抱负难以得到伸张，在这一过程中李焘先后于多地担任地方官，并在地方官的任内坚持修撰史书。至宋孝宗时期，地方任官展示出他的才能，而他以史为鉴的劝谏又受到宋孝宗的赞赏。宋孝宗欣赏李焘的史学才能，并以国史相付："擢秘书监，权同修国史，权实录院同修撰，盖专付公以史事，故用侍从之礼。"[①] 李焘受到宋孝宗的重视，担任史官，专门负责修撰史书。

在李焘受到宋孝宗赏识赴朝廷长期任史官之前，李焘在地方官的任期上不以宦海浮沉为意，专意于史学的修撰，并逐渐形成了有关修撰《长编》的构想及其材料的准备。正是李焘的这种专心史学的精神，受到宋代学人较高的评价。张栻评价"李仁甫如霜松雪柏"，因其"无嗜好，无姬侍，不殖产，平生生死文字间，《长编》一书用力四十年"。[②] 周必大为李焘撰写了墓志铭并评价："公孝友诚实，性无嗜好，惟潜心经史，有《易学》五卷，《春秋学》十卷，故其出处本于洁净精微，著述则评论今古，别白善恶，得褒贬之旨，所至求奥篇隐帙，传录雠校，虽阴阳卜说，亦无遗者。"[③] 《宋史》本传评价："（李）焘性刚大，

① 周必大：《文忠集》卷六六《敷文阁学士李简公焘神道碑》，《景印文渊阁四库全书》第一一四七册，台湾商务印书馆 1986 年版，第 707 页。

② 脱脱等：《宋史》卷三八八《李焘传》，中华书局 1977 年版，第 11919 页。

③ 周必大：《文忠集》卷六六《敷文阁学士李简公焘神道碑》，《景印文渊阁四库全书》第一一四七册，台湾商务印书馆 1986 年版，第 707 页。

特立独行。早著述，（秦）桧尚当路，桧死始闻于朝。暨在从列，每正色以订国论。”[①] 应该说，李焘会通的视野、广博的著述，是与他专注史学，长期不懈的坚持有着密切关系的。同时，从个人品行的角度评价李焘的史学才能，这是南宋理学家进行史学评价的倾向。

李焘的史学才能，在南宋初期就受到了时人的关注。曾向朝廷举荐李焘的汪应辰指出：“李焘笃志学问，无他外慕，安贫守分，不妄取予，凡经传历代史书，以至本朝典故，皆究极本末，参考异同，归于至当，随事论著成书不一，皆可以传信垂后。”[②] 周必大也曾推荐李焘，并称赞他：“上论史事，公（周必大）奏李焘于史学，如嗜饮食，《长编》考证异同，罕见其比。”[③] 宋代学者高斯得也有类似的评语：“李焘良史之才，无出其右。”[④] 李焘的史学才能，还因其出生于四川而受到地方学者的推崇：“李焘，字仁甫，蜀中史学之首，号议论，有根据，亦清放，尝为礼部侍郎，修史再召至作侍读，复任修史之命。”[⑤] 曾委以李焘修史重任的宋孝宗认可他的史学才能，并以宋神宗为司马光撰写序言为例，承诺为《长编》作《序》，惜因故未成：“上谓其书无

---

① 脱脱等：《宋史》卷三八八《李焘传》，中华书局 1977 年版，第 11919 页。

② 汪应辰：《文定集》卷一三《荐李焘于宰执书》，《景印文渊阁四库全书》第一一八二册，台湾商务印书馆 1986 年版，第 709 页。

③ 楼钥：《攻愧集》卷九四《少傅观文殿大学士致仕益国公赠太师谥文忠周公神道碑》，《景印文渊阁四库全书》第一一五三册，台湾商务印书馆 1986 年版，第 452 页。

④ 高斯得：《耻堂存稿》卷二，《景印文渊阁四库全书》第一一八二册，台湾商务印书馆 1986 年版，第 34 页。

⑤ 韩淲：《涧泉日记》卷中，《景印文渊阁四库全书》第八六四册，台湾商务印书馆 1986 年版，第 782 页。

愧司马迁。焘尝举汉石渠、白虎故事，请上称制临决，又请冠序，上许之。”①

李焘本身具有较高的修史才能，规模有九百八十卷之巨的《长编》出自其一人之手，可见其修史能力。李焘史料搜集广博，考证精详，并于《长编》之外，更有其他的著述，《宋史》本传记载：“有《易学》五卷，《春秋学》十卷，《五经传授》《尚书百篇图》《大传杂说》《七十二子名籍》各一卷，《文集》五十卷，《奏议》三十卷，《四朝史稿》五十卷，《通论》十卷，《南北攻守录》三十卷，《七十二候图》《陶潜新传》并《诗谱》各三卷，《历代宰相年表》《唐宰相谱》《江左方镇年表》《晋司马氏本支》《齐梁本支》《王谢世表》《五代将帅年表》合为四十一卷。”② 由此可见其著述之丰沛，史官之担当。同时，应注意到李焘史学才能的发挥也是和当时推荐与重用他的伯乐密不可分的，不仅推荐他的汪应辰欣赏其史学才能，而且宋孝宗更是委以修史重任。李焘曾因《长编》修撰的问题被人诬告，对此宋孝宗予以信任的态度：“适城中火，（李焘）上章自劾，提刑何熙志奏焚数不实，且言《长编》记魏王食肥彘，语涉诬谤，上曰：‘宪臣按奏火数失实，职也，何预国史？’”③ 面对失火弹劾中所夹杂的修史问题，宋孝宗立场鲜明地予以了驳斥，并继续支持李焘的修史工作。正因如此，周必大以李焘的例子批驳了唐代

---

① 脱脱等：《宋史》卷三八八《李焘传》，中华书局1977年版，第11918页。
② 脱脱等：《宋史》卷三八八《李焘传》，中华书局1977年版，第11920页。
③ 脱脱等：《宋史》卷三八八《李焘传》，中华书局1977年版，第11916页。

韩愈与柳宗元有关修史之人境遇的讨论。有关韩愈观点的批评，柳宗元主要是从理论的角度进行反驳，而周必大则是从李焘修史的经历进行了驳斥：“韩愈以天刑人祸归咎史笔。柳宗元随辟其说，后人终致疑焉。今以李文简公验之，何疑。且《左氏》纪诸国之事，《史记》上下数千载，是是非非，利害不专及当世，若公续司马光《资治通鉴》，为本朝长编。上关国体，下涉诸臣之家，非异代比。使天刑人祸可信，孰能结知明主，是相多士，生历清要，没定美谥，诸子继践世，科历二千石，光显未艾，如李氏者乎？”① 周必大以李焘修史为例，指出如果修史者真有天灾人祸，那么修撰北宋一朝之史的李焘怎么会修成《长编》而又久任史官，得以寿终并获得美谥。这从中反映出李焘修史与宋孝宗的支持与重视有着密切关系。

其次，宋代有关李焘及其《长编》的评价，多认为《长编》史料的搜集具有会通与广博的特点。宋代有关的评价实际上是从两方面展开的：一方面直接评价李焘的《长编》，特别是其与司马光《资治通鉴》的关系；另一方面则是把《长编》作为比较的对象，其中隐含着《长编》具有广博与会通的特点。

关于第一种评价往往出现在对李焘《长编》的直接评价中。宋代学者多关注李焘著述北宋历史的翔实，晁公武在《郡斋读书志》中详细著录了《长编》的规模：“太祖至英宗　百七十五

① 周必大：《文忠集》卷六六《敷文阁学士李简公焘神道碑》，《景印文渊阁四库全书》第一一四七册，台湾商务印书馆1986年版，第701页。

卷，神宗朝二百二十八卷，哲宗朝二百二十卷，徽宗朝三百二十三卷。”[①]《玉海》则称赞：“焘纂集用（司马）光义例，广记备言。”[②] 宋孝宗在李焘初献《长编》时称赞他：“孝宗谓辅臣曰：自建隆至治平百余岁，事迹备于此矣……上甚重之，以其书付秘书省。”[③] 周必大在《四朝史志》中评价李焘《长编》的广博：“李焘博考旧闻，网罗逸事，修成《续资治通鉴长编》一千卷，其自熙宁至靖康六十年中，朝廷之所施设，群臣之所议论，推原审订，登载甚详。”[④] 叶适撰《习学记言序目》则以历代史书相比较，突出《长编》史料的丰富：“前汉无史官，故迁固父子捃摭成编，遂为信书。东汉以后，各自有史，魏晋家数尤多；然卒其所取信者，亦后人之作也。隋唐之际，旧书尚存，有志于学者，欲有所考证，犹可参取，惜今不见矣。今唐五代尚有旧史及诸杂注记，本朝则李焘史底最信而核。余尝患学者见闻不远而取成于目前，虽李翱犹以前后汉有生熟之异，他何怪也。”[⑤] 这些宋代学者的评价多是称赞李焘《长编》史料搜集的广博与会通。

在有关《长编》的评论中，还应注意这样一类评论。在这些批评之中，李焘及其《长编》并非作为评论的对象，而是成为批评他书的依据之一。在这种论述对象与《长编》的比较之

---

① 晁公武：《读书附志》卷上《编年类》，孙猛《郡斋读书志校证》本，上海古籍出版社1990年版，第1110页。

② 章如愚：《山堂考索》前集卷一七《正史门》，中华书局1990年版，第350页。

③ 李心传：《建炎以来朝野杂记》甲集卷四，《景印文渊阁四库全书》第六〇八册，台湾商务印书馆1986年版，第269页。

④ 周必大：《文忠集》卷一四四，《景印文渊阁四库全书》第一一四八册，台湾商务印书馆1986年版，第574页。

⑤ 叶适：《习学记言序目》卷三七《隋书二》，中华书局2009年版，第546页。

中，反而凸显了《长编》所具有的会通与广博的特点。

李心传在《建炎以来朝野杂记》中将熊克的《九朝通略》与李焘的《长编》相比较："熊克上所著《九朝通略》……其书视《长编》才十二，颇讹舛。"[①] 从侧面反映出李焘《长编》的规模宏大与考证精详。在王炎的《双溪类稿》中也有类似的论述，他在《东宫笺》中主张编撰有关北宋的编年体史书，为太子以史为鉴提供教材模本："欲以记事辞之要者，视李焘《长编》而稍简，比熊克《通略》而加详。"[②] 这里李焘的《长编》成为比较的对象，指出所编之书与《长编》相比"稍简"。而在《两朝纲目备要》中又以《中兴小历》与《长编》比较："《中兴小历》者自建炎初元至绍兴之季年，虽已成，未尝进御，其书多避就之辞，不为精博，非《长编》比也。"[③] 同样是把李焘《长编》视为"精博"之书进行比较。彭龟年在《内治圣鉴序》中称其书的内容来自《长编》与《会要》，"因《会要》所次之目，实之以《长编》记载之事"，并肯定此书"虽分比次序，不无逸谬……然其事则无愧"[④]。由于此书事实主要来自《长编》，作者认为此书"其事则无愧"，这在一定程度上反映了作者对《长编》事实记述广博详审的肯定。由此可知，在宋代人的评价

---

① 李心传：《建炎以来朝野杂记》甲集卷四，《景印文渊阁四库全书》第六〇八册，台湾商务印书馆1986年版，第269页。

② 王炎：《双溪类稿》卷一三《东宫笺》，《景印文渊阁四库全书》第一一五五册，台湾商务印书馆1986年版，第566页。

③ 《两朝纲目备要》卷七《癸巳禁行私史》，《景印文渊阁四库全书》第三二九册，台湾商务印书馆1986年版，第799页。

④ 彭龟年：《止堂集》卷一〇《内治圣鉴序》，《景印文渊阁四库全书》第一一五五册，台湾商务印书馆1986年版，第857页。

之中，李焘《长编》以著述会通与广博而著称，这成为宋代学者较为普遍的一种认识，因此宋代学者多以他书来与《长编》进行比较。

再者，关于李焘考证之学的评价。李焘《长编》是南宋时期重要的断代史著作。李焘以史学见长，《长编》注重史料的搜集与汇聚，具有会通与广博的特点。但是《长编》在修撰的过程中出自一人之手，受到史料及修撰者主观因素的影响，有关事实的考证难免存在问题。《宋史》本传称："《长编》之作，咸称史才，然所掇拾，或出野史，《春秋》传疑传信之法然欤！"[①] 指出部分史事源自野史，尚有争议，但也认可这是保留史料"疑以传疑"的正确做法，其在一定程度上对李焘《长编》所用史料提出了质疑。在宋代有关《长编》的评价中，也出现了部分从事实考证角度对李焘《长编》的商榷言论，值得注意的是在有关的批评言论中存在着同情与理解的态度，指出了《长编》虽然存在考证的问题，但瑕不掩瑜，并提出在史学撰述中"考证之学，易差难精"[②] 的观点。

洪迈曾与李焘同任史官，一起修撰了《四朝国史》，因此他对于李焘史学问题的认识更加深入。洪迈曾提到有关史料考证的问题："温公《纪闻》、苏子由《龙川志》、范蜀公《东斋记事》，皆误以为因怀政而罢，非也。予尝以钱《录》示李焘，焘

① 脱脱等：《宋史》卷三八八《李焘传》，中华书局1977年版，第11920页。
② 周必大：《文忠集》卷五二《毛拔萃洵文集序》，《景印文渊阁四库全书》第一一四七册，台湾商务印书馆1986年版，第557页。

采取之，又误以召晏公为寇罢之夕，亦非也。”① 洪迈指出了李焘在有关史事考证方面出现的错误。洪迈还回忆他们修撰的《四朝国史》，进而对李焘的修史工作进行了评价：“《四朝国史》本纪，皆迈为编修官日所作，至于淳熙乙巳、丙午，又成《列传》百三十五卷。惟《志》二百卷，多出李焘之手，其汇次整理，殊为有功，然亦时有失点检处。盖文书广博，于理固然。”② 洪迈在指出李焘修史问题的同时，还从理解与同情的角度提出有关史学批评的原则：“盖文书广博，于理固然。”

宋代学者还从理论方面分析了事实考证易于失误的原因。周必大从事实考证的角度指出《长编》的一处错误时，以理解与宽容的态度分析考证易于出现问题的缘由：“《仁宗实录》天圣九年，御试选人书判拔萃科中者四人，举首李裕，尝历理掾，故改大理寺丞，是谓京官。子仁而下，皆自主簿，递迁幕职，虽同得邑，犹选人也。其告身曰承事郎者，文散官也。大理评事者，试衔也。李焘仁甫《长编》并以为京官，则误矣……《实录》既云然，仁甫遂从之。大抵考证之学，易差难精，亦在乎秉笔者审之而已。”③ 周必大考证出李焘《长编》中的一处错误，并认为李焘考证出错的根源是受到了《实录》相关记载的影响。然而周必大没有苛责李焘，而是从中归纳出考证之学的特点：“大抵考证之学，易差难精”，并指出考证的精审需要修撰者详加

---

① 洪迈：《容斋随笔》卷八，中华书局2015年版，第87页。

② 洪迈：《容斋随笔》卷一三，中华书局2015年版，第456页。

③ 周必大：《文忠集》卷五二《毛拔萃洵文集序》，《景印文渊阁四库全书》第一一四七册，台湾商务印书馆1986年版，第557页。

注意。

关于事实的考证难免会出现问题。难能可贵的是宋代有关李焘的史学批评为这种可能出现的错误选择了一种较为合理的解释。他们把这种问题出现的根源归结于考证之学的特点“易差难精”，因而这种学问既对研究者的能力提出了较高的要求，也说明在有关的考证之中难免存在不足，应从体谅与包容的角度去理解与评价。洪迈与周必大在评价李焘的考证之功时，肯定了其在史料搜集与考证上的价值与优点，又分析了失误可能产生的原因及其不足。应该说，这种关于考证之学评价原则的总结，反映出宋代史学批评发展的深化。

第三节　叶适的史学批评成就

一、叶适论司马迁破坏“史法”

叶适，字正则，号水心先生，温州永嘉人，南宋永嘉事功学派的集大成者，是与朱熹、陆九渊“鼎足而三”的思想家。事功学派最具特色的思想是功利主义，其治学的根本宗旨在于经世致用，在学术研究上讲实事，究实理，求实效，反对空谈义理，其在学术批评上取得的成就，至今仍是学术界研究的热点之一。《习学记言序目》是叶适的学术批评专著，共五十卷。其中对于《春秋》《左传》《史记》至新旧《唐书》《五代史》均有评论，此书是我们今天研究叶适史学批评的重要文献。观其内容可知，叶适的“史法之论”是南宋诸家史法论中极具代表性的，而他对于其他史籍的评论也有值得注意的地方。

叶适的史学批评最突出的特点是他的“史法”论。史法是中国古代史学批评中一个重要的范畴，它从春秋时期孔子的“良史”之论涉及的“书法”、历代诠经者的“春秋书法”论，到刘知幾《史通》以“史例”对“史法”进行多方面的阐发，其名称与概念都经历了一个长期的历史过程。而南宋时期，有不少学者对于“书法”都有研究，他们普遍使用“笔法”和“史法”这两个概念。如朱熹说：“惟官失其守，策书记注多违旧章。故圣人即史法之旧例，以直书其事而使之不失其实耳。”[①]吕祖谦说：“《史记》世家多书别国事，如鲁世家却书晋国、秦国事之类。此皆是当时大事，笔法最高，不可不细看。”[②]他主张看史书对于《后汉书》《三国志》以下诸史只要看个大概就行，因为“盖自司马氏班氏以后，作史者皆无史法”[③]。

叶适的史法之论，在南宋后期的学者中表现得比较突出。观其所论，大要有二：一是史法经历了三个历史阶段的变化；二是批评司马迁《史记》对“古之史法”的破坏。

关于史法的三个历史阶段。叶适认为史法从古到今经历了三个历史时期的变化：一是三代时期的史法，他称之为旧史法；二

---

① 朱熹：《晦庵集》卷六〇《书》，《景印文渊阁四库全书》第一一四六册，台湾商务印书馆1986年版，第105页。

② 吕祖谦：《左氏传续说·纲领》，《吕祖谦全集》第七册，浙江古籍出版社2008年版，第1页。

③ 吕祖谦：《左氏传续说·纲领》，《吕祖谦全集》第七册，浙江古籍出版社2008年版，第1页。

是孔子修订《春秋》时对“旧史法”进行了改造，他称之为《春秋》之法；三是自司马迁编撰《史记》以后，史法大变。我们首先来看叶适所谓的“旧史法”。叶适说道：

> 古者载事之史皆名“春秋”，载事必有书法，有书法必有是非。以功罪为赏罚者，人主也；以善恶为是非者，史官也。二者未尝不并行，其来久矣。[①]

这里，叶适认为在古代时期，史官在进行历史记载的时候就有“书法”作为标准，即为“当时史法”，或称“旧史法”。这时的史法主要是是非判断，如董狐书“赵盾弑其君”、齐太史书“崔杼弑其君”均是这种书法的代表。叶适进而指出“旧史法”并不完善，说：“史有书法而未至乎道，书法有是非而不尽乎义。”[②]“旧史法”还亟待改进。承担起这项历史重任的是孔子，他在继承的基础上对“旧史法”“修而正之”，由此史法进入了第二个历史时期。叶适认为孔子首先是继承“旧史法”。叶适举例说：“‘季子来归，齐仲孙来，齐高子来盟。’当时鲁难倚重此三人，故特字而贵之，此一时史法而孔子因之，不待二百年后方复追字其人也。”[③] 这里叶适认为孔子是继承了古时史官“特字”书事的“旧史法”。关于孔子对“旧史法”的改造，叶适认为主

① 叶适：《习学记言序目》卷九《春秋》，中华书局2009年版，第117页。
② 叶适：《习学记言序目》卷九《春秋》，中华书局2009年版，第117页。
③ 叶适：《习学记言序目》卷九《春秋》，中华书局2009年版，第122页。

要体现在三方面：一是内容上，由“旧史法”简单的是非判断发展为“示法戒、垂统纪、存旧章、录世变”，得到了极大的丰富；二是风格上，“旧史法章大烦直”，而“圣人之所修，微晦婉美”；三是功能上，“旧史法”“志在惩恶而不足以劝善”，而“孔子之法”“惩恶而能劝善者也”。可见叶适认为，“孔子之法”是对“旧史法”的极大的完善。“旧史法”被更替为“孔子之法”。但是“孔子之法”到底是指的什么呢？下面这个例子或许可以帮助我们更好地理解这一点：

> 《左氏》释：“称郑伯讥失教”，最得书法之意。段失弟之道，已无可言，如郑庄公者，亦能知杀弟之不可，然志在于胜之，故不称其所命将，而以亲克为文；盖即其所不为者责之，以为犹可责也，若曰“知不可杀，岂不可教”云尔。①

《春秋》中有这样的记载：“夏五月，郑伯克段于鄢。”《左传》对于相关史事进行了详细的叙述，并对《春秋》为什么用“郑伯克段于鄢”这几个字都作了解释。叶适认为《左传》的解读是深明《春秋》笔法之意，并给予了肯定。从叶适的这些论述中我们可以明白，其所谓“孔子之法”实际上是指我们通常所说的《春秋》笔法，即属辞比事，在遣词造句中进行是非褒

① 叶适：《习学记言序目》卷九《春秋》，中华书局2009年版，第120页。

贬；其所谓孔子对旧史法的“修而正之”，是指对“特字”书事的规范化整理。史法的第三个历史时期当是司马迁著《史记》之后的史法，这在叶适看来，也是“史法大变”，是“旧史法”不复存在的时期。

关于司马迁对旧史法的破坏。叶适认为孔子对于旧史法的成功改造，应当成为后世的规范，不能轻易更改，例如：“左氏因而作传，罗络诸国，备极妙巧，然尚未有变史法之意也。”但是，“司马迁创本纪、世家，史法变坏，遂不可复”①。叶适对此进行了批评，其论于《习学记言序目》中有集中的体现。其论主要有以下几点，现述评如下。

其一，司马迁述五帝、三代事“勇不自制”，以至“史法遂大变”。② 在司马迁之前，人们述古史只到尧舜“而未上及其先者”，叶适认为这是“缺而不论，非掩之”，是人们遵从“古史法”的表现。但是司马迁运用一些非常有限的史料，在《史记》开篇即书五帝，将历史上述至传说中的炎黄时代。叶适认为这种做法极不合适，批评司马迁“勇不自制”，并认为从此“史法遂大变”。叶适强调史料不足难以写就古史的看法是对的，但他对司马迁的批评似有不妥。司马迁著《五帝本纪》的态度是审慎的，他说：

---

① 叶适：《水心集》卷一一《栎斋藏书记》，《景印文渊阁四库全书》第一一六四册，台湾商务印书馆1986年版，第231页。

② 叶适：《习学记言序目》卷一九《史记一》，中华书局2009年版，第264页。

学者多称五帝，尚矣。然《尚书》独载尧以来；而百家言黄帝，其文不雅驯，荐绅先生难言之。孔子所传宰予《问五帝德》及《帝系姓》，儒者或不传。余尝西至空桐，北过涿鹿，东渐于海，南浮江淮矣，至长老皆各往往称黄帝、尧、舜之处，风教固殊焉，总之不离古文者近是。予观《春秋》《国语》，其发明《五帝德》《帝系姓》章矣，顾弟弗深考，其所表见皆不虚。书缺有间矣，其轶乃时时见于他说。非好学深思，心知其意，固难为浅见寡闻道也。余并论次，择其言尤雅者，故著为本纪书首。①

首先，司马迁自己也承认五帝时期年代久远，文献也比较匮乏。但是为了确保史书撰述的可靠性，他一方面取信于六艺，另一方面做实地的田野调查，为撰写《五帝本纪》做了大量的准备工作。司马迁对于古史的记述，经过近现代学者利用甲骨文与大量地下资料进行验证，是大致可信的。其次，《史记》从传说中的五帝时期开始写起，“实际上是回答了中国历史应当从什么时候写起这个重大问题，这是司马迁的卓识所在”②。自此，学者们述古史，无不是以《史记·五帝本纪》为基础而有增减。

其二，叶适批评司马迁“不知古人之治，未尝崇长不义之人”，故其记项羽“以畏异之意加嗟惜之辞”，致使“史法散矣”。叶适有这种看法好像是误读了《史记·项羽本纪》中“太

① 司马迁：《史记》卷一《五帝三代本纪》，中华书局1959年版，第46页。
② 瞿林东：《中国史学史纲》第二章《正史的创立》，北京出版社1999年版，第180-181页。

史公曰”。司马迁说得很明白，他记载项羽这个历史人物，并非是因其“负力杰悍”，而是看中项羽在秦末农民战争中的突出表现。项羽三年成就霸业，对于终结秦朝统治起到了至关重要的作用。项羽所起到的历史作用似不像叶适所列举的“傻瞒”之类的人所能比拟的。至于司马迁对项羽有“嗟惜之辞”这就更是谈不上了，司马迁指出，项羽“自矜功伐，奋其私智而不师古，谓霸王之业，欲以力征经营天下，五年卒亡其国，身死东城，尚不觉寤而不自责，过矣。乃引‘天亡我，非用兵之罪也’，岂不谬哉”[①]，对项羽进行了严厉的批评。

其三，司马迁“述高祖神怪相术，太烦而妄，岂以起闾巷为天子必有异耶”，这是“迁笔之未精”[②]；至《隋书》述杨坚“始生时‘头上角出，遍体鳞起’”，足见“史法之坏始于司马迁，甚矣”[③]。这里，叶适的批评是有道理的。

其四，叶适批评《史记》变“上世史因事以著其人”的写法，而“因其人以著其事”[④]使用纪传体，记事失于繁复，且“启后世之烦且杂也”。叶适此论涉及史书体裁的问题。叶适指出《史记》记事，“《表》既谱之，《纪》复纪之，《世家》《列传》又申明之，参互错综，十数见耳而犹未已，甚矣”[⑤]。《史记》采用纪传体，因人记事，于史事的记载的确存在重出复见

---

① 司马迁：《史记》卷七《项羽本纪》，中华书局1959年版，第339页。
② 叶适：《习学记言序目》卷一九《史记》，中华书局2009年版，第267页。
③ 叶适：《习学记言序目》卷三六《隋书一》，中华书局2009年版，第533页。
④ 叶适：《习学记言序目》卷三八《唐书一》，中华书局2009年版，第559页。
⑤ 叶适：《习学记言序目》卷一九《史记一》，中华书局2009年版，第269页。

的问题。但是司马迁已着力解决，例如采取互见法，一处详说，则另一处就会略述，事有重出但并不失之于繁。这里，叶适所论，只看到纪传体记事之失，却不论其记人之长；只论司马迁创纪传“变史”，却不承认其于史之作用与影响。可见，在论史书体裁上，叶适的看法既不如刘知幾的全面深刻[①]，也比不上朱熹的中肯。

另外，叶适还认为，以往《诗》《书》之作都有叙，为的是“系事纪变，明取去也”，至司马迁著《史记》，“变古法，惟序己意”，而班固效之，“浅近复重”“其后史官则又甚矣”，可见“非复古史法不可也”。[②] 像这样的批评，《习学经言序目》中还有一些。

从上文对于叶适“史法”论及其所展开的史学批评中，我们可以看出，其论“史法”，涉及史料真伪、史书体裁与史家评论等问题，这些都是史学批评的重要问题。但是叶适“史法”论可谓是非得失两存之。叶适论古史法及孔子之法大体是对的，但是其所谓的司马迁对史法的破坏并不尽合理。叶适赞赏孔子对于旧史法的改造，但他以孔子之法为规范，看不到后人在史学领域的发展，这也限制了叶适在史学研究方面的进一步深入。当然，对于叶适的“史法”论在史学批评理论方面的贡献，我们不能够忽视。概括说来，叶适在史学批评理论方面的贡献体现在他对“史法”这个范畴的重视，并作了比较充分的阐述。在这

---

① 刘知幾：《史通》卷二《二体》，浦起龙《史通通释》本，上海古籍出版社 1978 年版，第 27-33 页。

② 叶适：《习学记言序目》卷二三《汉书三》，中华书局 2009 年版，第 333 页 。

个问题上，叶适是在刘知幾到章学诚之间架设了理论上的桥梁。[①]

二、评史料采撰

叶适论“史法”，已涉及史料、史书体裁、史家评论等方面。但他在这些方面也还有一些观点值得人们探究。于史料真伪方面，叶适有一个观念，即“近而其书具”，是指人们与撰写的历史时间越接近，所引用的史料就越翔实而完备，史书的可信程度就越高。这是叶适在史书取材方面的一个基本观点，对此，他进行了反复的论述。叶适说：“夫孔子所以正时月日必取于《春秋》者，近而其书具也。今惟《续通鉴》为然尔。”叶适认为在史学史上能这样做的首推孔子，其次为《长编》。这里，叶适对于孔子《春秋》的尊崇，在前文述叶适论“史法”时，我们已经有所了解；可孔子《春秋》以下的诸多史书之中，为什么他会将李焘《长编》而不是司马光的《资治通鉴》位列第二呢？从体裁上来说，《资治通鉴》与《春秋》更为接近，均采用编年体，《长编》则属编年体断代史；从体例上来说，《长编》深受《资治通鉴》的影响。对于推崇《长编》的原因，叶适作了这样的说明：

> 《通鉴》虽幸复古，然由千有余岁之后追战国、秦、汉

① 参见瞿林东：《中国史学史纲》第五章《历史意识与史学意识的深化》，北京出版社1999年版，第510页。

之前则远矣，疑词误说流于人心久矣，方将钩索质验，贯殊析同，力诚劳而势难一矣。及公（李焘）据变复之会，乘岁月之存，断自本朝，凡实录、正史、官文书，无不是正，就一律也；而又家录、野记，旁互参审，毫发不使遁逸，邪正心迹，随卷较然。夫孔子所以正时月日必取于《春秋》者，近而其书具也，今惟《续通鉴》为然尔。故余谓："《春秋》之后，才有此书。"信之所聚也。[①]

这里，叶适认为司马光仅在体裁上“复古”，他以战国时期“三家分晋”开篇，所述史事于时逾隔千年，其史料中“疑词误说”太多，要做大量的辨析工作；而李焘以本朝人撰写本朝事，史料种类繁多，内容上可以互相参照，取材可以做到信而有征，由是，叶适更为欣赏像《长编》这种本朝史的撰写，并给予其很高的评价。在论史书史料方面，叶适还评论过范晔的《后汉书》。叶适认为范晔能述两百年前的东汉史事，“由有诸家旧书矣”，等等。可见，叶适对史书取材极为重视。观叶适所论，以及结合前文叶适以古史史料不足而批评司马迁以《五帝本纪》开篇的评论，我们可以得出这样的认识：一是叶适认为本朝史史料的丰富，为人们撰史提供了方便，但对这样的史料要进行“旁互参审”；二是叶适以为史家若著录年代较远的史事，必须要拥有大量的史料文献才可行；三是远古时期的历史，叶适主张

① 叶适：《水心集》卷一二《巽岩集序》，《景印文渊阁四库全书》第一一六四册，台湾商务印书馆 1983 年版，第 239 页。

缺而不论。叶适的史料观贯穿一个“信”字，他主张史料取材有信，这也是中国古代史书采撰的重要传统。当然，我们也要指出，叶适认为古史只能“缺而不论”，并把这一点上升为“史法”的重要内容之一，凡是史书中涉及古史时期，他就予以斥责。这虽然是强调史料的可信，但也失于片面。关于古史怎样撰写，刘知幾在《史通·采撰》篇中作过阐释，他认为“史文有阙，其来尚矣”①，但是人们并非无力改变，“博雅君子”可以通过征求异说、采摭群言“补其遗逸”。显然，刘知幾的认识更为辩证。

三、评史家评论

叶适是主张史家应对于史事表达自己看法的。叶适的观点主要有三：一是认为史家评论在功用上有关“世教”，影响后学，当要谨慎。二是在史论形式上，叶适反对像司马迁以“太史公曰”的形式直抒胸臆，更倾向于孔子之法的“微晦婉美”。三是叶适提出了史家史论的原则，即“废兴常理，成败偶然”②，勿以成败论英雄。

叶适以欧阳修《新唐书》论李密、窦建德事为例，书中“谓‘触唐明德，折北不支’，又言‘伪辨易穷，卒以诛死。高祖圣矣哉！’”叶适认为这是以异代书排毁前代事，是《新唐书》以成败论史的典型例子。他批评说，欧阳修这样做其害有

---

① 刘知幾：《史通》卷五《采撰》，浦起龙《史通通释》本，上海古籍出版社1978年版，第115页。

② 叶适：《习学记言序目》卷四〇《唐书三》，中华书局2009年版，第595页。

三："直以胜负成败为德义之有无也，一也；据下而言，无复语上，二也；近前虚谄，今事何望？三也。"[①] 这里，叶适认为史论中将事之成败与德之有无进行密切联系是不对的。叶适此论允当。

叶适还评价了司马迁与陈寿于史事人物的评论，他说，司马迁"以汉人述史，自陈胜、项籍、魏豹、田儋兄弟，皆极其称誉"，陈寿"为晋，论诸葛亮，则声价尤重"。[②] 这里，叶适实际上是在主张史家不能以其当时朝代的立场去撰写对立面的史事与人物，对于历史人物所起到的历史作用应给予其实事求是的评价，以其成败进行美誉与排毁，都是不足取的。

中国古代朝代更迭，后代人撰写前代史，存在"曹指吴蜀为寇，北朝指东晋为僭"[③] 的现象，这虽然是正统论在史书撰写上的表现，但是这无疑是不符合历史事实的。叶适的评论虽然是针对史家史论所作出的，但是也会对人们以什么角度去撰写前代史有所启示。叶适评史家史论，涉及史家评论的诸多方面，其中史家以何种形式发表历史见解，叶适的观点还存在可以探讨的地方。

---

① 叶适：《习学记言序目》卷四〇《唐书三》，中华书局2009年版，第595页。
② 叶适：《习学记言序目》卷四〇《唐书三》，中华书局2009年版，第595页。
③ 郑樵：《通志总序》，中华书局1987年版，第1页。

第四节　吕祖谦的史学批评思想

一、生平与著述

吕祖谦，字伯恭，婺州人，世称东莱先生。与朱熹、张栻齐名，时称“东南三贤”。《宋元学案》中说吕祖谦“本于天资，习于家庭，稽诸中原文献之所传，博诸四方师友之所讲，融洽无所偏滞”[①]。吕祖谦家学深厚，有中原文献之学，而他治学又能兼容诸家学说，故其学识渊博，受到世人尊敬。吕祖谦曾几任著作郎、国史院编修等史职，他重视历史学习，治史成就突出，其有关历史的著述流传至今的主要有：《东莱左氏博议》二十五卷，《历代制度详说》十五卷，《通鉴详节》一百卷，《大事记》二十七卷，《丽泽论说集录》十卷，《东莱吕太史集》四十卷，《十七史详节》二百七十四卷，等等。

吕祖谦治史在当时是非常出名的。作为一位理学家，吕祖谦重经却不忘研史，尤其看重史学经世的作用，并在教导学生时多次强调史学的重要性。这还引起了朱熹的注意，他批评说：“伯恭于史分外仔细，于经却不甚理会。”[②] 这也体现出朱熹与吕祖谦对待经史态度的不同。面对朱熹的批评，吕祖谦仍坚持研习史学，终其一生。吕祖谦在治史中对于史学现象进行评论，吕祖谦

① 黄宗羲：《宋元学案》卷五一《东莱学案》，全祖望补修，中华书局 1986 年版，第 1653 页。

② 黎靖德编：《朱子语类》卷一二二《吕伯恭》，中华书局 1986 年版，第 2951 页。

的史评内容丰富，如他论史书体裁时说："编年纪传互有得失，论一时之事，纪传不如编年；论一人之得失，编年不如纪传。"[①]再如他注重取史为鉴，以"有用""经世"来评论《左传》《春秋》，他说："一部《左传》都不曾载一件闲事，盖此书是有用的书。"[②]在《大事记解题》中引用并重视程颐的观点："后世以史看《春秋》，谓之褒善贬恶而已，至于经世之大法则不知也。"[③]观吕祖谦史学批评，他的史官之论、史迁之论、读史之论都是非常有特点的。

二、史官之论

关于史官，刘知幾在《史通·史官建置》篇中全面地回顾了史官的历史，但是对史官在历史上所起到的作用，他并没有作深入的探讨与集中的论述。吕祖谦在史学批评中对史官的历史、功用以及对当时的史官制度都有论述。

首先，是对史官性质的看法。吕祖谦说：

> 史官者，万世是非之权衡也。禹不能褒鲧，管、蔡不能贬周公；赵盾不能改董狐之书，崔氏不能夺南史之简。公是

① 吕祖谦：《丽泽论说集录》卷八《门人集录史说》，《吕祖谦全集》第二册，浙江古籍出版社2008年版，第218页。

② 吕祖谦：《左氏传续说·纲领》，《吕祖谦全集》第七册，浙江古籍出版社2008年版，第1页。

③ 吕祖谦：《大事记解题》卷一《春秋》，《吕祖谦全集》第八册，浙江古籍出版社2008年版，第232页。

公非，举天下莫之能移焉。[1]

吕祖谦认为史官不仅仅是历史的记录者，更是历史是非的评判者。他认为秉笔实录、褒贬史事是史官特有的权力，史官不会因为对象是否贤良而改变，更不会屈从于强权意志。吕祖谦提到的“董狐”“南史氏”都是历史上有名的直书实录的史官。他的这种看法，体现了他对古代史官直书精神的推崇。

其次，是对史官职责的深入思考。吕祖谦说：

百人醉而一人醒，犹可以止众狂；百礼废而一礼存，犹可以推旧典。春秋之时，王纲解纽，周官三百六十，咸旷其职，惟史官仅不失其守耳。

曹刿谏鲁庄公观之辞，曰：“君举必书，书而不法，后嗣何观？”当是时，人君之言动，史官未有不书者也。为君者视以为当然而不怒，为史者视以为当然而不疑。此三代之遗也。其后，齐桓将列郑太子华于会，管仲曰：“作而不记非盛德也。记奸之位，君盟替也。”仲之言则是也，然味其言，已开作而不记之端倪，曹刿之时，风俗已少变矣。又其后，晋献齐捷于周，周私犒其使，而戒以勿籍。管仲所谓作而不记者，特设此辞以动桓公耳，未尝直使史官之不记也。今周王既犯礼，而复使之勿籍，何其无忌惮也！然一时之史

① 吕祖谦：《东莱吕太史外集》卷三《汉太史箴》，《吕祖谦全集》第一册，浙江古籍出版社2008年版，第652页。

官，世守其职，公议虽废于上，而犹明于下。以崔杼之弑齐君，史官直书其恶，杀三人，而书者踵至。身可杀而笔不可夺，铁钺有弊，笔锋益强。威加一国，而莫能增损汗简之半辞，终使君臣之分，天高地下，再明于下。是果谁之功哉！

鸣呼！文、武、周公之泽既竭，仲尼之圣未生，是数百年间，中国所以不沦于夷狄者，皆史官扶持之力也。昧谷饯日之后，旸谷宾日之前，暮夜晦冥，群慝并作，苟无烛以代明，则天下之目瞽矣。春秋之时，非有史官司公议于其间，则胥戕胥虐，人之类已灭，岂能复待仲尼之出乎！史官非特有功于仲尼之未出也，使其阿谀畏怯，君举不书，简编失实，无所考信，则仲尼虽欲作《春秋》以示万世将何所因乎？无车则造父不能御，无弓则后羿不能射，无城则墨翟不能守。大矣哉，史官之功也。①

吕祖谦此论“史官之功”至少有三层意思：一是史官能在春秋乱世之际坚守“君举必书”的职责。他反复说“唯史官不失其守”“一时之史官世守其职”，其职即为从三代就有的“君举必书”的直录传统。二是史官坚持秉笔直录、“身可杀而笔不可夺”，秉公议于乱世、承担起维护君臣名分的责任。这一点在吕祖谦看来是极为重要的，由此他发出了“是数百年间中国所以不沦于夷狄者，皆史官扶持之力也”的感叹，将史官视为国

① 吕祖谦：《左氏博议》卷八，《吕祖谦全集》第六册，浙江古籍出版社2008年版，第182-183页。

之中流砥柱。三是史官实录为孔子作《春秋》提供了真实的文献资料。由此，吕祖谦发出了“大矣哉，史官之功也”的赞叹。吕祖谦这样的赞叹，不由得让人想起唐太宗在《修晋书诏》中“大矣哉，盖史籍之为用也”[①] 的话来。如果说唐太宗所言是从一个统治者的角度看到了历史对于社会的重要性的话，那么吕祖谦此论，当是从一位思想家的角度看到了史官对于历史传统、文化传承所起到的不可替代的作用。

再次，吕祖谦论史官之作用，还具有现实针对性。南宋时期史馆修史，从机构、制度方面来说都是相对完善的，但是问题也很突出，其中之一就是史官不专于史职，或是史官多兼职，或史官多迁徙。这样就造成史官无法专心修史，进而影响到史书质量。对此，吕祖谦说：

> 古者史官皆世掌与久任，今史官亟拜亟罢。古者史官皆世掌，故司马谈之后则有司马迁，班彪之后则有班固，如扬子云亦是司马迁之甥，故最为通史。其时史官韦述掌图书四十年，任史官二十三年，刘知幾三十年，蒋乂二十年。盖作史不可造次，须是有传授，兼识得他本末方可，故必当久任。今之史院，编修国史、实录、玉牒等官，往往亟拜亟罢，著作未成，不免弃去。故作史不出一人之手，本末易以失序，多所乖异，要不若久任之善也。[②]

① 王钦若：《册府元龟》卷五五六《国史部》，中华书局1960年版，第6681页。

② 章如愚：《山堂考索》续集卷三五《东莱吕氏博议》，中华书局1990年版，第1223页。

这里，吕祖谦针对当时南宋史官“亟拜亟罢”的现象，指出其“本末易以失序”“多所乖异”的弊病。他考察历史上史家世掌史职、久居史任的做法，认为提高当时官修史质量的做法有二：一是史官应悉心学习历史知识与史学知识；二是应使史官久任其职，唯有如此才能专心修史。唐代贞观年间正式确立史馆修史制度，借助于官府丰富的藏书以及雄厚的财力物力，集众人之长编修一史，在当时取得了不错的成绩。然而，这一制度在发展的过程中也显现出弊病。中唐时刘知幾对其大加批评，在《史通·忤时》篇中言其“五不可”[①]，对史馆修史予以否定。吕祖谦此论，着眼于史官在史馆制度中的重要地位，针对具体问题提出解决的方法，具有明显的经世致用的性质。

综上，观吕祖谦的史官之论，涉及史官从古至今的历史，他看重史官在历史发展过程中所起到的重要作用，对于现实生活中史官制度的弊端提出切实可行的解决办法，体现了其史学批评经世致用的特点。

三、史迁之论

吕祖谦认为司马迁是古代太史令中的杰出代表，进而对他展开了深入的研究。吕祖谦对司马迁的研究闻名于世，以至朱熹这样说：“伯恭之学，大概尊《史记》。”[②] 吕祖谦评司马迁说：

---

① 刘知幾：《史通》卷二〇《忤时》，浦起龙《史通通释》本，上海古籍出版社 1978 年版，第 590-592 页。

② 转引自黄宗羲：《宋元学案》卷五一《东莱学案》，全祖望补修，中华书局 1986 年版，第 1679 页。

汉绍尧运，置太史令以纪信书。而司马氏乃父子纂其职，轶材博识，为史臣首。迁述黄帝以来至于麟止，勒成一家，世号实录。[①]

吕祖谦指出司马迁以其才识渊博可冠为史臣之首，而其《史记》可当“实录”的美名。对于司马迁，吕祖谦的评论还有很多，比如他论看《史记》应该“精熟细看，反复考究，直不可一字草草”[②]。又说：“《史记》世家多书别国事，如《鲁世家》却记晋国、秦国之类，此皆是当时大事，笔法最高，不可不细看。如此条例，亦看史者所当知。”[③] 显然吕祖谦认为《史记》是值得精读的一部好书。他认为《史记》与其他史书不同，如与《左传》相比，他说：

看《史记》又与看《左传》不同。《左传》字字缜密，《史记》所载却有岁月参互先后不同处，不似《左传》缜密。只是识见高远，真个识得三代规模，此学者所当熟看。[④]

这里，吕祖谦认为《史记》采用纪传体不如《左传》编年

① 吕祖谦：《东莱吕太史外集》卷三《汉太史箴》，《吕祖谦全集》第一册，浙江古籍出版社2008年版，第652页。
② 吕祖谦：《左氏传续说·纲领》，《吕祖谦全集》第七册，浙江古籍出版社2008年版，第1页。
③ 吕祖谦：《左氏传续说·纲领》，《吕祖谦全集》第七册，浙江古籍出版社2008年版，第1页。
④ 吕祖谦：《左氏传续说·纲领》，《吕祖谦全集》第七册，浙江古籍出版社2008年版，第1页。

系事来得缜密，但是此书贵在“识见高远”，所以理当熟看。可见，吕祖谦评《史记》时立足于司马迁之见识。这一点在他所作的马、班比较中亦有体现。他说：

> 迁固乌可以并言哉！迁之学虽未粹，感愤舛驳往往有之，然二帝、三王之统纪，周、秦、楚、汉之世变，孔子、孟子之所以异于诸子百家者，于其书犹有考焉。高气绝识，包举广而兴寄深，后之为史者殆未窥其涯涘也。固因迁之规摹而足成之耳。其窜定迁《史》诸篇，汉初豪杰之所存尚未深究，况前于此者乎！司马贞《索隐》称：“班氏书近代诸儒所共钻仰，其为训诂盖亦多门，蔡谟集解之时，已有二十四家。《太史公书》残文断句，尤难究详，古今为注解者绝希。”此迁所以慨然发为智者道之叹也！①

吕祖谦认为班固是不能与司马迁相提并论的，其原因有二：一是《史记》内容宏大，对于历史上重要的内容都详载其中；二是司马迁器识非同寻常，并不是后来者所能比拟的。但是为什么《汉书》学盛于《史记》学？吕祖谦认为这是因为《史记》在流传的过程中没有受到像《汉书》那样的重视、注解研究者日趋稀少的缘故。这种班、马优劣的比较，立足于司马迁之器识，体现出吕祖谦史评中重器识的特点。当然，在吕祖谦的眼

① 吕祖谦：《大事记解题》卷一二，《吕祖谦全集》第八册，浙江古籍出版社2008年版，第866-867页。

中，司马迁也有不足，吕祖谦说：

> 司马迁虽不免有些血气，为学未粹然。然规模终是阔，使他克己为学消除得血气，虽董仲舒亦不能及。[①]

吕氏此论司马迁血气，当是指司马迁性格上的刚强激愤、常有“感愤舛驳”之举。他认为司马迁为学不纯粹，这当是指司马迁不私一学。可是，吕祖谦认为司马迁的不足都是小缺点，司马迁器局宏阔，因此最终取得了连董仲舒这样一代宗师也不及的成就。由此我们可以看出，吕祖谦进行史评时的特点是：观大局而不拘泥于小节。

吕祖谦在史学批评时侧重评论对象的要点、重点，突出其特点与成就，对其不足点到为止，并不在细节处纠结。这一特点在吕祖谦读史之论中亦有体现。

四、读史之论

吕祖谦门生众多，在指导学生读书观史方面有不少的言论。观其所论，他的主要观点有三点。

首先，吕祖谦主张看史书要关注重点。他说：

> 看史书事实，须是先识得大纲领处，则其余细事皆举。

① 吕祖谦：《左氏传续说·纲领》，《吕祖谦全集》第七册，浙江古籍出版社2008年版，第1页。

譬如一二百幅公案，但是识得要领处，方见得破决得定，切不可只就小处泥。[1]

吕祖谦认为看史书要能抓住“大纲领处”“要领处”，就能全局在握；他反对在细节小处上流连不定。那么什么是史书的“大纲领处”呢？吕祖谦此处没有明说。但是我们在另一处发现吕祖谦这样说道：

读史先看统体，合一代纲纪风俗消长治乱观之。如秦之暴虐，汉之宽大，皆其统体也（其偏胜及流弊处，皆当深考）。复须识一君之统体，如文帝之宽、宣帝之严之类。

统体盖谓大纲，如一代统体在宽，虽有一两君稍严，不害其为宽；一君统体在严，虽有一两事稍宽，不害其为严。读史自以意会之，可也。[2]

这里，吕祖谦所论观史当先看“统体”，指的是一代历史的总体风貌，即一代纲纪风俗消长治乱的总体表现，这是读史书应当注意的重点，而不能将注意力放在一两件无关大局的小事上。

其次，吕祖谦主张阅读史书应当注意观察历史变化的关键之处。吕祖谦认为只有这样，才能于学于问都有益处。那么，历史

---

① 吕祖谦：《左氏传续说·纲领》，《吕祖谦全集》第七册，浙江古籍出版社2008年版，第2页。

② 吕祖谦：《东莱吕太史外集》卷一四《读书杂记三·读史纲目》，《吕祖谦全集》第一册，浙江古籍出版社2008年版，第561页。

变化的关键会体现在哪里呢？吕祖谦将其名为“机括”，他说：

国之所以兴所以衰，事之所以成所以败，人之所以邪所以正，于幾微萌芽时察其所以然，是谓机括。[①]

很明显，吕祖谦认为一些看似偶然的细节往往是国家兴衰事之成败、人之邪正变化的体现，这当然也是人们阅读史书时要格外留心的地方。

再者，吕祖谦论读史主张谨慎评论。他说：

读史既不可随其成败以为是非，又不可轻立意见易出议论。当揆之以理，体之以身，平心熟看，参会积累，经历谙练，然后时势事情渐可识别。[②]

吕祖谦认为人们读史不能唯成败论英雄，进而提出史评史论的两条原则：“揆之以理，体之以身”，即评论史事时既要以事理来衡量对错，又要设身处地来考量古人抉择时的心路历程。前者是理，后者是情。吕祖谦以这种情理兼顾的方法，告诫人们评论史事古人当持谨慎的态度。吕祖谦此论允当。是时，理学盛行，人们评论史事人物唯理是尊，而吕祖谦此论带有明显的脉脉

① 吕祖谦：《东莱吕太史外集》卷一四《读书杂记三·读史纲目》，《吕祖谦全集》第一册，浙江古籍出版社 2008 年版，第 561 页。

② 吕祖谦：《东莱吕太史外集》卷一四《读书杂记三·读史纲目》，《吕祖谦全集》第一册，浙江古籍出版社 2008 年版，第 561 页。

人情，于时尤显珍贵，于今日我们进行史学批评亦有参考的价值。吕祖谦所言“平心熟看，参会积累”之语，当是针对青年学子读史易下评判这一特点所做的劝告。

另外，吕祖谦论读史还有一些观点，如他认为“观史当有详略”，即有侧重地阅读史书；又如“观史先自《书》始，然后次及《左氏》《通鉴》”，言及读史的顺序，这是基于这些史书“体统源流相承接”的考虑；① 再如“看史要识得季节不同处。《春秋》自是春秋时节，秦汉自是秦汉时节”②，这里是指观史当注重一代的总体风貌；等等。

由此我们可以看出，吕祖谦的读史之论，其内容十分丰富，而且颇有理论建树。一方面他做到了宏观与微观相结合，即观史首先要从大处着眼，体会一朝一代的总体面貌，摸索时代变迁的脉络，然后用心观察万千史事，从中发现时局人事变化的契机。这种观史之法，于历史的宽广处寻查变迁的萌动，可谓点面结合。另一方面他做到了情与理的兼顾，所谓“揆之以理，体之以身”，既显现吕祖谦以理为原则的思想家本色，又体现出其思量历史时的人文情愫。吕祖谦读史之论，当是南宋史学批评成就的代表之一。

① 吕祖谦：《东莱吕太史外集》卷七《尺牍一·与张荆州》，《吕祖谦全集》第一册，浙江古籍出版社2008年版，第395页。

② 吕祖谦：《左氏传续说·纲领》，《吕祖诵全集》第七册，浙江古籍出版社2008年版，第2页。

第四章　宋人史料笔记与史学批评

宋代时期历史笔记的修撰蔚为壮观。其史料价值，甚至思想价值已经在学界引起了相当程度的重视。宋代历史笔记与宋代史学之间存在着密切联系。一方面它们包含着自觉的修史意识，其记述是对宋代官方修史内容的重要补充；另一方面其中所涉及的大量的史学批评为宋代史家修史提供了活跃的讨论空间，有力地推动了宋代史学思想的丰富与发展。这些无疑深刻地影响着宋代历史笔记的性质与价值。

第一节　宋人论笔记的撰述及其价值

一、宋代历史笔记的兴盛

历史笔记的勃兴是宋代史学的特点之一。宋代历史笔记与史学之间存在密切联系，它们在内容上相互吸收，历史笔记的兴盛促进了本朝史修撰风气的形成。宋代历史笔记注重对人物、事件的客观记载，具有较强的补史意识，强调材料来源的记载，重视史书内容的考证，突出从史学的角度认识历史笔记的价值。在这种史学意识下，笔记作者主张发挥历史笔记更大的作用。

历史笔记的修撰在宋代蔚为大观，成为书目中的重要部类。特别是与唐代相比，历史笔记的凸显更加成为时代的特色，“两宋与此相较，更以历史杂记类笔记见长”[①]。刘叶秋称：“当时的士大夫亦多喜辑录故事，故宋代笔记，以历史琐闻一类最为发达。”[②] 而据《全宋笔记》的不完全统计，“现存宋人笔记有五百余种，内容几乎涉及宋代社会的各个领域”[③]。由此可见两宋时期历史笔记撰修的兴盛。更为重要的是，笔记这一体裁成为一种流行的文体，吸引了宋代文人参与其中，从而产生了不少的笔记论著。许多文人在文集之外，往往还有专门的笔记问世，如欧阳修撰有《归田录》、司马光撰写《涑水记闻》、苏轼存有《仇池笔记》《东坡志林》等。文集或许可以理解为表述自我思想的一种载体，而笔记似可视为文人记载时代言行风貌的一种形式。清代章学诚在论述后世文体的演变时曾称“子史衰而文集之体盛”[④]，在宋代专门著录自我思想的诸子体裁已不复存在，而在正史越来越由朝廷垄断的情况下，表述自我思想、记载时代风貌

---

① 宋馥香：《两宋历史笔记的编纂特点》，《华中科技大学学报》（哲学社会科学版）2007年第2期。

② 刘叶秋：《历代笔记概说》，北京出版社2003年版，第93页。

③ 朱易安、傅璇琮等主编：《全宋笔记》第一编第一册《编纂说明》，大象出版社2003年版，第1页。

④ 章学诚：《文史通义》卷一《诗教上》，叶瑛《文史通义校注》本，中华书局1985年版，第61页。

的需求就使得文集与笔记的体裁在宋代日益兴盛。

宋代历史笔记在兴盛的同时，在体裁、体例上逐渐得到完善。唐代已经认识到笔记补充史事的价值，如李肇在《唐国史补》中称“虑史氏或阙则补之意”[①]。宋代历史笔记在唐代笔记的基础上进一步发展，不仅在内容上更加趋向客观，而且在体例上更加成熟。张晖认为“只是到了宋代，笔记体才完全成熟”，并列举其成熟的标志体现为“宋笔记内容更广泛”“宋笔记的志怪成分更少”“宋笔记的外部结构形式完善”。[②] 这里把笔记的成熟同内容、体例的完善联系起来。宋代笔记体例的完善，也体现在宋人从史学角度对笔记的发展有了更加深入的认识。张邦基在《墨庄漫录》自跋中称：“稗官小说虽无关治乱，然所书者必劝善惩恶之事，亦不为无补于世也。唐人所著小说家流，不啻数百家，后史官采摭者众，然复有一种，皆神怪茫昧，肆为诡诞，如《玄怪录》《河东记》《会昌解颐录》《纂异》之类，盖才士寓言以逞词，皆亡是公、乌有先生之比，无足取焉。”[③] 张邦基以内容为标准把笔记分为“史官采摭”者与“神怪茫昧”者，并且肯定前者的价值，否定后者为“无足取者”。张邦基评价笔记的这种体裁“不为无补于世”。赵师侠在《东京梦华录》跋尾中称：“祖宗仁厚之德，涵养生灵，几二百年，至宣政间，太平极矣。礼乐刑政，史册具在，不有传记小说，则一时风俗之华，人

---

① 李肇：《唐国史补序》，上海古籍出版社 1979 年版，第 1 页。

② 张晖：《宋代笔记研究》，华中师范大学出版社 1993 年版，第 23-24 页。

③ 张邦基：《墨庄漫录跋》，中华书局 2002 年版，第 281 页。

物之盛，讵可得而传焉。”① 认为笔记小说同史学具有同等的价值，在记载与保存时代的人物事迹方面发挥了重要的作用。在《邵博河南邵氏闻见录序》中邵博称：“先君平居如齐，淡然无甚好，唯喜著书。此书晚出，虽客寓疾病中，笔削不置，其心可悲矣。先君既不幸，上得其平生之言，有制褒扬甚备。”② 由此可见邵伯温对于笔记这种文体的重视，即使病中也坚持撰述，而其论述也得到了宋代君主的赞扬。由此可见，笔记这种文体在宋代所得到的重视。宋代对历史笔记的认识，特别强调与志怪笔记的虚无缥缈相区别，突出历史笔记中的补史作用，并重视这种补史的价值，认识到其与正史同样发挥了记载史实的作用。

笔记的体裁经历了漫长的发展过程，刘叶秋认为：“小说故事类与历史琐闻类的笔记，渊源于先秦而形成于魏晋……考据辩证类的笔记，则始于汉代而发展于唐宋；因而在汉代，这种笔记还是纪传的附庸，至唐宋才渐渐‘由附庸蔚为大国’的。”③ 宋代历史笔记同史传之间存在着密切的联系，宋代历史笔记在撰写体例上吸收与借鉴了中国古代史书的许多体例特点。宋馥香研究认为笔记中的体例大致可分为“仿纪传体本纪”“仿列传体例记事”“仿典制体分类记事”“分卷而无标题”“因事命篇”“按语录体记事”“以考辨形式记事”④。宋代历史笔记的兴盛是宋代史

① 孟元老：《东京梦华录跋》，伊永文《东京梦华录笺注》本，中华书局2006年版，第963页。

② 邵博：《邵博河南邵氏闻见录序》，邵伯温：《邵氏闻见录》，中华书局1983年版，第231页。

③ 刘叶秋：《历代笔记概述》，北京出版社2003年版，第9页。

④ 宋馥香：《两宋历史笔记的编纂特点》，《华中科技大学学报》（社会科学版）2007年第2期。

学发达的表现之一，分析宋代历史笔记也可使人们进一步了解宋代丰富的史学思想及史学批评。瞿林东曾从史学史研究的角度，强调宋代笔记研究的重要价值，并分析得出了五条理由，其中“它们所反映出来的历史思想与史学思想，是中国史学的思想遗产的组成部分”①，就强调了宋代历史笔记与史学思想之间的关系。

宋代历史笔记与史学发展之间存在着密切的联系。一方面宋代笔记的发展源自宋代史学发展的时代背景；另一方面宋代历史笔记与宋代史学之间存在着互补关系，互相促进，共同发展。

宋代笔记兴盛源自宋代史学的发展。笔记具有体例多样、随时随记、因事命篇的特点，从而保存了大量的史料。如周煇《清波杂志跋尾》称：“大抵纪载事实之书，各随所见，收书者不厌其博也。他日讨论一事，适然针芥相投，车辙相合，方知此书之效。”② 王楙《野客丛书序》称：“门分类聚，钩隐抉征。考证经史百氏，下至骚人墨客佚事，细大不捐。”③ 正是因为具有这样的特点，在宋代吸引了许多文人撰写笔记，其中包括欧阳修、宋祁、司马光等著名的史家。

宋代笔记中掺杂了不少的史学因素，在体例、内容等方面吸收了宋代史学发展的许多成果。正史、国史与历史笔记有着密切联系，存在着互动的关系。

---

① 瞿林东：《宋人史料笔记的撰述旨趣》，《天津社会科学》2016 年第 4 期。
② 周煇：《清波杂志跋尾》，刘永翔《清波杂志校注》本，中华书局 1994 年版，第 534 页。
③ 王楙：《野客丛书序》，中华书局 1987 年版，第 1 页。

内容上互相吸收。正史、国史在修撰过程中大量地吸收笔记材料。朱弁认为欧阳修《新唐书》的“事增于前”，原因在于对笔记小说材料的利用，“《新唐书》事倍于旧，皆取小说”[①]。司马光在编修《资治通鉴》时注意收集笔记的材料，在写给范祖禹的书信《与范内翰论修书帖》中提到：“请且将新、旧《唐书》纪、志、传及《统纪补录》并诸家传记小说，以至诸人文集，稍干时事者，皆须依年月，注所出篇卷于逐事之下。”[②] 可见司马光把笔记小说与其他史料等量齐观，视为编修《资治通鉴》的重要材料来源。而笔记的撰写在内容上也参照了许多正史、国史的内容。如蔡絛在《铁围山丛谈》中记载“南珠”时提到：“后读《熙陵实录》，见书太平兴国七年事，某月甲子，海门采珠场，献真珠五千斤，皆径寸者，为掩卷眙愕。何其异哉而致是欤！久而思之，此无他，知实命吏之效。”[③] 这表明蔡絛在撰写笔记的过程中参考了北宋实录的内容。

体裁上相互借鉴。由于隋唐以来史馆制度的完善，朝廷垄断了正史、国史的修撰。而随着官方修史机构的完善，正史的修撰体例也在一定程度上限制了其对部分史事的记载。在《太平御览》中唐高宗曾评价正史体裁在记载史事上的不足——“朕昨观国史，所书多不周悉”[④]。原因在于当时的《唐太宗实录》错

① 朱弁：《曲洧旧闻》卷九，中华书局2002年版，第216页。

② 司马光：《答范梦得》，《司马温公集编年笺注》附录卷三《佚文二》，李之亮笺注，巴蜀书社2009年版，第160页。

③ 蔡絛：《铁围山丛谈》卷五，中华书局1983年版，第100页。

④ 李昉等：《太平御览》卷六〇三《文部·史传上》，中华书局1960年版，第2716页。

记、漏记唐太宗宽恕侍卫等史实。由于这些内容在一定程度上多为反映君主品德的日常言行，无关军国大事，因而在正史、国史的修撰之中往往遭到遗漏、删削。而野史笔记的撰述内容则多为对日常言谈举止的记载，正可以补充传统正史体裁在这部分史料记述上的不足。因而野史笔记的这种体裁上的特点，就影响了宋代国史的修撰。在宋代国史的修撰中同样面临着唐高宗所提出的问题，北宋初王曾上奏“乞用唐吴兢《贞观政要》故事，取三朝圣语、政事及臣僚奏对不入正史者，别为一书，与国史、宝录并行”[①]。因而宋代采取的方法是学习笔记的体裁体例，此后逐渐形成了宋代国史修撰中新的体裁：“圣政录”与“宝训”。而笔记对正史、国史等体例也多有借鉴。如张唐英的《蜀梼杌》在体例上就借鉴了纪传体中的“本纪”“列传”的形式，记载五代十国中前蜀、后蜀的君臣。而《梦溪笔谈》中分门别类的撰述体例，在一定程度上吸收了典制体的修撰特色。宋初僧人文莹在《玉壶清话》中专门修撰《李先主传》[②]，在笔记中采纳正史史传的形式保存史事。笔记因受到正史、国史的影响，在体例上更加严谨，记载上更加考究，保存了更多的事实。

本朝史撰述兴趣。宋代历史笔记中亲身见闻的本朝史是重要的组成部分。南宋初期形成本朝史撰述风气，历史笔记既提供了材料上的支撑，也对这种风气的形成起到了促进作用。宋代国史修撰制度日益完善，笔记小说成为重要的史料来源。而北宋中期

---

① 马端临：《文献通考》卷二〇一《经籍考二十八》，中华书局2011年版，第5774页。

② 参见文莹：《玉壶清话》卷九，中华书局1984年版，第86-95页。

以来掀起的变法运动，围绕着变法与反变法导致了一系列的争论。随着变法派与保守派的反复上台，国史修撰就在这种政局的变换下而不断重写，乃至出现“朱墨本”的形式，反映着各自派别的政治立场。在这种背景下促进了笔记对当代主题的记载。两宋之际出现了一批著名的本朝史著作，如王禹偁的《东都事略》、李焘的《长编》、徐梦莘的《三朝北盟汇编》、李心传的《建炎以来系年要录》。南宋初期本朝史的撰述倾向是时代背景影响的结果，如李焘的《长编》、李心传的《建炎以来系年要录》等都在内容上大量吸收与借鉴了宋代历史笔记的内容。

宋代历史笔记也存在着缺陷。张晖在《宋代笔记研究》中将其不足主要归纳为“材料上的失误”及“内容与判断上的失误”[①]。刘叶秋把笔记的缺陷归因于“在宋人笔记中，还有一些作品，叙事、论人存有党派门户之见或个人恩怨之私，为读者所讥评”[②]。同时宋代笔记所体现出的史学意识也良莠不齐。瞿林东指出在宋代历史笔记中还存在着部分史学思想上的狭隘与不足，如“藐视以往的史学”、夸大“私人撰述”的价值[③]。宋代历史笔记具有突出的史学意识，但笔记的缺陷与不足也应予以重视。

---

① 参见张晖：《宋代笔记研究》第五篇《宋笔记的缺点》，华中师范大学出版社 1993 年版，第 138-159 页。

② 刘叶秋：《历代笔记概说》，北京出版社 2003 年版，第 114 页。

③ 瞿林东：《宋人史料笔记的撰述旨趣》，《天津社会科学》2016 年第 4 期。

二、自觉的补史意识

宋代历史笔记的兴盛，蕴含着自觉的补史意识，这是宋代历史笔记中史学批评思想的突出特色。史学意识的增强，是史学发展的结果。史学批评的深化，也源自对史学概念理解的增进。

宋代笔记的补史意识，与史学有着密切联系。宋代笔记的许多作者，明确提到他们创作笔记的目的是为了补充史书的不足，因而史书所载的内容则省略，史书缺载的部分则详述，如张唐英称："凡《五代史》《皇朝日历》所载者皆略而不书。"[①] 宋敏求亦云："观唐人洎本朝名辈撰著以补史遗者，因纂所闻见继之。"[②] 宋代笔记的补史观念，有着强烈的自觉意识，认识到补充与记载本朝史料的必要性，因而在历史笔记中还特别强调这种记载的连续性，主张连续不间断地撰修有关内容。如张世南在《游宦纪闻序》中写道："绍定改元，适有令原之戚，闭门谢客。因追思，提笔纪录，不觉盈轴，以《游宦纪闻》题之，所以记事实而备遗忘也。嗣后有得，又当傅益之云。"[③] 张世南认识到笔记具有"记事实而备遗忘"的价值，因而主张不中断笔记的记载，如有新的内容，应继续笔记的叙述。同样，在邵伯温撰写了《邵氏闻见录》后，其子邵博续作了《邵氏闻见后录》，邵博在论述自己的撰述意图时，主张以自己所知而继续笔记的撰述：

① 张唐英：《蜀梼杌自序》，王云五主编：《丛书集成初编》第七六四册，中华书局 2011 年版，第 270 页。

② 宋敏求：《春明退朝录》上，中华书局 1980 年版，第 1 页。

③ 张世南：《游宦纪闻序》，中华书局 1981 年版，第 3 页。

“先人蚤接昔之君子，著其《闻见》，于篇甚严。博不肖，外继有得，在前例为合，闻后出他记，不避也。或以司马迁之书曰‘太史公’，犹其父谈云尔，曷绪之篇下，亦不失为迁也。”①

宋代笔记具有的补史意识，是史学批评深化的产物。在宋代笔记的史料记载中呈现出突出的史料鉴别与批判意识。笔记的记载多强调其史料的来源，宋代笔记的作者认识到笔记的补史价值与史料来源的真实性有着密切的联系，同时在笔记中多以此作为批评史料的标准。

宋代历史笔记具有自觉的补史意识，同其材料的来源密切相关。许多笔记的材料据撰者自述源自亲身经历、师友父兄及史书、笔记等。这些材料往往是日常的言谈举止，而国史修撰漫长无期，不经及时整理则多至湮没无闻。或者部分条目来自日常读书的积累之作、自得之学，因其体例篇幅不拘，非经笔记记载，则无处可存。正是这种内容的独特性在一定程度上催生了宋代历史笔记突出的补史意识。

笔记内容来自亲身经历。许多宋代笔记在序言中表明了其记载源自自身的见闻。苏辙在《龙川略志自引》中称：“乃杜门闭目，追思平昔，恍然如记所梦，虽十得一二，而或详或略，盖亦无足记也。(苏)远执笔在旁，使书之于纸。”② 他在《龙川别志序》中也提到了《龙川略志》源自亲身的经历：“予居龙川为

---

① 邵博:《邵氏闻见后录序》，中华书局1983年版，第1页。
② 苏辙:《龙川略志自引》，中华书局1982年版，第3页。

《略志》，志平生之一二，至于所闻于人，则未暇也。”[①] 这种对于史料来源的重视，应是宋代笔记中史学意识强化的一种体现。宋代笔记的记载往往强调史料的来源，突出其记载的真实客观性，苏轼《东坡志林》中多条内容记载了苏轼的亲身经历及友人言谈，如提到“记刘原父语”[②]“记六一语”[③]“记与欧公语”[④]等。在李廌《师友谈记》中也有“元祐癸酉正月二十六日，见东坡先生”[⑤]。他对史料来源的记载甚至细致到了年月日，以表明其史料来源的真实性。

笔记材料源自师友父兄的传闻。宋代部分笔记的内容虽非出自亲身经历，但为表明其来源的真实性，则强调其史料来自师友父兄的听闻。《邵氏闻见录》的作者邵伯温在序中称：“伯温蚤以先君子之故，亲接前辈，与夫侍家庭，居乡党，游宦学，得前言往行为多。以畜其德则不敢当，而老景侵寻，偶负后死之责，类之为书。”[⑥] 苏辙《龙川别志序》称：“然予年将五十起自疏远，所见朝廷遗老数人而已，如欧阳公永叔、张公安道皆一世伟人，苏子容、刘贡父博学强识，亦可以名世，予幸获与之周旋，听其所请说，后生有不闻者矣。”因追忆刘贡父所说：“予一二人死，前沿往行堙灭不载矣。君苟能记之，尚有传也。”苏辙

① 苏辙：《龙川别志序》，中华书局1982年版，第67页。
② 苏轼：《东坡志林》卷一，中华书局1981年版，第6页。
③ 苏轼：《东坡志林》卷一，中华书局1981年版，第20页。
④ 苏轼：《东坡志林》卷三，中华书局1981年版，第60页。
⑤ 李廌：《师友谈记》，中华书局2002年版，第3页。
⑥ 邵伯温：《邵氏闻见录序》，中华书局1983年版，第2页。

"追惟贡父之言，慨然悲之，故复记所闻，为《龙川别志》"[①]。再者如朱彧的《萍洲可谈》，《四库全书总目》提要称："（朱）彧是书多述其父之所见闻，而于广州蕃坊市舶，言之尤详。"[②]蔡絛《铁围山丛谈》中多次记载其父蔡京的言谈事迹。魏泰《东轩笔录》也注重对史料来源的记述，在提到苏易简的事迹时特别说明材料来自其子所作的《续翰林志》："苏易简特受太宗顾遇，在翰林恩礼尤渥，其子作《续翰林志》叙之详矣。"[③]

笔记叙事抄录自其他笔记、文献等。宋代笔记重视记载的真实性，注重对历史来源的论述。笔记史料部分来自其他的笔记、史书等。宋代笔记在记载史料来源的同时也注重对其记载内容的批评。邵博记载关于《碧云霞》作者的争议，在争议的背后实际上涉及史书内容真实可靠的批评。这里笔记的托名与否表明其是否以真实公正的态度记载事件，由此可见记载史料来源对笔记补史真实性的重要价值："王铚性之不服，以为魏泰伪托圣俞著此书，性之跋范仲尹墓志云：'近时襄阳魏泰者，场屋不得志，喜伪作它人著书，如《志怪集》《括异志》《倦游录》，尽假名武人张师正，又不能自抑，出其姓名，作《东轩笔录》，皆用私喜怒诬蔑前人，最后作《碧云霞》，假名梅圣俞，毁及范文正公，而天下骇然不服矣……今录杨辟所作范仲尹墓志，庶几知泰乱是非之实至此也。'"邵博在考证后，则提出了相反的意见：

① 苏辙：《龙川别志序》，中华书局1982年版，第67页。
② 朱彧：《萍洲可谈》附录，中华书局2007年版，第176页。
③ 魏泰：《东轩笔录》卷二，中华书局1983年版，第19页。

"如著文公灯笼锦事，则又与《书窜》诗合矣。故予疑此书实出于圣俞也。"[①] 南宋费衮的《梁溪漫志》批评《铁围山丛谈》："以奸言文其父子之过……至《丛谈》所载其家佞幸滥赏、可丑可羞之事，反皆大书特书亦为荣。"[②]

宋代笔记中的历史考证逐渐增多，注重记载内容的真实客观，因而强调对史料来源的记述与考证。宋代笔记补史意识的强化，还体现在宋代笔记在重视记载内容的考证外，对笔记的补史价值有着自觉的认识。笔记中对补史内容与宗旨的讨论，可看作宋代学者对笔记史学内涵认识的加深。

宋代笔记中的补史意识，强调笔记与史学之间的联系，认为笔记的记载可以补充史书记载的不足，并对笔记补史的内涵进行了论述。瞿林东总结认为："宋人笔记涉及补史氏之阙的宗旨，大致有三种情况，即因史官不记而阙则补，因史官陋记而阙则补，因野史难得周全而阙则补。"[③] 史官不记而阙则补的论述，如欧阳修《归田录》自序写道："《归田录》者，朝廷之遗事，史官之所不记，与夫士大夫笑谈之余而可录者，录之以备闲居之览也。"[④] 史官陋记而阙则补的记述，如魏泰《东轩笔录序》："思少时力学尚友，游于公卿间，其绪言余论有补于聪明者，虽老矣，尚班班可记，因丛摭成书。呜呼！事固有善恶，然吾未尝

① 邵博：《邵氏闻见后录》卷一六，中华书局 1983 年版，第 125-126 页。

② 费衮：《梁溪漫志》卷八，上海古籍出版社 1985 年版，第 97 页。

③ 瞿林东：《宋人笔记的史学意识》，《文史知识》2014 年第 10 期。

④ 欧阳修：《居士集》卷四二《归田录序》，《欧阳修全集》卷四二，中华书局 2001 年版，第 601 页。

敢致意于其间，姑录其实以示子孙而已，异时有补史氏之阙，或讥以见闻之殊者，吾皆无憾，惟览者之详否焉。”[①] 野史难得周全而阙则补的言论，如周煇《清波杂志》的序称：“《清波杂志》十有二卷，纪前言往行及耳目所接，虽寻常细事，多有益风化，及可补野史所阙遗者。”[②] 由此可知，宋代笔记中有着一种自觉的意识，认识到笔记在史学中的补充作用。

宋代笔记不仅讨论补史的内涵与宗旨，而且重视讨论笔记补史在史学中的价值。在宋代笔记的记述中指出史料的记载并非务求广博，而是要精择筛选有价值的内容。这样对笔记的认识由单纯的补充史料以备遗忘，上升为更高意义上的思考，从而由笔记史料的讨论过渡到笔记价值的问题。应该注意的是，这种笔记价值的商榷往往与笔记的补史特色联系在一起。这反映出宋代笔记中的补史意识具有浓厚的史学色彩，并且在补史的批评中，产生了对于笔记史学价值的思考。

宋代笔记在补充事实之外，还探讨补史具有的史学价值。王辟之的《渑水燕谈录》提到：“今且老矣，仕不出乎州县，身不脱乎饥寒，不得与闻朝廷之论、史官所书；闲接贤士大夫谈议，有可取者，辄记之。”[③] 王辟之认为笔记记载的内容，都经过作者的思考，记载的都是有可取之处的内容。这表明了笔记的作者思考与探讨笔记内容的价值，对笔记在史学中发挥的价值有着出

① 魏泰：《东轩笔录序》，中华书局 1983 年版，第 1 页。
② 周煇：《清波杂志张序》，刘永翔《清波杂志校注》本，中华书局 1994 年版，第 1 页。
③ 王辟之：《渑水燕谈录序》，中华书局 1981 年版，第 1 页。

乎补史之外的认识。宋代笔记对于补史意义价值的思考，归纳起来主要表现为主张笔记记载的内容应发挥劝戒作用。钱易《南部新书序》言："先君尚书在章圣朝祥符中，以度支员外郎直集贤院，宰开封。民事多闲，潜心国史。博闻强记，研深覃精。至于前言往行，孜孜念虑，尝如不及，得一善事，疏于方册，旷日持久，乃成编轴，命曰《南部新书》。凡三万五千言，事实千，成编五，列卷十。其间所纪，则无远近耳目所不接熟者，事无纤巨善恶足为鉴诫者。忠鲠孝义可以劝臣子，因果报应可以警愚俗，典章仪式可以识国体，风谊廉让可以励节概。其余机辩敏悟、怪奇迥特，亦所以志难知而广多闻。"① 关于笔记内容的价值，钱易总结为可以"为鉴诫""劝臣子""警愚俗""识国体""励节概""广多闻"，强调其记载内容所具有的"善恶足为鉴诫"的作用。吴处厚的《青箱杂记》称"遇事裁量，动成品藻，亦辄记载，以为警劝"②，重视其记载的"警劝"价值。宋代僧人文莹的《玉壶清话》指出："古之所以有史者，必欲其传，无其传，则圣贤治乱之迹，都寂寥于天地间。当知传者，亦千古之大劝也。"③ 它把笔记内容同史学撰述等同起来，认为记载流传的内容应具备劝戒后世的意义。方勺的《泊宅编》认为："道古今理乱，人物成败，使人听之竦然忘倦。"④ 方勺提到其记载时专门选取有关治乱兴衰的内容。张邦基谈到："稗官小说虽无关

① 钱易：《南部新书序》，中华书局2002年版，第1页。
② 吴处厚：《青箱杂记序》，中华书局1985年版，第7页。
③ 文莹：《玉壶清话序》，中华书局1984年版，第1页。
④ 方勺：《泊宅编序》，中华书局1983年版，第1页。

治乱，然所书者必劝善惩恶之事，亦不为无补于世也。”[①] 指出笔记的内容具有“劝善惩恶”的作用。

第二节　历史笔记与史学批评

一、关于史料的批评

宋代历史笔记涉及的史学批评主要包含对史料的批判、史书的批评及史官的评论。史料的批评体现为宋代考史意识的强化、对新史料的重视以及考证方法的提高，这三个方面反映出宋代历史笔记中史料批评认识的深入。

宋代历史笔记对史料的批评表现为对史书中史料考证的重视，在对史料的考证中认识到笔记的补史价值，由此体现出宋代历史笔记对史料批评的深化。邵博在笔记中通过史料的比较，证实了笔记史料的重要作用：“《汉书·郊祀志》：武帝自三月出行封禅，又并海至碣石，又巡辽西，又历北边，又至九原，五月还甘泉，仅以百日行万八千余里，尤荒唐矣。”[②] 同时邵博还通过举例表明笔记在史料记述上的真实，“可信《国史补》不妄”[③]。魏泰《东轩笔录》通过对韩愈登华山的考证，也认识到笔记小说记载的可信：“唐小说载韩退之尝登华山，攀缘极峻，而不能下，发狂大哭，投书与家人别，华阴令百计取，始得下。沈颜作

① 张邦基：《墨庄漫录跋》，中华书局2002年版，第281页。
② 邵博：《邵氏闻见后录》卷一〇，中华书局1983年版，第75页。
③ 邵博：《邵氏闻见后录》卷一七，中华书局1983年版，第132页。

《謦书》辨之，以为无此事，岂有贤者而轻命如此。予见退之《答张彻诗》，叙及游华山事句……则知小说为信而沈颜为妄辨也。”[①]

历史笔记中对史料的批评，体现为对金石碑刻史料价值的认识，重视碑刻材料在考史中的作用。金石学的兴起与发展是宋代学术的重要特色之一。在历史笔记中许多作者探讨了宋代金石碑刻材料，并尝试以之作为考史的重要依据。对历史笔记中金石材料的梳理，可以使人们更加清晰地认识到金石学在宋代产生的广泛影响。宋代历史笔记中特别注重金石材料在考史过程中的利用，除去专门研究金石碑刻的学者刘敞、欧阳修等，在历史笔记中多处可见对金石材料的重视。方勺在《泊宅编》中收录了他弟弟方匋的遗稿，称其“平生不曾见其所为文，既卒，于其箧中得跋尾遗稿”[②]。方匋不著其他文章，而专门研究并留有金石跋尾，由此可见金石学在宋代的流行。方勺在《泊宅编》中也多处提到碑刻材料在史传考证中的重要价值，以《旧唐书·经籍志》考证碑刻，并总结“由是知简册之不足尽信，而碑刻之尤可贵也”[③]，又称“然而《史记》及诸传记皆不及之也……由是知简策之不足尽信，而碑刻之尤可贵也”[④]。叶梦得在《石林燕语》中利用碑刻材料补充了史书对唐代制度的缺载：“余有裴士淹所作《孙志直碑》。待制给食入衔，此出一时权宜，后不以

---

① 魏泰：《东轩笔录》卷一五，中华书局1983年版，第167页。
② 方勺：《泊宅编》卷二，中华书局1983年版，第70页。
③ 方勺：《泊宅编》卷二，中华书局1983年版，第8页。
④ 方勺：《泊宅编》卷二，中华书局1983年版，第71页。

为常，故《唐书》载之不详。”[①]

宋代历史笔记重视金石碑刻的材料，而考史意识的发达，也使得宋代笔记认识到碑刻中可能存在的失误。《靖康缃素杂记》中的“房乔”条利用正史材料考证碑刻记载中的失误。黄朝英为了考证唐代大臣名、字之间可能存在的讹误，先后查阅了《新唐书》《旧唐书》，“又《韩愈集》中有《王弘中神道碑》云：‘讳弘中，字某。’案实录、新旧传皆名仲舒，字弘中，(韩）愈又作《宴喜亭记》，称为王弘中，然则弘中必字也，碑文误耳”[②]。苏轼在《东坡志林》的“柳宗元敢为诞妄”条中称：“柳宗元敢为诞妄，居之不疑。吕温为道州、衡州，及死，二州之人哭之逾月，客舟之过于此者，必呱呱然。虽子产不至此，温何以得之！其称温之弟恭亦贤豪绝人者，又云恭之妻裴延龄之女也。孰有士君子肯为裴延龄婿者乎？柳宗元与伾、叔文交，盖亦不差于延龄姻也。恭为延龄婿不见于史，宜表而出之，见宗元文集恭墓志云。”[③] 苏轼利用文集中的碑刻材料来补充史传中的缺失。此处笔记还认识到碑刻内容的缺陷。苏轼批评碑文为传主粉饰，这应是他比较了正史之后得出的结果。由此可知，宋代笔记对碑刻新史料的正反两方面价值都有清晰的认识。

历史笔记中史料批评的发展，还体现为对于史料考证方法的总结。从历史笔记中对于史料考证方法的归纳与总结可以发现，

---

① 叶梦得撰，宇文绍奕考异：《石林燕语》卷四，中华书局1984年版，第55页。
② 黄朝英：《靖康缃素杂记》卷九，上海古籍出版社1986年版，第77–78页。
③ 苏轼：《东坡志林》卷二，中华书局1981年版，第94页。

宋代历史笔记在考证方法上，已经出现了类似对校法、本校法、他校法及理校法的使用意识。宋代笔记从总体上认识到随着时代技术的发展，考证校勘越来越受到重视。《石林燕语》指出雕版印刷出现后，对史书版本校勘产生了需求，从而为对校法的运用提供了可能："自是书籍刊镂者益多，士大夫不复以藏书为意。学者易于得书，其诵读亦因灭裂，然板本初不是正，不无讹误。世既一以板本为正，而藏本日亡，其讹谬者遂不可正，甚可惜也。余襄公靖为秘书丞，尝言《前汉书》本谬甚，诏与王原叔同取秘阁古本参校，遂为《刊误》三十卷。其后刘原父兄弟，两汉皆有刊误。余在许昌得宋景文用监本手校西汉一部，末题用十三本校。"[①] 宋代学者不仅认识到印刷术带来的版本讹误增多，而且意识到对不同版本进行校勘的必要性，从而使得对校法在宋代更加流行。邵博曾记："宣和殿聚殷周鼎钟尊爵等数千百种。"[②] 并用出土碑刻的"石本"校对"印本"，发出"益叹石本之语妙。欧阳公以下，好韩氏学者，皆未之见者"[③] 的感叹。

考证方法在宋代的流行也体现在笔记之中，部分宋代的史料笔记已经比较娴熟地使用各种考证方法。王观国的《学林》十卷，共三百五十八则，是一部以考据为主的学术笔记，其征引广泛、考证细致，《四库全书总目》提要称其"引据详恰、辨析精核者十之八九"[④]。王观国在《学林》中对考证方法的使用已较

---

① 叶梦得撰，宇文绍奕考异：《石林燕语》卷八，中华书局1984年版，第116页。
② 邵博：《邵氏闻见后录》卷二七，中华书局1983年版，第211页。
③ 邵博：《邵氏闻见后录》卷一四，中华书局1983年版，第112页。
④ 纪昀等编：《钦定四库全书总目》卷一一八，中华书局1990年版，第1582页。

为全面，综合使用了各种考证方法。在“唐史疑”条中称：“近时有《唐史疑辨》一帙，疏《新唐史》之舛误，其事数百，颇为详悉。观国读《唐史》，于辨疑之外，复有可疑者，今列于下方。”[①]王观国评论《唐史疑辨》，称其考证“详悉”，并激发了作者对《新唐书》的考证，由此可见宋代笔记对史书史料考证的重视。王观国在“唐史疑”条中指出：“《宰相年表》有武什方……相武后，有李义府相高宗……而《世系》皆不书也。《世系》有韩滉相德宗，而《年表》则不书也，凡此皆修史之际讨论之失也。”[②] 王观国指出《新唐书》不同部分的记载相互出入，在考证方法上主要是从同一部书前后记载的不同开展考证，并认为此类错误源自修撰者自身的失误。

王观国在“史互疑”中综合使用了多种考证方法：“《史记·陈杞世家》曰：‘当周厉王时，杞武公生，武公立四十七年乃卒。’今按孔子作《春秋》，当周平王四十九年，去厉王已六十年，则知杞武公在春秋前也。然春秋襄公六年三月壬午，杞伯姑容卒，姑容者，杞桓公也。自襄公六年去隐公元年，一百六十一年矣。以《史记》世家考之，自杞武公至杞桓公卒之年，才一百一十有三年……阍弑吴子余祭。《左氏》《穀梁》《史记》《十二诸侯年表》皆同，惟《吴世家》称十七年余祭卒，是余祭享国十七年而卒也。案《史记》年表，余祭嗣位四年被弑，鲁襄公二十九年也。余祭既弑矣，年表犹书五年终于十七年，十七

① 王观国：《学林》卷三，中华书局 1988 年版，第 99 页。
② 王观国：《学林》卷三，中华书局 1988 年版，第 100 页。

年乃鲁昭公十一年也。鲁昭公十二年表方书吴余昧元年，岂余祭被弑，吴国历十三年无王，越十二年，然后余昧始立耶？以此考之，则年表之误可知也。年表吴王十七年，亦不书余祭卒，亦年表之失也。”[①] 以《史记·陈杞世家》与《史记·十二诸侯年表》进行对比，这是应用了以同一部书不同部分的记载进行考证的方法；以《左氏》《穀梁》《十二诸侯年表》《吴世家》的记载进行对比，这是采纳了不同史书进行比较的考证方法；而以时间推测吴国君主被杀与即位的矛盾出入，这是使用了以逻辑推理而进行考证的方法。

王观国对考证方法的使用较为全面，在史料的考证过程中，注重使用笔记材料来加强对史书的考证。新材料的使用使得王观国对笔记的史料价值提出了批评。他在“李瀚《蒙求》”条中，批评唐代李瀚所作的《蒙求》一书“又其所著，不皆出于经史，而间取小说杂书”，其中采纳了许多唐代神仙志怪的内容，因而称“盖小说杂书，多妄诞不可取信，而瀚取此与经史同列，非训防之所先也”[②]。王观国认为笔记小说中有不少怪诞的记载，难以作为信史。这实际上是指出了魏晋隋唐笔记多掺杂神仙志怪的特色。王观国在“史讹”条中考证《唐书》李贺举进士的记载，采用了韩愈的《讳辨》与康骈的《剧谈录》笔记，“观国案：唐人小说，虽未可全信，然记贺事与《讳辨》合，则知史辞

① 王观国：《学林》卷三，中华书局1988年版，第100-101页。
② 王观国：《学林》卷七，中华书局1988年版，第230页。

所载未之尽也”[①]，指出了《唐书》的错误。由此可知，笔记小说在考证中具有重要的史料价值。王观国在考证中重视笔记材料的使用，对笔记的史料价值作了辩证的批评认识。

由于史料笔记的不断涌现，宋代笔记概括与总结了两种对待私人史料的不同认识。一种贬低笔记这类私人史料的价值，主要从批判的角度论述其史料记述的先天不足与固有缺陷。一种则是赞扬其对于官方史料的补充价值，从积极的角度肯定其所具有的史料价值。

贬低笔记史料价值的观点，以宋代洪迈的《容斋随笔》为典型。洪迈在《容斋随笔》中提出“野史不可信”的观点。洪迈以其考辨史事的功力证明了魏泰《东轩录》、沈括《梦溪笔谈》中三例关于真宗朝王钦若官职升迁的错误记载，进而认为“野史不可信”。他解释说：“野史杂说，多有得之传闻及好事者缘饰，故类多失实。”这是指出其论点的依据。洪迈又说：“虽前辈不能免，而士大夫颇信之。”[②] 这是指出野史杂说中的不实记载会造成“以讹传讹”的危害。观其论述似有理有据，然而其观点“野史不可信”却走向了极端，彻底否认了野史杂述的史料价值，不免失于片面。

虽然洪迈提出了贬低私人史料的观点，但是这是在史学实践和比较中得出来的。洪迈在突出对笔记等私人史料的批判性的同时，也认识到这类史料的独特价值。洪迈在《容斋随笔·四笔》

---

① 王观国：《学林》卷三，中华书局1988年版，第108页。

② 洪迈：《容斋随笔》卷四《野史不可信》，中华书局2005年版，第53页。

的“册府元龟”条中记载：

真宗初，命儒臣编修君臣事迹，后谓辅臣曰：“昨见《宴享门》中录唐中宗宴饮，韦庶人等预会和诗，与臣寮马上口摘含桃事，皆非礼也。已令削之。”又言：“所编事迹，盖欲垂为典法，异端小说，咸所不取，可谓尽善。”而编修官上言：“近代臣僚自述扬历之事，如李德裕《文武两朝献替记》、李石《开成承诏录》、韩偓《金銮密记》之类，又有子孙追述先德叙家世，如李繁《邺侯传》《柳氏序训》《魏公家传》之类，或隐己之恶，或攘人之善，并多溢美，故匪信书。并僭伪诸国，各有著撰，如伪《吴录》《孟知祥实录》之类，自矜本国，事或近诬。其上件书，并欲不取。余有《三十国春秋》《河洛记》《壶关录》之类，多是正史已有；《秦记》《燕书》之类，出自伪邦；《殷芸小说》《谈薮》之类，俱是诙谐小事；《河南志》《邠志》《平剡录》之类，多是故吏宾从述本府戎帅征伐之功，伤于烦碎；《西京杂记》《明皇杂录》，事多语怪；《奉天录》尤是虚词。尽议采收，恐成芜秽。”并从之。及书成，赐名《册府元龟》，首尾十年，皆王钦若提总，凡一千卷，其所遗弃既多，故亦不能暴白。如《资治通鉴》则不然，以唐朝一代言之：叙王世充、李密事，用《河洛记》；魏郑公谏诤，用《谏录》；李绛议奏，用《李司空论事》；睢阳事，用《张中丞传》；淮西事，用《凉公平蔡录》；李泌事，用《邺侯家传》；李德裕太原、泽潞、回鹘事，用《两朝献替记》；大中吐蕃尚婢婢等事，用林恩《后史补》；韩偓凤翔谋画，用《金銮密记》；平庞勋，用《彭门纪乱》；讨裘甫，用《平剡录》；记毕师泽、吕用之事，用《广陵妖乱志》。皆本末粲然，然则杂史、琐说、家传，岂可尽废也！[①]

这里，洪迈记录了他对待杂说笔记的三种态度：一是真宗"异端小说，咸所不取"，即全面否定的态度；二是《册府元龟》的编修官阐明各类杂说的缺点，如自传、家世类多隐恶溢美，伪史类多自夸诬事，杂录失于琐碎等，因而编纂时一概不取，这也是一种否定的态度；三是《资治通鉴》采《册府元龟》之所弃，于杂史、家传、琐说中钩沉史事，充分挖掘了此类文献的史料价值。前二者都是看到了杂说笔记的不足之处，在编撰著述时采取了弃用的办法，这显然不若《资治通鉴》对其严加考辨而适度采用来得更为得当。由是，洪迈进一步评论说："杂史、琐说、家传，岂可尽废！"这一结论，明显是不同于他之前所说的"野史不可信"的学术观点，对杂录笔记的史料价值予以了肯定。而洪迈的这种认识对于后人的史料采撰观也有很大的影响，他的上述论述被高似孙《史略》引用，作为高似孙阐述史料采撰的重要组成部分。[②]

① 洪迈：《容斋四笔》卷一一，《容斋随笔》，中华书局2005年版，第762-763页。

② 参见高似孙：《史略》卷四《通鉴参据书》，王云五主编：《丛书集成初编》第一九册，商务印书馆1939年版，第87-88页。

对于笔记等私人史料持肯定意见则以南宋周密的《齐东野语》为代表。周密的《齐东野语》共二十卷，列二百七十八则。书有自序，每则列题目。在自序中，周密记述了这样一件事情：

余龆侍膝下，窃剽绪余，已有叙次。意尝疑某事与世俗之言殊，某事与国史之论异。他日，过庭质之，先子出曾大父、大父手泽数十大帙示之曰："某事然也。"又出外大父日录及诸老杂书示之曰："某事与若祖所记同，然也。其世俗之言殊，传讹也；国史之论异，私意也。小子识之。"又曰："定、哀多微词，有所辟也。牛、李有异议，有所党也。爱憎一衰，论议乃公。国史凡几修，是非凡几易，而吾家乘不可删也，小子识之。"①

这里，其父以先辈诸人笔记以证国史之正误，并指出当笔记与国史就同一史事记载出现异同时应据其先人笔记，这是因为国史修纂，会受到传讹、私意等因素的干扰，而对于历史事件与人物的评价也会因时政之变而易是非。但是其先祖对于事件之记载、对人物之评论，均是亲闻亲历，可信度极高。有宋一代，总体文网不密，但是在南宋时期出现过两次"禁史"现象，一是高宗时期秦桧多次禁史，二是宁宗时期嘉泰禁史。这两次禁史，都是针对私家著述，斥其为"极不可信""尤为害事"②。像这样

① 周密：《齐东野语自序》，中华书局1983年版，第1页。
② 熊克：《中兴小纪》卷三一，福建人民出版社1985年版，第378页。

的“禁野史”活动实际上带有极强的政治目的。时人也看得明白，说“权臣用事，必禁野史”[①]。周密引先人所论，指出手札、家乘等私家著述可补史传之缺、可证史传之误的重要价值。周密引先人论述作为全书的序言，一方面是表示对这种史料采撰观的认同，另一方面也说明《齐东野语》一书在史料选择上的原则与标准。如记“端平入洛”一事，周密说：“此事得之当时随军幕府日记。”[②] 再如《端平襄州本末》一则，周密也交代说：“此事皆章叔恭得之目击云。”[③] 显然，他在史料的选择上更倾向于事件亲历者的记录、讲述，这些在性质上都属于第一手史料，价值确有其他二手史料不可比拟的地方。

二、关于史书的批评

宋代历史笔记在补充史料、考证史实之外，也对历代的史书展开批评。其批评的焦点主要围绕对具体史书的评论、对史书讹误类型的总结、对史书批评标准及范畴的归纳。

史书优劣的批评。魏泰《东轩笔录》中《左氏失之诬论》条，补充了欧阳修《文集》中缺失的文章：“欧阳文忠公年十七，随州取解，以落官韵而不收。天圣已后，文章多尚四六，是时随州试《左氏失之诬论》，文忠论之，条列左氏之诬甚悉，句有‘石言于宋，神降于莘。外蛇斗而内蛇伤，新鬼大而故鬼

① 李心传：《建炎以来朝野杂记》乙集《序》，中华书局2000年版，第481页。
② 周密：《齐东野语》卷五《端平入洛》，中华书局1983年版，第80页。
③ 周密：《齐东野语》卷五《端平襄州本末》，中华书局1983年版，第84页。

小'。虽被黜落，而奇警之句，大传于时。今集中无此论，顷见连庠诵之耳。"[①] 欧阳修展开了对《左传》的批评，认为《左传》中的预言有失诬枉，而缺乏真实客观性。此后欧阳修在《新五代史》中以《司天考》替代《五行志》，并于史文不著事应。《非国语》是柳宗元的一部以批评《国语》见长的论著，瞿林东认为《非国语》"更是一部史学评论著作"[②]，并指出"像这样系统的、有强烈批判意识的、专就一部书进行评论的史学著作，在《非国语》以前尚不多见"[③]。这一史学批评的著作，在宋代笔记中也引起了重视，但因其"天人相分"的主张，在笔记中多有批评。宋代笔记中就留有苏轼对此的批评："《非国语》，鄙意不然之，但未暇著论耳。柳子之学，大率以礼乐为虚器，以天人为不相知，云云。虽多，皆此类也。所谓小人之无忌惮者。至于《时令》《断刑》《正符》，皆非是。予谓学者不可不知也。"[④] 苏轼主要从宏观的角度论述，而王观国在《学林》中则专门有《柳子厚非国语》条，逐条辩驳，对柳宗元的论述多有不同意见。[⑤]

除了针对具体的史书展开评论，宋代笔记中还出现了从史学发展的整体进行评价的趋势，概述历代史书的优劣。洪迈在

---

① 魏泰：《东轩笔录》卷一二，中华书局 1983 年版，第 128 页。

② 瞿林东：《柳宗元史论的理论价值和历史地位》，《唐代史学论稿》（增订本），高等教育出版社 2015 年版，第 415 页。

③ 瞿林东：《柳宗元史论的理论价值和历史地位》，《唐代史学论稿》（增订本），高等教育出版社 2015 年版，第 417 页。

④ 邵博：《邵氏闻见后录》卷一五，中华书局 1983 年版，第 115 页。

⑤ 王观国：《学林》卷七，中华书局 1988 年版，第 216–218 页。

《容斋随笔》中按时间顺序，评述历代史书概况：

古者世有史官，其著见于今，则自《尧》《舜》二典。始，周之诸侯各有国史，孔子因鲁史记而作《春秋》，左氏为之传，《郑志》、《宋志》、晋齐太史、南史氏之事皆见焉。更纂异同以为《国语》。汉司马谈自以其先周室之太史，有述作之意，传其子迁，紬金匮石室之书，网罗天下放失旧闻，述黄帝以来至于元狩，驰骋古今，上下数千载间，变编年之体为十二本纪、十表、八书、三十世家、七十列传，凡百三十篇。而十篇有录无书，元成之间，褚先生补缺，作《武帝纪》《三王世家》《龟策》《日者列传》，张晏以为言辞鄙陋，今杂于书中……司马之书既出，后世虽有作者，不能少紊其规制。班彪、固父子，以为汉绍尧运建帝业，而六世史臣，追述功德，私作本纪，编于百王之末，厕于秦、项之列。故采纂前纪，缀辑旧闻，以述《汉书》，起于高祖，终于王莽之诛，大抵仍司马氏，第更八书为十志，而无世家，凡百卷。固死，其书未能全，女弟昭续成之，是为《前汉书》。荀悦《汉纪》则续所论著者也。后汉之事，初命儒臣著述于东观，谓之《汉纪》。其后有袁宏《纪》，张璠、薛莹、谢承、华峤、袁山松、刘义庆、谢沈皆有书。宋范晔删采为十纪、八十列传，是为《后汉书》，而张璠以下诸家尽废，其志则刘昭所补也。三国杂史至多……今唯以陈寿书为定，是为《三国志》。《晋书》则有王隐、虞预、谢灵运、臧荣绪、孙绰、干宝诸家，唐太宗诏房乔、褚遂良等修定，为百三十卷。以四论太宗所作，故总名之曰“御撰”，是为《晋书》，至今用之。南北两朝各四代，而僭伪之国十数，其书尤多……李大师、李延寿父子悉取为《南史》八十卷、《北史》百卷……是为《南北史》。唐自高祖至于武宗，有《实录》，后唐修为书，刘昫所上者是已，而猥杂无统。国朝庆历中，复诏刊修，历十七年而成，欧阳文忠公主纪、表、志，宋景文公主传，今行于世。梁、唐、晋、汉、周，谓之五代，国初监修国史薛居正提举上之。其后，欧阳芟为《新书》，故《唐书》《五代史》各有旧新之目。[1]

洪迈用非常简练的语言将先秦时期史官史籍、两汉至唐宋的历代正史都一一述来，分别介绍其撰者、史源、流传、版本、体裁、体例，并间有评论，整则随笔不过数百字，内容含量却十分丰富，且脉络清晰，将千百年史学发展的源流始末交代得非常清楚，体现了他深厚的史学功底，此则随笔可谓一部至简至明的中国古代史学史。对此，从史学批评的角度来看，洪迈的评论有以下三点值得关注：一是他强调史籍编撰代代相继的连续性。从整则笔记来看，洪迈注重史学发展脉络的陈述，从最先的《尧典》《舜典》，到孔子据各国诸史编《春秋》，再到司马迁创著《史记》，以及此后历代的断代史、专门史的撰修，洪迈都突出其代

① 洪迈：《容斋四笔》卷八《历代史本末》，《容斋随笔》，中华书局2005年版，第728-730页。

代相继、从未间断的特征。而宋朝刊行“十七史”，正是这一特点在当时的重要体现，洪迈所述正是这一特点的正确反映。二是他关注《春秋》的史学特性，一方面认为《春秋》是孔子根据丰富史料写就的史书，另一方面认为《春秋》是古代史学发展史的重要环节。这较之汉晋以降人们将《春秋》归为经部而进行大加尊崇，特别是两宋时期还出现了尊经陋史之言论，洪迈的观点更趋于平实。三是他注重史学教育中的“南董”之志的传承。他在述《春秋》时，并不强调《春秋》的微言大义，也不突出《春秋》的属辞比事，而是重视《春秋》与《左传》中记载了“晋齐太史、南史氏之事”。被称为“良史”的董狐与南史氏，他们因不畏强权、直书实录、以存信史的职业操守，被后人称为“南董之志”。洪迈在幼儿的史学教育上就特别强调这一点，反映了他对中国古代史家精神与史学编撰原则的深刻理解。

批评史书的叙事。宋代关于史书叙事的批评，多主张史文尚简，反对骈文而倡导古文。笔记关于叙事的批评对此多有反映。周煇《清波杂志》“文体二”条称：“‘司马迁文章所以奇者，能以少为多，以多为少。唯唐陆宣公得迁文体。’苏子容魏公云。”[1] 这是从史书叙事简要与变化的角度称赞司马迁。张邦基《墨庄漫录》补充了欧阳修的论述：“汉之文士，善以文言道时事，质而不俚，兹所以为难。往时作四六者，多用古人语及广引

---

① 周煇：《清波杂志》卷五，刘永翔《清波杂志校注》本，中华书局1994年版，第188页。

故事，主衔博而不思，述事不畅。近时文章变体，如苏氏父子以四六述叙，委屈精尽，不减古文。”① 这里欧阳修对骈文的批评，反映了他在史书叙事上主张古文的特点。邵博引用韩愈的叙述批评班固以来文章抄袭的现象：“樊宗师之文怪矣，退之但取其不相袭而已。”韩愈曾评价他的著作《魁纪公》《春秋集传》：“其评曰：‘多乎哉，古未有也。’又曰：‘然而必出于己，不袭蹈前人一言一句，又何其难也。’”邵博认为这种称赞意在“斥班固而下相袭者”②。

史传批评的标准与态度。宋代史学批评如何处理事实与褒贬之间的关系，笔记中对此多有评论。周煇在《清波杂志》的“史传是非”条中指出：“史传褒贬，成是败非，其来有素。人之行，孰先于孝悌。项羽欲烹太公，汉高祖发‘分羹’之言，其于孝也何有？唐太宗以藩王夺长嫡，推刃同气，其于悌也何有？脱使项羽、建成有分羹、推刃之恶，史册何以书之？特高祖、太宗，功胜于德耳。”③ 周煇引用了汉高祖与唐太宗的例子，认为对史传是非的评价最终还是以功业为主，实际上是对宋代史学重褒贬的风气提出了批评。邵博记载了富弼的言论：“富公自欧阳公平章，其书略曰：‘大都作文字，其间有干着说善恶，可以为劝戒者，必当明白其词，善恶焕然，使为恶者稍知戒，为善者稍知劝，是亦文章之用也。岂当学圣人作《春秋》，隐奥微

① 张邦基：《墨庄漫录》卷八，中华书局2002年版，第228页。
② 邵博：《邵氏闻见后录》卷一四，中华书局1983年版，第111页。
③ 周煇：《清波杂志》卷四，刘永翔《清波杂志校注》本，中华书局1994年版，第177页。

婉，使后人传之、注之尚未能通，疏之又疏之尚未能尽，以至为说、为解、为训释、为论议，经千余年而学者至今终不能贯彻晓了。弼谓如《春秋》者，惟圣人可为，降圣人而下皆不可为，为之亦不复取信于后矣。学者能约《春秋》大义，立法立例，善则褒之，恶则贬之，苟有不得已须当避者，稍微其词可也，不宜使后人千余年而不知其意也。若善不能劝，恶不能戒，则是文字将何用哉？既书之而恶者自不戒，善者自不劝，则人之罪也，于文何过哉？’”并评论：“弼之说，盖公是公非，非于恶人有所加诸也。”[①] 这里富弼的言论，反映了宋代《春秋》学的特点，即反对既往的注疏之学，主张从《春秋》本身加以解说，并强调史书的褒贬意义。正是富弼的这种史学批评思想，使得他批评司马光侧重史实、忽略褒贬的历史叙述：“司马文正初作《历代论》，至论曹操则曰：‘是夺之于盗手，非取之于汉室也。’富文忠疑之，问于康节，以为非是。予家尚藏《康节答文正书》副本，当时或以告文正，今《通鉴·魏语》下，无此论。”[②] 宋代史学重视褒贬，因而在笔记中出现了以此为标准而展开的对史传的评价。

随着笔记史料的增多，针对各种史评莫衷一是的现象，周密的《齐东野语》提出了史学讨论与批评应具有宽容的态度、采取知人论世的标准与方法：

刘羲仲，道原之子也。道原以史学自名，羲仲世其家

① 邵博：《邵氏闻见后录》卷二一，中华书局 1983 年版，第 163-164 页。
② 邵博：《邵氏闻见后录》卷九，中华书局 1983 年版，第 68 页。

学，摘欧公《五代史》之讹说，为《纠谬》一书，以示坡公，公曰："往岁，欧公著此书初成，荆公谓余曰：'欧公修《五代史》而不修《三国志》，非也，子盍为之乎?'余因辞不敢当。夫为史者，网罗数千百载之事，以成一书，其间岂无小得失邪?"[①]

他引用了苏轼的言论，指出前人著述中出现疏误错漏并非是刻意为之，而是因其"网罗数千百载之事，以成一书"，内容广博而载体有限，加之个人学识与时代条件的限制，一些小问题的出现，是可以被人理解的，因此要有宽容的态度，不能斤斤计较其小得失，而忘观其成就。这在周密论《资治通鉴》出现的错误上亦有体现，他说："虽温公著《通鉴》，亦不能免此……盖纪载编摩，条目浩博，势所必至，无足怪者。"[②] 即《资治通鉴》受内容与体裁制约所出现的一些小问题，不足为怪，周密再次强调了对待前人学术成果要抱以宽容的态度，这也体现出他在史学批评上的严肃态度与知人论世的方法。

由此他认为在对前人学术成果加以批判继承时，应当持谦虚谨慎的态度，他举例说：

程文简著《演繁露》，初成，高文虎炳如尝假观，称其博赡。虎子似孙续古，时年尚少，因窃窥之。越日，程索回

① 周密：《齐东野语》卷一九《著书之难》，中华书局1983年版，第346页。
② 周密：《齐东野语》卷一九《著书之难》，中华书局1983年版，第346页。

元书，续古因出一帙曰《繁露诘》，其间多文简所未载，而辨证尤详。文简虽盛赏之，而心实不能堪。[①]

周密指出，高似孙在其父借阅程文简《演繁露》一书时，私作《繁露诘》，其书确有其学术价值，但是其行为颇有失当之处，让人着实难堪。周密认为："或议其该洽有余，而轻薄亦太过也。"并且提出了这样的告诫："近世诸公，多作考异、证误、纠缪等书……而亦互有得失，亦安知无议其后者。"[②] 显然他希望人们在批判前人学术成果时，要尊重别人的成果，而不能以指讹辨误为能事，唯有谦虚谨慎的态度，才是进行学术批判的正确态度。

评价修史的过程。宋代先后修撰了一批重要的史书，大量的修史活动引起了宋代笔记的关注。相关笔记或补记修史经过，或评价修史的优劣。叶梦得《石林燕语》记载了在修《新唐书》过程中的人员变动，在一定程度上对国史修撰的责任不专提出了批评："庆历五年，贾文元为相，始建议重修《唐书》。诏以判馆阁王文安、宋景文、杨宣懿（察）、赵康靖（概），及张文定、余襄公为史馆修撰。刊修未几，诸人皆以故去，独景文下笔。已而景文亦补外，乃许以史稿自随。编修官置局于京师者仍旧，遇有疑义取证，则移文于局中，往来迂远，书久不及成。是时，欧阳文忠公非文元所喜，且方贬出，独不得预，嘉祐初，文忠还，范蜀公为谏官，乃请以纪、志属文忠。至五年，书始成。初，文

① 周密：《齐东野语》卷一九《著书之难》，中华书局1983年版，第346页。
② 周密：《齐东野语》卷一九《著书之难》，中华书局1983年版，第346页。

元以宰相自领提举官。及罢去，陈恭公相，辞不领，乃命参知政事王文安。讫奏书，亦曾鲁公以参知政事领也。”① 邵伯温引用欧阳修的书信，论述了欧阳修在《新五代史》修撰中对尹洙文章的借鉴，从而批评《神宗正史》的错误记载：“开正以来始似无事，始旧更前岁所作《十国志》，盖是进本，务要卷多，今若便为正史，尽合删削，存其大者。细小之事虽有可纪，非干大体，自可存之小说，不足以累正史。数日，检旧本，因尽删去矣，十亦去其三四。师鲁所撰，在京师时不曾细看，路中细读乃大好。师鲁素以史笔自负，果然，《河东》一传大妙。修本所取法于此传，亦有繁简未中者，愿师鲁删之，则尽善也。正史更不分五史，通为纪传。今欲将梁纪并汉、周，修且试撰，以唐、晋师鲁为之，如前岁之议。”② 因而批评：“崇宁间，改修《神宗正史》，《欧阳公传》乃云‘同时有尹洙者，亦为古文。然洙之才不足以望修’云。盖史官皆晚学小生，不知前辈文字渊源自有次第也。”③ 邵博在笔记中记载了司马光在修撰《资治通鉴》时与范祖禹关于内容取舍的讨论。然而邵博不满司马光不载屈原的做法，并含蓄地对此展开批评：“司马文正公修《通鉴》时，谓其属范纯父曰：‘诸史中有诗赋等，若止为文章，便可删去。’盖公之意，欲士立于天下后世者，不在空言耳。如屈原以忠废，至沉汨罗以死，所著《离骚》，汉淮南王、太史公皆谓其可与日

① 叶梦得撰，宇文绍奕考异：《石林燕语》卷四，中华书局1984年版，第51页。
② 邵伯温：《邵氏闻见录》卷一五，中华书局1983年版，第166页。
③ 邵伯温：《邵氏闻见录》卷一五，中华书局1983年版，第166页。

月争光，岂空言哉！《通鉴》并屈原事尽削去之，《春秋》褒毫发之善，《通鉴》掩日月之光，何耶？公当有深识，求于《考异》中无之。”[①]

史书讹误的批评总结。宋代黄朝英的《靖康缃素杂记》是宋代考据类笔记的代表作之一，体现了宋代历史笔记中的史学考证的水平。本书在具体的考证过程中，也对史书出现讹误的情况进行了归纳与总结。黄朝英在《靖康缃素杂记》中大致把史书讹误的类型归纳为“妄传”“妄改”“避讳”“臆度”“修史出自众人之手”“循袭”“缺载”，并主张史书记事应持“存疑”的态度与原则。这种史书讹误的总结，体现出宋代笔记的史学批评理论色彩的增强。

妄传是黄朝英归纳的史书讹误的重要类型，他把其根源分为“不谙故事”与“传写之误”两类。在“涂诏”条中黄朝英考证《旧唐书·李藩传》中王锷涂改密诏非实，并引崔铉《唐会要》称：“此乃不谙故事者之妄传，史官之谬记耳。”[②] 把史书讹误归结于史官对于典制掌故理解的偏颇，进而批评以此评价人物有失公允，“盖由史氏以藩有直亮之名，欲委屈成其美，岂所谓直笔哉”[③]。黄朝英无论在史书批评、笔记记载及人物评论中都强调对典制掌故的了解，如“紫薇花”条中提到：“唐故事，中书省植紫薇花，历世循用之，不以为非。”[④] 因而批评白居易诗

---

① 邵博：《邵氏闻见后录》卷一〇，中华书局1983年版，第77-78页。
② 黄朝英：《靖康缃素杂记》卷一，上海古籍出版社1986年版，第7页。
③ 黄朝英：《靖康缃素杂记》卷一，上海古籍出版社1986年版，第7页。
④ 黄朝英：《靖康缃素杂记》补辑，上海古籍出版社1986年版，第101页。

歌中以紫薇花对紫薇郎的类比，是不通典制掌故。对于史书中出现的妄传，黄朝英将之归结为传写之误。“称敕”条中考证《南史·周兴嗣传》中的“敕兴嗣与陆倕各制寺碑”存在讹误，以刘悚《隋唐嘉话》与杨亿《杨文公谈苑》考校后认为“敕字乃梁字传写误尔”。[①] 黄朝英归纳的史书讹误中的传写之误，具有鲜明的时代特色。在宋代随着印刷术的普及，刻本大量流传，因各种印刷刻本的校对不精，随着大规模的书籍的流布，这种讹误也日益显现，因而急需对这种传写之误加以重视并进行考校。如叶梦得《石林燕语》就把这种传写之误的大量出现归结于印刷术的发展：“唐以前，凡书籍皆写本，未有模印之法，人以藏书为贵。人不多有，而藏者精于雠对，故往往皆有善本。学者以传录之艰，故其诵读亦精详。五代时，冯道始奏请官镂《六经》板印行。国朝淳化中，复以《史记》《前后汉》付有司摹印，自是书籍刊镂者益多，士大夫不复以藏书为意。学者易于得书，其诵读亦因减裂，然板本初不是正，无不讹误。世既一以板本为正，而藏本日亡，其讹谬者遂不可正，甚可惜也。”[②] 因而在宋代出现了大量的校对学者。叶梦得深刻地认识到版本目录考校需求的扩大，同史书誊写传播方式变化之间的密切联系。由此则更加易于明白黄朝英多次提到史书的传写之误，并把其作为史书讹误中“妄传”的重要方面，是具有鲜明的时代特色的。

“妄改”也是史书讹误的重要类型。在“阴康”条中，黄朝

---

① 黄朝英：《靖康缃素杂记》补辑，上海古籍出版社1986年版，第89页。
② 叶梦得撰，宇文绍奕考异：《石林燕语》卷八，中华书局1984年版，第116页。

英批评高诱在《汉书注》中把“陶唐当为阴康”作为“传写之误”，并提出：“盖（高）诱不观《古今人表》，妄改易《吕氏》本文耳，余案书传之讹，非特此也，如‘却非’讹而为‘御北’，‘皮传’讹而为‘颇传’，‘华表’讹而为‘和东’者，其类甚多。”① 由此可见，“妄改”是从多处的史书讹误中总结出来的。

“避讳”成为导致史书讹误的原因之一。黄朝英考证“欧阳《五代史》作拓跋思敬，意谓薛史避国讳耳。按《旧唐书》《实录》，皆作思恭”，得出“思恭思敬乃是两人……文忠公合为一人，误也”②。他考证司马光《通鉴考异》“谓马岁为齿，为张氏讳也”，引用《公羊传》认为“然则谓马岁为马齿，有自来矣，岂为张氏讳哉”③。在这两条考证中避讳成为史书产生讹误的缘由，特别是作为宋代重要史家的欧阳修、司马光出现如此错误，更加说明应慎重对待避讳在史书中的使用。避讳的使用会造成文字、名称在史书中的变化，因此在史书考证中需特别注意，《邵氏闻见后录》也提到避讳在史书中有多种形式：“司马迁父名谈，故《史记》无‘谈’字，改‘赵谈’为‘赵同’。范晔父名泰，改‘郭泰’‘郑泰’为‘太’字。杜甫父名闲，故诗中无‘闲’字……李翱父名楚今，故所为文，皆以‘今’为‘兹’。独韩退之因李贺作《讳辩》，持言征之说，退之父名仲卿，于文不讳也。曹志为植之子，其奏云‘干不植强’，不讳其父名也。

① 黄朝英：《靖康缃素杂记》卷二，上海古籍出版社 1986 年版，第 11 页。
② 黄朝英：《靖康缃素杂记》卷三，上海古籍出版社 1986 年版，第 28 页。
③ 黄朝英：《靖康缃素杂记》卷九，上海古籍出版社 1986 年版，第 72 页。

吕岱为吴臣，其书云‘功以权成’，不讳其父名也。”①

黄朝英的《靖康缃素杂记》在考证的过程中，还总结了其他史书讹误出现的类型。“循袭”是黄朝英总结的史书讹误的类型之一。在《史记·武安侯列传》的各家注中，有以“侵”为“寝”者，黄朝英考校《酉阳杂俎》《魏志》《玉篇》《晋书》《唐书》《南史》《北史》提出：“皆以侵为寝，盖循袭之误也，侵固不当作寝。”②“臆度”为史书产生讹误的重要原因。在“江为”条中黄朝英考证《江南野录》关于江淹先祖的记载，以《南史》进行比对，认为《江南野录》“盖未尝见吴均传所载江洪之事，乃妄臆度而为之说也”③。“修史出自众人之受”是史书讹误的一种类型。针对《晋书》错把温峤作和峤，黄朝英批评：“良由修史者杂出于诸儒，而非一人之笔，故其谬戾如此。今之学者，至有云和氏之松千丈，益谬矣。今之学者，至有云和氏之松千丈，益谬矣。”④“缺载”则是史书讹误的体现之一。黄朝英认为《旧唐书》的记载更能反映李林甫的不学无术及嫉贤妒能，而“惜乎新史不载其事”⑤。

黄朝英在考证中还特别推崇“信以传信，疑以传疑”的原则，对于史书中出现的讹误，并不强求考证。如“石鼓”条对历代的说法进行了考证，提出了三个疑问，但对于石鼓的真伪，

① 邵博：《邵氏闻见后录》卷一四，中华书局 1983 年版，第 112-113 页。
② 黄朝英：《靖康缃素杂记》卷一，上海古籍出版社 1986 年版，第 8 页。
③ 黄朝英：《靖康缃素杂记》卷九，上海古籍出版社 1986 年版，第 77 页。
④ 黄朝英：《靖康缃素杂记》卷一〇，上海古籍出版社 1986 年版，第 80 页。
⑤ 黄朝英：《靖康缃素杂记》卷一〇，上海古籍出版社 1986 年版，第 85 页。

黄朝英采取了“存疑”的态度，认为“然退之好古不妄者，余姑取以为信耳”①。在“惧税”条中黄朝英也采取了相同的态度：“余尝考二说大同小异，然《近事》以为国初，《野录》以为嗣主，《近事》谓申渐高，《野录》谓李家明，其不同如此，孰谓书可信耶？”②

黄朝英在具体的史书考证过程中，对于史书讹误产生的根源与类型进行了归纳与总结，认为史书中出现错误是一系列人为因素的结果，可见《靖康缃素杂记》既是考证方面的重要书籍，也是史学批评上有关史书讹误总结的重要著作。

三、关于史官的评论

宋代修史制度进一步完善，选拔了一批重要的人才任史官，如欧阳修、司马光、曾巩等，并且修撰了一批重要的史书，如《旧五代史》《新唐书》《资治通鉴》等。宋代修史制度在修史材料上进一步完善，《时政记》《日历》等的修撰日益规范，在修史体裁上先后扩展出《圣政录》《宝训》等形式。宋代修史重视史官恩奖，在重要节日及史书著成后多伴有对史官的奖励。然而宋代修史制度也存在缺陷。宋代修史受君主的控制更加强化，同时修史的责任不专，因循苟且的固有问题仍然存在。宋代笔记对史官的批评实际上反映了这一特色。

关于重视史官的记载。宋代君主重视史官的作用。王君玉

---

① 黄朝英：《靖康缃素杂记》卷六，上海古籍出版社1986年版，第55页。
② 黄朝英：《靖康缃素杂记》卷七，上海古籍出版社1986年版，第64页。

《国老谈苑》有“太祖畏史官”的记载，宋太祖曾因雷德骧劝戒而怒，“上怒，举持玉针撞之，二齿坠地。德骧拾而结于带中。上谓曰：‘汝待诉我耶？’德骧曰：‘臣安敢诉陛下！自有史官书之。’上从而悔，厚赐以遣之”[①]。因雷德骧指出君主言行都由史官记录，宋太祖对雷德骧的态度发生变化，对之前的行为表示悔悟。由此表明宋太祖认识到史官的记载不只是简单记录君主的言行事迹，史官著述还具有对历代君主评价与批评的功用，通过对君主善恶功勋的记述为后世提供劝戒与借鉴。史官的秉笔直书对君主的治国理政具有重要的劝谏作用，因而如何选择史官也成为宋代君主关注的问题。笔记中记载了宋代君主对于史官选择的重视，乃至为了国史的修撰完善，而不惜由君主出面主动挑选史官的人选。邵博《邵氏闻见后录》记载了宋神宗重视国史修撰而慎重选择史官：“（宋神宗）尝语宰相王珪、蔡确曰：‘国史至重，可命苏轼成之。’珪有难色。又曰：‘轼不可，姑用曾巩。’巩为检讨官，先进《太祖总论》，已不当神宗之意，未几罢去。”[②] 宋神宗亲自过问史官的人选问题，并对史官的修撰过程及其成果进行评价，体现了宋代君主对史官选择的重视。宋代君主重视史书的阅读，宋太宗曾称“朕万几之暇，不废观书，见前代帝王行事多矣”[③]，正是君主认识到史学对国家治理的借鉴作用，因而对国史修撰的史官予以重视。

---

① 王君玉：《国老谈苑》卷一，中华书局2012年版，第57页。
② 邵博：《邵氏闻见后录》卷二一，中华书局1983年版，第167页。
③ 江少虞：《宋朝事实类苑》卷二《祖宗圣训》，上海古籍出版社1981年版，第19页。

关于史官职责的认识。朱弁曾任职史馆，他对史官的职责在笔记“史官记事所因”条中提出了批评认识：

凡史官记事，所因者有四。一曰《时政记》，则宰相朝夕议政，君臣之间奏对之语也。二曰《起居注》，则左右史所记言、动也。三曰《日历》，则因《时政记》《起居注》润色而为之者也。旧属史馆，元丰官制属秘书省，《国史》案著作郎佐主之。四曰臣僚《行状》，则其家之所上也。四者惟《时政记》执政之所自录，于一时政事，最为详备。左、右史虽二员，然轮日侍立，榻前之语既远不可闻，所赖者臣僚所申，而又多务省事，凡经上殿，止称别无所得圣语，则可得而记录者，百司关报而已。《日历》，非二者所有，不敢有所附益。臣僚《行状》，于士大夫行事为详，而人多以其出于门生、子弟也，类以为虚辞溢美，不足取信。虽然，其所泛称德行、功业，不以为信可也。所载事迹，以同时之人考之，自不可诬，亦何可废。予在馆中时，见重修《哲宗实录》，其旧书于一时名臣行事既多所略，而新书复因之。于时急欲成书，不复广加搜访，有一传而仅载历官先后者，读之不能使人无恨。《新唐书》载事倍于旧，皆取小说。本朝小说尤少，士大夫纵私有所记，多不肯轻出之。予谓欲广异闻者，当听人聚录所闻见，如《段太尉逸事状》

之类，上之史官，则庶几无所遗矣。[①]

朱弁把史官记事的材料主要分为《时政记》《起居注》《行状》《日历》四种，并对四种史料来源的价值进行了评价，认为《时政记》最为详备，而批评《起居注》记事简略，对《行状》作了辩证的分析，认为《行状》多书状主之善，不可尽信，同时《行状》为当代人所记，在保存史料方面具有不可替代的作用。在分析了史官记事的四种材料后，朱弁以自身的史馆经历，批评了宋代国史修撰的史料短缺，不务求搜集的弊病。他赞扬《新唐书》的“事倍于旧”，认为这是欧阳修广取笔记小说的结果，因而主张解决这一问题的途径在于广泛搜集当代士人的笔记小说。

关于史官受政治左右的批评。宋代修史制度日益完善，而其不足之处在于君主在重视修史的同时加强了对修史的控制。特别是围绕北宋中期的变法，为贯彻各自的政治观点而把斗争的焦点转向了修史。部分笔记中对此的记载，多表达了对政治影响史官修史的不满。

张邦基在笔记中记载了“崇宁初臣僚论元祐史官”，批评宋徽宗时以政治立场而诋毁史官的现象：“崇宁初既立党籍，臣僚论元祐史官云：初，大臣挟其私忿，济以邪说。力引儇浮，与其厚善。布列史职，毁诋先烈。或凿空造语以厚诬，若范祖禹、黄庭坚、张耒、秦观是也。或隐没盛德而不录，若曾肇是也。或含

① 朱弁：《曲洧旧闻》卷九，中华书局2002年版，第216-217页。

糊取容而不敢言，若陆佃是也。皆再谪降，时旧史已尽改矣。”[①]周煇在笔记中引用陈莹中《了斋遗事》的记载，批评变法派因政治立场而意图毁坏《资治通鉴》雕版的行为：“了斋陈莹中为太学博士。薛昂、林自之徒为正、录，皆蔡卞之党也，竞尊王荆公而挤排元祐，禁戒士人不得习元祐学术。卞方议毁《资治通鉴》板，陈闻之，因策士题特引序文，以明神宗有训。于是林自骇异，而谓陈曰：‘此岂神宗亲制耶？’陈曰：‘谁言其非也？’自又曰：‘亦神宗少年之文耳。’陈曰：‘圣人之学，得于天性，有始有卒。岂有少长之异乎？’自辞屈愧叹，遽以告卞。卞乃密令学中敞高阁，不复敢议毁矣。毁《通鉴》非细事也，诸公未有纪之者，止著于《了斋遗事》中。国子监旧有安定胡翼之祠，绍圣初自为博士，闻于朝，彻去。”[②] 这种将政治影响施加于史官修史的行为，使宋代产生了“朱墨本”的修史方法。周煇在笔记中把宋神宗史书修撰中的朱墨本的来源，追溯至宋太宗淳化年间的修太祖史事，意在表明其渊源之久，在一定程度上批评了宋代政治对史官修史控制的加强：“淳化五年，翰林学士张洎献《重修太祖纪》一卷，以朱墨杂书，凡躬承圣问，及史官采摭事，即以朱别之。神宗正史，类因诋诬而非实录，厥后删改，亦有朱墨本传于世，其用淳化故事欤？”[③]

关于对史官奖励的关注。宋代重视修史，对史官多有恩赐。

① 张邦基：《墨庄漫录》卷一，中华书局2002年版，第35页。
② 周煇：《清波杂志》卷九，刘永翔《清波杂志校注》本，中华书局1994年版，第400页。
③ 周煇：《清波杂志》卷一二，刘永翔《清波杂志校注》本，中华书局1994年版，第497页。

在宋代编修的类书《册府元龟·国史部》中就专门设立了“恩奖”一门。叶梦得笔记《石林燕语》就记载了史官修史的各种奖励。修史的史官不仅有赏赐，“国史院初开，史官皆赐银、绢、笔、墨、纸；已开而续除者，不赐”[①]。而且修史完成后会迁官，“曾宣靖公提举修《英宗实录》成，将上，故事当迁一官。曾官已左仆射，乃预辞于上曰：‘臣官进一等则为司空，此三公之职也。坐而论道，不可以赏劳。’神宗以为诚，遂从其请”[②]。在这种氛围下，周煇在笔记中记载与批评了当时修书谬误却意求赏赐的行为：“蒲宗孟左丞，因奏书请官属赏，神宗曰：‘所修书谬，无赏。’宗孟又引例，仪鸾司等当赐帛。上以小故未答，右丞王安礼进曰：‘修书谬，仪鸾司恐不预。’上为之笑，赐帛乃得请。”[③] 周煇对无论修书成果如何而滥加赏赐的行为进行了讽刺。

关于直书与史家道德的认识。王应麟《困学纪闻》有六卷“考史”，对历代史著进行了考证、辨析。王应麟在考史的过程中非常注重“直书”的问题，注重探讨“直笔”之难为的原因，并由此论及史家之道德修养。

“直书”，顾名思义，是指史家据实直录，如实记载史事的做法。对于史书中存在“直书”与“曲笔”的现象，王应麟认为这是权贵对于史家撰述的干扰造成的，在《困学纪闻》中，

① 叶梦得撰，宇文绍奕考异：《石林燕语》卷八，中华书局1984年版，第123页。
② 叶梦得撰，宇文绍奕考异：《石林燕语》卷四，中华书局1984年版，第57页。
③ 周煇：《清波杂志》卷二，刘永翔《清波杂志校注》本，中华书局1994年版，第46页。

他反复征引前人相关的论点，并针对有宋一代《日历》与《起居注》交由皇帝过目的现象，评论说：

> 范正献公曰："后世人君观史，而宰相监修，欲其直笔，不亦难乎？"其论正矣。然自唐奸臣为《时政记》，而史益诬，近世犹甚。余尝观《宝庆日历》，欺诬之言，所谓以一手掩天下之目。[①]

这里，《宝庆日历》是指宋理宗宝庆年间的日历。宋代日历的编次是历代皇朝所独有的形式。据罗炳良考，南宋的修史制度中史官编次《日历》《起居注》，不仅需要克尽收集史料的职责，而且还有抄录副本的职责，用以进呈皇帝御览，或者借送其他修史机构。[②] 当史官记事触及现实政治的利害冲突时，在部分史书编著时会出现"诬言"即"曲笔"的现象。由是，王应麟发出这样的感叹："记注兴，而史道诬矣……记注，谓汉、晋以后《起居注》之类。虚美隐恶，史无直笔，故曰诬。"[③] 王应麟批评史馆编修的《日历》《起居注》之类的史料文献中存在的"虚美隐恶"的曲笔现象，并指出"人君御览、宰相监修"的史馆制度是"史无直笔"的重要社会根源。同时，王应麟还认为，史家政治立场与个人情感倾向也可能造成"曲笔"的出现。他说：

---

① 王应麟：《困学纪闻》卷一五《考史》，上海古籍出版社2008年版，第99页。
② 参见罗炳良：《南宋史学史》第二章《南宋修史机构》，人民出版社2008年版，第161页。
③ 王应麟：《困学纪闻》卷一〇《诸子》，上海古籍出版社2008年版，第205页。

“郑渔仲谓：《晋史》党晋，凡忠于魏者为叛臣；《齐史》党齐，凡忠于宋者为逆党”①，而“子显以齐宗室仕于梁，而作《齐史》，虚美隐恶，其能直笔乎！”② 这里，王应麟认为：史家修史时的立场与情感好恶会影响史书述事记人的真实性与可信度。这一点尤其体现在萧子显撰《齐史》上。萧子显是齐国宗室、齐高宗萧道成之孙，入梁之后得以重用，以撰《齐史》，书诸人时“凡忠于宋者为逆党”，而述其先祖家人时，多有溢美之词。像这样的做法，使《齐史》难免受人诟病。王应麟对于造成“直笔”与“曲笔”原因的认识，也是出于他对南宋官修史书在制度层面上的批判认识，其论恳切。虽然当时史馆修史存在种种弊病，王应麟并没有抱着完全悲观消极的态度，他坚信“人心公议”不泯，史书直书实录的精神就会永存。③

王应麟《困学纪闻》在对“曲笔”现象进行批判的同时，还十分注重史家的道德修养。他认为史家品质高尚与否，是其成就信史的关键因素。由于王应麟曾亲见权臣掌政、误国害民之危害，而由这些人参与史书编纂，只可能破坏“直书”的宗旨，影响到史学的教化功能，所以王应麟对于佞臣修史的批评尤为激烈，他说：

《晋史·忠义传》，可削者三人：韦忠不见裴頠，辞张

① 王应麟：《困学纪闻》卷一三《考史》，上海古籍出版社2008年版，第1515页。
② 王应麟：《困学纪闻》卷一三《考史》，上海古籍出版社2008年版，第1565页。
③ 参见吴漫：《王应麟〈困学纪闻〉的史学思想》，《史学史研究》2007年第3期。

华之辟，初节亦足称矣。而仕于刘聪，为之讨羌而死，非为晋死也，谓之忠义可乎？王育仕于刘渊，刘敏元仕于刘曜，舍顺从逆，皆失节者也，忠义安在哉？唐之修《晋史》也，许敬宗、李义府与秉笔焉，是恶知兰艾鸾枭之辨？[①]

这里，王应麟以《晋史》中韦忠、王育、刘敏元“皆失节者”却被列入《忠义传》一事为例，认为此类错误完全是由于许敬宗、李义府这样的佞臣修史造成的，他们虽然有学问、知史事甚至写得一手好文章，然而品质败坏、假公济私、媚上欺下，他们修史自是忠奸不分、兰艾不辨。王应麟认为由这样品行不端的人执笔修史于史于世都有很大的危害。王应麟对于史官趋炎附势的行为是极力贬斥的。王应麟还结合北宋史事进一步证明：“《两朝国史》非寇准而是丁谓，托之神宗圣训，盖蒲宗孟之笔也。王允谓不可令佞臣执笔，谅哉！”[②] 王应麟提及的蒲宗孟，是北宋神宗时的著作佐郎，曾参与修《两朝国史》。据《宋史》记载，蒲宗孟因“荒于酒色及缮治府舍过制”而被降职，其生性残暴，像小偷小摸这样的微罪“亦断其足筋”，其“性侈汰，藏帑丰”[③]，穷奢极欲。像这样一个贪婪好奢、冷酷寡德之人，不可能具有秉笔直录的南董精神，更不可能撰述出惩恶劝善的史著。据此，王应麟强调：“不可令佞臣执笔。”王应麟看重史家

① 王应麟：《困学纪闻》卷一三《考史》，上海古籍出版社 2008 年版，第 1541 页。
② 王应麟：《困学纪闻》卷一五《考史》，上海古籍出版社 2008 年版，第 1687 页。
③ 脱脱等：《宋史》卷三二八《蒲宗孟传》，中华书局 1977 年版，第 10572 页。

的道德品质，以此作为考量其能否写出信史的一个基本条件的做法，确有其一定的道理，并对后人评论史家道德产生了不小的影响。元朝揭傒斯在回答“修史以何为本”时，说：“用人为本。有学问文章而不知史事者，不可与；有学问文章知史事而心术不正者，不可与。用人之道，又当以心术为本也。”[1] 而王应麟所论许敬宗、李义府、蒲宗孟等人皆可谓是“有学问文章知史事而心术不正者”。揭傒斯之论史家心术是对王应麟论史家道德的进一步的总结，而王应麟对于史家道德的评论也当视为南宋时期学者关于史家史德认识方面的重要成果。

宋代历史笔记的繁荣是宋代史学发展的重要特色。宋代历史笔记在内容上更加趋于客观真实，在体例方面吸收了国史、正史的特点而更加成熟。宋代学者认识到历史笔记在史学上的价值，认为历史笔记具有补充正史的作用，在宋代历史笔记中体现出自觉的补史意识。这种补史意识不仅促进了历史笔记对史学的关注与讨论，而且强调以真实客观的补史价值作为评价其他历史笔记的标准。在宋代历史笔记中包含了不少的史学批评内容，笔记的撰写者多为史官或与史学有密切联系者，针对宋代修史与史馆制度，围绕着史料批判、评论史书及史官评价等问题展开了一系列批评。宋代历史笔记展现出的史学批评，反映了宋代史学批评的广泛展开与深入发展。

---

① 宋濂等：《元史》卷一八《揭傒斯传》，中华书局1976年版，第77页。

第五章　金石之学与史学批评

宋代金石学得到发展，成为专门之学，出现了一批研究学者与著作。金石学的繁荣是与宋代史学的发展密切相关的，宋代金石学研究者对金石学的认识以及对史传互补的关注都体现出史学的影响。金石学也受到经世致用思想的影响，并在其思想指导下对宋代政治社会产生了积极的作用。

第一节　金石补史中的史学批评

一、宋代金石学的开创

金石学兴起于宋代初期，经过学者的不断努力，形成了一种新的学术风气，出现了一批关于金石学的著作，成为宋代学术的一大特色。宋代金石学的发展，大致可以分为四个时期，即：真宗、仁宗后的逐渐兴起时期，神宗后的发展时期，徽宗时的兴盛时期以及南宋初的进一步发展时期。[①] 关于宋代金石学研究的内容，王国维将其分成三类："与叔考古之图，宣和博古之录，既写其形，复摹其款，此一类也；啸堂集古，薛氏法贴，但以录文为主，不以图谱为名，此二类；欧赵金石之目，才甫古器之评，长睿东观之论，彦远广川之跋，虽无关图谱，而颇存名目，此三类也。"[②] 在此基础上也产生了对金石学更加细致的划分，如四分法[③]、五分法[④]等。

宋代金石学的兴起，源自宋真宗时朝廷中对于出土古器物的争论。[⑤] 此后刘敞首先开始收集青铜古器及碑刻，写成《先秦古器记》。欧阳修的《集古录》在分卷收集整理的同时，也通过撰写跋尾对金石展开研究。赵明诚《金石录》在《集古录》的基础上把目录按时代进行了划分，并校正了之前的研究成果。洪适的《隶释》创立了具录碑刻原文的体例。李公麟《考古图》对古器的形制展开研究，创设了绘图的形式。吕大临《考古图》在李公麟的基础上，扩充了研究的内容。而王黼的《重修宣和博古图》则是在官府的支持下，利用宫廷的收藏，对青铜古器以绘图的形式进行研究。南宋时薛尚功的《钟鼎彝器款识法帖》与王俅的《啸古堂集古录》主要针对金石文字进行摹写与考释。黄伯思的《东观余论》和张抡的《绍兴内府古器评》则是针对

① 马晓风：《论宋代金文研究的发展与演进》，《兰州学刊》2013 年第 5 期。

② 王国维：《观堂集林》卷六《宋代金文著录表序》，中华书局 1959 年版，第 295 页。

③ 参见崔文印：《宋代的金石学》，《史学史研究》1993 年第 2 期。

④ 参见夏超雄：《宋代金石学的主要贡献及其兴起的原因》，《北京大学学报》（哲学社会科学版）1982 年第 1 期。

⑤ 参见程民生：《金石学发祥汴京考论》，《中原文物》2015 年第 1 期。

之前金石学的考评之作，而翟耆年《籀史》是从目录学的角度对于宋代金石学书籍做了解题式的研究。

宋代金石学在研究的方法上取得了显著的成就，如跋尾的形式、碑刻与史传结合的研究途径、按时代划分的分类原则、古器物形制的绘图方法①、古器与铭文的考释方法②、古器命名的方式以及青铜部件的术语③等，对后世金石学的发展产生了重要影响。因而王国维对于宋代金石学的发展评价道："近世金石学复兴，然于著录、考订，皆本宋人成法。"④

二、以碑考传

宋代金石学研究的对象包括古器物、碑刻、铭文等，但一种学问的产生与发展，不仅仅是一种新材料的发现，同时也伴随着对此新材料进行研究的思想的发展。宋代金石学的兴盛，虽然受到诸多观念的影响，但其发展与史学的关系密切。这里的密切不仅指金石学的发展，为史学的进步提供了更为坚实、丰富的材料，同时金石学的发展，本身也是在史学意识的发展下，指导与开展研究的。

首先，宋代金石学的发展体现了研究者主体意识的自觉，其表现为一种自觉的学术追求，强调对金石学兴趣的产生不是为

---

① 参见刘克明：《宋代金石学著作中的图学成就——读〈考古图〉和〈宣和博古图〉等》，《江汉考古》1989 年第 3 期。

② 参见董莲池：《宋人在金文文献整理上的创获》，《古籍整理研究学刊》1992 年第 2 期。

③ 参见刘昭瑞：《简论宋人的古器物学研究》，《文博》1992 年第 2 期。

④ 王国维：《宋代之金石学》，乔继堂选编：《王国维散文》，上海科学技术文献出版社 2013 年版，第 48 页。

“玩好之具”。同时这种学术追求的意识，一定程度上受到史学意识的影响。如欧阳修在《集古录》中称“乃知余家所藏，非徒玩好而已，其益岂不博哉”，而其意图正是“以此知文字转易失其真者，何可胜数？幸而因余《集录》所得，以正其讹舛者，亦不为少也”①，体现为史学的求真，因而《集古录跋尾》多与史传发生联系。再者如吕大临《考古图》中所论：“暇日论次成书，非敢以器为玩也，观其器，诵其言，形容仿佛，以追三代之遗风，如见其人矣。”② 其研究金石的目的在于史学上的察往知来，回溯三代上古的历史。赵明诚在《金石录序》中也宣称：“余之致力于斯，可谓勤且久矣，非特区区为玩好之具而已也。”③

这里他们不约而同地提到非“玩好之具”，表明对于金石学的研究并非出于个人兴趣，而是发展到一定阶段自然而然产生的。同时说明了研究者学术修养的重要作用，即有意识地从事金石学研究。这种主体意识背后的补正史料、追溯既往，无疑包含着史学意识的影响，诚如赵明诚在《秦泰山刻石》中所论“皆足以正史氏之误。然则斯碑之可贵者，岂特玩其字画而已哉”④，无疑这种主体意识中的非“玩其字画”是与史学观念密切联系的。

其次，这种自觉体现为金石学的研究方法更多地与史学方法

① 欧阳修：《集古录跋尾》卷五《唐孔颖达碑》，《欧阳修全集》卷一三八，中华书局2001年版，第2194页。

② 吕大临：《考古图后记》，容庚编：《宋人著录金文丛刊初编》，中华书局2005年版，第8页。

③ 赵明诚：《金石录序》，金文明《金石录校证》本，上海书画出版社1985年版，第1页。

④ 赵明诚：《金石录》卷一三《秦泰山刻石》，金文明《金石录校证》本，上海书画出版社1985年版，第241页。

相关联，自觉地把金石材料与史学联系起来，在辨析金石的史料性质基础上，既利用金石碑刻的材料来印证史书，也以史书的记载来考证金石材料的真伪。这成为后世王国维提出“二重证据法”学术上的渊源。如刘敞《先秦古器记》称：“以他书参之，乃十得五六。”[①] 欧阳修在《集古录》中指出要“以碑考传”[②]，又在给刘敞的信中特别提到“（《集古录》）又因得与史传相参验，证见史家阙失甚多”[③]。赵明诚在《金石录序》中称“考其异同，参以他书”[④]，在《汉荆州刺史度尚碑》中明确了所谓“他书”主要指的是史书，“余每得前代名臣碑版以校史传，其官阀、岁月少有同者，以此知石刻为可宝也”[⑤]，从中可以发现把金石材料与史学相联系成为其主要的研究方法。

在这种比较之中产生了对于金石碑刻史料性质的认识，也正是基于这样的认识，金石材料有了与史书相互印证的可能与必要，如欧阳修认为：“（《唐书》）三者皆史家之失，当以碑为正。故《集古》所录于前人世次，是正颇多也。”[⑥] 赵明诚作了类似的分析：“盖窃尝以谓《诗》《书》以后，君臣行事之迹悉

---

① 刘敞：《先秦古器记》，《公是集》卷三六，《景印文渊阁四库全书》一〇九五册，台湾商务印书馆1986年版，第715页

② 欧阳修：《集古录跋尾》卷五《唐徐王元礼碑》，《欧阳修全集》卷一三八，中华书局2001年版，第2199页。

③ 欧阳修：《书简》卷五《与刘侍读书六》，《欧阳修全集》卷一四八，中华书局2001年版，第2420页。

④ 赵明诚：《金石录序》，金文明《金石录校证》本，上海书画出版社1985年版，第1页。

⑤ 赵明诚：《金石录》卷一五《汉荆州刺史度尚碑》，金文明《金石录校证》本，上海书画出版社1985年版，第281页。

⑥ 欧阳修：《集古录跋尾》卷五《唐智乘寺碑》，《欧阳修全集》卷一三八，中华书局2001年版，第2200页。

载于史，虽是非褒贬出于秉笔者之私意，或失其实，然至其善恶大节有不可诬，而又传之既久，理当依据。若夫岁月、地理、官爵、世次，以金石考之，其抵牾十常三四。盖史牒出于后人之手，不能无失，而刻词当时所立，可信不疑。”[①] 即金石材料出自时人之手，因而在史料的性质上更加接近于当代材料，较少受到后世的影响，保留了史料的原有面貌。

这种碑刻与史书的互证，不仅可以补充史书的不足，而且可以验证金石材料的真伪。如欧阳修曾对金石与史传进行比较从而怀疑碑刻的记载：“而今经、注，字皆一体，疑非诸王所书，而后人追寓其名尔……此碑列名既可疑，则环、瑝二名未知孰是也。”[②] 又如“案穆王时所用皆古文科斗书，此字笔画反类小篆，又《穆天子传》《史记》诸书皆不载，以此疑其非是”[③]。赵明诚《金石录》中也有类似的质疑，如《汉张平子碑》：“惟《传》云：‘顺帝初，再征为太史令。’其事见平子所为《应间》，可信不疑，而《碑》无之。岂平子初尝罢免，后复拜此官，而《碑》不书欤?”[④] 到南宋，洪适在《隶释》中提出明确的判断：“虽墓铭之言，不可尽信。”[⑤] 因而宋代金石学的金石材料与史传互证的方法是双向的，其既是研究金石内容的重要条件，也是确保金石

---

① 赵明诚:《金石录序》，金文明《金石录校证》本，上海书画出版社 1985 年版，第 1 页。

② 欧阳修:《集古录跋尾》卷六《唐群臣请立道德经台奏答》，《欧阳修全集》卷一三九，中华书局 2001 年版，第 2220 页。

③ 赵明诚:《金石录》卷一三《吉日癸巳字》，金文明《金石录校证》本，上海书画出版社 1985 年版，第 239 页。

④ 赵明诚:《金石录》卷一四《汉张平子碑》，金文明《金石录校证》本，上海书画出版社 1985 年版，第 255 页。

⑤ 洪适:《隶释·隶续》卷一一《小黄门谯敏碑释》，中华书局 1986 年版，第 127 页。

材料真伪的保证。后世王国维总结了宋代金石学的这一特点：“既据史传以考遗刻，复以遗刻还正史传，其成绩实不容蔑视也。”[①]

再次，金石材料的研究内容，涉及的多是史学的补阙、正误乃至评论等，与史学的内容密不可分。如欧阳修《集古录》中多次提到“史氏之谬，当以碑为正”[②]，“前史不载，而此碑见之”[③]，“盖史官之阙也”[④]，“皆史官之阙误，当以碑为是。而传载阎罗王事甚怪，而碑无之，使其实有，碑不宜不书，以此见史家之妄也”[⑤]，“《隋书》列传载茂事犹多阙谬……皆史家之谬也。碑云茂字延茂，史亦阙”[⑥]。关于补阙与正误的内容，赵明诚在《金石录》中有类似的记述：“其他始皇登名山凡六刻石，《史记》皆具载其词，而独遗此文，何哉”[⑦]，“盖《史》之误”[⑧]。《汉国三老袁君碑》中“袁氏自汉以来，世为著姓，安与滂皆一时显人，而诸书于其族系错谬如此，以此知典籍所载，其失可胜

---

① 王国维：《宋代之金石学》，乔继堂选编：《王国维散文》，上海科学技术文献出版社2013年版，第47页。

② 欧阳修：《集古录跋尾》卷五《隋郎茂碑》，《欧阳修全集》卷一三八，中华书局2001年版，第2190页。

③ 欧阳修：《集古录跋尾》卷五《隋李康清德颂》，《欧阳修全集》卷一三八，中华书局2001年版，第2182页。

④ 欧阳修：《集古录跋尾》卷五《唐龙兴宫碧落碑》，《欧阳修全集》卷一三八，中华书局2001年版，第2199页。

⑤ 欧阳修：《集古录跋尾》卷五《隋韩擒虎碑》，《欧阳修全集》卷一三八，中华书局2001年版，第2183页。

⑥ 欧阳修：《集古录跋尾》卷五《隋陈茂碑》，《欧阳修全集》卷一三八，中华书局2001年版，第2183–2184页。

⑦ 赵明诚：《金石录》卷一三《秦峄山刻石》，金文明《金石录校证》本，上海书画出版社1985年版，第243页。

⑧ 赵明诚：《金石录》卷一四《汉王稚子阙铭》，金文明《金石录校证》本，上海书画出版社1985年版，第251页。

道哉”[①] 等，表明金石学的研究是自觉的与史学内容相联系的。

再者，在对金石学的研究中，提出了对于金石材料存在时间长短的辩证认识。研究者认识到虽然金石由于质地坚实能够长期保存，为人们通过金石材料了解其产生时代的社会与现实提供了可能，但是金石材料作为客观物质的一种，其材质的坚实也是相对的，因而伴其而生的对客观事实材料的记载也有消逝的可能。这样对于金石材料存在时间长短的论证，实际上是对金石作为历史客观记载材料性质的辨析。金石作为一种记载历史客观的材料同样是短暂的，不可能真的长存而不坏，在这种辩证的认识下，就有了整理与研究的必要性与紧迫性。研究者认识到材料的短暂性、有限性，要把客观记载遗留给后世，实际上是将这一种认识上升到史学的意识，要发挥史学沟通古今的作用。

欧阳修提出“虽金石之坚不能以自久”[②] 的疑问，赵明诚也有类似的疑问“是金石之固犹不足恃”[③]，这里看似讨论记载材料存在时间长短的问题，实际上提出了研究金石学的紧迫性与必要性，如欧阳修就是通过指出这种必要性否定了他人对其金石研究的质疑：“或讥予曰：‘物多则其势难聚，聚久而无不散，何必区区于是哉？’予对曰：‘足吾所好，玩而老焉可也。象犀金玉之聚，其能果不散乎？予固未能以此而易彼也。’”[④] 这里欧

---

① 赵明诚：《金石录》卷一四《汉国三老袁君碑》，金文明《金石录校证》本，上海书画出版社 1985 年版，第 254 页。

② 欧阳修：《集古录跋尾》卷五《唐孔子庙堂碑》，《欧阳修全集》卷一三八，中华书局 2001 年版，第 2187 页。

③ 赵明诚：《金石录序》，金文明《金石录校证》本，上海书画出版社 1985 年版，第 2 页。

④ 欧阳修：《集古录目序》，《欧阳修全集》卷四二，中华书局 2001 年版，第 600 页。

阳修从金石不能持久，论述到物多而散，其实都是在讨论金石的短暂有限性，因此提出不能忽视对于金石的研究工作，“予固未能以此而易彼”。

在金石不能持久的情况下，研究者撰述的目的，正如欧阳修所论“因感夫物之终敝，虽金石之坚不能以自久，于是始欲集录前世之遗文而藏之。殆今盖十有八年，而得千卷，可谓富哉”[①]，“因并载夫可与史传正其阙谬者，以传后学，庶益于多闻”[②]。赵明诚也称：“是金石之固犹不足恃，然则所谓二千卷者，终归于磨灭，而余之是书有时而或传也。孔子曰：‘饱食而终日，无所用心，难矣哉！不有博弈者乎？为之，犹贤乎已。’是书之成，其贤于无所用心，岂特博弈之比乎！辄录而传诸后世好古博雅之士，其必有补焉。”[③] 这里欧阳修与赵明诚在强调金石不可持久的同时，都特别突出了他们的目的：传之后世，有益后学。这实际上已经从单纯的金石的讨论上升到史学的意识，突出了金石作为流传的媒介，沟通古今的史学意义。

这一意识与刘知幾在《史通》中的总结有类似之处：“苟史官不绝，竹帛长存，则其人已亡，杳成空寂，而其事如在，皎同星汉。用使后之学者，坐披囊箧，而神交万古，不出户庭，而穷览千载。见贤而思齐，见不贤而内自省……由斯而言，则史之为

---

① 欧阳修：《集古录跋尾》卷五《唐孔子庙堂碑》，《欧阳修全集》卷一三八，中华书局2001年版，第2187-2188页。

② 欧阳修：《集古录目序》，《欧阳修全集》卷四二，中华书局2001年版，第600页。

③ 赵明诚：《金石录序》，金文明《金石录校证》本，上海书画出版社1985年版，第2页。

用，其利甚博。乃生人之急务，为国家之要道。”① 从客观历史中人与事的短暂，到论述史书所具有的察往知来、贯通古今的性质，进而论证了史学的功用与意义。史学不会随着客观遗迹与事迹的消亡而逝去，由此使得我们得以贯通古今、见贤思齐。金石材料因其质地而能够长期存在，这也是金石能够作为史料载体的基础，然而其长期性是相对的，并不能否定其作为客观记载材料的局限性。同样的，金石要作为一种流传后世的中介，必须凭借学者对于金石的整理与研究，才能惠及后学，真正起到沟通古今的作用。因此在这一史学意识的指导作用下，欧阳修、赵明诚的论述都以质疑起始，而以上升到史学沟通古今的价值为终。

宋代金石学与史学之间存在密切联系，随着史学的发展，金石学被囊括进史学，成为传统史学研究的重要内容。郑樵在《通志》中特别加入《金石略》，这是《通志》会通意识的重要体现。《金石略》作为纪传体通史《通志》的一部分，表明其对传统史学的范围有了新认识：“盖金石之功，寒暑不变，以兹稽古，庶不失真。今艺文有志而金石无纪，臣于是采三皇五帝之泉币，三王之鼎彝，秦人石鼓，汉、魏丰碑，上自仓颉石室之文，下逮唐人之书，各列其人而名其地。故作《金石略》。”② 宋代金石学发展至此，在史学体例上被正式纳入史学领域，这既是金石学发展的结果与总结，也是史学意识进步与研究领域拓宽的标志。

① 刘知幾：《史通》卷一一《史官建置》，浦起龙《史通通释》本，上海古籍出版社 1978 年版，第 303-304 页。

② 郑樵：《通志》卷三七《金石略》序，中华书局 1987 年版，第 841 页。

三、致用的意图

经世致用的思想是中国传统史学的特点之一，宋代金石学的发展，并非仅仅关注古器、碑刻以及铭文等，金石学本身也与经世致用的思想有着密切关系。宋代金石学的致用意图，既表现在其研究的思想上，也反映在时代的现实中，对宋代的政治社会产生了重要的影响。王国维认为："宋人金石之学，并运用于实际，非徒空言考订而已。"①

金石学经世致用的思想是建立在史学意识的基础上的。在吕大临、王黼以及郑樵的论述中，他们在论证金石学的致用之功时，都采用了一种相同的论述方式：金石古器为三代圣王制作，包含了其意图与功用，而通过研究遗存出土的金石古器可以借此追溯至三代，从而为现实提供指导。即章学诚在《文史通义》中为突出史学的经世致用而提出的"六经皆器"的思想："夫子述六经以训后世，亦谓先圣先王之道不可见，六经即其器之可见者也。后人不见先王，当据可守之器而思不可见之道，故表章先王政教，与夫官司典守以示人，而不自著为说，以致离器言道也。夫子自述《春秋》之所以作，则云'我欲托之空言，不如见诸行事之深切著明'。则政教典章、人伦日用之外，更无别出著述之道，亦已明矣。"② 章学诚认为"先圣先王"的道是蕴藏

---

① 王国维：《宋代之金石学》，乔继堂选编：《王国维散文》，上海科学技术文献出版社2013年版，第47页。

② 章学诚：《文史通义》卷二《原道中》，叶瑛《文史通义校注》本，中华书局1985年版，第132页。

在“政教典章、人伦日用”之中，其与现实实践密切相关，没有脱离实践目的而单独存在的“道”的流传媒介，以此来特别突出经世致用与“六经”亦即“史”的密切联系。

吕大临《考古图》言：“所谓古者，虽先王之陈迹，稽之好之者，必求其所以迹也，制度法象之所寓，圣人之精义存焉。有古今之所同然，百代所不得变者……不意数千百年后，尊、彝、鼎、敦之器，犹出于山岩、屋壁、田亩、墟墓之间，形制文字，且非世所能知，况能知所用乎？……观其器，诵其言，形容仿佛，以追三代之遗风，如见其人矣。以意逆志，或探其制作之原，以补经传之阙亡，正诸儒之谬误。”[①] 吕大临认为金石古器蕴含着圣人制定的制度与精神，而这些制度与精神，有“古今所同然”之处，因此金石古器的发现既承担了传承文明的作用，也为人们重新理解与实践圣人的制度与精神提供了可能。

王黼《重修宣和博古图》称：“《周易》六十四卦莫不有象，而独于鼎言象者，圣人盖有以见天下之赜而拟诸形容，象其物宜，是故谓之象。至于近取诸身，远取诸物，仰以观于天，俯以察于地，拟而象之，百物咸备，以通神明之德，以类万物之情……故圣人惟以鼎为象……大抵古人用意，皆有规模，岂特为观美哉？”[②] 王黼提出了这种金石古器蕴含着的意义，是与传统典籍中的论述相符合的，即圣人通过对天地万物的观察而制作了

① 吕大临：《考古图序》，容庚编：《宋人著录金文丛刊初编》，中华书局2005年版，第8页。

② 王黼：《重修宣和博古图》卷一《总说》，广陵书社2010年版，第1页。

金石古器。

郑樵认为："祭器者，古人饮食之器也。今之祭器，出于礼图，徒务说义，不思适用，形制既乖，岂便歆享？夫祭器尚象者，古之道也……其义甚明，世莫能用。"[①] 郑樵认为对金石古器不应只局限于器物复原，而应充分理解其承担文明传承与实践致用的意义。

从上述论述中可以发现他们对于金石古器的理解，并非限于文字校释、器物考证，还有着更深层次的思考。金石古器承担着传承文明的重任，具有沟通古今的作用，即"制度法象之所寓，圣人之精义存焉"[②]，通过追述这种联系可以让我们验证过往的历史，回归到三代之中。这种追溯过往与传承文明的联系，不仅仅是类似现代考古学意义上的以出土文物复原与追索先人的遗迹，也是传统文化观念的一种体现。这其中包含着史学致用的精神，如王黼提出《周易》所论金石古器中蕴含着圣人对于天地的观察，"以通神明之德，以类万物之情"[③]。清人章学诚在《文史通义·原道中》中有类似的论述："三代以前，《诗》《书》六艺，未尝不以教人，不如后世尊奉六经，别为儒学一门，而专称为载道之书者。盖以学者所习，不出官司典守，国家政教；而其为用，亦不出于人伦日用之常，是以但见其为不得不然之事

① 郑樵：《通志总序》，中华书局 1987 年版，第 2 页。
② 吕大临：《考古图序》，容庚编：《宋人著录金文丛刊初编》，中华书局 2005 年版，第 8 页。
③ 王黼：《重修宣和博古图》卷一《总说》，广陵书社 2010 年版，第 1 页。

耳，未尝别见所载之道也。”① 他特别突出了致用的精神：圣人通过对天地人世的观察，制定了礼乐制度，“六经”即反映当时的“政教典章、人伦日用”，既是教育的文本又是实践的规范，因而“六经皆器”，圣人制定的礼乐没有单独存在的形式，都是存在于当时的实践之中，这种观念突出了致用的精神。既然这种古器之中存在着圣人从天地人世中观察而得来的实践致用精神，那么对于此种器物意义的追求就包含着致用的目的，对于圣人制度与精神的学习，就必然转化到现实的实践中来。郑樵认为“其义甚明，世莫能用”②，就在于金石古器包含着圣人的制度与精神，因而对于金石古器的研究可以追溯三代，承担起文明传承的作用。同时圣人的制度与精神是对“日用人伦”的观察与反映，因此也就要求对器物蕴含的制度与精神的研究与探讨，最终都要回归到实践致用中来，从而也为与现实特别是政治发生联系提供了可能。

宋代金石学的发展表明，其不仅是社会发展的产物，同时在产生伊始也在发挥着经世致用的作用。

首先，金石学的发展与现实背景密切相关。金石学在宋代的开端，源自现实中人们对青铜古器的争议。宋真宗时期，乾州出土了一件古鼎，当时为了验证这一古鼎而展开了争论：“乾州献古铜鼎，状方而有四足，上有古文二十一字。诏儒臣考正。而句

① 章学诚：《文史通义》卷二《原道中》，叶瑛《文史通义校注》本，中华书局 1985 年版，第 132 页。

② 郑樵：《通志总序》，中华书局 1987 年版，第 2 页。

中正、杜镐验其款识，以为‘史信父甗’。”[①] 此后宋仁宗也喜爱收藏鉴赏古器物。朝廷的崇尚促进了金石学的发展。特别是宋徽宗对金石的喜爱，导致了当时流行对古器、碑刻、拓片的购买与研究。如蔡絛在《铁围山丛谈》中记载：“世既知其所以贵爱，故有得一器，其直为钱数十万，后动至百万不翅者。于是天下冢墓，破伐殆尽矣。独政和间为最盛，尚方所贮至六千余数，百器遂尽……时所重者三代之器而已，若秦、汉间物，非殊特盖亦不收。及宣和后，则咸蒙贮录，且累数至万余。若岐阳宣王之石鼓，西蜀文翁礼殿之绘像，凡所知名，罔间巨细远近，悉索入九禁。而宣和殿后，又创立保和殿者，左右有稽古、博古、尚古等诸阁，咸以贮古玉印玺，诸鼎彝礼器、法书图画尽在。”[②] 叶梦得《避暑录话》也有类似的记载：“宣和间，内府尚古器。士大夫家所藏三代秦汉遗物，无敢隐者，悉献于上。而好事者复争寻求，不较重价，一器有值千缗者。利之所趋，人竞搜剔山泽，发掘冢墓，无所不至。”[③] 至南宋初，宋高宗仍旧保持着对金石的兴趣，甚至派人在榷场中回购流落在北方的青铜古器，因此在《绍兴内府古器评》中仍可见徽宗时古器“尚得十之一二”[④]。同时金石学的多部重要的著作也与朝廷有密切的联系。如《考古图》作者李公麟死后，宋徽宗曾亲自去其家收集古器，其部分

---

① 赵明诚：《金石录》卷一一《甗铭》，金文明《金石录校证》本，上海书画出版社 1985 年版，第 214 页。

② 蔡絛：《铁围山丛谈》卷四，中华书局 1983 年版，第 80 页。

③ 叶梦得：《避暑录话》卷三，上海古籍出版社 2012 年版，第 144 页。

④ 王国维：《宋代之金石学》，乔继堂选编：《王国维散文》，上海科学技术文献出版社 2013 年版，第 44 页。

收藏也归入宫廷，《考古图》卷八引《复斋漫录》称“徽宗尝即其家访之，得于积壤中……余者咸归内府”①。吕大临的《考古图》就参考了徽宗内府的收藏，而王黼的《重修宣和博古图》也是在朝廷的指示下完成的。宋代金石学的发展受到当时社会背景的影响，尤其是与宋代政治有着密切的联系。

其次，金石学受到世人重视的同时，其经世的意图与功用也在影响着时代与社会。随着金石学的发展，对于古器物了解的增多，越来越多的士人对之前沿袭下来的礼仪制度表示不满。蔡絛“见三代典礼文章，而读先儒所讲说，殆有可哂者”②。《政和五礼新仪》中薛昂也提到：“有司所用礼器如尊、爵、簠、簋之类，与士大夫家所藏古器不同，盖古器多出于墟墓之间，无虑千数百年，其制作必有所受，非伪为也。”③ 因而宋徽宗时设立议礼局，制定新的礼仪，其中参考金石古器，制定新的礼器是其重要的任务之一。议礼局曾奏请“乞下州县，委守令访问士大夫或民间有蓄藏古礼器者，遣人即其家图其形制，送议礼局”④。这里对于金石学的重视也就从器物逐渐上升到制度的层面。

金石学在现实中也发挥着致用的作用，《集古录》曾记载宋仁宗时利用出土古钟，校正朝廷礼仪中乐钟的情况：“景祐中，修大乐，冶工给铜更铸编钟，得古钟，有铭于腹，因存而不毁，

---

① 吕大临：《考古图》卷八《琥》，容庚编：《宋人著录金文丛刊初编》，中华书局2005年版，第147页。

② 蔡絛：《铁围山丛谈》卷四，中华书局1983年版，第80页。

③ 郑居中等：《政和五礼新仪》卷首《御笔指挥》，《景印文渊阁四库全书》六四七册，台湾商务印书馆1986年版，第10页。

④ 杨仲良：《皇宋通鉴长编纪事本末》卷一三三，黑龙江人民出版社2006年版，第2248页。

即宝龢钟也。余知太常礼院时，尝于太常寺按乐，命工扣之，与王朴‘夷则清声’合。初，王朴作编钟，皆不圆。至李照等奉诏修乐，皆以朴钟为非，及得宝龢，其状正与朴钟同，乃知朴为有法也。”①《宋史·乐志》记载宋徽宗时“端州上古铜器，有乐钟，验其款识，乃宋成公时”②。宋徽宗认为自己是以端王入继大统，以此为符瑞，因而模仿上古三代之制，铸造九鼎，作大晟乐，置大晟府，“徽宗所储三代彝器，诏（刘）昺讨定，凡尊爵、俎豆、盘匜之属，悉改以从古，而载所制器于祀仪，令太学诸生习肄雅乐”③。欧阳修还在《集古录跋尾》中明确提出金石研究对现实的经世价值。他在《唐盐宗神祠记》中指出碑刻中有关盐事的争议，为宋代有关盐业的讨论提供了借鉴，由此欧阳修认识到“余家集录古文，不独为传记正讹谬，亦可为朝廷决疑议也”④。这表明欧阳修对金石学经世价值的重视。

李公麟曾运用自己的金石学知识鉴定古器玉玺：“绍圣末，朝廷得玉玺，下礼官诸儒议，言人人殊。公麟曰：‘秦玺用蓝田玉，今玉色正青，以龙蚓鸟鱼为文，著“帝王受命之符”，玉质坚甚，非昆吾刀、蟾肪不可治，雕法中绝，此真秦李斯所为不疑。’”⑤ 宋徽宗时期曾模仿古器而制作玉玺。其原因蔡絛《铁

---

① 欧阳修：《集古录跋尾》卷一《古器铭一》，《欧阳修全集》卷一三四，中华书局2001年版，第11页。

② 脱脱等：《宋史》卷一二九《乐志四》，中华书局1977年版，第3002页。

③ 脱脱等：《宋史》卷三五六《刘昺传》，中华书局1977年版，第11207页。

④ 欧阳修：《集古录跋尾》卷七《唐盐宗神祠记》，《欧阳修全集》卷一四〇，中华书局2001年版，第2246页。

⑤ 脱脱等：《宋史》卷四四四《李公麟传》，中华书局1977年版，第13125-13126页。

围山丛谈》中记载详细："政和末，又新作一玺，上曰：'八宝者，国家之神奇。今再创玺，乃我受命者也。'"[①] 其不仅用以稳固宋徽宗的统治，蔡絛还认为此举与宋钦宗太子地位的巩固有着密切联系："政和间，东宫颇不安，其后日益甚。鲁公朝夕危惧，保持甚至。宣和庚子，有孙宗鉴者，时为紫微舍人，密语鲁公曰：'公毋虑。昔哲庙恶百官班联不肃，而后台吏号知班者必赞言端笏立定，又顷有八宝矣。今复增而九之，且名之曰"定命宝"。春宫盖始封定王，世次则九，则立定之语，九宝之兆，天其命之矣。'鲁公颔之。后宗鉴之言果应。"[②]

制定乐钟与鉴定玉玺都是侧重在具体器物的复原与鉴定，金石学的致用作用体现于器物层面上。宋徽宗时对于金石学的态度上升到制度精神层面，如"大晟乐"的设立与"定命宝"的创制，都与制度发生了密切的关系，被认为是巩固宋徽宗统治的一种重要手段，宋徽宗宣称新的玉玺"乃我受命者也"[③]。这在一定程度上是宋代金石学的致用精神的反映。宋徽宗认为其政治制度与器物间的联系，是同三代圣人创制立法与日常器物之间的关系相类似的。宋徽宗出于对金石的喜爱，热衷于恢复三代器物，并把其与自身统治的稳固联系起来，这在一定程度上是与金石学中所蕴含着的致用精神相符合的，对于金石中圣人制度与精神的学习，也必然会导致在现实的政治中，去实践三代圣王创制立法

① 蔡絛：《铁围山丛谈》卷一，中华书局 1983 年版，第 8 页。
② 蔡絛：《铁围山丛谈》卷一，中华书局 1983 年版，第 1-2 页。
③ 蔡絛：《铁围山丛谈》卷一，中华书局 1983 年版，第 8 页。

与日常器物之间的密切联系。但是现实中宋徽宗对于政治与器物之间的联系，并非是对于三代圣人之制的真正学习，三代圣王创制立法是通过天地人世的观察而产生，是符合“道”的，也是与人们的“日常人伦”相顺应的。而宋徽宗仅仅是为了粉饰自身的统治，营造盛世君王的虚幻形象，因而造成了消极的影响。同时宋徽宗的这种观念又与祥瑞的观念、变法派对于三代的强调有关，并在一定程度上加重了这一趋势。

金石古器与政治之间所存在的密切联系，也可以从南宋士人对此的反思中窥见，如《爱日斋丛抄》曾考察秦朝到十六国时宫殿前铜器迁变：“铜人凡四铸……由嬴秦包括四海，尽敛锋利于无用，且千万岁，方将震耀黔首，而竿木已为兵矣。时君僭王，不悟其缪，相承若镇宝，何耶……（铜器）兹物与盛衰无情者。蓟子训有五百年之感，索靖发见汝荆棘之叹，岂其阅历年数之久，盖有可悲欤？况其迹已亡矣，世有道感慨之故者。讫无以外是数物甚于蓟、索之亲见，想玩制作，殆其末耳。故集本末，为好古者道之。”① 这里认为这些铜器是“与盛衰无情者”，并特别提到是为“好古者”而研究其本末。这些被统治者认为是表明统治稳固的铜器反而在各个政权的抢夺与迁移中见证了王朝的更替与衰落：“时君僭王，不悟其缪，相承若镇宝，何耶”，可见这些铜器并不能代表其统治的好坏，因此此书提出了批评“想玩制作，殆其末耳”。这种为“好古者道之”的评论针对的

① 叶寘：《爱日斋丛抄》卷一，中华书局2000年版，第15-16页。

应该是宋代金石学的热潮，特别是皇帝对于金石的热衷。这种评论的产生从反面表明宋代金石学的致用意图与当时政治间存在的密切联系。

宋代金石学致用的意图，在金石学研究者的眼中有着深层次的内涵，其不仅是圣人制度精神的反映，承载着传承文明的作用，而且在传统观念中，出土的金石古器是圣人实践致用的载体，因而金石学的致用意图，从对器物的复原、观念的追溯，发展到现实的实践乃至与政治制度发生联系。

第二节　欧阳修论金石之学的价值

一、史料与史传两重性质

金石学兴起于北宋初期，经过学者的不断努力，形成了一门新的学科。欧阳修所著《集古录》是关于青铜古器与碑刻铭文的文献汇编，有一千卷之巨，是宋代系统收录金石碑刻的重要著作，惜今已不存。《集古录跋尾》是欧阳修对《集古录》中金石碑刻所作的摘要、研究与评论性文字，共十卷。《集古录跋尾》的撰成经历了一个长期积累的过程，直至欧阳修去世前一年“熙宁辛亥”（1071）[①]，他还在撰写《集古录跋尾》。

金石材料兼具史料与史传两重性质。宋代金石学发展的早期

① 欧阳修：《集古录跋尾》卷一〇《杂法帖六》，《欧阳修全集》卷一四三，中华书局2001年版，第2316页。

强调把金石材料视为一种新史料，认为可以补传统史料的不足。欧阳修在《集古录跋尾》中强调史传与金石碑刻的互补关系。他主张用金石碑刻补充与纠正史传的不足，同时也强调以史传来验证金石碑刻的真伪与正误。欧阳修在《唐徐王元礼碑》中提出“以碑考传”[①]，他在《集古录跋尾》中多次提到“当以碑为是”[②]“皆史官之阙误，当以碑为是”[③] 等。金石碑刻在史料补充和考证上具有重要价值。欧阳修在以金石碑刻与史传互考的过程中还提出对碑刻的质疑：“据碑言，刺奸、司命为光武时官，盖碑文之谬矣。”[④] 在《集古录跋尾》中欧阳修多次通过与史传记述的比较，发现了金石碑刻中的错误，由此可知，史传材料的利用也对验证金石碑刻的真伪与正误具有重要的价值。

同时，金石材料中的碑刻还具有史传的性质，在宋代被视为史书撰述的体裁之一。正是金石碑刻所具有的史传性质，使其具有了进行史学批评研究的可能。宋代碑刻已成为史馆修撰的重要材料，具有史稿的性质。曾巩任史官时为修撰《英宗实录》提出：“合立传者，并令供给行状、神道碑、墓志等，仰本家亲属限日近修写，疾速附递缴纳，赴实录院。”[⑤] 现存《宋史》中部

---

① 欧阳修：《集古录跋尾》卷五《唐徐王元礼碑》，《欧阳修全集》卷一三八，中华书局 2001 年版，第 2199 页。

② 欧阳修：《集古录跋尾》卷九《唐张九龄碑》，《欧阳修全集》卷一四二，中华书局 2001 年版，第 2282 页。

③ 欧阳修：《集古录跋尾》卷五《隋韩擒虎碑》，《欧阳修全集》卷一三八，中华书局 2001 年版，第 2183 页。

④ 欧阳修：《集古录跋尾》卷三《后汉金乡守长侯君碑》，《欧阳修全集》卷一三六，中华书局 2001 年版，第 2121 页。

⑤ 曾巩：《曾巩集》卷三二《英宗实录院申请札子》，中华书局 1984 年版，第 474 页。

分人物列传就是在墓志铭、神道碑的基础上删改而成。宋代史官重视收集有关撰述人物的行状、家状、神道碑、墓志铭等材料，并在此基础上撰述实录，编修国史，进而形成后世的正史。

欧阳修在部分跋尾中直接把金石碑刻与史书、史传进行类比，这反映出他认可金石碑刻的史传性质。首先他认识到金石碑刻具有当代史的性质。欧阳修认为："世系、谱牒岁久传失，尤难考证，而碑碣皆当时所刻，理不得差。"① 金石材料出自当时人之手，在史传体裁上接近于当代史，较少受到后世的影响，因而保留了史料的原有面貌。此处欧阳修在《集古录跋尾》中自觉地把金石碑刻与史书、史传直接等同起来加以比较。这明显是从史学性质的角度认识到金石碑刻所具有的史传性质。正因为金石碑刻具有史传性质，欧阳修从当代史的著作特点出发批评金石碑刻材料所固有的缺陷。欧阳修在《集古录跋尾》中指出金石碑刻在人物评价上往往有溢美之词，这是由其撰述特色决定的，因此对碑刻材料的使用应更加慎重。他在《唐白敏中碑》中称："故余于碑志，惟取其世次、官、寿、乡里为正，至于功过善恶，未尝为据者以此也。"② 又在《魏贾逵碑》中指出："自古碑碣称述功德，常患过实。"③ 这实际上是欧阳修从史学的角度，得出的对金石碑刻材料的批评认识。

---

① 欧阳修：《集古录跋尾》卷五《唐智乘寺碑》，《欧阳修全集》卷一三八，中华书局2001年版，第2200页。

② 欧阳修：《集古录跋尾》卷九《唐白敏中碑》，《欧阳修全集》卷一四二，中华书局2001年版，第2301页。

③ 欧阳修：《集古录跋尾》卷四《魏贾逵碑》，《欧阳修全集》卷一三七，中华书局2001年版，第2156页。

欧阳修在《集古录跋尾》中视金石碑刻材料为史传体裁之一，还体现在他把金石作为史学批评的对象与依据。欧阳修在对金石与史传的比较过程中，发现了史传的大量问题，并以金石作为评价史书的依据之一。欧阳修在《唐李光进碑》中指出："唐史书此两人事多误，《新书》各为传以附彦、弼，遂得其正。"[①]碑刻材料验证了《旧唐书》因两人重名而误认为一的错误。此评论完成于治平元年（1064），此时距《新唐书》成书已有四年。《集古录跋尾》中的金石材料验证了《新唐书》的准确性，从侧面反映出《旧唐书》的讹误。此碑刻虽没有成为《新唐书》修撰的材料，却成为评价史书优劣的重要依据之一。欧阳修在《唐俞珣书陈果仁告身并舍宅造寺疏》中以碑刻考证《唐高祖实录》与《隋书·炀帝本纪》中关于"明政二年"的异同，其中提到"吕夏卿言"，吕夏卿曾参与《新唐书》的修撰，因而此考证为《新唐书》修撰中遇到的问题。关于碑刻的记述指出了《隋书》的错误，证实了吕夏卿的考证，由此欧阳修展开对唐初修史成果的评价："《炀帝本纪》《高祖实录》，皆唐初人所撰，而不同如此，何哉？"[②] 批评唐初史书修撰中存在的问题。这里，有的金石碑刻材料不仅成为与史书相比较的对象，而且还是评价史书优劣的重要依据。

① 欧阳修：《集古录跋尾》卷八《唐李光进碑》，《欧阳修全集》卷一四一，中华书局2001年版，第2280页。

② 欧阳修：《集古录跋尾》卷九《唐俞珣书陈果仁告身并舍宅造寺疏》，《欧阳修全集》卷一四二，中华书局2001年版，第2297-2298页。

二、正统倾向的史学批评

由于金石碑刻具有史传的性质，欧阳修对金石的部分评论具有史学批评的意味。欧阳修曾提出“正统论”的观点，在历史著述上重视褒贬，这使得他有关金石的史学批评具有强调“正统”的倾向。

在《集古录跋尾》中欧阳修认为金石碑刻为评价史书记载的重要标准，然而当这种批评标准与正统论的思想发生矛盾时，他在批评时又会不自觉地退回到“正统论”的立场上。

欧阳修“正统论”的思想认为“正者，所以正天下之不正；统者，所以合天下之不一也”[①]。他在《正统论》中批评了“五德终始”观的正统论，主张以“正”与“统”作为辨别历代正统的依据。他对不符合正统的皇朝，甚至提出了“正统有时而绝”[②] 的观点。欧阳修对“正”的强调，与其在史学批评上重视褒贬的主张相一致。

欧阳修的正统论在史书修撰上涉及纪年的问题。他在《集古录跋尾》中指出金石碑刻的研究有利于解决史书纪年的评价问题：“苟不见斯碑，则《运历图》与《通谱》二家得失，其何以决……然后知余之《集录》不为无益也。”[③] 龚颖的《运历

---

① 欧阳修：《居士集》卷一六《正统论上》，《欧阳修全集》卷一六，中华书局 2001 年版，第 267 页。

② 欧阳修：《居士集》卷一六《正统论下》，《欧阳修全集》卷一六，中华书局 2001 年版，第 269 页。

③ 欧阳修：《集古录跋尾》卷四《东魏造石像记》，《欧阳修全集》卷一三七，中华书局 2001 年版，第 2175 页。

图》与宋庠的《纪年通谱》为北宋盛行的编年体年表，其中宋庠《纪年通谱》在纪年之外，同样关注正统之辨：“（《纪年通谱》）有五号：曰正、闰、伪、贼、蛮夷……尊北降南，始主正朔，乃《通谱》之新意也。”[①] 欧阳修考证碑刻所记东魏年号，发现《运历图》优于《纪年通谱》，认为通过碑刻找到了评价两者优劣的依据。可见欧阳修以金石碑刻作为史书评价的依据，重视史传记载的客观准确。

但当金石碑刻的记载与欧阳修的正统论发生矛盾时，有关金石碑刻的论述又是他所难以完全接受的。在《唐裴公纪德碣铭》中欧阳修指出碑文所记年代与描述不符，“皇唐御神器一百四十二年”，欧阳修考证此时为安史之乱，不应如碑文所述“天下大康”[②]。其友王回指出碑文纪年省略了武则天称周的十四年，如此则大体相符。但如此说成立，则等于承认武则天的统治。欧阳修囿于正统观念，难以接受这种观点。对此欧阳修采取了存疑的态度。

欧阳修在《集古录跋尾》中这种立场的矛盾之处，同样存在于其他有关武则天的跋尾之中。欧阳修在《唐尹氏阙文》中批评碑刻用武则天的年号“万岁通天”[③]，又认为“武氏乱唐，

---

① 王应麟：《玉海》卷四七《艺文》，大化书局1978年影印本，第941页。

② 欧阳修：《集古录跋尾》卷七《唐裴公纪德碣铭》，《欧阳修全集》卷一四〇，中华书局2001年版，第2246页。

③ 欧阳修：《集古录跋尾》卷六《唐尹氏阙文》，《欧阳修全集》卷一三九，中华书局2001年版，第2205页。

毒流天下，其遗迹宜为唐人所弃”[①]。由于武则天成为君主的方式不符合其正统论的观念，欧阳修不认同武则天作为皇帝的正统性，并对武则天的事迹多作负面的评价。在《集古录跋尾》中欧阳修对武则天提出了较为严厉的批评，但是他所称赞的孝子石碑，又是立于武则天时代。欧阳修看不到武则天时代的进步，反而称其“可谓昏乱之世矣。然尹氏犹见旌表，孔子以谓忠信可行于蛮貊，信矣，孝悌见尊于昏乱也”[②]。正统观念的影响使得欧阳修难以对武则天的统治作出客观的评价，这进而影响欧阳修对武则天史事的记述。司马光在《资治通鉴考异》中曾对《新唐书》本纪中有关武则天毒杀李弘的记录做了考证，指出欧阳修的记述只是依据《唐历》与李泌的传闻，“实录、旧传皆不言弘遇鸩”，主张“按弘之死其事难明，今但云时人以为天后鸩之，疑以传疑”[③]。在正统论的立场下，欧阳修倾向于认为武则天应为李弘的死负责，而司马光则认为证据难考，侧重存疑。由此可见，欧阳修提出“正统论”，强调史学的“褒贬大义”，一定程度上影响了他对历史人物的客观评价与历史修撰。《集古录跋尾》中孝子碑刻与武则天评价的矛盾之处，进一步凸显了欧阳修重视正统的褒贬特色。

---

① 欧阳修：《集古录跋尾》卷六《唐流杯亭侍宴诗》，《欧阳修全集》卷一三九，中华书局2001年版，第2207页。

② 欧阳修：《集古录跋尾》卷六《唐尹氏阙文》，《欧阳修全集》卷一三九，中华书局2001年版，第2205页。

③ 司马光：《资治通鉴考异》卷一〇《二年四月太子弘薨》，《景印文渊阁四库全书》第三一一册，台湾商务印书馆1986年版，第115页。

三、崇古尚简的叙事之论

欧阳修在《集古录跋尾》中涉及叙事的批评时，多直接将金石碑刻与正史传记相比较，这反映出他视金石碑刻为史传的形式之一。欧阳修在《集古录跋尾》中有关叙事的批评主要包含两方面内容：一是内容选择，二是叙事文风。

重“大节”的剪裁之论。欧阳修在《集古录跋尾》中对叙事内容的选择提出了“大节”的概念，他主张要慎重地选择叙事的内容，以实现叙事简洁的目标。欧阳修主张历史叙事应把握“大节”、突出重点。他注重对历史事实细节的把握，认为应处理好史传的详略，在《唐李听神道碑》中称：“史家当著其大节，其微时所历官多不书，于体宜然。”[①] 这表明欧阳修认为史家在撰写传记时，并非所有的事实都要罗列，只要详略得当，不必求全责备。欧阳修通过比较史传与碑刻的不同叙述，强调把握“大节”的必要性。他在《唐张中丞传》中认为：“考《唐书》列传及韩退之所书，皆互有得失，而列传最为疏略。虽云史家当记大节，然其大小数百战，屡败贼兵，其智谋材力亦有过人可以示后者，史家皆灭而不著，甚可惜也。翰之所书，诚为太繁，然广记备言，所以备史官之采也。”[②] 欧阳修指出史家当记“大节”，并非务求简略，批评史书列传叙事过简，难以反映史传人

① 欧阳修：《集古录跋尾》卷九《唐李听神道碑》，《欧阳修全集》卷一四二，中华书局2001年版，第2294页。

② 欧阳修：《集古录跋尾》卷八《唐张中丞传》，《欧阳修全集》卷一四一，中华书局2001年版，第2262页。

物的特色。同时，他指出叙事翔实有利于史官选取史事，这种观点暗含着只有记述丰富，才能便于史官从中进行剪裁，选取合适的大节。即求其“大节”既不是包罗所有细节，在繁杂中难寻重点，也不是务求简略，无法突出人物的“智谋材力”。

史传把握大节，注意详略去取，有助于实现叙事简洁，而通过对叙事重心的不同安排，又可体现史家的褒贬批评。徐无党在《新五代史注》中曾指出：“本纪因旧以为名，本原其所始起，而纪次其事与时也。即位以前其事详，原本其所自来，故曲而备之，见其起之有渐有暴也。即位以后其事略，居尊任重，所责者大，故所书者简。”[①] 徐无党指出欧阳修对史传内容的剪裁既实现了叙事的简洁，又包含着对人物的褒贬。《集古录跋尾》中对“大节”的重视，正是要实现这样的叙事目的。欧阳修在《唐李听神道碑》中指出“微时所历官多不书，于体宜然”[②]，又在《唐汾阳王庙碑》中称“盖子仪微时所历，其后遂立大勋，宜乎史略不书也”[③]，由此可看出欧阳修在历史叙事中有关《本纪》与《列传》的不同书法：《本纪》记述侧重详于前而略于后，《列传》叙事则重视略于前而详于后。

欧阳修主张史传应叙“大节”，不是史料内容的简单剪裁，“大节”应为反映人物精神气节的典型事迹。欧阳修认为史家注

---

① 欧阳修：《新五代史》卷一《梁本纪第一》注，中华书局 1974 年版，第 1 页。

② 欧阳修：《集古录跋尾》卷九《唐李听神道碑》，《欧阳修全集》卷一四二，中华书局 2001 年版，第 2294 页。

③ 欧阳修：《集古录跋尾》卷八《唐汾阳王庙碑》，《欧阳修全集》卷一四一，中华书局 2001 年版，第 2263 页。

重“大节”，不单是传记详略的设置，还应具有突出人物精神气节的作用。欧阳修在一定程度上把后者视为“大节”的重要内容。能否在传记中突出人物的精神与气节，使之流传后世，被认为是衡量史家的重要标准，同时也是史传所肩负的重要职责。在《唐田布碑》中他称：“布之事壮矣，承宣不能发于文也，盖其力不足尔。布之风烈，非得左丘明、司马迁笔不能书也。故士有不顾其死，以成后世之名者，有幸不幸，各视其所遭如何尔。今有道《史》《汉》时事者，其人伟然甚著，而市儿俚妪犹能道之。自魏、晋以下不为无人，而其显赫不及于前者，无左丘明、司马迁之笔以起其文也。”[①] 田布是晚唐节度使，在平叛过程中被部下逼迫叛乱，后因忠于唐朝而自杀身亡。欧阳修认为碑文无法凸显田布的精神与气节，也就不能使其影响当代，流传后世。而要使传记具有这样的作用，需要左丘明、司马迁这样的史笔。欧阳修把碑刻的作者与左丘明、司马迁相类比，这表明他对于碑刻叙事的批评，也反映了他对史学叙事的认识。欧阳修重视“大节”，因其可以实现叙事简洁的目的，又可反映对历史人物的褒贬，因而有关人物气节的典型事迹，成为欧阳修选取大节内容的重要来源。

尚“简质”的文风之评。欧阳修重视叙事，强调历史记载的简洁。他在对碑刻文风进行评价时，推崇古文的形式，反对骈文。这既是其文学观念的反映，也是其有关叙事文风的批评

---

① 欧阳修：《集古录跋尾》卷九《唐田布碑》，《欧阳修全集》卷一四二，中华书局2001年版，第2283页。

认识。

欧阳修称赞汉代碑刻的“简质”特色。他称汉代碑刻“盖汉世近古简质”①，这种论述包含着他对汉代文风的赞扬。他曾以文风自汉以来逐渐华丽繁杂的时代背景展开对碑刻的评价：“盖自汉以来，碑文务载世德，宋氏子孙未必能超然独见，复古简质。”② 他把“复古简质”与“超然独见”联系起来，由此可见其对“简质”文风的赞扬。欧阳修主张叙事尚简，在《唐令狐楚登白楼赋》中他批评令狐楚文章繁冗：“楚之此赋，文无他意，而至千有六百余言，何其繁也！”③ 欧阳修批评魏晋南北朝隋唐以来的碑刻文风，他在《魏九级塔像铭》中称：“碑文浅陋，盖鄙俚之人所为。”④ 在《怀州孔子庙记》中批评：“文辞事实皆不足采。”⑤ 欧阳修对此时文风的批评源自他反对骈文的主张。欧阳修在《陈张慧湛墓志铭》中质疑当时的文风：“文章颓坏，至于鄙俚，岂其时俗敝薄，士遗其本而逐其末乎？”⑥ 欧阳修批评这种艳丽文风破坏了对事实的客观记录：“唐初承陈、隋文章

---

① 欧阳修：《集古录跋尾》卷二《后汉泰山都尉孔君碑》，《欧阳修全集》卷一三五，中华书局2001年版，第2111页。

② 欧阳修：《集古录跋尾》卷四《宋文帝神道碑》，《欧阳修全集》卷一三七，中华书局2001年版，第2166页。

③ 欧阳修：《集古录跋尾》卷九《唐令狐楚登白楼赋》，《欧阳修全集》卷一四二，中华书局2001年版，第2300页。

④ 欧阳修：《集古录跋尾》卷四《魏九级塔像铭》，《欧阳修全集》卷一三七，中华书局2001年版，第2170页。

⑤ 欧阳修：《集古录跋尾》卷四《怀州孔子庙记》，《欧阳修全集》卷一三七，中华书局2001年版，第2172页。

⑥ 欧阳修：《集古录跋尾》卷五《陈张慧湛墓志铭》，《欧阳修全集》卷一三八，中华书局2001年版，第2195页。

衰敝之时，作者务以浮巧为工，故多失其事实，不若史传为详。”①他不满碑刻文风过分追求形式，从而造成事实记载的缺漏。

欧阳修在金石碑刻的文风批评上坚持古文的评价标准，这种鲜明的批评特色在唐代元结文风的认识上却陷入矛盾之中。元结，字次山，唐代古文运动的代表。欧阳修《集古录》中曾收录多方他撰写的碑刻。欧阳修在《唐中兴颂》中称赞元结的文风“文辞古雅”②，在《唐元次山铭》中认为元结在唐代具有扭转文坛风气的意义：“次山当开元、天宝时，独作古文，其笔力雄健，意气超拔，不减韩之徒也，可谓特立之士哉!”③ 欧阳修批评唐代文风延续旧有的骈文风气，即使韩愈、柳宗元这样的古文大家也难以改变，而元结身在盛唐时期而倡导古文，具有开风气之先的重要意义。

欧阳修对元结的文风并不完全认可。他在《唐元结洼尊铭》中指出：“次山，喜名之士也，其所有为，惟恐不异于人，所以自传于后世者，亦唯恐不奇而无以动人之耳目也。视其辞翰，可以知矣。古之君子诚耻于无闻，然不如是之汲汲也。”④ 不满元结文风具有好奇尚怪的特点。欧阳修在《唐元结阳华岩铭》中称：“元结，好奇之士也，其所居山水必自名之，惟恐不奇。而

---

① 欧阳修：《集古录跋尾》卷五《唐卫国公李靖碑》，《欧阳修全集》卷一三八，中华书局2001年版，第2197页。

② 欧阳修：《集古录跋尾》卷七《唐中兴颂》，《欧阳修全集》卷一四〇，中华书局2001年版，第2243页。

③ 欧阳修：《集古录跋尾》卷八《唐元次山铭》，《欧阳修全集》卷一四一，中华书局2001年版，第2261-2262页。

④ 欧阳修：《集古录跋尾》卷七《唐元结洼尊铭》，《欧阳修全集》卷一四〇，中华书局2001年版，第2239页。

其文章用意亦然，而气力不足，故少遗韵。君子之欲著于不朽者，有诸其内而见于外者，必得于自然。”① 批评元结文章缺乏自然，流于外在的形式。他在《唐韦维善政论》中指出：“余尝患文士不能有所发明以警未悟，而好为新奇以自异，欲以怪而取名，如元结之徒是也。至于樊宗师，遂不胜其弊矣。”② 强调元结文章之弊在于缺乏对大道的阐发，满足于怪奇的文风。

欧阳修关于元结的评论，反映了宋代古文运动的曲折发展。宋初“西昆体”盛行，古文运动批评“西昆体”艳丽的骈文风格，由此形成宋初以柳开、石介为代表的“太学体”，强调议论，文辞崇奇尚怪。张方平曾总结“太学体”的叙事特色：“至太学之建，直讲石介课诸生，试所业，因其所好尚而遂成风，以怪诞诋讪为高，以流荡猥烦为赡，逾越规矩，或误后学。”③ 唐代元结的文风与宋初的“太学体”有类似之处，而“太学体”正是伴随着以欧阳修为代表的新文风的兴起而逐渐消亡的。欧阳修在《集古录跋尾》中对元结古文风格的批评认识，实际上反映了宋初古文运动曲折发展的过程。欧阳修曾在《唐樊宗师绛守居园池记》中指出：“元和之际，文章之盛极矣，其怪奇至于如此！”④ 这表明他既肯定古文在唐代的兴起，又不满其中“怪奇”的文风。

---

① 欧阳修：《集古录跋尾》卷七《唐元结阳华岩铭》，《欧阳修全集》卷一四〇，中华书局2001年版，第2239页。

② 欧阳修：《集古录跋尾》卷六《唐韦维善政论》，《欧阳修全集》卷一三九，中华书局2001年版，第2210页。

③ 张方平：《张方平集》卷二〇《贡院请诫励天下举人文章》，中州古籍出版社1992年版，第297页。

④ 欧阳修：《集古录跋尾》卷九《唐樊宗师绛守居园池记》，《欧阳修全集》卷一四二，中华书局2001年版，第2281页。

第三节　赵明诚论金石之学的价值

一、论宋代金石之学

赵明诚，字德甫，出身官宦之家，父亲为宰相赵挺之。一方面，家世背景为他的金石学研究提供了深厚的学术养分，使他年轻时得以在开封的太学求学，而家中丰富的藏书使他可以对收藏的金石进行研究，“丞相居政府，亲旧或在馆阁，多有亡诗、逸史，鲁壁、汲冢所未见之书”[①]。另一方面，这样的家世背景，使得他早早地进入仕途，担任官职牵扯了他大量的精力，“每日晚，吏散，辄校勘二卷，跋题一卷”[②]，最终他因病去世也与宦海沉浮的经历相关。赵明诚的主要著作为《金石录》一书。赵明诚青年时期就开始搜集金石碑刻，随着数量的不断扩充，他产生了著述《金石录》一书的想法，最终此书由李清照整理而成。赵明诚先后收集有关的金石材料两千余卷，并在此基础上撰成《金石录》三十卷。

宋代金石学成为专门之学，《金石录》一书的诞生在一定程度上可视为宋代金石学不断深化发展的结果。在宋代早期的金石学研究中，研究者主要聚焦于拓展金石学的空白，提出相关的学术问题。但在这一过程中，相关金石学著作提出的问题与结论有

① 李清照：《金石录后序》，金文明《金石录校证》本，上海书画出版社1985年版，第560页。
② 李清照：《金石录后序》，金文明《金石录校证》本，上海书画出版社1985年版，第563页。

时过于轻率，因而留下不少的遗憾。至南宋时期，陈振孙在注意到北宋金石学发展的同时，也批评之前研究存在着不足。他指出宋代的金石学研究“好附会古人名字”：

> 本朝诸家蓄古器物款式，其考订详洽，如刘原父、吕与叔、黄长睿多矣，大抵好附会古人名字，如“丁”字，即以为祖丁；“举”字，即以为伍举；“方鼎”，即以为子产；“仲吉匜”，即以为偪姞之类。邃古以来，人之生世夥矣，而仅见于简册者几何？器物之用于人亦夥矣，而仅存于今世者几何？乃以其姓字、名物之偶同而实焉，余尝窃笑之。惟其附会之过，并与其详洽者，皆不足取信矣。[①]

陈振孙的论述可视为南宋时期对于金石学研究的批评之论。他提到宋代热衷于搜集与研究金石的风气，并肯定刘敞的《先秦古器图》、吕大临的《考古图》及黄伯思的《东观余论》在考订上的详洽。但他同时指出了宋代金石学的一种不良倾向——“好附会古人名字”，并认为这样的金石学研究方法是“不足取信”的。陈振孙对于宋代金石学的批评实际上从方法上对金石学的研究提出了更高的要求。

《金石录》一书诞生于这样的背景之下，此书在吸取北宋金石研究成果的基础上，对于北宋金石学特别是欧阳修《集古录》

---

① 陈振孙：《直斋书录解题》卷八《目录类》，上海古籍出版社1987年版，第233页。

提出了不少的批评，反映出宋代金石学的发展。陈振孙《直斋书录解题》在著录《金石录》时认识到此书与之前金石学著作的联系："仿欧阳修《集古》，而数则倍之。"① 赵明诚对之前金石学研究的批评，既是《金石录》一书的研究特色，也从侧面反映出宋代金石学发展的深入。

赵明诚在《金石录》中对之前金石学研究有着明显的批评意识。这种有关金石学的批评意识，首先反映在他注重吸收前人的研究成果，并改进有关研究的不足；其次体现在他对金石学研究方法的总结，强调金石学研究方法的改进，避免之前的错误。赵明诚的《金石录》不仅仅是对金石碑刻本身的研究，还包括对之前金石学研究的评论。

赵明诚在《金石录》中对于金石学的批评，集中反映在他对欧阳修《集古录》的态度与认识上，他一方面重视欧阳修在《集古录》中的相关论述，另一方面又对欧阳修的许多结论提出了不同的看法。

赵明诚的《金石录》明显地受到了欧阳修《集古录》的影响。赵明诚在《自序》中曾评价《集古录》："欧阳文忠公《集古录》，读而贤之，以为是正讹谬，有功于学甚大，惜其尚有漏落，又无岁月先后之次，思欲广而成书，以传学者。"② 赵明诚在《自序》中的这种认识反映了《集古录》对赵明诚金石学研究的两重性影响。

---

① 陈振孙：《直斋书录解题》卷八《目录类》，上海古籍出版社1987年版，第233页。
② 赵明诚：《金石录序》，金文明《金石录校证》本，上海书画出版社1985年版，第1页。

赵明诚积极地吸收欧阳修《集古录》中的相关研究。从赵明诚在《金石录》中多次提到《集古录》可见欧阳修对赵明诚著述的影响。他在《汉高阳令杨君碑阴》中称："《集古》所有，余尽得之。"① 又在《唐辨法师碑》中称："欧阳公所未尝见也。"② 赵明诚若非对《集古录》有着深入的了解，是难以在《金石录》中提到这种细致差别的。由此可见，赵明诚对《金石录》的研究很大程度上是建立在与《集古录》比较的基础上。赵明诚在《唐玄元观尹尊师碑》中提到他为搜求《集古录》中有关的碑刻而多方努力，"余因访求久之，得《崔嗣碑》及此《碑》著录焉"③，从中可见欧阳修在赵明诚金石学研究上的影响力。赵明诚在《金石录》中的研究在一定程度上可以说是在与《集古录》的比较中不断深化的，赵明诚的研究既是在之前研究的积累下发展的，同时他在研究的过程中也具有明显的批评意识，对之前的金石研究提出了许多不同看法。

赵明诚《金石录》中有关金石学的批评，多集中于《集古录》的论述，但不限于欧阳修的研究。宋代金石学的研究发展至此，不仅不再把金石碑刻视作单纯的"玩好之具"，而且开始把金石学的研究作为讨论的对象。这里面包含着宋代金石之学的评论，同时在这种探讨与商榷之中又蕴含了宋代金石学的发展与进步。由此，赵明诚的《金石录》可视为宋代金石学的批评之

---

① 赵明诚：《金石录》卷一八，金文明《金石录校证》本，上海书画出版社 1985 年版，第 338 页。
② 赵明诚：《金石录》卷二四，金文明《金石录校证》本，上海书画出版社 1985 年版，第 439 页。
③ 赵明诚：《金石录》卷二六，金文明《金石录校证》本，上海书画出版社 1985 年版，第 472 页。

作。赵明诚的《金石录》对宋代金石学研究的反思，集中体现在他对欧阳修的一些研究方法与结论的批评上。赵明诚关于《集古录》的批评主要集中在：补充《集古录》材料收集之缺，批评《集古录》的研究方法，充实《集古录》的论证，更正《集古录》的错误。

赵明诚在《金石录》中多次提到他对金石碑刻材料的收集有利于补充《集古录》收集之缺。有关金石碑刻材料的搜集，他在《金石录》中有意识地与《集古录》进行比较。他不仅对《集古录》中著录的材料百般搜求，而且对《集古录》中所无的材料也多刻意指明。他在《隋兴国寺碑阴》中称："欧阳公尝得《启法寺碑》，列于《集古录》中，而于太学官杨褒处见《兴国寺碑》，以不得入《录》为恨。今《碑阴》又有襄州镇副总管柳止戈以下十八人姓名，字画尤完好，欧阳公所未见也。"①《唐辨法师碑》中针对欧阳修在《集古录》中关于纯陁书法只收集了一条，提到："余又得纯陁八分书《比干碑》，欧阳公所未尝见也。"②

赵明诚在《金石录》中还进一步充实了欧阳修《集古录》中的论证。这类问题多为欧阳修在《集古录》中提出结论而论证尚有不充分之处。赵明诚在《大代华岳碑》中针对欧阳修在《集古录》中北魏国号的考证，进一步补充考证材料："余案

---

① 赵明诚：《金石录》卷二二，金文明《金石录校证》本，上海书画出版社 1985 年版，第 410-411 页。

② 赵明诚：《金石录》卷二四，金文明《金石录校证》本，上海书画出版社 1985 年版，第 439 页。

《崔浩传》云……此事亦见杨松玢《谈薮》云。”[①] 补充了许多有关论证北魏国号问题的史料来源。赵明诚在《汉樊毅西岳碑》中还针对欧阳修在《集古录》中碑刻忌讳的问题，增引《左传》《礼》及汉宣帝诏令等材料，补充了欧阳修关于碑刻忌讳的疑问：“有以见后世忌讳愈密如此。然生而称讳，见于石刻者甚众，不独此碑也。”[②] 赵明诚在《汉沛相杨君碑》中补充欧阳修认为的碑刻姓名不清的问题，“余案《杨震碑》，沛相名统”[③]。赵明诚充实《集古录》的论证，体现出宋代金石学发展的成熟。金石学有关著作之间的联系较为紧密，学者开始关注主题较为集中的问题。

赵明诚在《金石录》中还纠正了欧阳修《集古录》中的错误结论。他在《学生题名》中指出：“欧阳公《集古录》以为汉文翁学生，余独疑其非是。”[④] 在《唐益州学馆庙堂记》中指出有关碑文作者的讨论：“《集古录》直以为有意撰，非也。”赵明诚发现在碑阴处有后人所记的“此记贺遂亮撰”[⑤]，因此得出作者可能并非欧阳修推测的有意。此类针对欧阳修金石学研究的更正在《金石录》中还有不少。这种更正反映出赵明诚对于金石学研究方法的重视，他并非简单地更改欧阳修的结论，而是使用更多的文献进行论证。其中对部分方法的使用，应该是赵明诚在

① 赵明诚：《金石录》卷二一，金文明《金石录校证》本，上海书画出版社 1985 年版，第 386 页。
② 赵明诚：《金石录》卷一七，金文明《金石录校证》本，上海书画出版社 1985 年版，第 315 页。
③ 赵明诚：《金石录》卷一六，金文明《金石录校证》本，上海书画出版社 1985 年版，第 293-294 页。
④ 赵明诚：《金石录》卷二〇，金文明《金石录校证》本，上海书画出版社 1985 年版，第 378 页。
⑤ 赵明诚：《金石录》卷二四，金文明《金石录校证》本，上海书画出版社 1985 年版，第 437 页。

金石学研究中有意为之。

赵明诚在金石学研究方法上重视从姓氏、文字、书法的角度进行论证。这些方法成为他批评之前金石学研究的主要途径，实际上也是从侧面批评了之前金石学研究在方法上的不足。

赵明诚重视对碑刻来源的考证。宋代早期金石学的碑刻材料多来自商贩或友人，赵明诚在金石学的研究中重视对金石材料的搜集，并且通过对金石材料来源的考察纠正了之前研究的部分误区。赵明诚发现欧阳修《集古录》中的部分问题多源自金石碑刻材料本身，因而对金石碑刻的流传途径进行考察成为赵明诚重要的金石学研究方法。他在《汉三公碑》中针对欧阳修在《集古录》中称此碑为《北岳碑》提出了质疑："余尝托人于北岳访求前代刻石几尽，独无汉碑，今此碑所书事及二人姓名，与《集古》所载皆同……惟其额题曰'三公之碑'，而《集古》以为《北岳碑》，岂欧阳公未尝见其额乎？"[①] 此处他从金石材料本身提出对欧阳修有关认识的怀疑。在《汉禹庙碑阴》中，赵明诚指出"汾阴赵遗子宣而下凡数十人，姓名、官爵具存……在今龙门禹庙残碑之阴"，而《集古录》则称碑刻在阌乡杨震墓侧，并称墓碑多模糊不清，赵明诚认为这些论述"盖误也"[②]。这里欧阳修受碑刻材料的影响，产生了认识上的偏差。很明显，赵明诚亲自或托人考察过当地的墓志碑刻情况，因此能够从材料源头上纠正《集古录》中的错误。

---

① 赵明诚：《金石录》卷一七，金文明《金石录校证》本，上海书画出版社 1985 年版，第 317 页。
② 赵明诚：《金石录》卷一九，金文明《金石录校证》本，上海书画出版社 1985 年版，第 356 页。

赵明诚还重视从姓氏的角度研究金石，对历代谱牒之学的发展提出了自己的认识。在《汉宗资墓天禄辟邪字》中，针对墓志主人宗资姓氏为宗还是宋的问题，赵明诚认为欧阳修《集古录》“疑《党锢传》转‘宋’为‘宗’尔”的结论“此说非是”，进而引用《蜀志》《后汉书》《姓苑》《元和姓纂》等材料，指出宗资的祖先“均姓为宗，无可疑者。当章怀太子为注及林宝撰《姓纂》时，尚未差谬，至后来始转写为‘宋’尔。余既援据详审，遂于家藏《后汉书·均列传》用此说改定云”[①]，进而由此考察出史书中记录错误的源头。

重视从姓氏的角度展开对金石学的研究，是赵明诚在研究方法上的一种自觉的批评意识的体现。他曾大量征引姓氏谱牒之书：“予家所收姓氏文字粗备，以诸书参考，颇多抵牾不合。”[②]在《金石录》中赵明诚大量使用了《姓苑》、《蜀志》、《编古命氏》、《元和姓纂》、《史记》诸表、《姓林》等谱牒著作，在研究方法上具有重视姓氏的特色。在研究金石碑刻的过程中，赵明诚也对姓氏谱牒著作提出了批评，指出姓氏著作的缺陷：“故姓氏虽同而源流或异，书传阙漏不载者，多矣。”[③] 并肯定金石研究在补充谱牒之阙上的价值：“今世所有姓氏书，类多简略不完，惟时时见于石刻者，余每记之，以裨姓氏书之阙云。”[④] 进而对宋代姓氏谱牒的发展提出了自身的认识：“唐以前士人以族

① 赵明诚：《金石录》卷一八，金文明《金石录校证》本，上海书画出版社1985年版，第337页。
② 赵明诚：《金石录》卷一七，金文明《金石录校证》本，上海书画出版社1985年版，第311页。
③ 赵明诚：《金石录》卷一七，金文明《金石录校证》本，上海书画出版社1985年版，第321页。
④ 赵明诚：《金石录》卷一八，金文明《金石录校证》本，上海书画出版社1985年版，第329页。

姓为重，故虽更千百年，历数十世，皆可考究。自唐末五代之乱，在朝者皆武夫悍卒，于是谱牒散失，士大夫茫然不知其族系之所自出，岂不可惜也哉！故余详录于此，使后学论姓氏者有考焉。”[①] 赵明诚通过对金石碑刻的研究，对历代谱牒之学提出的论断具有鲜明的时代特征，他认识到谱牒之学在宋代所经历的嬗变。

赵明诚主张从文字的角度进行研究，注重考证文字源流，注意到不同时代用字的特色。他在《汉卫尉卿衡方碑》中称：“以‘蓼莪’为‘蓼仪’，他汉碑多如此，盖汉人各以其学名家，故所传时有异同也。”[②] 又在《汉广汉县令王君神道》中称：“汉人淳质，文字相近者多假借用之，如‘县令’字人所常用，而尚假借，何耶?”[③] 注重从文字的出处及时代的特色来展开金石学的研究。在此基础上赵明诚还注意到从书法角度展开对有关问题的研究，如“验其字画，盖东汉时所立”[④]，又“笔法与鲁公他书不类，以此疑有姓名同者。然碑武后时立，而不用当时所制字。或云碑虽建成于长寿中，至鲁公为尉，重书而刻之”[⑤]。通过对文字与书法的研究，解决有关金石学的问题，这体现出赵明诚在金石学的研究中对于方法的重视。在这一过程中，赵明诚对欧阳修的《集古录》的批评，反映出宋代金石学在方法论上的进步。

---

① 赵明诚：《金石录》卷二五，金文明《金石录校证》本，上海书画出版社1985年版，第458页。
② 赵明诚：《金石录》卷一六，金文明《金石录校证》本，上海书画出版社1985年版，第293页。
③ 赵明诚：《金石录》卷一六，金文明《金石录校证》本，上海书画出版社1985年版，第292页。
④ 赵明诚：《金石录》卷一九，金文明《金石录校证》本，上海书画出版社1985年版，第349页。
⑤ 赵明诚：《金石录》卷二五，金文明《金石录校证》本，上海书画出版社1985年版，第455-456页。

二、关于金石考史的评论

赵明诚在《金石录》中有关金石碑刻的研究与评论，大量地依赖史传的材料加以分析。金石与史传互证的方法是宋代金石学研究所注重的方法。相较于之前的金石学研究，赵明诚在这方面要研究得更加深入。在有关史传材料的分析之中，赵明诚不仅注重使用不同的史书对同一碑刻进行比较，而且多次尝试以同一史书中的不同列传加以分析。赵明诚在史书的使用上，不局限于正史，还大量地使用了同时代的其他历史文献。这种研究方法扩大了宋代金石与史传互证的范围，使得赵明诚有关金石的研究得以进一步深化。

赵明诚《金石录》中存有丰富的由金石碑刻所引发的史论。这些评论多是针对历史事件、人物等有感而发，例如在天人关系上，赵明诚反对传统的“天人感应”学说及由此产生的“谶纬”。赵明诚在《金石录》中反对碑刻以星宿拟人，并评论：“其弊至东汉而极焉。自非豪杰之士，卓然不为流俗所移，未有不从而惑者也。若此《碑》直以柳君得姓出于柳宿，果何所据哉?”① 这里所谓“弊”即东汉时盛行的“天人感应”学说，进而赵明诚对东汉时的谶纬之说提出批评，在《汉帝尧碑》中称“其说出于谶纬，可谓怪妄不经矣”②，反对谶纬之说在尧身上所附会的神怪祥瑞之论。由此可知，这些史论反映出赵明诚在有关

① 赵明诚:《金石录》卷一六，金文明《金石录校证》本，上海书画出版社1985年版，第293页。
② 赵明诚:《金石录》卷一六，金文明《金石录校证》本，上海书画出版社1985年版，第301页。

天人关系的看法上更加趋于理性。

赵明诚在《金石录》中关于金石考史的批评，首先，是从史学性质上分析碑刻材料，突出金石碑刻所具有的当代史的意义。他在《金石录序》中曾总结金石碑刻考证史传的意义所在："君臣行事之迹悉载于史，虽是非褒贬出于秉笔者私意，或失其实，然至其善恶大节有不可诬，而又传之既久，理当依据。若夫岁月、地理、官爵、世次，以金石考之，其抵牾十常三四。盖史牒出于后人之手，不能无失，而刻词当时所立，可信不疑。"① 在具体的金石与史传的互证中，他多次提到这一原则，将其作为自己考证的依据。赵明诚在《隋皇甫诞碑》中指出："《后周书》《北史》皆唐初修，距瑾之卒，岁月未远，而颠倒错谬如此。然其官爵、名字，子孙不应有误，皆当以《碑》为据也。"② 他以具体的金石与史传的互证事例指出金石碑刻不同于后世史传所具有的特点。这种特点可总结为金石碑刻的材料具有当代史的性质，具有一手材料的价值。"余每得前代名臣碑板以校史传，其官阀、岁月少有同者，以此知石刻为可宝也。"③ 正是因为金石碑刻所具有的"当代史"价值，使得金石与史传的互证产生了重要的意义。在这种史学性质的认识下，赵明诚进一步就金石碑刻与史传的不同特点进行了比较。他认为："予尝谓石刻当时所述，其名字、官爵不应差误，可信无疑；至于善恶大节当以史氏

① 赵明诚：《金石录序》，金文明《金石录校证》本，上海书画出版社 1985 年版，第 1 页。
② 赵明诚：《金石录》卷二三，金文明《金石录校证》本，上海书画出版社 1985 年版，第 430 页。
③ 赵明诚：《金石录》卷一五，金文明《金石录校证》本，上海书画出版社 1985 年版，第 281 页。

为据。”并称：“今此《传》首尾颠倒错谬如此，然则《史》之所载是非褒贬，失其实者多矣，果可尽信邪？”① 这一结论与吴缜《新唐书纠谬序》中所论事实、褒贬、文采的关系类似。宋代有关事实与褒贬关系的深化，应该说是宋代史学批评的显著特色之一。

其次，赵明诚关注批评金石碑刻与史传优劣。赵明诚在金石与史传的比较过程中，在史书的使用范围上有了扩充，因而使得其批评的范围得以扩大，这体现出宋代金石学在方法上的进步。这一方法上的进步使得赵明诚在比较的过程中，对史学体裁提出了批评。

赵明诚在正史材料的使用方面，不仅重视不同史书间的比较，而且重视史书中不同部分的探讨。在《赵横山李君神碑》中，赵明诚称：“非二碑，则《晋纪》与《载纪》得失不复可考矣。”② 他指出通过金石碑刻的比较，可以分析《晋书》中《本纪》与《载纪》的好坏。这种研究方法是赵明诚在《金石录》中常用的一种研究方法，这使得他由此产生了对一些史书的评价与议论。《北齐临淮王像碑》中评价：“既附见《定远传》，而于《外戚传》又重出，南北朝诸史猥并类如此，可笑也。”③ 赵明诚在《唐李靖碑》中针对欧阳修在《集古录》中提到的史书漏记李靖世袭刺史一事，指出唐初授世袭刺史已见于《新唐书·长

① 赵明诚：《金石录》卷一六，金文明《金石录校证》本，上海书画出版社1985年版，第291页。
② 赵明诚：《金石录》卷二〇，金文明《金石录校证》本，上海书画出版社1985年版，第377页。
③ 赵明诚：《金石录》卷二二，金文明《金石录校证》本，上海书画出版社1985年版，第408页。

孙无忌传》，“盖其事已见于他传，则于本传似不必重载也”[1]。很明显，赵明诚在金石与史传的互证过程中，没有简单地停留在分辨事实真伪的阶段，而是考虑到史事与史书体例之间的关系。他肯定史书在撰述史事时，为防事件重出而采取省略的方法。正是赵明诚在比较方法上的进步，使得他对史学的批评有了更多新的认识，进而使得他对史书的评价从事实上升为体裁、体例的批评。对于史传中不同部分的比较使得赵明诚对《新唐书》展开批评，并归结到首尾不一的问题上。在《唐清河公主碑》中以碑刻比较《新唐书·程知节传》与《公主传》后，赵明诚指出：“《唐史》一书而首尾自相乖戾者甚众，非特此也。”[2]

赵明诚在史传的考证中，越来越多地使用正史之外的材料，扩大了金石与史传互证的范围。赵明诚在《汉永乐少府贾君阙铭》中提到：“然则《汉官仪》以为止用宦者为之，盖其阙漏；而《集古录》遂以贾君为宦者，亦未必然也。”[3] 其中使用了东汉应劭的《汉官仪》。在《伪汉司徒刘雄碑》中赵明诚以碑刻比较《晋史·载纪》与《纪年通谱》，指出：“此碑当时所立，不应差谬，乃《通谱》误也。”《纪年通谱》为北宋宋庠所撰编年体史书。赵明诚在《金石录》中曾多次使用《纪年通谱》。赵明诚在《金石录》的比较研究中，还关注到唐宋时兴起的野史笔记类材料。在以碑刻所进行的比较之中，赵明诚对笔记史料价值

---

① 赵明诚：《金石录》卷二四，金文明《金石录校证》本，上海书画出版社1985年版，第439页。
② 赵明诚：《金石录》卷二四，金文明《金石录校证》本，上海书画出版社1985年版，第441页。
③ 赵明诚：《金石录》卷一九，金文明《金石录校证》本，上海书画出版社1985年版，第351页。

的评价较低，认为笔记材料的使用降低了部分史书的可靠性。赵明诚对笔记史料价值的评价不免有苛刻之处。在《周武士獲碑》中他提到笔记《戎幕闲谈》称碑刻中的武字都被削去，然而实际上碑刻中武字都保存完好，赵明诚以此评价笔记："以此知小说所载，事多荒诞不可信类如此。"① 正因为对笔记史料的较低评价，使得他对广取小说之言的《新唐书》进行了批评。《新唐书》在撰述的过程中，为丰富有关史料，大量地使用了笔记材料。在《唐卢怀慎碑》中针对卢怀慎临终前是否曾劝戒唐玄宗统治长久恐有"人乘间而进"，赵明诚考证此说"独《新史》有之，《旧史》不载"，况且卢怀慎去世时正是"明皇新即位"，不会在遗言中说出皇帝统治长久之类的言论，赵明诚因此批评《新唐书》"疑初无此事，盖《唐史》喜取小说所载故事，多谬误。以此知是非去取，秉史笔者岂可不慎"②。赵明诚在《金石录》中大量地使用了地理志书的材料。在《汉司隶校尉鲁峻碑》中赵明诚说："又其他地里书，如《方舆志》《寰宇记》之类。"③ 有关地理志书的比较使得赵明诚加深了对地理书的认识与评价。他以金石材料批评部分地理志书的错误："《城冢记》诞妄，盖不足信也。"④ 同时，也以金石的记载赞扬与肯定了《水经注》等书："乃知郦道元为有据也。"⑤

① 赵明诚：《金石录》卷二五，金文明《金石录校证》本，上海书画出版社 1985 年版，第 457 页。
② 赵明诚：《金石录》卷二六，金文明《金石录校证》本，上海书画出版社 1985 年版，第 472 页。
③ 赵明诚：《金石录》卷一六，金文明《金石录校证》本，上海书画出版社 1985 年版，第 298 页。
④ 赵明诚：《金石录》卷一九，金文明《金石录校证》本，上海书画出版社 1985 年版，第 349 页。
⑤ 赵明诚：《金石录》卷一八，金文明《金石录校证》本，上海书画出版社 1985 年版，第 337 页。

赵明诚在《金石录》中所具有的史学批评意识，使得有关的批评从史书进而推至史家。他认为史书讹误的出现，实际上是由于史家在著述过程中的失误所导致的。在《唐龙角山纪圣铭》中，赵明诚比较碑刻与《高祖实录》指出“《碑》与《实录》所载，语颇不同”，进而他考证认为碑刻所载唐得天下之语，为“盖唐太宗初起，托以自神，此陈胜所谓‘卜之鬼’者也。史臣既载之于《实录》，明皇又文之于碑，遂以后来为真可欺罔，岂不可笑也哉”[①]，指出史官撰述时要客观准确。

赵明诚在《金石录》的研究中，同样存在着以偏概全的不足。他虽然提出了金石碑刻具有当代史的特点，具有补充订正后世史书的价值，但是当他以金石碑刻作为对象，比较与批评部分史书时，则往往处在求全责备的立场上。赵明诚因某部笔记的错误进而否定整个笔记类文献的史料价值的做法，不免有矫枉过正之嫌，是不足取的。

再者，赵明诚在批评的过程中强调存疑的态度。虽然赵明诚的《金石录》研究推进了宋代金石学的发展，然而在《金石录》中仍然存在着大量的问题。对此赵明诚在《金石录》中强调“存疑”的重要性，主张对不解之处留下疑问，不作强行的解释，避免重蹈前人金石学研究的武断附会之失。赵明诚在《金石录》中留下了大量自身难解的疑惑，进而在批评史书时也贯彻存疑的态度，批评部分史书与研究不能坚持存疑的立场与态

---

① 赵明诚：《金石录》卷二六，金文明《金石录校证》本，上海书画出版社 1985 年版，第 476 页。

度。在《后魏郑羲碑》中针对史传与碑刻关于谥号的不同记录，赵明诚由于史料的记载有限，对此没有作结论，而是采取了存疑的态度："《传》载赐谥诏书甚详，不应差误，而碑当时所立，必不敢讳其一字，皆莫可知也已。"[①] 他在《隋尚书左仆射元寿碑》中称："《史》云'寿在周，封仪陇县侯'，而《碑》作'仪龙侯'。今案《隋书·地里志》有仪陇县，属巴西郡，而无'仪龙'，未知孰是也。"[②] 在《唐祝府君碑》中赵明诚就祝姓的起源展开了考证："史传相交，祝、蓟互举，参考《世本》，马迁祈之。然司马迁《史记》于族系多采《世本》，不知《世本》果可尽信否？盖君子于学有所不知，阙焉可也。"[③]由此体现出赵明诚有关研究与批评的严谨态度。

在《金石录》金石与史传的比较研究中，赵明诚对部分史书的认识有了进一步的提升，提出了一些批评观点。赵明诚以金石碑刻作为依据而批评历代史书的好坏，在有关金石与史传的比较之中，他认可金石碑刻的当代史价值，因而当以史传来比较金石碑刻的内容时就易于发现有关史书的优劣。

三、李清照评《金石录》

李清照，号易安居士，宋代著名婉约派词人。她出身官宦之家，父亲为北宋大臣李格非。李清照与赵明诚志趣相投，伉俪情

---

① 赵明诚：《金石录》卷二一，金文明《金石录校证》本，上海书画出版社 1985 年版，第 390 页。
② 赵明诚：《金石录》卷二二，金文明《金石录校证》本，上海书画出版社 1985 年版，第 414 页。
③ 赵明诚：《金石录》卷二五，金文明《金石录校证》本，上海书画出版社 1985 年版，第 459 页。

深，一起进行有关金石的搜集与研究工作。《金石录》的撰述成果，除了赵明诚的努力之外，还与李清照的整理与保存之功密不可分。李清照的《金石录后序》（以下简称《后序》，注释除外）不仅论述了他们夫妇合作收集、整理与研究有关金石材料的经历，而且积极评价了《金石录》一书的特色及其意义。

李清照在《后序》中论述《金石录》的成书经过。她主要论述了赵明诚金石学研究兴趣的产生、金石材料收集的范围与过程、金石研究的方法与评价、金石材料的迁徙与散失等。由于李清照与赵明诚一起经历了《金石录》的收集与研究工作，因而有关细节的回忆成为研究《金石录》的第一手材料。从中可以发现《金石录》一书的诞生，是宋代金石学发展与兴盛的结果。正是时代风潮的形成，才使得赵明诚在青年时期就形成了金石研究的学术兴趣，在赵明诚的自序中提到“余自少小，喜从当世学士大夫访问前代金石刻词，以广异闻”[①]。在《后序》中李清照提到赵明诚很早就立下了研究金石学的志向：“（赵明诚）年二十一，在太学作学生……每朔望谒告出，质衣取半千钱，步入相国寺，市碑文、果实归，相对展玩咀嚼，自谓葛天氏之民也。”[②] 而当时社会对金石的推崇，促进了金石材料等的流通，赵明诚在《金石录》中就提到部分材料来自朋友的借阅：“余侍亲官徐州时，故郎官赵竦……挈此石随行……竦尤珍惜，亲旧有

---

① 赵明诚：《金石录序》，金文明《金石录校证》本，上海书画出版社1985年版，第1页。

② 李清照：《金石录后序》，金文明《金石录校证》本，上海书画出版社1985年版，第560页。

求墨本者，必手模以遗之。”[①] 而且赵明诚本身也对金石搜寻不已：“余尝托人于北岳访求前代刻石几尽。”[②] 并且还曾亲自探求碑刻：“余守是州，尝与僚属登山，徘徊碑下久之。”[③] 正是这种时代对金石的推崇，埋下了李清照在南渡之后，金石藏品不断被窃的伏笔。

北宋末靖康之变影响了《金石录》的整理与撰述。李清照在《后序》中论及了时局对著述的影响，特别是有关金石材料的保存。在关于金石存佚的认识上，相较于欧阳修与赵明诚，尽心于金石保存的李清照有着更为不同与深刻的认识。

在《后序》中李清照对金石材料散失的不舍，比欧阳修《集古录》与赵明诚自序中的论述更饱含深情。欧阳修在《集古录》中对金石材料的散失是带有积极乐观精神的：“聚多而终必散……因并载夫可与史传正其阙谬者，以传后学，庶益于多闻。”[④] 赵明诚也持有类似的观点：“金石之固犹不足恃……终归于磨灭，而余之是书有时而或传也。”[⑤] 欧阳修与赵明诚都较为理性地认识到金石作为物质材料，无论是时间意义上的留存还是空间角度上的聚集都是难以完全做到的，因此二者都把论述的重心放在金石研究上，希望通过学术研究使得有关金石的内容得以留存至后世。李清照在《后序》中把论述的重心放在金石存佚

---

① 赵明诚：《金石录》卷二〇，金文明《金石录校证》本，上海书画出版社1985年版，第377页。
② 赵明诚：《金石录》卷一七，金文明《金石录校证》本，上海书画出版社1985年版，第317页。
③ 赵明诚：《金石录》卷二一，金文明《金石录校证》本，上海书画出版社1985年版，第389页。
④ 欧阳修：《集古录目序》，《欧阳修全集》卷四二，中华书局2001年版，第600页。
⑤ 赵明诚：《金石录序》，金文明《金石录校证》本，上海书画出版社1985年版，第2页。

上，她对于金石的遗失是甚为痛心的："然有有必有无，有聚必有散，乃理之常；人亡弓，人得之，又胡足道？所以区区记其终始者，亦欲为后世好古博雅者之戒云。"① 李清照在《后序》中关于金石材料散失的论述，掺杂着"国仇家恨"的因素。这既是对过往美好时光的怀念与惆怅，又是对国家命运坎坷蹉跎的无限哀伤。赵明诚和李清照收集金石材料的过程包含着他们夫妻共同努力研究的经历，以此审视金石碑刻的留存则"今手泽如新，而墓木已拱，悲夫"②。李清照在"靖康之变"后，随着南宋朝廷的迁移而颠沛流离，有关金石的保存连遭战火焚烧、叛军劫掠、邻人盗窃等不幸。李清照在《后序》中有关金石的认识，是以梁元帝、隋炀帝为例："昔萧绎江陵陷没，不惜国亡而毁裂书画；杨广江都倾覆，不悲身死而复取图书，岂人性之所著，生死不能忘之欤？……何得之艰而失之易也！"③ 这种举例应不是随意而为的。二者都以自身的过失导致亡国，而又因对书籍的依恋引起李清照的同感。李清照由此发出感慨，无疑金石不仅是一种器物、一种学问，更是寄托作者家国情怀的一种精神慰藉："所谓岿然独存者，乃十去其七八。所有一二残零不成部帙书册，三数种平平书帖，犹复爱惜如护头目，何愚也耶！"④ 然而梁元帝、隋炀帝毕竟为亡国之君，实际上这种体谅充满着对时代的讽刺。从这个角度而言，金石材料的流失本身也是对国家命运颓败的一种反映。

---

① 李清照：《金石录后序》，金文明《金石录校证》本，上海书画出版社 1985 年版，第 564 页。
② 李清照：《金石录后序》，金文明《金石录校证》本，上海书画出版社 1985 年版，第 564–565 页。
③ 李清照：《金石录后序》，金文明《金石录校证》本，上海书画出版社 1985 年版，第 564 页。
④ 李清照：《金石录后序》，金文明《金石录校证》本，上海书画出版社 1985 年版，第 563 页。

李清照在《后序》中重视成书过程的论述包含着对金石学研究方法的认识，这反映出金石学考镜源流的批评意识。金石材料由于其性质，只有在传承有序的情况下，才能使研究者更好地进行研究。而有关金石学的批评研究往往是建立在材料来源清晰的基础之上，因而李清照在《后序》中追溯《金石录》的成书过程，既包含着对金石与赵明诚的无限深情，又遵循了金石学研究考镜源流的必然要求，反映出李清照对金石学研究发展深化的批评意识。对金石碑刻材料来源的重视是赵明诚《金石录》的研究特色，在一定程度上推动了金石学研究的深入。由于金石碑刻的铭文流传多依赖拓印，随着金石材料的风化，不同时代往往存留下不同的版本。加上流传中可能掺杂的虚假金石版本，使得考证金石的来源成为金石考证的重要方面。赵明诚在《金石录》中对金石碑刻出处的记述成为一种撰述的体例，他甚至以此进行有关金石碑刻的批评。这或许在一定程度上影响了李清照在《后序》中对于金石流散情况的记录。对于金石散失的关注实际上是一种研究方法的体现。

李清照在《后序》中多次提到赵明诚金石研究的方法与事例："因忆侯在东莱静治堂，装卷初就，芸签缥带，束十卷作一帙。每日晚，吏散，辄校勘二卷，跋题一卷。此二千卷，有题跋者五百二卷耳。"① 又称："每获一书，即同共校勘，整集签题。得书画、彝鼎，亦摩玩舒卷，指摘疵病，夜尽一烛为率。"② 李

---

① 李清照：《金石录后序》，金文明《金石录校证》本，上海书画出版社 1985 年版，第 563 页。
② 李清照：《金石录后序》，金文明《金石录校证》本，上海书画出版社 1985 年版，第 561 页。

清照在对赵明诚的研究方法进行评价时，是把它纳入宋代金石学的发展过程中进行分析，因此是在总结与归纳前人经验的基础上论述赵明诚的研究成就。

李清照在《后序》中重点分析了赵明诚著述《金石录》的方法，并对其方法做了评价。她认为《金石录》一书“皆是正伪谬、去取褒贬。上足以合圣人之道、下足以订史氏之失者皆载之，可谓多矣”[①]。这种论述应是李清照在与赵明诚讨论后得出的结论。赵明诚在自序中也提到金石学的价值：“盖窃尝以谓《诗》《书》以后，君臣行事之迹悉载于史，虽是非褒贬出于秉笔者私意，或失其实，然至其善恶大节有不可诬，而又传诸既久，理当依据。若夫岁月、地理、官爵、世次，以金石考之，其抵牾十常三四。盖史牒出于后人之手，不能无失，而刻词当时所立，可信不疑。”[②] 政和年间刘跂所作《金石录校证后序》对《金石录》内容的评价也有类似之处：“仿欧阳公《集古录》所论，以考书传诸家同异，订其得失，著《金石录》三十卷，别白抵牾，实事求是，其言斤斤，甚可观也。”[③] 金石材料因其创立的时代与著述的特点，更加能够反映历史的真实。有关褒贬的论述表明赵明诚与李清照在金石的认识上并非仅仅止于事实的考证，而是在其中包含着议论与评论。

随着宋代金石学发展到一定程度，金石学的研究开始转向对

---

① 李清照：《金石录后序》，金文明《金石录校证》本，上海书画出版社1985年版，第560页。
② 赵明诚：《金石录序》，金文明《金石录校证》本，上海书画出版社1985年版，第1页。
③ 刘跂：《金石录后序》，金文明《金石录校证》本，上海书画出版社1985年版，第558页。

金石学本身的反思与探讨，在这一过程中对既往的金石学研究提出了一系列的批评。受欧阳修《集古录》的影响，赵明诚具有自觉的批评意识，他考证与分析了《集古录》中的许多讹误，针对金石考史及金石研究方法进行了思考与评价。李清照在《后序》中追忆了《金石录》的成书过程，饱含着她对《金石录》的深情。赵明诚与李清照关于金石之学的批评认识，展示了宋代对金石学评价不断深化发展的过程。

第六章　类书、目录书与史学批评

两宋修撰了不少类书与目录书，其中对史书的著录与整理都涉及史学批评的内容。分析类书与目录书，会发现有关史书、史传等的评论逐渐增多并受到重视，使得目录书与类书成为史学批评的重要载体。

第一节　类书与史学批评

一、《太平御览·文部·史传》的史学批评特色

北宋初期为推行文教，由朝廷主导编修了一批大型的类书与目录书，在内容上前者侧重书籍内容的摘录，后者注重书籍名目的著录。二者都重视书籍的分类，其中包含着阐释其分类原则的大序与小序。分析宋代目录书与类书，可以看出其发展过程逐渐反映出宋代对史学批评思想及其书籍的重视。

《太平御览》是北宋初期修撰的大型类书。宋太宗于太平兴

国二年（977）命李昉、李穆、徐铉等进行修撰，成书于太平兴国八年（983），初名《太平总类》，后宋太宗赐名为《太平御览》。《太平御览》全书分为五十五部五百五十门，编为千卷。《太平御览》的编撰方法是以“中心词”搜集与组织条目，并按照经、史、子、集的顺序进行材料的组合排列。

《太平御览》的诞生与宋初的政治形势存在着关联。宋朝建立初期沿袭了五代时期的许多做法，朝堂上的大臣多来自五代十国的旧臣。如何防止重蹈五代覆辙，约束骄兵悍卒，成为宋代君臣面临的问题。宋朝在建立过程中采取了一系列措施，试图扭转五代时期的社会风气。在文化领域，宋太宗统治时期广开科举，推行崇文抑武的措施，希望在社会上营造一股崇尚文教的风气。《太平御览》就诞生于这样的背景之下。《太平御览》初名《太平总类》，在其修撰完成后，宋太宗宣称：“史馆所修《太平总类》一千卷，宜令日进三卷，朕当亲览焉。”他希望以自己读书的事例作为榜样，号召天下读书人，“朕性喜读书，颇得其趣，开卷有益，岂徒然也，因知好学者读万卷书，非虚耳”，并评价此书：“史馆新纂《太平总类》一千卷，包括群书，指掌千古，颇资乙夜之览，何止名山之藏，用锡嘉称，以传来裔，可改名《太平御览》。”[①] 由此，掀开了宋代编修大型类书的序幕。宋太宗还先后组织人力编修撰了《太平广记》与《文苑英华》。

《太平御览》是在之前类书修撰的基础上进一步扩充文献史

① 王应麟：《玉海》卷五四《艺文》，大化书局1974年影印本，第1079页。

料而著述完成的，“以前代《修文殿御览》《艺文类聚》《文思博要》及诸书分门编为一千卷，又以野史、传记、小说、杂编为五百卷”①。《太平御览》的史料来源相较晚出的《册府元龟》更加广泛。刘乃和指出：“《册府元龟》采引范围较《太平御览》小，其材料大抵以‘正史’为主，间及经、子，不采说部。”②《太平御览》的编修者李昉、徐铉等人皆为五代十国的旧臣，又多是以诗文见长的文学之士，因而《太平御览》的编修思想保持了晚唐五代的学术风气。或许是受到文学之臣编修类书的影响，相较于后来《册府元龟》中独立设立的《国史部》及其下分的十三门类，《太平御览》把有关史学的内容归之于《文部》中的《史传》。《太平御览》在体例设置与篇幅内容方面都体现了一定的局限性。同时，有关史学内容从《太平御览·文部》到《册府元龟·国史部》的发展，也从侧面反映出宋代史学意识逐渐深化的过程。

《太平御览·文部·史传》（以下简称《史传》篇）的理论特色主要表现为以继承为主的理论倾向。《史传》篇按照类书“中心词”的分类进行编著，围绕着“史”字展开，因此在内容选编上会出现“史记曰秦赵渑池之会，其君相违鼓瑟扣缶，皆命御史书之”③ 的记录，这里仅仅涉及史官名称，不关涉其他有关史学及其批评的内容。但是《史传》篇关于内容的组织并非按照时代著

---

① 王应麟：《玉海》卷五四《艺文》，大化书局1974年影印本，第1079页。
② 刘乃和：《〈《册府元龟》新探〉序》，《文献》1982年第4期。
③ 李昉等：《太平御览》卷六〇三《文部·史传上》，中华书局1960年版，第2713页。

作的顺序简单排列。《史传》篇起首引用南朝刘勰《文心雕龙》与东汉许慎《说文解字》的论述来解释“史”的内涵，又以东汉刘熙《释名》与西晋张华《博物志》的记录来诠释“传”的概念。这种打破时间排序而侧重概念诠释的做法反映出编著者在理论方面的思考。虽然《史传》篇没有小序，只是引用旧有史料，但是通过引用文献的比较还是体现出《史传》篇的理论色彩。

《太平御览》把《史传》篇归之于《文部》，这是延续了《文选》《文心雕龙》的做法。在《史传》篇的开头即引用了《文心雕龙》的论述：“史者，使也，执笔左右，使之谓也。古者，左史记言，右史书事。言经《尚书》，事经《春秋》也。”① 在《史传》篇最后也大段引用《文心雕龙·史传》篇的内容。如果说《册府元龟·国史部》的总序及小序侧重继承《史通》的理论传统，那么《太平御览》的《史传》篇则更加倾向于《文心雕龙》的批评传统。《文心雕龙·史传》篇带有较强的理论总结。《太平御览》因为其编撰方式而缺少序言，其大量引用《文心雕龙·史传》篇，表明前者受到了后者的影响。在内容方面，与《文选·史论》相比，《文选》侧重文学性的议论，文藻华丽，说理阐发，在文献的选编中多围绕史论，更多针对的是具体的人物与事实；而《太平御览》更加侧重史学，以史学的议论与评价作为材料搜集的对象。中国古代史学的发展先后经历了经史不分与文史不分的阶段，在这一过程中，史学逐渐摆脱了经

① 李昉等：《太平御览》卷六〇三《文部·史传上》，中华书局1960年版，第2713页。

学与文学的束缚而逐渐成为一门独立的学科。《文选》与《文心雕龙》诞生的时代正处于史学逐步摆脱经学与文学束缚的阶段，因而在理论上受其影响的《太平御览》的《史传》篇继承了之前的学术思想，在有关史学的理论认识上具有明显的过渡性质。

《太平御览》在内容的选择上，主要是以时间顺序汇集了历代有关史学批评的认识，其材料内容涉及齐太史、南史的评价、班固评司马迁、范晔评班固等。其中所涉及的史学批评主题可大致归纳为良史的认识、君主与修史的关系及史家素养等。

首先，《史传》篇选取了大量古代有关良史的评价，从中反映出编著者对良史概念的推崇。《史传》篇在唐之前的内容中涉及不少有关史家史书的评价，主要围绕着叙事的良史问题。《史传》篇有关良史的认识突出地体现在对魏晋南北朝时期史学内容的选择上。其内容主要是围绕着史书修撰、曲笔及名教等争议展开。因为《太平御览》类书的选编方式，围绕中心词组织材料，针对重要的史学论争，选择正反两方面的观点集中论述，虽没有小序的结论总结，但通过对原始文献的梳理比对，反而使得史学批评的面貌清晰可见。如引《晋书》的材料评价陈寿“时人称其善叙事，有良史之才”①，又紧接着在《后魏书》中引毛循之与崔浩关于陈寿“良史”的争论，赞扬与反对观点并存，反而进一步深化了对陈寿“良史”的认识。特别是在这部分中还存在着体例变通，《史传》篇每段引文以书名开始，相同文献

① 李昉等：《太平御览》卷六〇三《文部·史传上》，中华书局1960年版，第2714页。

的不同内容，则以新段落“又曰”开始，表明其出自同一部书。但是在涉及魏收《魏书》的评价时，《史传》篇以《三国典略》材料为主，既引用陆操的“博物宏才，有大功于魏室”、杨愔的“此不刊之书，传之万古”[1] 的赞扬，同时又引用大量的时人争论来批评魏收的曲笔讳饰“号为秽史”。为了使问题更加明晰、材料愈加丰满，在本应是《三国典略》的段落中接引《北史》的材料用以集中说明问题，“又北史收所引”[2]，从而使得对于魏收的评价更加客观公允。《史传》篇通过大量征引各种关于魏收的评论，既可以使人窥测《魏书》的优点与缺点，同时通过不同史书及人物批评的前后比较，也更加容易使人细致地了解到《魏书》被贬为“秽史”，更多是由于没有满足勋贵对自身门阀夸耀的需要。

其次，《史传》篇中唐代史学使用了大量篇幅来论述修史与君主的关系。唐代设立史馆，修撰了多部前朝史及本朝实录、国史。《史传》篇中有关唐代史学的内容主要选取了唐代君主关于修史问题的看法与讨论。围绕“君举必书”的问题，《史传》篇引用唐太宗与杜正伦的讨论，突出史臣“君举必书，言存在史”[3] 的原则。不仅史臣肩负着记录君主言行的责任，而且君主也应减少对史臣的干涉，于是《史传》篇征引褚遂良与唐太宗“不闻帝王躬自观史”[4] 的言论，强调君主不应观史的做法。《史

---

① 李昉等：《太平御览》卷六〇三《文部·史传上》，中华书局1960年版，第2715页。
② 李昉等：《太平御览》卷六〇三《文部·史传上》，中华书局1960年版，第2715页。
③ 李昉等：《太平御览》卷六〇三《文部·史传上》，中华书局1960年版，第2715页。
④ 李昉等：《太平御览》卷六〇三《文部·史传上》，中华书局1960年版，第2715页。

传》篇在唐代史学内容的安排上，对“君举必书”原则给予极大的重视。在内容选取上涉及大量相关的讨论，其中还提到唐肃宗与于休烈之间的问答，唐肃宗问：“君举必书，良史也，朕有过失，卿书之否?”于休烈对曰：“禹汤罪己，其兴也勃焉，有德之君不忘规过，臣不胜大庆。”[①] 围绕“君举必书”的问题，还选编了李翱与李吉甫有关唐代《时政记》消亡的讨论。由此，反映出唐代史臣如实直书对于国史、实录修撰的重要意义。

《史传》篇有关唐代史书的内容还涉及对于史臣在史书修撰过程中曲笔虚美的批评。《史传》篇引用文献批评许敬宗修史的虚美，如唐高宗的评价：“许敬宗所撰《太宗实录》所记多非实。”[②] 反对史臣在修史过程中歪曲事实。唐文宗时期有关《顺宗实录》的重修问题在《史传》篇中占据了大量篇幅，《史传》篇中大量文献的比较使得韩愈《顺宗实录》的问题逐渐显现：“《实录》中所书德宗、顺宗朝禁中事，寻访根柢，盖起谬传。”[③]《史传》篇认为由于史书修撰受到当政权贵的影响而加以改修，故难以真正发挥史学劝戒的价值。由此，反映出唐代君主与修史之间的复杂关系。

再者，对于史家素养的关注。围绕如何评价司马迁的问题，编著者引用了大量的文献材料，其中涉及《太史公自序》、《西京杂记》、班固《典引》、《魏志》及张辅论班马优劣等。针对司

① 李昉等:《太平御览》卷六〇四《文部·史传下》，中华书局1960年版，第2717页。
② 李昉等:《太平御览》卷六〇三《文部·史传上》，中华书局1960年版，第2716页。
③ 李昉等:《太平御览》卷六〇四《文部·史传下》，中华书局1960年版，第2718页。

马迁的评价问题，其中理论化较强的文献为《文心雕龙·史传》篇，其主要引用了“昔者夫子愍王道之缺……析理居正，唯懿上（素）心乎”[①]？这部分内容主要涉及历代史书的特色及评价问题，并把史学批评的核心归之于“素心”。《太平御览》的《史传》篇大量引用有关司马迁的评价，在一定程度上认识到史学批评随着历代史学的发展不断丰富的问题。在如何分析与看待这种丰富而又有差异的史学批评观点上，《太平御览》的《史传》篇受《文心雕龙·史传》篇的影响，上述引用的内容正是在分析历代史学特色的基础上，把评价史传差异的关键放在了修撰者的“素心”之上，由此反映了《太平御林》的《史传》篇在理论上的思考与总结。

《太平御览》的《史传》篇在体例的设置上，反映出编著者受到之前学术思想的影响较深。由于编著者多为文学之臣，他们把有关史学的内容纳入文部之中，没有设置独立的史部，反映出《史传》篇所具有的过渡性质。《史传》篇没有编写小序，在理论方面有薄弱之处，但内容本身还是包含着有关理论问题的思考，主要体现在《史传》篇开始与结束之处大量征引《文心雕龙·史传》篇的内容。因此，《史传》篇的理论色彩具有很强的继承性质。《史传》篇在内容的选取方面，突出对同一主题正反材料的搜集与对比，虽然篇幅不大，但是有关史料的搜集还是反映出历代史学的特色，如南北朝有关“良史”与“秽史”的讨

① 李昉等：《太平御览》卷六〇四《文部·史传下》，中华书局1960年版，第2719–2720页。

论、唐朝君臣关于修史的议论等。《太平御览》的《史传》篇可视为宋初在传统学术思想影响下对历代史学评价的文献整理之作，其理论色彩反映了南北朝时《文心雕龙·史传》篇的特色。通过《太平御览》的《史传》篇与《册府元龟·国史部》的比较，可以展现宋代史学意识不断深化发展的过程。

二、《册府元龟·国史部》中史学批评的理论总结①

北宋初期修撰了《册府元龟》《太平御览》《太平广记》《文苑英华》等一系列大型类书。这些类书中包含着史学批评的思想。《册府元龟》是继《太平御览》之后，北宋时期修撰的又一部大型类书。宋真宗于景德二年（1005）诏令王钦若、杨亿、孙奭等人一同编修历代君臣事迹，该书于大中祥符六年（1013）完成，初名《历代君臣事迹》。宋真宗称这部书："粤自正统，至于闰位，君臣善迹，邦家美政，礼乐沿革，法令宽猛，官师论议，多士名行，靡不具载。"② 他总结编修《册府元龟》的目的在于"欲著历代事实，为将来典法，使开卷者动有资益也"③。

《册府元龟》全书分为三十一部一千一百多门，共计一千卷，在各部之下有总序，而各门之下又有小序。宋真宗重视

---

① 本节内容借鉴与采用了本书主编瞿林东《两宋史学批评的成就》一文（《河北学刊》1999 年第 2 期）。

② 王应麟：《玉海》卷五四《艺文》，大化书局 1974 年影印本，第 1081 页。

③ 李焘：《续资治通鉴长编》卷六二，宋真宗景德三年四月丙子，中华书局 1992 年版，第 1394 页。

《册府元龟》的编撰，主张由杨亿统一各部类的序言。宋真宗在编撰的过程中参与甚多，曾对编修的内容提出具体的批评，“所编《君臣事迹》，盖欲垂为典法，异端小说，咸所不取”[①]。宋真宗在史料的选取方面进行了限定，这在一定程度上影响了《册府元龟》文献来源的广泛性。宋真宗还希望在《册府元龟》的编撰过程中，对史事加以褒贬批评：“今所修《君臣事迹》，尤宜区别善恶，有前代褒贬不当如此类者，宜析理论之，以资世教。”[②] 宋真宗的意见对《册府元龟》的编修产生了重要影响。宋代袁褧《枫窗小牍》记载：“其书止采六经、诸史、《国语》、《国策》、《管》、《安》、《孟》、《晏》、《淮南》、《吕览》、《韩诗外传》及《修文御览》、《艺文类聚》、《初学》等书，即如《两京杂记》、《明皇杂录》等皆摒不采。”并且“帝下手诏：凡悖逆之事，不足为训者删去之，复亲览摘其舛误，多出手书，诘问或召对，指示商略，凡八年而成，然开卷皆常目所见，无罕见异闻”[③]。《册府元龟》虽然篇幅很大，但是在文献来源及史事记述方面由于受到宋真宗“垂为典法”的影响，其撰述的内容多为宋代常见材料。

《册府元龟·国史部》可看作继刘知幾《史通》之后，在史学理论总结方面的又一部重要著作，其具有明确的史学批评意

---

① 王应麟：《玉海》卷五四《艺文》，大化书局1974年影印本，第1081页。

② 李焘：《续资治通鉴长编》卷六五，宋真宗景德四年四月丁丑，中华书局1992年版，第1452页。

③ 袁褧：《枫窗小牍》卷下，《景印文渊阁四库全书》第一〇三八册，台湾商务印书馆1986年版，第232页。

识，并提出了许多有益的史学批评的范畴与理论。《册府元龟·国史部》共计十三门，分别为《选任》《公正》《恩奖》《采撰》《论议》《记注》《谱牒》《地理》《世官》《自序》《疏谬》《不实》《非才》。《册府元龟·国史部》部类之后有总序，各门之后有小序。总序及小序包含了北宋早期对于中国古代史学发展的总结与评价。如果说刘知幾编撰《史通》源自其自身史馆修撰的修史经历，可看作自下而上的史学意识的总结，那么《册府元龟·国史部》抽绎历代正史的材料加以编修，其中的总序与小序似可看作自上而下的史学思想的反省。其共同点在于两者都具有深刻的批评意识与理论总结。北宋官书《册府元龟》的《国史部》在编纂思想上有很明确的批评意识，其《公正》《采撰》《论议》《记注》《疏谬》《不实》《非才》等门的序，以及《国史部总序》，在史学批评的理论方面都提出了一些新问题。《论议》门序说："至于考正先民之异同，论次一时之类例，断以年纪，裁以体范，深述惩劝之本，极谈书法之事，或列于封疏，或形于奏记。"[1] 这是对前人"论议"问题作了归纳，也反映出作者在史学理论方面所作的思考。其以《公正》《恩奖》等门称赞史学上的"执简之余芳，书法之遗懿者"[2] 与"鸿硕之志，良直之士"[3]，而以《疏谬》《不实》《非才》诸门批评史家撰述上的种种弊端，在理论上是有价值的。

---

① 王钦若：《册府元龟》卷五五八《国史部·论议》，中华书局1960年版，第6700页。
② 王钦若：《册府元龟》卷五五四《国史部·公正》，中华书局1960年版，第6654页。
③ 王钦若：《册府元龟》卷五五四《国史部·恩奖》，中华书局1960年版，第6656页。

《国史部总序》在评述自上古至五代的史官制度之沿革流变后，强调指出其所记内容的宗旨是揭示史官修史中的经验教训，因而直接关系史学批评问题。总序最后是这样讲的：

原夫史氏之职，肇于上世，所以记人君之言动，载邦国之美恶，著为典式，垂之来裔，申褒贬之微旨，为惩劝之大法。故其司笔削之任，慎良直之选，历代审官，莫斯为重。今之所纪者，凡推择简任之尤异，讨论撰述之始末，家世职业之嗣掌，扬榷雠对之裁议，冲识方正以无忒，恩遇宠待而隆厚，咸用标次，以彰厥善。其有疏略差戾，受嗤于作者，构虚失实，有紊乎书法，乃至以鄙浅之识，贻叨据之诮，亦用参纪，申儆于后。其有注录之部次，谱籍之名学，方志之辨析，世绩之敷述，皆司籍之事，资博闻之益，咸用缀缉，以成伦要。凡《国史部》十有三门。①

所谓“以彰厥善”种种和“申儆于后”种种，是为《国史部》撰述思想的核心，包含了丰富的史学批评内容，反映出对史家修史活动中之主体作用更全面、更深入的认识与分析，尤其是“疏略差戾”“构虚失实”“鄙浅之识”等，实有碍于史学的发展，应引起后世史家的警惕。从《国史部》总序的宗旨来看，我们可以认为：如果说刘知幾的《史通》对以往史学的总结和

① 王钦若：《册府元龟》卷五五四《国史部总序》，中华书局1960年版，第6644-6645页。

评论，在表述方法上是把他自己的认识同具体实例融为一体加以阐述的话，那么《册府元龟 · 国史部》的表述方法则是从宏观上提出一种认识上的框架，对以往史学活动中反映出来的不同方面、不同问题作出区分与综合，以类相从，胪列实例，以表明其对于史学的思想旨趣。简而言之，《史通》是一部以论说为主的史学批评著作，《册府元龟 · 国史部》则可视为一部以史实为主的史学批评著作，二者有相辅相成的作用。

《册府元龟·国史部》在撰述思想上继承了刘知幾的《史通》，是显而易见的。其《选任》即近于后者的《史官建置》，其《公正》即近于后者的《直笔》，其《采撰》一目即直接沿用后者篇名而内容类于后者《古今正史》，其《论议》则意近于后者之《鉴识》，其《自序》更是后者《自叙》的扩大和延伸，其《谱牒》《地理》皆出于后者《杂述》，其《疏缪》《不实》《非才》当源于后者的《纰缪》《曲笔》《叙事》。《纰缪》篇已佚，无从作具体比较。《不实》门序称：

> 《传》曰“书法不隐”，又曰“不刊之书”。盖圣人垂世立法，惩恶劝善者也。若乃因嫌而沮善，渎货以隐恶，或畏威而曲加文饰，或徇时而蔑纪勋伐，恣笔端而溢美，擅胸臆以厚诬，宜当秽史之名，岂曰传信之实。垂于后也，不其愿欤！[①]

① 王钦若：《册府元龟》卷五六二《国史部·不实》，中华书局1960年版，第6749页。

这些话，同《史通·曲笔》篇不仅思想上相通，而且在用语上也极相近。值得注意的是，从历史撰述的过程来看，“曲笔”是现象，“不实”是本质；现象可能有多种多样，而本质是不会改变的。再看《非才》门序所说：

夫史氏之职，掌四方之志，善恶不隐，言动必书。固宜妙选良材，图任明职，广示惩劝之义，备适详略之体，成大典于一代，垂信辞于千祀。若乃司载笔之官，昧叙事之方，徒淹岁时，空索编简，或紬绎之靡就，或颁次之无文，昧讲旷官，盖可惩也。[①]

这里主要是批评那些占据了史官位置而又昧于“叙事之方”的人。这种人既无“紬绎”之才思，又无“颁次”之能力，怎么能担任史职呢？“紬绎”是着重于见识，“颁次”是指的表述，这与刘知幾所讲“叙事之美”有所不同，更加着重了“叙事之方”中的历史见识。

《册府元龟·国史部》的编纂旨趣所表达出来的史学批评思想，其理论上的意义并不只限于“国史”方面而具有普遍的价值。《册府元龟》是《史通》之后的重要著作。《册府元龟·国史部》中的总序及小序，包含了北宋早期对于中国古代史学发展的总结与评价。《册府元龟·国史部》在总序中强调史官的沿

① 王钦若：《册府元龟》卷五六二《国史部·非才》，中华书局1960年版，第6753页。

革、史学的价值、史学对于君主统治的劝戒作用，“原夫史氏之职，肇于上世，所以记人君之言动，载邦国之美恶，著为典式，垂之来裔，申褒贬之微旨，为惩劝之大法”[①]。在《国史部》的各门中，《选任》《世官》《恩奖》强调史官的选择、史家的传统以及君主对史官的重视。《采撰》《论议》占据了《国史部》的绝大部分篇幅，涉及史书修撰与史学评议，这部分实际上包含了刘知幾《史通》的部分主题。《论议》的小序可视为中国古代史学批评的总结之一，王钦若认为史学《论议》产生于史学发展，伴随着各种史书及史体的争议而不断发生演变：“自左丘明受经于仲尼，而为之传。其后太史公易编年之旧式，明述作之微旨，扬榷而论，文辞炳焉。班氏父子专心载籍，亦复斟酌前史，讥正得失，尔后当笔削之任者，盖不乏其人焉。”[②] 并且他总结了主要的《论议》主题：“至于考正先民之异同，论次一时之类例，断以年纪，裁以体范，深述惩劝之本，极谈书法之事，或列于封疏，或形于奏记，至乃立言以垂制，移书以布怀，罕不磅礴今古，讲求奥迹，绪言佳话，蔼乎！前闻足以见作者之志矣。”[③] 即认为史学《论议》包括异同考证、史书体例、史书断限、史传部类、史学功用、史学叙事、史书形式等。《论议》的小序可视为中国古代史学批评范畴与主题的一种理论总结。而《记注》《自序》《地理》《谱牒》主要探讨了史书的部类。《国史部》在

① 王钦若：《册府元龟》卷五五四《国史部总序》，中华书局 1960 年版，第 6644-6645 页。
② 王钦若：《册府元龟》卷五五八《国史部 · 论议》，中华书局 1960 年版，第 6700 页。
③ 王钦若：《册府元龟》卷五五八《国史部 · 论议》，中华书局 1960 年版，第 6700 页。

分类中特别突出了《公正》《疏缪》《不实》《非才》。这表明《国史部》重视史学的《公正》，认为《公正》是史学发挥功用的基础："夫简牍之兴，得失攸纪，善恶无隐，曲直遂分。是故劝沮于斯人，见信于来裔。"① 而把"公正"缺失归咎于"疏缪""不实""非才"，这里可大致归结为史书不当、史家的歪曲以及史官的缺略。

《太平御览》与《册府元龟》是宋代前期修撰的两部大型类书，这两部类书修撰的时代背景不同，有关的编撰思想与修撰体例也存在着差异，内容都涉及史学批评的思想。《太平御览》受到《文心雕龙》的影响，在《文部》之中设立《史传》篇，其中史学批评的内容主要是通过引用文献来展示历代史学评价的发展变化，其理论色彩体现为大量引用《文心雕龙·史传》篇，其史学批评思想具有继承的特点。《册府元龟》虽然在文献来源方面不如《太平御览》，但是专门为史学的内容设立了《国史部》。《国史部》的大序与小序具有较强的理论色彩，其思想体现出对刘知幾《史通》的继承与发展。从《太平御览》的《史传》篇到《册府元龟·国史部》的变化，反映出宋代史学意识不断发展深化的过程。

---

① 王钦若：《册府元龟》卷五五四《国史部·公正》，中华书局1960年版，第6654页。

第二节　目录书与史学批评

一、《崇文总目》小序与史学批评

宋代是中国古代目录学发展的一个转折时期。北宋早期主要以官修目录书为主，随着目录学的发展，私人修撰的目录书逐渐兴起，南宋时期出现了重要的目录书《郡斋读书志》《直斋书录解题》《史略》等。目录书的体例在宋代经历了重要的变化。北宋早期目录书受到自刘向、刘歆以来目录书的影响，各部类有大序，各门类有小序，各条有解题。而随着宋代书籍的流传，目录书中的大序、小序逐渐遗失废弃，而解题也逐渐从突出内容解说向强调书籍点评过渡。在目录学发展背景下，目录书中出现了史评类的独立门类，南宋晁公武的《郡斋读书志》第一次把史评类纳入目录书分类之中，体现出史学批评在宋代目录书中受到的重视。

目录书与史学批评有着密切的关系。自刘向、刘歆父子修撰《别录》《七略》以来，目录书由于涉及考校、辑佚、概述与评价等内容，包含了大量的史学批评，可以说在一定程度上目录书的发展促进了中国古代史学批评的兴盛。目录书的分类能间接地反映部分史学批评思想。由于不同时代对于图书著录的重心不同，比较不同时期图书的分类情况，可以考察不同时代史学认识的差异。目录书中的序与解题直接包含着有关史书的评价。目录书中的总序与小序是中国古代有关学术源流演变的重要理论总结。随着宋代目录书发展的重心从官方向私人转变，目录书中的解题进一步摆脱传统观点的束缚而变得更加活跃。

《崇文总目》修撰于宋仁宗景祐元年（1034），是由朝廷主持修撰的大型类书："（宋）仁宗既新作崇文院，命翰林学士张观等编四库书，仿《开元四部录》为《崇文总目》，书凡三万六百六十九卷。"[①]《崇文总目》在史部的分类上仍然沿袭了《隋书·经籍志》以来的十三部类的分法，相较于《旧唐书·经籍志》与《新唐书·艺文志》，其仅在具体门类的名称上有所不同。《崇文总目》史部分为正史类、编年类、实录类、杂史类、伪史类、职官类、仪注类、刑法类、地理类、氏族类、岁时类、传记类、目录类。

这种目录书分类的背后有着中国古代关于学术源流演变的思考。自《汉书·艺文志》以来，关于学术源流的论述，逐渐主导了此后目录书的发展。《汉书·艺文志》认为古代学术源自王官学，并逐渐发展出其他的学术门派，"昔仲尼没而微言绝，七十子丧而大义乖。故《春秋》分为五，《诗》分为四，《易》有数家之传。战国纵横，真伪分争，诸子之言纷然淆乱"[②]，进而依此进行图书目录的划分。此后目录书的总序往往采纳这种思想，作为目录划分的思想依据。如《旧唐书·经籍志》的总序就基本沿袭了这种思路："夫龟文成象，肇八卦于庖牺；鸟迹分

① 脱脱等：《宋史》卷二〇二《艺文志》，中华书局1977年版，第5032页。
② 班固：《汉书》卷三〇《艺文志》，中华书局1962年版，第1701页。

形，创六书于苍颉。圣作明述，同源异流。《坟》《典》起之于前，《诗》《书》继之于后……自仲尼没而微言绝，七十子丧而大义乖。嬴氏坑焚，以愚黔首；汉兴学校，复创石渠。雄、向校雠于前，马、郑讨论于后，两京载籍，由是粲然。"①

在这种学术源流演变的思想下，比较目录书中史部的划分，也成为有关史学讨论与商榷的独特视角。宋代刘恕《资治通鉴外纪后序》依此提出了对史学发展的认识："案历代国史，其流出于《春秋》。刘歆叙《七略》，王俭撰《七志》。《史记》以下，皆附《春秋》。荀勖分四部，《史记》、旧事入丙部。阮孝绪《七录·记传录》纪史传，由是经与史分。"② 刘恕通过分析史学在目录分类中的地位变迁，总结出史学逐渐摆脱经学，走向独立的过程，体现了宋代对史学自身发展过程认识的强化。比较《旧唐书·经籍志》《新唐书·艺文志》《崇文总目》会发现，有关学术源流演变的思想在其中逐渐发生了变化。

《新唐书·艺文志》的总序中关于学术源流的论述虽然同《旧唐书·经籍志》类似，但有着细微的差别："至于上古三皇五帝以来世次，国家兴灭终始，僭窃伪乱，史官备矣。而传记、小说，外暨方言、地理、职官、氏族，皆出于史官之流也。自孔子在时，方修明圣经以绌缪异，而老子著书论道德。接乎周衰，战国游谈放荡之士，田骈、慎到、列、庄之徒，各极其辩；而孟轲、荀卿始专修孔氏，以折异端。然诸子之论，各成一家，自前

---

① 刘昫等：《旧唐书》卷四六《经籍志上》，中华书局1975年版，第1961页。

② 刘恕：《资治通鉴外纪后序》，上海古籍出版社1987年影印本，第101页。

世皆存而不绝也。夫王迹熄而《诗》亡，《离骚》作而文辞之士兴。历代盛衰，文章与时高下。然其变态百出，不可穷极，何其多也。自汉以来，史官列其名氏篇第，以为六艺、九种、七略。”① 在这个过程中我们会发现史官的作用大大地强化了，部分流派以及目录书的形成主要归之于史官的作用。虽然在最终源头上还是强调了圣人之意的价值，但是史官的作用无疑更加突出了。

《崇文总目》的史部分类小序同样存在这种思想。欧阳修在其撰写的“杂史类”小序中称：“《周礼》：天子、诸侯皆有史官。晋之《乘》，楚之《梼杌》，考其纪事，为法不同。至于周衰，七国交侵，各尊其主，是非多异，寻亦磨灭，其存无几。若乃史官失职，畏怯回隐，则游谈处士亦必各记其说，以申所怀。然自司马迁之多闻，当其作《史记》，必上采《帝系》《世本》，旁及战国荀卿所录，以成其书，则诸家之说，可不备存乎。”② 欧阳修在目录的分类中大大地提高了史官的作用，认为杂史的源头直接来自上古的史官撰述传统。对此，我们是否可以理解为在宋代史学学科意识逐渐鲜明的背景下，目录书序中学术源流归之为一，史学从经学中逐渐发展而来的思想意识进一步减弱，图书分类源头同史官之间的关系受到重视。

《崇文总目》中的史学批评在史部分类的小序中有着更为丰

① 欧阳修、宋祁：《新唐书》卷五七《艺文志》，中华书局1975年版，第1421页。

② 王尧臣等撰，钱东垣等辑释：《崇文总目》卷二《史部·杂史类下》，许逸民、常振国编：《中国历代书目丛刊》，现代出版社1987年版，第49页。

富的表现。这种小序带有理论的总结意识。《崇文总目》史部小序包含了对于史部分类的观点与看法，而书目下的解题则涉及各书的作者、卷帙、流传及评价等。这些论述可看作宋代史学批评的重要内容。

这种小序撰写的特色，主要源自传统学术源流演变的思想，因此具有很强的继承性。这种继承性使得小序成为批评的焦点。《旧唐书·经籍志》批评目录书中的分类小序因循守旧："依班固《艺文志》体例，诸书随部皆有小序，发明其旨。近史官撰《隋书·经籍志》，其例亦然。窃以纪录简编异题，卷部相沿，序述无出前修。今之杀青，亦所不取。"[①]《旧唐书·经籍志》认为小序的作用有限，应加以删除。而至《新唐书·艺文志》则直接不再添加这类小序。南宋郑樵《通志二十略·校雠略》批评《崇文总目》中的序与解题无用，指出："古之编书，但标类而已，未尝注解……今《崇文总目》出新意，每书之下必著说焉。"[②] 认为毫无必要，反而会让人"自繁"，使人"意怠"。

《崇文总目》中史部小序与解题具有鲜明的时代特色，其主要体现在对于褒贬的重视、对于修书补史的赞扬以及在著录中对于史评的重视。宋代中期由于不满《旧五代史》《旧唐书》，掀起了批评旧史、修撰新史的热潮。欧阳修同时参与了《崇文总目》《新唐书》《新五代史》的修撰，因而在《崇文总目》的小序与解题中具有类似的史学批评倾向。

---

① 刘昫等：《旧唐书》卷四六《经籍上》，中华书局 1975 年版，第 1964 页。
② 郑樵：《通志二十略·校雠略》，中华书局 1995 年版，第 1818 页。

宋代承袭五代，鉴于五代乱局，宋代学者不满于五代史学粉饰太平、无所褒贬从而使得局面进一步恶化，认为只有充分地发挥史学借鉴的作用才能避免悲剧的发生。《崇文总目》小序特别强调史学的借鉴作用。“伪史类”小序称：“周室之季，吴、楚可谓强矣，而仲尼修《春秋》，书荆以狄之，虽其屡进，不过子爵，所以抑黜僭乱而使后世知惧。三代之弊也，乱极于七雄并主；汉之弊也，乱极于三国；魏晋之弊也，乱极于永嘉以来；隋唐之弊也，乱极于五代。五代之际，天下分为十三四，而私窃名号者七国。及大宋受命，王师四征，其系累负质，请死不暇，九服遂归于有德。历考前世僭窃之邦，虽因时苟偷，自强一方，然卒归于祸败。故录于篇，以为贼乱之戒云。”① 认为史学的借鉴源自孔子修《春秋》，历史记载具有“抑黜僭乱而使后世知惧”的作用，应充分发挥史学所具有的借鉴价值。

宋代对于《旧唐书》《旧五代史》的不满部分在于史料搜集不全、事实记载的缺漏，因而宋代重视史料的补充，这使得《崇文总目》中对于重视补史的史籍予以特别的赞赏。

欧阳修既为《崇文总目·史部》小序的撰修者，又曾撰修《新五代史》《新唐书》。他曾对五代时期的史学大加批判，而在《史部》“实录类”的小序中，欧阳修对五代修撰的实录提出了赞扬，原因就在于五代时期虽为乱世，但是有关实录的修撰不曾停止，从而保留了大量的珍贵史料：“实录起于唐世，自高祖至

① 王尧臣等撰，钱东垣等辑释：《崇文总目》卷二《史部·伪史类》，许逸民、常振国编：《中国历代书目丛刊》，现代出版社 1987 年版，第 50-51 页。

于武宗，其后兵盗相交，史不暇录，而贾纬始作补录，十或得其二三。五代之际，尤多故矣，天下乖隔，号令并出，传记之事，讹谬尤多。幸而中国之君，实录粗备，其盛衰善恶之迹，较然而著者，不可泯矣。”[①] 称赞五代修实录在保存史实方面具有不可磨灭的作用。

《崇文总目》在《史部》的解题中充分肯定这类在修补史料方面具有重要价值的书籍。如评价范质的《五代通录》：“初梁末帝无实录，（范）质自以闻见补成之。其缵次时叙最有条理。”[②]赞扬郑向的《开皇纪》：“五代乱亡，史册多漏失，向摭拾遗事，颇有补焉。”[③] 肯定这些史书在补修史料方面的作用。《崇文总目》在《建中实录》的解题中特别补充：“沈既济罢史官之日，自作五例，所以异于常者，举终必见始，善恶必评，月必举朔，史官虽卑，出入必书，太子曰薨，自谓辞虽不足，而书法无隐云。”[④] 推崇其记述事实书法无隐的精神。

随着唐代史学批评著作的增多，《崇文总目·史部》注意到这一现象，在目录中把史学批评的著作汇集在一起，列于“杂史类”中：“《史通》二十卷，刘知幾撰，《史通析微》十卷，

① 王尧臣等撰，钱东垣等辑释：《崇文总目》卷二《史部·实录类》，许逸民、常振国编：《中国历代书目丛刊》，现代出版社1987年版，第42页。

② 王尧臣等撰，钱东垣等辑释：《崇文总目》卷二《史部·编年类》，许逸民、常振国编：《中国历代书目丛刊》，现代出版社1987年版，第39页。

③ 王尧臣等撰，钱东垣等辑释：《崇文总目》卷二《史部·实录类》，许逸民、常振国编：《中国历代书目丛刊》，现代出版社1987年版，第42页。

④ 王尧臣等撰，钱东垣等辑释：《崇文总目》卷二《史部·实录类》，许逸民、常振国编：《中国历代书目丛刊》，现代出版社1987年版，第42页。

《柳灿传》,《史例》三卷,刘悚撰,《正史杂乱》十卷。”[①] 这体现出《崇文总目·史部》对史学批评发展的关注与重视。

《崇文总目》中的史学批评具有一定的批评倾向。《崇文总目》的理论总结具有明显的继承性质,重视史学记录的客观、注重补史与修史的传统等。《崇文总目》也具有时代的特色,主要体现在关注时代史学的发展、重视史学的褒贬价值上。

二、《郡斋读书志》对史评的突出

晁公武,字子止,号昭德先生,澶州清丰人。他大约生于宋徽宗崇宁年间,约于宋孝宗淳熙年间去世。其治学不主一家,涉猎颇广。据史志记载,其著述十分丰富,但是留存至今的,只有《郡斋读书志》以及其他一些诗文的残稿。

《郡斋读书志》是中国现存最早的撰有解题的私家藏书目录书,在中国目录学史上有很重要地位。此书史部的分类特点鲜明,其书目解题包含丰富的史学批评思想,是研究南宋史学批评的重要内容之一。

(一)《郡斋读书志》史部分类的特点

《郡斋读书志》的分类沿用了四部分类的方法,共著录史书二百八十三部,七千三百八十八卷。晁公武在总序中对采有四分法的缘由作了说明:“今公武所录书,史、集居其半,若依《七

① 王尧臣等撰,钱东垣等辑释:《崇文总目》卷二《史部·杂史类下》,许逸民、常振国编:《中国历代书目丛刊》,现代出版社1987年版,第49页。

略》则多寡不均，故亦分为四部焉。”①《郡斋读书志》史部分类参考了前人分类情况，并作了适当变通，从而使其书史部分类颇具特色。下表列出了当时流传较广的几种史书与目录书的史部分类同《郡斋读书志》进行比较：

	《隋书·经籍志》史部	《旧唐书·经籍志》史部	《新唐书·艺文志》史部	《崇文总目》史部	《郡斋读书志》史部
1	正史	正史	正史	正史	正史
2	古史	编年	编年	编年	编年
3	旧事	伪史	伪史	实录	实录
4	职官	杂史	杂史	杂史	杂史
5	仪注	起居注	起居注	伪史	伪史
6	刑法	旧事	旧事	职官	史评
7	霸史	职官	职官	仪注	职官
8	杂传	杂传	杂传记	刑法	仪注
9	地理	仪注	仪注	地理	刑法
10	谱系	刑法	刑法	氏族	地理
11	簿录	目录	目录	岁时	传记
12	杂史	谱牒	谱牒	传记	谱牒
13	起居注	地理	地理	目录	目录

从上表我们可以看出，《郡斋读书志》史部分类，既充分借鉴和吸收了前人的成就，又具有自身的分类特色，这主要反映在位序的调整和新类别的增添上。《郡斋读书志》参考了《崇文总目》的分类，将实录列为第三位。晁公武指出“后世述史者，

① 晁公武：《郡斋读书志》卷一，孙猛《郡斋读书志校证》本，上海古籍出版社1990年版，第1页。

其体有三”，实录为其中之一。他认为：“实录者，其名起萧梁，至唐而盛，杂取两者（即编年与纪传——笔者）之法而为之，备史官采择而已，初无制作之意，不足道也。”① 实录起于萧梁时，后逐渐规范，到了唐宋数量庞大，而其史料价值多为史家重视。晁公武在分类时考虑到这一现实情况，将它列为第三位，无疑是合理的。

《郡斋读书志》史部分类与以往史部最大的不同，是专列出“史评”类，这是一大创造。以往的目录书，将有关史评、考订之书附在集部总集之后，归入集部的文史类。随着时代的发展、集部中评史著作数量的增多，原有分类造成的不便日渐显现出来。与晁公武同时或稍后的目录书，如陈振孙《直斋书录解题》、陈骙《中兴馆阁书目》与《宋史·艺文志》仍沿袭旧例，只有晁公武认为：“前世史部中有史钞类而集部中有文史类，今世钞节之学不行而论说者为多。教自文史类内，摘出论史者为史评，附史部，而废史钞云。”② 他在史部设“史评”类，使史评类著述有所归依，对后世影响较大，如高似孙《史略》与《四库全书总目》均设“史评”类。

（二）《郡斋读书志》史部题解的形式

据衢本《郡斋读书志》序可以得知，晁公武实际收藏的书籍有二万四千五百多卷，因而《郡斋读书志》并不是汇抄旧目

---

① 晁公武：《郡斋读书志》卷五《史记》，孙猛《郡斋读书志校证》本，上海古籍出版社1990年版，第174页。

② 晁公武：《郡斋读书志》卷二〇《刘氏史通》，孙猛《郡斋读书志校证》本，上海古籍出版社1990年版，第295页。

而成，其著录皆有切实的出处，真实可信。晁公武“日夕躬以朱黄，雠校舛误。终篇，辄撮其大旨论之”[①]，可知其解题多出于心得。晁公武撰题解，在形式上不拘一格，视各书的具体情况而定，少则不足十言，多则言过四百，或述书之作者、体例、版本，或概述书之要旨，或辨学派之渊流，或列不同之学说，或发表评论，形式多样，繁简不一。[②] 关于《郡斋读书志》史部的解题，有以下几种形式。

其一，仅记撰者时代与姓名。这是《郡斋读书志》中最简略的解题形式。如《图经》，解题仅为“右皇朝李昉撰”[③]，仅六言。《三国人物论三卷》，解题为“右皇朝蜀人杨祐甫撰”，[④] 也只有九言，仅介绍编撰者的时代、籍贯和姓氏。

其二，记撰者及内容梗概。这是《郡斋读书志》史部解题中最为常见的形式。如《南唐近事二卷》解题为：“右皇朝郑文宝编。记李氏三主四十年间杂事。”[⑤]

其三，记编撰者、内容起讫。这是常见于史部实录类与编年类的解题形式。编年类与实录类史书绝大多数会有起讫时间，晁公武解题也就因类制宜，对于书中记事的起止时间都有说明。如

① 晁公武：《衢本昭德先生郡斋读书志序》，孙猛《郡斋读书志校证》本，上海古籍出版社1990年版，第15页。

② 按：《郡斋读书志》子部、集部解题特点参见崔国光《晁公武〈郡斋读书志〉的版本源流与解题特点》一文，《山东社会科学》2001年第1期。

③ 晁公武：《郡斋读书志》卷八《图经》，孙猛《郡斋读书志校证》本，上海古籍出版社1990年版，第343页。

④ 晁公武：《郡斋读书志》卷七《三国人物论》，孙猛《郡斋读书志校证》本，上海古籍出版社1990年版，第309页。

⑤ 晁公武：《郡斋读书志》卷七《南唐近事》，孙猛《郡斋读书志校证》本，上海古籍出版社1990年版，第281页。

《河洛行年记十卷》“右唐刘仁轨撰。记唐初李密、王世充事。起大业十三年二月，迄武德四年七月秦王擒窦建德”①，又如《神宗实录二百卷》“右皇朝曾布撰。起藩邸，止元丰八年三月，凡十九年”②，即为这两类史书解题的代表。实录修撰过程复杂，表现在参修人员多有变动，晁公武在解题时也会如实记录。如《英宗实录三十卷》：“右皇朝曾公亮等撰。起藩邸，尽治平四年正月，凡四年。熙宁元年正月，诏公亮提举，吕公著、韩维修撰，孙觉、曾巩检讨。三月，又以钱藻检讨，四月，又以王安石、吴充为修撰。二年七月，书成上之。”③ 所言简洁明了。

其四，记撰者及成书背景、编次、掌故、流传与校正情况。如晁公武在解题《后魏书》时说：“右北齐魏收撰。初，魏史官崔浩既诛，太和后，始有李彪、崔鸿等书。魏末，山伟、綦隽更主国书，二十余年，事迹荡然，万不纪一。文宣时，始诏收撰次，成十二纪、十志、九十二列传，上之。悉焚旧书。多谄讳不平，受尔朱荣子金，故减其恶；夙有怨者，多没其善；党北朝，贬江左。时人嫉之，号为‘秽史’。刘知幾谓其生绝胤嗣，死逢剖斫，皆阴慝所致。后隋文帝命颜之推等别修，唐贞观中，陈叔达亦作《五代史》，皆不传，独收书在。皇朝命刘恕等校正。”④

---

① 晁公武：《郡斋读书志》卷五《河洛行年记》，孙猛《郡斋读书志校证》本，上海古籍出版社 1990 年版，第 200 页。

② 晁公武：《郡斋读书志》卷六《神宗实录》，孙猛《郡斋读书志校证》本，上海古籍出版社 1990 年版，第 231 页。

③ 晁公武：《郡斋读书志》卷六《英宗实录》，孙猛《郡斋读书志校证》本，上海古籍出版社 1990 年版，第 230 页。

④ 晁公武：《郡斋读书志》卷五《后魏书》，孙猛《郡斋读书志校证》本，上海古籍出版社 1990 年版，第 188 页。

据此，我们不仅可知魏收撰《魏书》的背景、其书之体例，而且历史上关于《魏书》的评论、《魏书》与同类史书的流传以及宋人对于此书的校订，都有所了解。这种是比较全面的、具有一定学术价值的解题形式。

以上四种是《郡斋读书志》史部中基本的解题形式。晁公武解题的形式多样，根据具体情况对于史书之撰修者、内容、体例、编次、掌故、校订等情况有选择地介绍，凡原书作者在正史中有传则略，若史逸其行事者，则杂取他书详细记载。但史部解题形式大致不离以上四种。晁公武所采用的解题形式，为后人所效仿，如陈振孙《直斋书录解题》所用形式，皆袭于晁公武《郡斋读书志》。

（三）《郡斋读书志》对正史的评论

《郡斋读书志》史部正史类著录史书共十九部，凡一千七百七十六卷。晁公武在解题中除从目录学的角度介绍篇目、体例、校注之外，还多有评论，少则三四字，多则百余言。晁公武对《史记》《汉书》《后汉书》《三国志》等正史的评论，形成了针对前人评论而作评论的特点，是《郡斋读书志》史学批评较为集中的部分，当是研究其史学批评的重点所在。

晁公武对《史记》所撰解题四百余字，不仅是史部解题中分量最重的，其中所发表的评论也多有创见。人们一般认为《史记》是太史公司马迁继其父司马谈之遗志而撰成。而晁公武在开篇介绍作者时则说“右汉太史令司马迁续其父谈书”，认为《史记》一书源出于司马谈，司马迁继而续之，此书是合司马氏父子两代人之力而成。对于《史记》的体例，《郡斋读书志》有清晰的介绍："撰成十二纪以序帝王，十年表以贯岁月，八书以纪政事，三十世家以叙公侯，七十列传以志士庶。"肯定《史记》"创为义例"之功。《史记》成书之后，代有学者进行补撰、校注，而晁公武进行比较研究后指出，这些补作"辞旨浅鄙，不及迁书远甚"[①]。东汉班固曾在《汉书·司马迁传》中对《史记》有过这样的评价："论大道则先黄老而后《六经》，序游侠则退处士而进奸雄，述货殖则崇势利而羞贫贱。"[②] 班固的评价引起了一些争议，或是或否。一些推崇司马迁的人反对这种说法，如范晔《后汉书·班彪传》后论便是突出的代表。晁公武针对班固的评论，首先是对历史作了考察，他指出武帝罢黜百家、独尊儒术，好大喜功，使"海内凋弊"，而文景之时崇尚黄老，与民休息，以致"天下饶给"，"此其所以先黄老而后《六经》也"。继而结合司马迁的遭遇指出，汉武帝动辄使用刑法，并规定可以用金钱来减免刑罚。而司马迁因李陵之祸下狱却无钱免刑，所以"其羞贫贱者，盖自伤特以贫故，不能自免于刑戮"。基于此，晁公武对班固所评作了这样的评论："固不察其心而骤讥之，过矣！"[③] 他并没有否定班固的看法，而是认为班固没有体察司马迁之身处，言辞过激，是不对的。晁公武对于前人

① 晁公武：《郡斋读书志》卷五《史记》，孙猛《郡斋读书志校证》本，上海古籍出版社1990年版，第175页。

② 班固：《汉书》卷六二《司马迁传》，中华书局1962年版，第2737-2738页。

③ 晁公武：《郡斋读书志》卷五《史记》，孙猛《郡斋读书志校证》本，上海古籍出版社1990年版，第176页。

所作的评论，表面上看，并没有偏袒任何一方，只是指出班固没有顾及历史条件和司马迁的亲身经历，说得太“过”了。这实际上是一种折中主义的看法。

班固《汉书》成书之后，代有评论。有人认为班固撰《汉书》有掩饰帝王缺失之处[①]。晁公武则不同意这一看法，他说：“盖亦不然，其赞多微文，顾读者弗察耳。”[②] 班固在行文之中，的确批评了统治者的腐朽行为。晁公武此论有纠察之功，显具卓识。

班固对《史记》体例继承并有所发展，以纪、表、志、传结合记述史事。刘知幾对于班固增设《古今人物年表》提出了严厉的批评，说此表“上自庖牺，下穷嬴氏，不言汉事，而编入《汉书》”，是“鸠占鹊巢”。[③] 对此，晁公武表示赞同说“此论诚然”，但他接着又说“但非固之罪也”[④]。这里也反映出晁公武折中主义的看法。还有人对班固《汉书》行文提出了看法，认为其“文章首尾皆善，而中间颇多冗琐”[⑤]。晁公武对此解释说，这是因为班固撰《汉书》时对司马迁、扬雄、刘向、刘歆相关的旧文进行了润色，但由于班固本人的才能相较于这些

---

① 按，《读书志》原文为“范晔讥固饰主阙”，这里疑为东晋傅玄之言：“论国体则饰主阙而折忠臣，叙世教则贵取容而贱直节。”刘知幾：《史通》卷八《书事》，浦起龙《史通通释》本，上海古籍出版社1978年版，第230页。

② 晁公武：《郡斋读书志》卷五《前汉书》，孙猛《郡斋读书志校证》本，上海古籍出版社1990年版，第177页。

③ 刘知幾：《史通》卷三《表历》，浦起龙《史通通释》本，上海古籍出版社1978年版，第54页。

④ 晁公武：《郡斋读书志》卷五《前汉书》，孙猛《郡斋读书志校证》本，上海古籍出版社1990年版，第177页。

⑤ 晁公武：《郡斋读书志》卷五《前汉书》，孙猛《郡斋读书志校证》本，上海古籍出版社1990年版，第178页。

人略显微劣，以致造成了这样的结果。这种观点似可商榷，但这反映了晁公武在史学批评中善于联系历史事实进行分析的特点。另外，关于历史上所传班固受金曲笔一事，晁公武说："固虽谄附匪人，亦何至是欤？"[1] 表达了否定的意见。

范晔本人对《后汉书》史论作过评论，认为是"体大精深"，"诸序赞笔势放纵，实天下之奇作，往往不减《过秦篇》，常以此拟班氏，非但不愧之而已"。晁公武则认为这些是范晔的自负之语。他在《郡斋读书志》中指出范晔有三处不妥：创《皇后纪》、采用一些神仙鬼怪之事入史、赞辞佻巧。他认为这些地方都是"失史之体"。实际上，《皇后纪》的创立，是基于东汉和帝时陆续有六位太后临朝的事实，有其合理的地方。范晔本人是无神论者，他说"天下决无佛鬼"，其《后汉书》纪传偶尔有涉及怪异之记载，或许是引据史料时未及删改所致。尽管如此，《郡斋读书志》指出这种记载的不妥，无疑是正确的。至于《后汉书》的论赞，是其精华所在，但它多用骈文，用语华丽，讲究韵律，晁公武认为是"佻巧"[2]，不无道理，但他没有从思想上评论范晔史论，可以说是避重就轻了。

晁公武对陈寿《三国志》细读之后，发现前人对于此书的好评是有道理的，他在《郡斋读书志》中称赞此书"高简有法"，认为其史事记载处理得精省得当。但是他也认为陈寿"以

---

① 晁公武：《郡斋读书志》卷五《前汉书》，孙猛《郡斋读书志校证》本，上海古籍出版社 1990 年版，第 177 页。

② 晁公武：《郡斋读书志》卷五《后汉书》，孙猛《郡斋读书志校证》本，上海古籍出版社 1990 年版，第 179-180 页。

魏为纪，而称汉、吴曰传，又改汉曰蜀，世颇讥其失”[1]，晁公武这一观点是宋代正统观念极盛的反映。在今天看来，《三国志》“在编撰体例上，以魏主为帝纪，总揽三国全局史事；以蜀、吴二主史事传名而纪实，既与全书协调，又显示鼎立三分的格局”[2]。陈寿在体例上的处理是较为恰当的。关于陈寿贬低诸葛亮以及索米以曲笔的说法，晁公武持谨慎态度，认为“未必然也”，抱有怀疑的态度。

《郡斋读书志》在史部诸书中对正史尤其是“前四史”用力最勤，评论最多。据前文分析，我们可以看出，晁公武的史学批评多针对前人所论而发，可谓论是非之是非，是批评之批评。他联系历史，思想倾向不尽相同，既有折中主义倾向，也有一些合理的看法。这反映了晁公武思想的复杂性，也反映出史学批评是一项艰难的工作。

（四）《郡斋读书志》对其他史书的评论

《郡斋读书志》对于其他史书的评论，涉及叙事真实与否、史文繁简等方面，但比较零散，言之较简；而对于史事与史料的选择，晁公武多有议论，概而言之，他强调精选有资于鉴的史事，慎择私家杂说之史料。

史书不可能将历史上发生的所有事情一一记述下来，只能有选择地记录。在晁公武看来，史书记事当能给人以资鉴，“凡系

① 晁公武：《郡斋读书志》卷五《三国志》，孙猛《郡斋读书志校证》本，上海古籍出版社1990年版，第181页。
② 瞿林东：《中国史学史纲》，北京出版社1999年版，第251页。

于存亡纲纪之大者，无不详录”[①]。这种观点，既是上承“以史为鉴”的传统，也是宋代士人的普遍观点。宋朝立国时，民族矛盾、阶级矛盾尖锐，社会动荡不安，而士大夫阶层的忧患意识显得格外凝重，他们以史为鉴的意识更加突出。[②]司马光著《资治通鉴》即为突出代表。《资治通鉴》一书在史事选择上主要以历代统治的盛衰得失为叙述的中心。晁公武对《资治通鉴》“学之有年”，他在此书的解题中，突出司马光史事选择之精良，说“其大抵不采俊伟卓异之说，如屈原怀沙自沈，四皓羽翼储君，严光足加帝腹，姚崇十事开说之类，削去不录”，由此，他称赞司马光“忠信有余”[③]。晁公武在史事选择上与司马光观点一致，认为无益于借鉴的史事不足取。正因为如此，他对于著录一些怪诞诡异之事的史书、史家都进行批评。如《郡斋读书志》中对于沈约《宋书》中“琅琊王妃通小吏牛氏生中宗，孝武于路太后处寝息”之类记载，斥为“喜造奇说，以诬前代”[④]。在今天看来，上述史事确显得琐碎、低俗。晁公武对此的否定，也在一定程度上反映出他认为选择史事应持慎重的态度。

史料的精心选择和辨别，是史书成为信史的基本条件。晁公武在史部解题中针对史家采用私人著述入史作了专门的评论。

---

① 晁公武：《郡斋读书志》卷五《编年通载》，孙猛《郡斋读书志校证》本，上海古籍出版社1990年版，第208页。

② 瞿林东：《中国史学史纲》，北京出版社1999年版，第433页。

③ 晁公武：《郡斋读书志》卷五《资治通鉴》，孙猛《郡斋读书志校证》本，上海古籍出版社1990年版，第209页。

④ 晁公武：《郡斋读书志》卷五《宋书》，孙猛《郡斋读书志校证》本，上海古籍出版社1990年版，第184页。

他说：

> 宿儒处士，或私有记述，以伸其志，将来赖以证史官之失，其弘益大矣。故以司马迁之博闻，犹采数家之言，以成其书，况其下者乎？然亦有闻见卑浅，记录失实，胸臆偏私，褒贬弗公，以误后世者，是在观者慎择之矣。[①]

他又说“近世著史者，喜采小说为异闻逸事……事悉凿空妄言”，“持史笔其慎焉”。[②] 这里，晁公武肯定了私人著述可以补正史官记述不足的作用，但是同时也指出私家记述可能存在种种缺陷，并总结为“闻见卑浅”等四大弊病。可以认为，晁公武对于这一问题的认识是具有根本性的，他在此基础上劝诫后来者要“慎择之”的建议，尤显中肯。史家不辨析史料会使史书产生抵牾现象，以致造成史书记事失实的严重后果。如他评论《晋书》说：“按历代之史，惟《晋》丛冗最甚，可以无讥。至于取沈约诞诬之说，采《语林》《世说》《幽明录》《搜神记》诡异谬妄之言，亦不可不辨。”[③]

晁公武对于史部其他史书的评论抓住了史学批评中史事与史料两个基本要素，而其主张精选史事、慎择史料，反映了中国古

① 晁公武：《郡斋读书志》卷六《杂史类》，孙猛《郡斋读书志校证》本，上海古籍出版社1990年版，第238页。

② 晁公武：《郡斋读书志》卷九《韩魏公家传》，孙猛《郡斋读书志校证》本，上海古籍出版社1990年版，第386页。

③ 晁公武：《郡斋读书志》卷五《晋书》，孙猛《郡斋读书志校证》本，上海古籍出版社1990年版，第182页。

代史学的优良传统。

《郡斋读书志》史部共著录史书二百八十四种，在对这些著述的解题中，晁公武的批评能给读者不少启发，也为研究者提供了一些借鉴。因此，对于《郡斋读书志》这一宋代的目录书著作，在中国古代史学批评史上应占有比较重要的地位。在这里，我们还需要补充说明两点。第一，晁公武的批评有辩证性。但必须指出的是，晁公武的这种辩证性是有局限性的，一是有折中主义倾向，二是受其政治观点的影响。晁公武在政治观点上赞同司马光而不同于王安石。他对于司马光精选史事、慎择史料持一种赞赏的态度，这是没有争议的。但是他在《郡斋读书志》中对王安石《王氏日录》引用陈莹中的话，评论说“安石既罢相，悔其执政日无善状，乃撰此书，归过于上，掠美于己，且历诋平生所不悦者，欲以欺后世”[①]，其所论带有明显的主观色彩。

第二，晁公武的史学批评特点是论是非之是非。晁公武的史学批评受刘知幾影响较深，但又有自己的见解。刘知幾《史通》是中国第一部关于中国史学的理论著作，其理论达到了当时的最高水平，对于后世影响深远。晁公武在对于史部著述进行批评时，有些观点与刘知幾的较接近，或是直接源于《史通》。如《郡斋读书志》论《宋书》时，引用王邵语，批评沈约“喜造奇说，以诬前代”，这就是据刘知幾《史通·采撰》篇自注。但

① 晁公武：《郡斋读书志》卷六《王氏日录》，孙猛《郡斋读书志校证》本，上海古籍出版社1990年版，第271页。

是，对于沈约能够“以何承天书为本，旁采徐爰之说，颇为精详”①，则给予充分肯定。可见，晁公武的史学批评并非是对于刘知幾理论的简单模仿，亦有自己的见解。此外，晁公武本人对于刘知幾也有辩证的认识。一方面，他引徐坚“居史职者，宜置座右”的话，肯定《史通》的成就；另一方面，他又认同宋祁关于刘知幾的评价“工诃古人而拙于用己”，认为“观此书知子京之论不诬”②。

综上，晁公武《郡斋读书志·史部》尽管在史学批评理论上的建树不多，但在史部分类上设史评类，有创始之功；对多种史书作了解题，对于后世多有启示；其史学批评对前人成就有继承与发展，有可采之处。

三、《直斋书录解题》对正史评论的侧重

陈振孙，字伯玉，号直斋，安吉人。《宋史》中无传，生卒不详。陈振孙是南宋后期著名的藏书家，其所著《直斋书录解题》主要依据其私人藏书。此书共著录图书达五万一千一百八十余卷，比晁公武《郡斋读书志》多近一倍。对于此书的分类，《四库全书总目》提要这样说：“虽不标经、史、子、集之目，而核其所列：经之类凡十，史之类凡十六，子之类凡二十，集之

① 晁公武：《郡斋读书志》卷五《宋书》，孙猛《郡斋读书志校证》本，上海古籍出版社1990年版，第184页。

② 晁公武：《郡斋读书志》卷七《刘氏史通》，孙猛《郡斋读书志校证》本，上海古籍出版社1990年版，第295页。

类凡七，实仍不外乎四部之说者也。”[①] 但是此书在流传的过程有所散佚，后四库馆臣从《永乐大典》中辑出，重新编为二十二卷本。

（一）《直斋书录解题·史部》的分类成就

陈振孙《直斋书录解题》每书写一篇叙录，称之为解题，对一书的卷帙、撰人（包括名氏、官位等）以及书的学术渊流和版本流别，都予以评述，使书目起到考镜源流、辨章学术的作用。晁公武《郡斋读书志》解题的内容已经很丰富了，但是陈振孙比之更多了官职、籍贯、字号三项内容，而且也更加规范一致。可以说，到了陈振孙《直斋书录解题》，解题目录书的编撰方法已经相当成熟，后世承其体例与方法，不断编撰解题类目录书，成为中国古代目录书中一大类别。

陈振孙所编著的《直斋书录解题》是一部著名的私家解题目录书，与晁公武《郡斋读书志》齐名。陈振孙《直斋书录解题》晚出于晁公武《郡斋读书志》，又均为解题目录书，因此不少人以为此书是仿《郡斋读书志》而作。如周密言：“近年惟直斋陈氏书最多……至五万一千一百八十余卷，且仿《读书志》作《解题》，极其精详。”[②] 实际上，陈振孙所撰虽同是解题目录书，但是此书的分类与体例更多的是参照《中兴馆阁书目》而不是《郡斋读书志》，这一点于史部分类中也有明显的体现。《直斋书录解题》卷四至卷八著录史部书籍，共分十六类，为正

① 参见陈振孙：《直斋书录解题》附录一，上海古籍出版社1987年版，第652页。
② 周密：《齐东野语》卷一二《书籍之厄》，中华书局1983年版，第216页。

史类、别史类、编年类、起居注类、诏令类、伪史类、杂史类、典故类、职官类、礼注类、时令类、传记类、法令类、谱牒类、目录类与地理类。比之《郡斋读书志》史部十三类，陈振孙《直斋书录解题》无史评类，而增有别史类、诏令类与典故类；比之《中兴馆阁书目》十五类，陈振孙减史抄类、谥法类，增杂史类与诏令类。另外，从《直斋书录解题》史部解题中，我们也可以发现陈振孙在分类时参照了《中兴馆阁书目》的依据，如卷四“起居注类”小序云：

> 《唐志》起居注类，实录、诏令皆附焉。今惟存《穆天子传》及《唐创业起居注》二种，余皆不存。故用《中兴馆阁书目》例，与实录共为一类，而别出诏令。①

再如，卷六“时令类”小序云：

> 前史时令之书，皆入“子部农家类”。今案诸书上自国家典礼，下及里闾风俗悉载之，不专农事也。故《中兴馆阁书目》别为一类，列之“史部”，是矣。今从之。②

观陈振孙史部分类，有“别史类”与“杂史类”。这两个类别在《直斋书录解题》之前均已经单独出现，如《隋书·经籍

① 陈振孙：《直斋书录解题》卷四《起居注类》，上海古籍出版社1987年版，第122页。
② 陈振孙：《直斋书录解题》卷六《时令类》，上海古籍出版社1987年版，第189-190页。

志》中有“杂史类”，《中兴馆阁书目》中有“别史类”。但是二者同列，乃始自陈振孙。对于这样一个看似轻易的改动，四库馆臣却给了很高的评价，说：

> 《汉艺文志》无“史”名，《战国策》《史记》均附见于“春秋”。厥后著作渐繁，《隋志》乃分“正史”“古史”“霸史”诸目，然梁武帝、元帝《实录》列诸“杂史”，义未安也。陈振孙《书录解题》创立“别史”一门，以处上不至于正史，下不至于杂史者，义例独善。今特从之。[1]

此说中将“别史”的首创之功归于陈振孙是不对的，此类在《中兴馆阁书目》中已有出现，但是《中兴馆阁书目》不设“杂史类”，而以“别史类”涵盖“杂史”[2]；陈振孙将两类同列，为“上不至于正史，下不至于杂史者”找到了最好的位置。因此之后的公私书目沿用其例，其影响可见一斑。这也反映出陈振孙在目录学分类上的成就。

当然，我们也要指出，陈振孙不像《郡斋读书志》在史部设“史评类”，而将刘知幾《史通》等史学批评专书归为“文史类”，不能不说《直斋书录解题》在史学评论书籍如何分类上的见识略逊于晁公武。但是我们不能据此低估陈氏《直斋书录解题》在史学批评上所取得的成就。

---

① 纪昀等编：《钦定四库全书总目》卷五〇《别史类》序，中华书局1990年版，第700页。
② 参见郝润华、武秀成：《晁公武陈振孙评传》，南京大学出版社2006年版，第353页。

（二）陈振孙史学批评成就

陈振孙在史部中设十六类，除了叙书之名称、卷数、撰者、版本等基本内容外，也对于史家、史书体例、史书内容与功用进行品评。纵观其史部解题，陈振孙对“正史类”所做的解题最为详细，评论也较集中，下文择而述之。

《直斋书录解题》史部以正史类《史记》开篇。陈振孙对于《史记》作了这样的述评：

> 《史记》一百三十卷。汉太史令夏阳司马迁子长撰。……窃尝谓著书立言，述旧易，作古难。六艺之后，有四人焉：摭实而有文采者，左氏也；凭虚而有理致者，庄子也；屈原变《国风》《雅》《颂》而为《离骚》；及子长易编年而为纪传。皆前未有其比，后可以为法，非豪杰特起之士，其孰能之？[①]

这里，陈振孙对于司马迁的评论，着眼于六艺以后的整体学术发展史，指出司马迁《史记》“前未有其比，后可以为法”，这体现了他的卓见。陈振孙对于司马迁的评论还见于他对苏辙《古史》的解题中，他说：

> 《古史》六十卷。门下侍郎眉山苏辙子由撰。因马迁之

① 陈振孙：《直斋书录解题》卷四《正史类》，上海古籍出版社 1987 年版，第 97 页。

旧，上观《诗》《书》，下考《春秋》及秦、汉杂录，为七本纪、十六世家、三十七列传。盖汉世古文经未出，战国诸子各自著书，或增损古事以自信其说，迁一切信之，甚者或采世俗相传之语，以易古文旧说，故为此史以正之。然其称迁浅近而不学，疏略而多信，迁诚有可议者，而以为不学浅近，则过矣。[①]

这里，陈振孙在解题中对于《古史》史料来源、书之内容与撰修原因的描述都是来自对《古史》原序的节略。苏辙认为司马迁述古史，其所据史料不可信，而司马迁对此又不做辨择，“一切信之”，苏辙由此批评说：“其为人浅近而不学，疏略而多信。”[②] 苏辙的看法有失于实。司马迁著《五帝本纪》，他一方面“西至空桐，北过涿鹿，东渐于海，南浮江淮矣，至长老皆各往往称黄帝、尧、舜之处”进行实地考察；另一方面于众多史料文献中“择其言尤雅者”[③] 为撰著之用，可见其态度是十分谨慎的。对于苏辙所发评论，陈振孙发表了这样的看法：“迁诚有可议者，而以为不学浅近，则过矣。”他的这一看法是中肯的。司马迁撰《史记》的确在一些方面存在着不足，但以此抹杀其努力与此书在客观上所达到的信史实录的效果，显然是不合适的。陈振孙此论兼顾史家得失，不以他对于司马迁的欣赏而掩其不

① 陈振孙：《直斋书录解题》卷四《别史类》，上海古籍出版社 1987 年版，第 109 页。
② 苏辙：《古史叙》，《景印文渊阁四库全书》第三七一册，台湾商务印书馆 1986 年版，第 207 页。
③ 司马迁：《史记》卷一《五帝本纪》，中华书局 1959 年版，第 46 页。

足，这是《直斋书录解题》史评可取的地方。

关于《后汉书》，《直斋书录解题》写道：

> 宋太子詹事顺阳范蔚宗撰。唐章怀太子贤注。案《唐艺文志》，为后汉史者，有谢承、薛莹、司马彪、刘义庆、华峤、谢沈、袁山松七家，其前又有刘珍等《东观记》，至蔚宗乃删取众书，为一家之作。其自视甚不薄，谓诸传、序、论，精意深旨，实天下之奇作。然颇有略取前人旧文者，注中亦著其所从出。至于论后有赞，尤自以为杰思，殆无一字虚设。自今观之，几于赘矣。蔚宗父泰、祖宁皆为时名臣，蔚宗乃以怨望反逆至于灭族，其与迁、固之人祸天刑不侔矣。然则岂作史之罪哉！十志未成而诛，为谢俨蜡以覆车，故惟存纪、传。贤，高宗太子，招集诸儒庶子张大安、洗马刘讷言等共为之注。贤坐明崇俨得罪武后，废死，大安、讷言亦流贬。①

《直斋书录解题》所述，有成书背景、史家自评、史书补注，兼及注家情况。对于范晔自己非常得意的“论赞”，陈振孙并不认同，批评他是自视甚高。这里，值得我们关注的是，陈振孙对史家“作史之罪”论的反驳。陈振孙论范晔之身死，认为范晔与司马迁、班固的命运有相类似的地方，但他不赞同史家作

① 陈振孙：《直斋书录解题》卷四《正史类》，上海古籍出版社1987年，第97–98页。

史以招致“人祸天刑”的观点。这种观点来自唐代韩愈，他说：“夫为史者，不有人祸，则有天刑，岂可不畏惧而轻为之哉？”[①]韩愈于此显示出一种消积怠世的情绪和对史学与社会关系的不正确看法。陈振孙在解题中明载范晔以及注家张大安、刘讷的身世，用史实证明这些人的最终命运是政治斗争的结果，与其作史毫无关系，可以说这是对流传已久的“作史之罪”的有力驳斥。

在《三国志》的解题中，《直斋书录解题》兼论《三国志》与裴注，肯定陈寿与裴松之的贡献，同时他认为《三国志》率略而裴注繁芜，不免有令人遗憾的地方。由此，他提出一个观点：“大抵本书固率略而注又繁芜，要当会通裁定，以成一家。”[②] 这里，陈振孙是希望能合二书于一家，扬长避短。但是这既要有“会通”的见识，又要有“裁定”史料史事的胆识，显然，这是一项难度很高的工作，因而“未有奋然以为己任者。丰、祐间南丰吕南公锐意为之，题其斋曰‘衮斧’，书垂成而死，遂弗传。又绍兴间吴兴郑知几维心尝为之，乡里前辈多称其善，而书亦不传。近永康陈亮亦颇有意焉，仅成论赞数篇，见集中，而书实未尝修也”[③]。言语之中，流露出陈振孙的失望。《直斋书录解题》此论是针对《三国志》与裴注而发，但笔者以为，它的意义不仅仅在于提供给人们怎样解决“本书固率略而注又繁芜”问题的思路，更在于提出了“会通裁定，以成一家”的

① 韩愈：《答刘秀才书》，《文苑英华》卷六九〇，中华书局1966年版，第3555页。
② 陈振孙：《直斋书录解题》卷四《三国志》，上海古籍出版社1987年版，第100页。
③ 陈振孙：《直斋书录解题》卷四《三国志》，上海古籍出版社1987年版，第100页。

作史观。这一观念虽然明显受到司马迁“究天人之际，通古今之变，成一家之言”[①] 以及郑樵“会通”思想的影响，但亦有其独特的理论价值：一方面“会通”加以“裁定”，史家才不会沉于万千文献史料之中，着力于史料的钩沉与史事的铺叙，从而不致从率略的极端走向繁芜的另一极端；另一方面，强调了史家成“一家之言”是“会通”之广博与“裁定”之决断二者合力的结果，两者皆具，缺一不可。陈振孙的这种认识当是基于他对中国古代史学的了解，以及他对司马迁与郑樵史学思想思考与深化的结果，也是他从史学批评角度出发对于历代史书考察的结果。陈振孙“会通裁定，以成一家”的观点及其理论价值，值得人们深入探讨。

陈振孙评论正史，可观者还有很多，如他评沈约《宋书》说：“其所创《符瑞》一志，不经且无益，其赘甚矣。”[②]又如评魏收《后魏书》：“收搜采遗亡，缀绩后事，备一代史籍。”[③]

陈振孙对于其他史书的评价，主要着眼于史家对史料去取与叙述史事是否详备，这在其史书解题中最为常见。例如，《皇朝编年举要》三十卷、《备要》二十卷，陈振孙评曰：“大抵依仿朱氏《通鉴纲目》。《举要》者纲也，《备要》者目也。然去取无法，详略失中，未为善书。”[④] 又如评《唐玄宗实录》“事多漏

① 班固：《汉书》卷六二《司马迁传》，中华书局1962年版，第2735页。
② 陈振孙：《直斋书录解题》卷四《正史类》，上海古籍出版社1987年版，第101页。
③ 陈振孙：《直斋书录解题》卷四《正史类》，上海古籍出版社1987年版，第101页。
④ 陈振孙：《直斋书录解题》卷四《编年类》，上海古籍出版社1987年版，第121页。

略，拙于取弃，不称良史”[1] 等。

历来人们对陈振孙《直斋书录解题》颇有美誉，认为此书“雠勘精详”[2] “持论甚正”[3]。而此书与晁公武《郡斋读书志》均成为马端临《文献通考·经籍考》的蓝本，其学术影响可谓深远。这两部最负盛名的宋代私家解题目录书，著录了于时数量最多的图籍，虽然是从目录学的角度对中国文献进行的系统梳理，但是通过前文，我们可以发现，对于史书的解题，他们进行了广泛的史学批评，其中不乏精深见解与理论建树，体现了南宋时期史学批评的繁荣与发展。

四、《史略》与史学批评

高似孙，字续古，号疏寮，生卒年不详，淳熙十一年（1184）进士。高似孙家学渊源深厚，其父高文虎精于经史，而高似孙自幼好学，熟读经史、诗词典籍等。他曾任秘书省校书郎、著作佐郎等职。高似孙的著述很丰富，但大多散佚，《四库全书》共著录十种。《史略》在国内早已失传，但是在日本存有宋代版本，受到日本学者的重视。清末黎庶昌、杨守敬编修《古逸丛书》时，将其收录其中，国内的其他刻本也是源出此刊。

---

① 陈振孙：《直斋书录解题》卷四《起居注类》，上海古籍出版社 1987 年版，第 124 页。

② 沈叔埏：《颐彩堂文集》卷八《书直斋书录解题后》，附于《直斋书录解题》，上海古籍出版社 1987 年版，第 662 页。

③ 卢文弨：《新订直斋书录解题跋》，附于《直斋书录解题》，上海古籍出版社 1987 年版，第 659 页。

高似孙《史略》正文有六卷，有自序。卷一是关于《史记》，包括“太史公自叙”“诸儒史议”“续史记”“史记注”“先公史记注”“史记杂传”“史记考”“史记音”八个小题。卷二是关于《汉书》以下至《五代史》的诸家纪传体正史及其注、考、音等有关著作，共四十一小题。卷三是收录编年体史书，分为《东观汉纪》、《历代春秋》、《历代纪》、“实录”、“起居注”、“唐左右史螭坳书事”、“延英殿时政”、“时政纪”、“唐历”、“唐会要”、“玉牒”十一小题。卷四是按史书类型分为十二小题，如史典、史表、史略、史钞、史评、史赞与史例。卷五设了“霸史”“杂史”“七略中古书”“东汉以来书考”“历代史官目”“刘勰论史”六个小题。卷六基本上只是书名，记有《山海经》《世本》《三苍》《汉官》《水经》《竹书》《穆天子传》《周书》。

《史略》一书具有突出的史学批评的自觉意识。高似孙在《史略》自序中表明自己撰著此书目的之一就是对史学进行评论；关注历代学者史评成就。同时，高似孙对于史学中的重要问题也表达了自己的看法，并鲜明地提出了自己的史评主张。

（一）评论色彩浓重的自序

高似孙在《史略》一书中有突出的史学批评的自觉意识，这在其自序中有明确的表述，他说：

太史公以来，载籍之作，大义粲然著矣。至于老蚀半瓦，着力汗青，何止间见层出。而善序事，善裁论，比良班马者，固有芊芊可称。然书多失传，世固少接，被诸签目，往往莫详，况有窥津涯、涉阃奥者乎？乃为网罗散轶，稽辑见闻，采菁猎奇，或标一二，仍依刘向《七录》法，各汇其书，而品其指意。后有才者，思欲商榷千古，钤括百家，大笔修辞，缉熙盛典，殚极功绪，与史并驱，其必有准于斯。①

高似孙此序，开篇即着眼于司马迁以来的千年史学发展史，显示了其学术视野的开阔。他以“善序事”“善裁论”为其史学评论的标准，肯定了中国古代史学的成就。高似孙在序言中明确表示，其撰著此书的用意是保存历代良史佳作，为后世撰史提供便利。同时他指出，此书撰述原则为“各汇其书，而品其指意”，可见，在收集整理文献的基础上，对诸书著述旨意的品评即史学评论，当是高似孙撰著的重点所在。观《史略》一书，全书贯彻了高似孙在序言中立意品评的目的，这既表现在他有意识地搜集历代学者关于各种史籍的评论，也表现在他在书籍分类上设列“史评”类，还体现在他积极地评论史家史著，对其进行优劣比较。

（二）重视历代学者的史学批评成就

高似孙《史略》一书有一个非常明显的特点，即在著录史书的同时，会刻意搜集世人对此书的评论，甚至以大幅篇章予以著录，少有改动。如卷一《史记》，高似孙将自西汉时期至唐代

① 高似孙：《史略序》，王云五主编：《丛书集成初编》第一九册，商务印书馆1939年版，第1页。

千年间人们对于司马迁的评论都搜集具录，既有《太史公自叙》中司马迁本人对《史记》一书体例、内容、意义的着力阐发，又有人们所熟知的张辅“班马优劣”论；既载人们称赞司马迁的“良史”之论，也录有人们批评其疏略的不足之评。可以说，历代关于《史记》评论的重要观点都可以在《史略》中找到。而像这样较为完备地搜集著录人们对于史家、史著的评论，在《史略》一书中还有不少，如卷二《汉书》、卷三《后汉书》至历代正史、卷四诸家编年史著，等等。像高似孙这样注重历代史评的学者，并以专书的形式予以表现的，在中国古代史学批评史上并不多见。尤其值得人们关注的是，高似孙的著录完全尊重原史评者的观点，他对史家史籍的褒贬，都如实转录，极少改动，更不做节略，以致某些卷章中，引述部分占据了全卷内容的一半以上，例如卷一《史记》历代评论占到此卷篇幅的七分之五。这为人们了解与研究中国古代史学批评提供了方便，同时又保存下了极为详备的文献资料，非常难得。可以说，从《史略》的内容中能够看出，高似孙具有突出的史学批评的自觉意识，他对于史学的研究是以史学批评为切入点，注重对一书一人的史学批评的考察，也注重对学者具体评论的分析。

高似孙对于历代学者的史学批评成就非常重视，针对他们观点中的得失也表达了自己的看法。例如，他在卷一《史记》“诸儒史议”中，针对王通对《史记》的评论，他说：

王氏《中说》谓陈寿有志于史，依大义而削异端。使寿不美于史，迁、固之罪也。小苏公作《古史》，谓其浅近而不学，疏略而轻信。恐皆非知太史公者，后学未以为然也。①

高似孙认为，王通、苏辙等人对司马迁的批评表明他们对司马迁的理解是肤浅的，没有真正抓住《史记》的中心主题以及司马迁著史的深刻用意。对于王通、苏辙的观点，高似孙指出“后学未以为然”。的确，除了高似孙外，还有不少学者对王、苏二人的观点表示了异议，前文所述就有陈振孙针对苏辙所论所作的批评。

（三）高似孙史学批评的主要观点

在自序中，高似孙肯定了中国古代史学所取得的成就；在正文中，他对中国古代史学也有不少的评论。概而论之，他基于对古代史学发展历程的考察，提出了“史无完史”的观点，又以“善叙事”与“善评论”为标准，对中国古代史学进行了具体的史学批评。

关于“史无完史”。史无完史，是指任何一部史书对于历史的记述都无法做到理想中的完备圆满，而人们常说的纤粗毕集，只是一种相对的说法。这一观点是高似孙基于他对于学术史的考察而提出的，他说：

---

① 高似孙：《史略》卷一《诸儒史议》，王云五主编：《丛书集成初编》第一九册，商务印书馆1939年版，第9页。

经始乎仲尼，终乎仲尼，传疏始乎王弼、孔安国、郑玄，终乎颜师古、孔颖达；史始乎太史公，终乎太史公；史注始乎裴骃、司马贞、张守节，终乎先公太史。然则孰为始、孰为终哉？言其始，则前乎此孰可作也？言其终，则后乎此孰可继也？呜呼，此其所以为事之极，功之至者乎？[①]

高似孙认为，像孔子于《春秋》经，王弼、孔安国、颜师古等人于《左传》注疏，司马迁于历史撰著，裴骃等人于史注方面的成就，都受后人推崇，主要是因为这些人是各自领域中的奠基者或是集大成者，他们对学术发展的贡献可谓厥功至伟。但是，并不能就此认为学术的发展只止于这些学者。他以司马迁为例，进一步论证“太史公述陶唐以来，至于麟止，自黄帝始，作本纪十二、表十、书八、世家三十、列传七十，为篇百三十，为字五十二万六千五百，为《太史公书》”，可以说是“前乎所未有，后乎所不得及”，但是“先公太史推本经传，旁罗百氏，错综群言，凡五百万言，为《太史公注》”，可见“史无完史，孰考孰稽”。[②] 高似孙是以发展的眼光来看待史学的历程，他既看到孔子《春秋》在中国古代学术中的重要地位与影响，也注意到后人在学术的各个领域所作出的贡献。这种眼光较之于唐代以降人们谈论学术时言必称三代、宋代学儒言必称孔子的表现，

---

① 高似孙：《史略》卷一《先公史记注》，王云五主编：《丛书集成初编》第一九册，商务印书馆1939年版，第13页。

② 高似孙：《史略》卷一《先公史记注》，王云五主编：《丛书集成初编》第一九册，商务印书馆1939年版，第13页。

确有其高明之处。高似孙认为，史书在内容上永远无法达到理想中的完备状态，所以后人注史、考史、稽史，有其必要性。基于这样的认识，高似孙在《史略》一书中尤其看重史注的地位，侧重反映历代学者在对《史记》《汉书》等重要史书进行注、考、音等方面所取得的成就。颜师古《前汉书·叙例》是一篇关于史注的学术史性质的文章，高似孙非常重视，并在《史略》中全文引录。对于颜师古的成就，他评价说："颜氏所注，评核诸家，最为详的。"[①]

关于"善叙事""善裁论"的史评标准。在自序中，高似孙以"善叙事""善裁论"为标准肯定了中国古代史学所取得的成就；在其进行史评过程中，侧重考察史家叙事与史论的能力，因此"善叙事"与"善裁论"也是他进行史学批评的重要标准。那么什么样的叙事与评论才能达到高似孙"善"的要求呢？在史家叙事方面，高似孙认为要做到：简而不繁，精而不陋。例如，他评价王彦威《唐典》说："观此则典之为书，亦几于纪，事省而辞约者也。"[②] 在评荀悦《汉纪》时，他也表达了同样的观点，说："此书专为正史繁博而作，辞约则事必省，事省则史必精。"[③] 可见，他注重史事叙述的简练，甚至追求"至略"，他说："《尧典》载历象、治水、禅舜之事大矣，凡四百六十字。

---

① 高似孙：《史略》卷二《颜氏所注重复》，王云五主编：《丛书集成初编》第一九册，商务印书馆 1939 年版，第 24 页。

② 高似孙：《史略》卷四《史典》，王云五主编：《丛书集成初编》第一九册，商务印书馆 1939 年版，第 72 页。

③ 高似孙：《史略》卷三《历代纪》，王云五主编：《丛书集成初编》第一九册，商务印书馆 1939 年版，第 58 页。

《舜典》载受禅、命官之事亦大矣，凡八百三十六字。《禹贡》载山川、贡赋、名物、水功之事尤大矣，凡一千二百八字，非略之至乎？"[①] 高似孙此论，难免会让人想起晋代张辅的"班马优劣论"来。但是，要指出的是，高似孙认为的叙事简洁，并非只是一味求简，他还立意于"精"：一是史书择事要精要，像上述篇章都是选择重要的历史事件或是与社会发展休戚相关的重要内容；二是史书叙事文字要优美。关于文字优美，高似孙在《史略》中有过多处评说，他引录司马彪、薛莹、谢沈诸家《后汉书》中的语句，如：

> 谢承史云："徐孺子清妙高峙，超世越俗。"司马彪史云："蔡伯喈通达有隽才，博学善属文，伎艺术数，无不精练。郭林宗处约味道，不改其乐。李元礼曰：'吾见士多矣，无如林宗者也。'及卒，蔡伯喈为作碑，曰：'吾为人作铭，未尝不有惭容，唯郭有道碑颂无愧耳。'"薛莹史云："李元礼抗志清妙，有文武隽才。"又曰："李膺、王畅、荀绲、朱寓、魏朗、刘祐、杜楷、赵典为八俊。"谢沉史曰："俊者，卓出之名也。"[②]

---

① 高似孙：《史略》卷四《史略》，王云五主编：《丛书集成初编》第一九册，商务印书馆1939年版，第74页。

② 高似孙：《史略》卷二《后汉书》，王云五主编：《丛书集成初编》第一九册，商务印书馆1939年版，第32页。

高似孙评论："诸人史句如此，可曰精矣。"[1] 再如，他引用王隐等人诸家《晋书》，如《晋安帝纪》为：

江仲凯以义正器素，知名当世。

戴安道少有清操，惟甚快畅，泰于娱生，多与风流者游，屡辞征命，遂著高尚之称。

羲之风骨清举。[2]

高似孙评论："右王隐，谢沈、虞预、沈约，朱凤《晋书》，世不可见，各录其瑰精一二于前，斯足以表诸公才之隽、笔之英矣。《晋安帝纪》中句，亦甚美，并录之。"上述引文皆是用极其简洁的语言，寥寥数句就勾画出人物的特点，而且文辞优美。高似孙认为像这样的叙事，不单单是记述史事人物，更达到了给观者以美感的地步。可见，叙事简要而语句优美是高似孙在史评时侧重的内容。同时，高似孙这样评论，表现出其史评注重审美的特点。高似孙也是非常看重史家评论的，他认为史家应当以一定的标准对史实进行评论，即所谓"裁论"。具体来看，高似孙认为史论既要精当，又要符合正当的标准。关于史论精当，如上述引言，其实也都涉及史家的人物评论，语言精当是其一大特点。再如，他说："裴子野撰《史略》，其序事评论多善。沈约

---

① 高似孙：《史略》卷二《后汉书》，王云五主编：《丛书集成初编》第一九册，商务印书馆1939年版，第32页。

② 高似孙：《史略》卷二《晋书》，王云五主编：《丛书集成初编》第一九册，商务印书馆1939年版，第40页。

叹其评论，可与《过秦》《王命》，分路扬镳，是为翦繁撮要之法。”① 裴子野的《宋略》在问世之后，颇受人们的好评，尤其是其史论部分，沈约予以佳评并自叹不如。而刘知幾也曾评论：“裴几原删略《宋史》定为二十篇，芟烦撮要，实有其力。”② 可见，高似孙对于史家史论的批评也是以简练精当为标准的。

关于史论的标准。史家对历史事件、历史人物的评论当依从一定的标准进行裁定，在高似孙看来，正统观当是史家必须要坚持的一条原则。他说：

> 习凿齿作《汉晋春秋》，其言有曰：“桓温觊觎非望，及著《汉晋春秋》，以裁正之。起光武，终于晋愍帝。于三国之时，蜀以宗室为正，魏武虽受汉禅，尚为篡逆。至文帝平蜀，乃为汉亡，而晋始兴焉。”其说如此，岂不快哉！③

显然，高似孙对于习凿齿的说法是持赞同态度的。关于正统论与古代史学的关系，他认为正统论是史学反映历史传继、学术传承的一种重要观点。高似孙的态度也反映了这一点。但是高似孙并不以正统论作为其衡量诸国史著的唯一标准，他说：

---

① 高似孙：《史略》卷四《史略》，王云五主编：《丛书集成初编》第一九册，商务印书馆1939年版，第74页。

② 刘知幾：《史通》卷一七《杂说中》，浦起龙《史通通释》本，上海古籍出版社1978年版，第848页。

③ 高似孙：《史略》卷四《史评》，王云五主编：《丛书集成初编》第一九册，商务印书馆1939年版，第75页。

> 晋自永嘉之乱，皇纲失统，九州君长，据有中原，腥膻之风，薰浸河、洛。其间或奉正朔，或窃名位，人自为国，蠡聚棋分。国有其臣，各思记载，录其厘疆树长之自，详其立事用人之经，亦足以待考稽，知本末。后魏划夷诸国，据有嵩华，乃命崔浩博采旧闻，缀述国史，诸国所纂，尽集秘府。①

从中不难看出，高似孙对于历史上割据政权的评论，带有明显的正统观色彩，但是他对于这些割据政权对历史撰述工作的重视，史臣、史家所取得的史学成果及其在中国古代史学史上的价值，还是给予了充分的肯定，这一点也显现出高似孙史评不以正统论为唯一标准的方面。

总之，高似孙以“善叙事”与“善裁论”为史学批评的主要标准，从这一点来说，显然高似孙深受班氏父子评《史记》“善序事理”②、刘知幾所论“夫国史之美者，以叙事为工，而叙事之工者，以简要为主”③ 等观点的影响。然而高似孙在史评中侧重要求史家叙事简要优美、持论精当，也体现了其个人的见解。

（四）评论各类史籍的价值

在《史略》一书中，高似孙对史书的划分是很值得研究的。

---

① 高似孙：《史略》卷五《霸史二》，王云五主编：《丛书集成初编》第一九册，商务印书馆1939年版，第92页。

② 高似孙：《史略》卷一《诸儒史议》，王云五主编：《丛书集成初编》第一九册，商务印书馆1939年版，第8页。

③ 刘知幾：《史通》卷六《叙事》，浦起龙《史通通释》本，上海古籍出版社1978年版，第168页。

首先，他把纪传体史书作为全书的开篇，编年体类次之。这样的安排显然是看重这两种史体在中国史学中的地位。高似孙既看重《史记》《汉书》等正史类的史籍，也注重《汉纪》《资治通鉴》等编年体类的史学著述，评编年体史书记事“详且细”。其次，在沿用一些已有史学分类的同时，他还按照自己的理解建立了新的史学类目。如在《史略》一书中，史籍的著录类目沿用的有实录类、起居注类、史评类，而其创建的有史钞类、史草类、史表类、史赞类、通史类等。通过这样的体例划分可以发现，高似孙对于史学分类研究的深入，而且他对于宋代史学发展的趋势有准确的把握。如“史钞”类，它起源很早，而进入宋朝之后，由于科举盛行，抄书亦盛行，而史钞更是进入发展的高峰期。高似孙敏锐地发现了史钞类书籍在文献保存方面的价值，立专目予以著录。这种做法，对后世目录学中史学分类的影响是很深远的，清代《四库全书》中亦立“史钞”类，其影响可见一斑。再如史草类，这是《史略》独有的类目。他说：

予尝观杨文公史草，用竹纸细字，字清美，涂擶甚少，盖造思之素者也。又观欧阳公史草，阔行真字，殊有更易处，又一二纸，更易几尽……又观司马公《通鉴》草，纸阔狭不侔，有翦为数寸阔者，两面密书，时有涂改处，字尤端楷。观此，则想象萧公史草，令人精神飞越，恨不一披元笔。[1]

从以上论述可以看出所谓史草是指史家著述的原稿，这能否归为史学类目或有可议之处，但是高似孙从史家著史的手稿来评论史家叙史的功力，确有以小见大的作用。这也反映出高似孙史学批评中别样的旨趣。

关于各类史籍的看法。高似孙对于《史略》中著录的各类史籍都有评论。他认为实录是“史之基也”，肯定实录“有补于史”[2] 的价值；他认为“载笔之严，莫严于谱牒”[3]，指出史表与谱牒的渊源；他指出史例有“古之为例简，而后之为例详”[4] 的变化趋势；他还认为史目“是亦史之纲纪也”[5]，指出史学目录对于史学发展的作用。

综上可以看出，高似孙是一位于史学批评颇有成就的学者，其《史略》一书大量辑录历史学者的史学评论，注重他们的史评成就，又以叙事、史论作为其史学批评着力考察的对象，继承了汉唐以来学者在史学批评方面的理论成就，并在具体的史学批评中表现出自己对于各类史籍价值的理解，不少论点值得今人思考。

---

① 高似孙：《史略》卷四《史草》，王云五主编：《丛书集成初编》第一九册，商务印书馆1939年版，第77-78页。

② 高似孙：《史略》卷三《实录》，王云五主编：《丛书集成初编》第一九册，商务印书馆1939年版，第62页。

③ 高似孙：《史略》卷四《史表》，王云五主编：《丛书集成初编》第一九册，商务印书馆1939年版，第72页。

④ 高似孙：《史略》卷四《史例》，王云五主编：《丛书集成初编》第一九册，商务印书馆1939年版，第79页。

⑤ 高似孙：《史略》卷四《史目》，王云五主编：《丛书集成初编》第一九册，商务印书馆1939年版，第79页。

第七章　文学之士与史学批评

宋代初期延续了晚唐的“古文运动”，强调发挥“文以载道”的作用，反对追求形式上的辞藻华丽。宋代科举考察形式变化，策论代替诗赋，使评史、论史大受欢迎，形成了宋代文学之士论史、评史的风气。宋代的文集中保留了大量的论史与评史之文，这些文章或围绕史学问题展开议论，或针对史家、史书发表评论，其中包含了丰富的史学批评观点。

第一节　文学之士的评史之风

一、文学之士评史的风气

宋代文化兴盛，文坛评史风气盛行。在这一风气的影响下，宋代文集中包含了不少有关史学批评的论述。文学之士评史掺杂了文人特色，优点与不足并存，关于其史学批评思想的分析需辩证地加以看待。

宋代重新统一中原，结束了晚唐五代以来的割据局面。鉴于五代武夫当政的教训，宋代崇尚文治，广开科举，推行崇文抑武的政策，促进了宋代文教事业的发展。随着时间的推移，宋代涌现了一批著名的文学之士，在唐宋八大家中，北宋就占据了六席，体现了宋代文化事业的繁荣。

宋代文人对于史学表现出极大的兴趣，评史与论史的风气盛行，成为宋代文人的显著特点之一。这一点可以从现存宋代文集中保留的大量有关文献中得以验证。宋代留存至今的大量的文人文集成为研究这一风气的重要材料。

北宋初期文坛倡导古文运动。宋代古文运动继承了唐代韩愈、柳宗元等的观点。宋代古文运动的代表欧阳修、尹洙、梅尧臣等主张发挥文章“文以载道”的作用，反对单纯强调文章的形式特点。他们既反对北宋初期以杨亿为代表的追求辞藻华丽的“西昆体”，又批评宋初柳开、石介为代表的文章崇奇尚怪的“太学体”。欧阳修等人在宋代倡导的古文运动，主张文章崇尚自然，行文反映现实问题，发挥文章传承大道、惩恶劝善的劝戒作用。欧阳修在《代人上王枢密求先集序书》称：“言以载事，而文以饰言，事信言文，乃能表见于后世。”[①] 他指出文章只有形式与内容相符合才能流传于后世。

宋代古文运动与史学有着密切的联系。唐代古文运动的代表多与史学有着很深的渊源，他们或为史官，或与史官交往密切，

---

① 欧阳修：《居士外集》卷一八《代人上王枢密求先集序书》，《欧阳修全集》卷六八，中华书局2001年版，第984页。

如韩愈曾任史官修撰《顺宗实录》，萧颖士曾著述《梁萧史谱》。宋代古文运动也具有类似的特点，古文运动的代表与史学有着密切的关系。欧阳修曾任史官，先后修撰了《新唐书》《新五代史》。尹洙不仅著述有《五代春秋》，而且曾与欧阳修相约合写《新五代史》。梅尧臣也参与了《新唐书》的修撰，著有《唐载》，于《新唐书》的修撰完成出力尤多。王禹偁撰写《五代史阙文》，并参与《太祖实录》的修撰。曾巩曾任史官，先后编修过会要、实录及国史，现存的《隆平集》即为他修撰国史后遗留的产物。"三苏"中的苏辙也修撰了有关上古历史考证的《古史》。宋代古文运动之所以与史学之间存在着如此多的联系，是因为史学的特点符合古文运动对文章形式与内容的要求，因而受到文学之士的欢迎。

宋代兴起的古文运动主张发挥文以载道的宗旨，改变宋初文坛对文章形式过分重视的风气。宋初"西昆体"盛行，欧阳修称："是时天下学者杨、刘之作，号为时文，能者取科第，擅名声，以夸荣当世。"[①] 宋代古文运动认为文章应反映现实，发挥文章经世致用的价值，由于史文叙事崇尚简洁，并在史事的记载中包含着圣人之道与兴衰之由，在一定程度上符合宋代古文运动对文章形式与内容的追求。如范仲淹称赞尹洙在古文运动中的作用时，指出其文章与史学之间的联系："天生师鲁，有益当世。为学之初，时文方丽。子师何人，独有古意。韩柳宗经，班马叙

① 欧阳修：《居士外集》卷二三《记旧本韩文后》，《欧阳修全集》卷七三，中华书局2001年版，第1056页。

事。众莫子知，子特弗移。是非乃定，英俊乃随。圣朝之文，与唐等夷。繄子之功，多士所推。”① 重视议论、强调说理的评史、论史，更易于宋代文学之士结合现实表达自身的观点，因此受到欢迎，宋代评史与论史成为古文运动重要的形式之一。如重视论史、评史的“三苏”，就受到欧阳修的大力推崇。欧阳修不仅称赞苏洵的文章“荀卿子之文也”②，而且对苏轼的文章予以期待，称“我老将休，付子斯文”③。

古文运动产生的一个显著的结果是导致了科举形式的改革。这在一定程度上促进了宋代评史、论史的风气。宋代重视科举，增加了取士的数量，而且逐渐使得策论成为科举进士科中的主要考察形式。如苏轼称：“昔祖宗之朝，崇尚辞律，则诗赋之士，曲尽其巧。自嘉祐以来，以古文为贵，则策论盛行于世，而诗赋几至于熄。”④ 唐代进士科以诗赋为主，傅璇琮认为唐代“进士科在八世纪初开始采用考试诗赋的方式，到天宝时以诗赋取士成为固定格局”⑤。宋代部分策问也反映了这一发展趋势，宋代诗人刘弇在《策问》中称：“自隋以来，进士决科，莫不用赋。而李唐之盛时，将相大臣往往由此途出，孰谓一日罢去，而不遗憾于墨客邪？此前日二三柄臣所以扳复于反手之顷。然声病不讲几

① 范仲淹：《范文正公文集》卷一一《祭尹洙文》，《范仲淹全集》，四川大学出版社 2002 年版，第 277 页。

② 苏洵：《嘉祐集》卷一二《上欧阳内翰第二书》，曾枣庄、金成礼《嘉祐集笺注》本，上海古籍出版社 1993 年版，第 334 页。

③ 苏轼：《祭欧阳文忠公文》，欧阳修：《欧阳修全集》附录三，中华书局 1986 年版，第 2690 页。

④ 苏轼：《苏轼文集》卷九《拟进士对御试策》，中华书局 1986 年版，第 301 页。

⑤ 傅璇琮：《唐代科举与文学》，陕西人民出版社 2003 年版，第 170-171 页。

二十年载于兹矣，旧习者已雕铄于颓年，晚近者或恍骇于新律，之二者均患也，非俱适也。”[①] 他提到隋唐以诗赋考取进士，而宋代的废止，造成了当时文人对赋掌握的生疏。再如理学家杨时在《策问三》中讲：“唐以六科取士，至杨绾举词藻宏丽，又加诗赋，国家因之，专用声律。熙宁更新法度，登延儒臣，讲明六经之旨，尽革雕虫之习。”[②] 他也认为唐代与宋代在科举考察形式上侧重不同。这里提到王安石变法，其在科举方面的改革，是要罢诗赋，以策论取士。王安石认为进士考以诗赋有其缺陷：“然其策进士，则但以章句声病，苟尚文辞，类皆小能者为之……使通才之人或见赘于时，高世之士或见排于俗。”他主张“策进士者，若曰邦家之大计何先，治人之要务何急，政教之利害何大，安边之计策何出，使之以时务之所宜言之，不直以章句声病累其心”[③]，即主张用策论考察其处理实际问题的能力。

宋代科举考察形式发生变化，由考察诗赋转为侧重策论，因此重视议论，强调以史为鉴，解决现实问题的评史与论史之文，成为科举考察的重要形式。在现存的宋人文集之中保存了相当多的宋代的策问题目，其中有关评史、论史的内容占据了不少的篇幅。科举形式的变化刺激了宋代文学之士，评史、论史之风盛行。宋代文人文集中包含了一定的评史与论史之作。不仅宋代与

① 刘弇：《龙云集》卷二七《策问上·第三》，《景印文渊阁四库全书》第一一一九册，台湾商务印书馆1986年版，第285页。

② 杨时：《杨龟山先生集》卷一五，曾枣庄、刘琳：《全宋文》第一二四册，上海辞书出版社、安徽教育出版社2006年版，第371页。

③ 王安石：《王荆公文集》卷三二《取材》，李之亮《王荆公文集笺注》本，巴蜀书社2005年版，第1109-1110页。

史学关系密切的文人文集中保留有论史、评史之作，如欧阳修的《居士集》、苏辙的《栾城集》、曾巩的《元丰类稿》等，而且在以文学成就见长的文人文集中也包含了不少的论史与评史之作，如“苏门四学士”的黄庭坚、秦观、晁补之、张耒，受苏轼的影响，在文集中也留存了不少的论史、评史之作。

二、文学之士评史的得失

受到宋代古文运动的影响，宋代的文学之士掀起了评史、论史的热潮。文学之士的评史之风，一方面使得史学得到更多的关注，促进了对史学认识的增进与史学讨论的深入。另一方面文学之士的评史，并非完全从史学的角度展开讨论，对许多问题的商榷带有文学特色，这在一定程度上阻碍了对史学的正确认识。特别是文学之士评史重议论、喜立异，忽视对事实的考证与分析，因此对史学的求真考信产生了一系列不利的影响。

文学之士评史促使宋代人们对于史学问题更多的关注，扩大了史学批评的讨论范围。宋代的文学之士对评史、论史持有普遍的兴趣。宋代文集中保存了不少的评史与论史之作，如郑獬《郧溪集》中的《读史》八篇、李清臣的《史论》上下及其历代论、毕仲游《西台集》中的《史学》、何去非《何博士备论》中的历代论、晁补之《鸡肋集》中的《迁固之失》及《唐旧书杂论》、邹浩《道乡集》中的历代人物论、慕容彦逢《摛文堂集》中的《史材》、周紫芝《太仓稊米集》中的《史断》三篇及历代人物论、张栻《南轩集》中的《史论》两卷等。宋代文学之士在论史、评史上投入了大量精力，这在一定程度上引起了宋代对史学问题更加关注。由于著述评史、论史之文需要增进对历史的了解，搜集相关的史学资料，宋代文学之士对史书的阅读促进了史学在社会中的传播，苏轼曾赞扬刘恕刻印七史的做法，有利于宋代文人更加广泛地接触史书："道原（刘恕）要刻印七史固善。"[①] 宋代社会对史学问题的关注，使得宋代科举中出现了不少史学的题目，王嘉川以此考察《史通》在宋代的流行状况："朝廷科举考试中史学部分的策问，也有以《史通》的有关论述为试题的。"[②]宋代文学之士热衷对史传、史书的评论，这使得宋代文人进一步对史学理论产生了兴趣。北宋诗人黄庭坚重视刘知幾《史通》的研究，认为《史通》对文学创作具有推动作用："若读经史贯穿，使词气益道，便为不愧古人矣。刘勰《文心雕龙》、刘子元（玄）《史通》此类书曾读否？所论虽未极高，然讥弹古人，大中文病，不可不知也。"[③] 这种由重视对历史的认识，进而扩展到关注史学理论的做法，在一定程度上促进了宋代史学批评与史学理论意识的发展。

宋代文学之士推动了宋代史学批评的深化。宋代古文运动的发展，最先体现为对一种文学形式的讨论，而后在讨论的过程中对于史学叙事的讨论进一步促进了宋代史学的反思。宋代文学之士关于史学的讨论，使得宋代史学批评在反思与商榷的过程中提

---

① 邵博：《邵氏闻见后录》卷二〇，中华书局 1988 年版，第 160 页。

② 王嘉川：《清前〈史通〉研究》，社会科学文献出版社 2013 年版，第 72-73 页。

③ 黄庭坚：《山谷外集》卷一〇《与王立之四帖》，《景印文渊阁四库全书》第一一一三册，台湾商务印书馆 1986 年版，第 457 页。

出了一些新的概念与问题。

宋代邹浩在对《后汉书》的批评中，提出了如何看待历史与史学区别的疑问。邹浩在史学上重视史学认知，强调对史学概念本身的反思与认识。邹浩在《策问》中称：

> 问：颍川四长，前史谓并以仁信笃诚使人不欺，故序循吏而及焉。夫不欺人易，使人不欺难。从古以来，有使之不能欺者，子产之于郑是也；有使之不忍欺者，子贱之于单父是也；有使之不敢欺者，西门豹之于邺是也。彼四长者，必居一于此矣，果孰从而然乎？今考其传，韩仲黄之于嬴，陈仲弓之于太丘，其详可知也。若乃荀季和之于当涂，初不载其设施之迹；钟季明之于林虑，虽以命之，而实未尝就。则史何以知其所为而称之乎？将以其已然之效而逆知其所未为乎？然则其已然之效又何在也？如此而议人，亦可乎？诸君非其乡人，则寓其乡校者，闻其风而讲之有日矣。愿以释有司之惑。①

这里“前史”指《后汉书》，邹浩讨论的是《循吏传》序：“自章和以后，其有善绩者，往往不绝。如鲁恭、吴祐、刘宽及颍川四长，并以仁信笃诚，使人不欺。”② 邹浩认为历史上“使

---

① 邹浩：《道乡集》卷二九，《景印文渊阁四库全书》第一一二一册，台湾商务印书馆1986年版，第424-425页。

② 范晔：《后汉书》卷七六《循吏传》序，中华书局1965年版，第2457页。

人不欺”的三种类型，人们可以通过史书知晓其“使人不欺”的原因与特点。“颍川四长”中韩韶、陈寔的事迹史书中都有详细记载，但是关于荀淑一开始不记载其在地方的治理。钟皓虽被任命为地方长官，但实际没有履职。那么史书又是怎么清楚其事迹而将其列为循吏的呢？邹浩探究历史史实与史书记载之间的出入，思考：是否史书缺失记载，客观历史就不存呢？即邹浩的发问：“史何以知其所为而称之乎？”史书记载是否等同于客观历史，史书记载是否存在根据既有的观点而忽视遮盖客观历史呢？即邹浩的疑惑：“将以其已然之效而逆知其所未为乎？”邹浩在策问中蕴含了史学理论问题，初步涉及历史客观与史书记载之间的差别，通过分析具体的史书记载，他提出了史学如何认识历史客观的史学认知问题。

北宋末年领导抗击金朝对开封围困的李纲，在《梁溪集》中记载了他对历史的许多评论。其中《论史》具有突出的史学批评意识。李纲在《论史》中称：

> 昔之秉史笔，而其书传于世者，皆成于后人之手。故秦汉以前，成于司马迁；西汉成于班氏；东汉成于范晔；三国成于陈寿；晋、宋至隋，成于唐；唐及五代，成于本朝。当其时非无史，多不传，而独传后人之书。夫后人之所传闻，与当时之所亲见，其详略审否，固不可同年而语矣。然而后人之书独传，而当时之史多废者，岂非以其是非取舍有公有不公故耶？

夫史之所以取信于天下与来世者，以其不没善、不隐恶，而褒贬无所私也。当其时而作史者，或由于喜怒，或出于爱憎，或有所讳避，或为之假借，而是非取舍，不能不容情于其间。则奸谀而进者，未必贬；忠贤而退者，未必褒；君子为善而失时者，未必以为是；小人为恶而得时者，未必以为非；此乃其所以多废而不传也。至于异代，时世既殊，而喜怒爱憎之情，云散而烟灭，然后公论出，而是非取舍如青天白日之清明无讳，避假借之私，而得奋其直笔以褒贬之；虽有误谬、讹舛，而不足以害其大公。则后人之书所以独传者，非特以备良史材，而文足以行远而已；必有当于人心，而合天下之所谓公论者焉。①

李纲以历代正史修撰为例，指出传世正史都为后世修撰，进而提出疑问："当其时非无史，多不传，而独传后人之书。"为何本朝修撰的史书遗失，而后世修撰的正史得以流传？以史书的历史材料丰富而言，则本朝修撰为优；而以史书的公正而论，则后世著述为胜，由此李纲把这一现象的根源归结为史书修撰的公正与否。李纲认识到，随着历史距离当今的远近，不仅会出现史料多寡的区别，而且离时代越近的历史记载，受到各种因素的干扰也越大，从而影响到史学求真。李纲的《论史》体现了宋代学者对于史学概念认识的加深：虽然历史材料因时代愈近而愈丰富，

① 李纲：《梁溪集》卷一五四，《李纲全集》，岳麓书社2004年版，第1444页。

但是史学的求真则是时代越远而越客观。李纲明确地把史学与历史区别开来，对史学概念，特别是史学求真的认识进一步深化。

宋代文人评史的热潮在一定程度上促进了宋代史学批评的发展，但现存文集中的部分讨论也具有一定的缺陷与不足。由于宋代史学批评者的范围超越了史家群体，使得史学批评的结论就难以完全从史学的角度加以分析。这在一定程度上加剧了宋代有关史学批评的分歧，并且宋代部分关于史学批评的偏颇观点在此后产生了重要的影响。

部分文人有关史学的讨论，易流于形式，往往演变成关于文学技巧的讨论，而对于史学的问题缺乏理解；过于注重形式上的特色，而同真正的史学讨论有所差距。王安石评史具有文人评史的特点，以王安石的评史文章《读〈柳宗元传〉》而论："余观八司马，皆天下之奇材也"，一转"一为叔文所诱，遂陷于不义。至今士大夫欲为君子者，皆羞道而喜攻之"，变为"无所用于世，往往能自强……名卒不废焉"，再转"所谓欲为君子者，吾多见其初而已，要其终，能毋与世俯仰以自别于小人者少耳"[①]！反复回旋，层层递进，意思也由扬至抑，再褒而贬。

王安石对《柳宗元传》的批评体现出重议论、喜立异的特点。在转折与递进中，王安石评价的对象是在变化的，由政治上的依附王叔文，转为文学上的成就，再转为北宋人物的评价，即文章中体现的错落转进，并非是王安石使用了新材料来进行论

① 王安石：《王荆公文集》卷三四《读〈柳宗元传〉》，李之亮《王荆公文集笺注》本，巴蜀书社2005年版，第1183-1184页。

证，而是通过文章议论对象的转移来实现的，从而展现出文章观点的丰富性。王安石既照搬了旧有的批评观点作为文章转折的依据，又通过文章论述对象的变化来对既有观点进行批评，从中可以发现王安石对《柳宗元传》的评价存在忽视事实论证与以观点代替分析的缺陷。此类文章在评论中突出对前人观点的翻转，议论强调从自我预设观点出发，缺乏对历史事实的细致分析与考证。这源于文学之士评史的初衷多为追求文学艺术特色，而自身缺乏必要的史学素养。这种不足使得宋代部分论史、评史之作缺乏实事求是的精神，从而给正确认识历史带来了困难。如秦观的《司马迁论》："盖迁自伤砥节砺行，特以贫故不免于刑戮也。以此言退处士而进奸雄，崇势利而羞贫贱，岂非有激而云哉！彼班固不达其意，遂以为是非颇谬于圣人，亦已过矣。"[①] 秦观认定司马迁《自序》的"发愤"之由为因贫受刑。此论尚有商榷之处，秦观却强调以此推翻班固对司马迁的评价。朱熹曾批评苏轼的议论："东坡平时为文论利害，如主意在那一边利处，只管说那利。其间有害处，亦都知，只藏匿不肯说，欲其说之必行"[②]，指出其为了论述观点，突出议论中的有利方面，有意隐瞒不利方面，从而背离了论述事实应完整客观的原则。这应为文人评史的一大通病，即忽视考证，而喜立新说。

部分文人评史时对于人的主观意识的侧重，使得他们对于史学的认识，逐渐地同理学家走在一起，在辨析经史关系的过程

---

① 秦观：《淮海集》卷二〇，上海古籍出版社1994年版，第700页。

② 黎靖德编：《朱子语类》卷一〇三《本朝》，中华书局1986年版，第3113-3114页。

中，陷入了“荣经陋史”的地步，对于正确理解史学劝戒作用产生了不良的影响。

王安石在经史关系的论述上具有“荣经陋史”的倾向。王安石史学批评中的“荣经陋史”倾向，首先体现在对史书的评论中以儒家观点质疑历史记载。如王安石文集中的《子贡》《〈孔子世家〉议》两篇先后质疑《史记》中的记载，反映出王安石以儒家经学而非事实作为史传评价标准。其次王安石“荣经陋史”的史学批评还表现在轻视史实过程“事”与结果影响“功”，主张以体现思想道德的“心”作为评价标准，“盖其心异而已矣。其心异则其事异，其事异则其功异，其功异则其名不得不异也”①。这种评价标准成为宋代开始兴起的义理史学的滥觞，重视从道德标准展开对历史与史学的评价，忽视对历史经过与结果的分析，从而造成了对历史认识的桎梏与史学批评的固化。王安石关于史学的认识反映了宋代对史学意义认识的一种不良倾向，他们认为史书记载驳杂，需要以儒家义理加以贯穿与统摄，这表明其低估与忽视史学的意义，没有充分认识到史学对现实的借鉴作用。

文人评史重议论、轻事实的特色，使得部分史评易陷入“荣经陋史”的经学立场。文人评史的这种缺陷在一定程度上同宋代史学批评的发展趋势相关。宋代史学批评经历了重褒贬到重事实再至多途发展的不同阶段。文人评史在这一过程中受到影响

---

① 王安石：《王荆公文集》卷三〇《王霸》，李之亮《王荆公文集笺注》本，巴蜀书社2005年版，第1060-1061页。

而呈现出不同风貌。文人评史的不足发展至极致，集中地体现为宋代理学关于历史与史学的矛盾认识。如北宋二程重视读史，强调吸取历史经验的同时，又贬低史学，主张以史学作为论证经学义理的附庸。

程颢重视史学的借鉴作用。“若曰人君所为，不可以易，易而或失，其害则大。臣以为不然。稽古而行，非为易也。历观前史，自古以来，岂有法先王，稽训典，将大有为而致败乱者乎？惟动不师古，苟安袭弊，卒至危亡者则多矣。事据昭然，无可疑。”① 程颢批评君主行为不可变化的观点，主张以史为鉴，国家才能不致败乱。程颢所论的“稽古而行”指的是“法先王”，即三代圣人的典章。程颢主张的以史为鉴实际上是作为论证其义理学说的一种手段。

二程以史书记载的详尽与否为标准，对古今史学进行了比较。程颐认为：“古者诸侯之国，各有史记，故其善恶皆见于后世。”而随着秦统一改变官制，史书主要记载历史上的杰出人物与事迹，“自秦罢侯置守令，则史亦从而废矣。其后自非杰然有功德者”。二程由此展开了对后世史学的批评，认为史书“或记之循吏，与夫凶忍残杀之极者。以酷见传，其余则泯然无闻矣。如汉、唐之有天下，皆数百年，其间郡县之政，可书者宜亦多矣，然其见书者，率才数十人。使贤者之政不幸而无传，其不肖者复幸而得盖其恶。斯与古史之意异矣”。并把这种情况与宋代

① 程颢、程颐：《河南程氏文集》卷五《为家君应诏上英宗皇帝书》，《二程集》，中华书局1981年版，第522页。

官员任职三年而替换的现实联系起来，批评官员频繁更替，不利于政策的延续，更使得史书对地方的良吏善政无暇得以记载。为了避免“欲闻古史之善而不可得”，程颐修撰了《晋城县令题名记》，希望发挥以史为鉴的作用，“后之人得从而质其是非以为师戒云”①。

二程重视读史之法：“每读史到一半，便掩卷思量，料其成败，然后却看有不合处，又更精思，其间多有幸而成，不幸而败。今人只见成者便以为是，败者便以为非，不知成者煞有不是，败者煞有是底。读史须见圣贤所存治乱之机，贤人君子出处进退，便是格物。今人只将他见成底事便做是使，不知煞有误人处。”② 二程读史时只读一半，然后思考历史发展的走向，再继续阅读剩下的一半，以验证其思考是否与历史相符合。二程思考的结果并非全部符合历史的发展，进而二程提出读史的目的不在于归纳史书中成功与失败之由，而在于分析成功与失败之处是否包含着圣人之道。二程不以思考历史事件的结果作为读史的重心。二程批评“记诵博识”的读史方法，认为“以记诵博识为玩物丧志”③。二程针对的是谢良佐在论史时自矜广博，而不思考其中包含的圣人之理。朱熹曾分析二程的批评：“明道以上蔡记诵为玩物丧志，盖为其意不是理会道理，只是夸多斗靡为能。

① 程颢、程颐：《河南程氏文集》卷二《晋城县令题名记》，《二程集》，中华书局 1981 年版，第 461-462 页。

② 程颢、程颐：《河南程氏遗书》卷一九《伊川先生语五》，《二程集》，中华书局 1981 年版，第 258 页。

③ 程颢、程颐：《河南程氏遗书》卷三《二先生语三》，《二程集》，中华书局 1981 年版，第 60 页。

若明道看史不差一字，则意思自别。此正为己为人之分。”① 这里谢良佐读史以记忆广博为追求，此正是二程读史之法批评的反面。二程的读史之法，主张在分析历史事件的过程中，归纳其与圣人之道的相符之处，其重心并不在历史事件的分析本身。这表明二程把史学作为贯彻与验证其义理之学的途径，是“格物”的方式之一。二程的读史之法在一定程度上把义理凌驾于史学之上，对宋代关于史学意义的认识产生了不良的影响。

宋代文学之士评史风气的繁荣，反映了宋代文化的繁荣。宋代古文运动的兴起，对文章的形式与内容提出了严格的要求。宋代古文运动主张师法史学，推崇行文简约、文以载道。评史、论史因符合宋代文人重视议论的特点而大受欢迎，成为一种流行的文体。宋代文人评史之风的盛行，促进了史学的传播，随着对史学问题讨论的深入，增进了对史学问题的认识。但宋代文学之士的评史具有部分文人特色，重视议论而忽视考证，因而使得部分评史之文过于关注观点的突出，而难以符合历史的实际。这成为宋代文学之士评史的缺陷。

第二节　“三苏”与史学批评

一、经史并立论

苏洵、苏轼、苏辙父子三人是宋代文坛的著名人物。苏洵大

① 黎靖德编：《朱子语类》卷九五《程子之书一》，中华书局 1986 年版，第 2488 页。

器晚成，早年科举不中而在家潜心读书，教育子弟，随后携苏轼、苏辙至开封，受到欧阳修的赏识，苏轼、苏辙兄弟同年考中进士。在政治上苏洵怠于仕途，仅受欧阳修举荐，受职编修《太常因革礼》等。苏轼、苏辙则在北宋中期风起云涌的变法与反变法斗争中仕宦大起大落。在文学上，三苏受到古文运动的影响，重视议论，自成一派，在宋代文坛上影响深远。三苏重视史学，文集中有大量的论史、评史文章。三苏的论史、评史，因适应科举而大受文人欢迎，在宋代文人中产生了重要的影响。

对历史的兴趣是三苏之学的共同点。苏洵称历史的兴衰变化为其著述的重心："洵著书无他长，及言兵事，论古今形势，至自比贾谊。"[①] 苏轼重视对历史的探究："及壮大，不能晓习时事，独好观前世盛衰之迹，与其一时风俗之变，自三代以来，颇能论著。"[②] 苏辙视评史、论史为父兄之学的特色："父兄之学，皆以古今成败得失为议论之要。"[③] 苏辙文章具有类似的特点："有《历代论》十二篇，上自三王而下至于五代，治乱兴衰之际，可以概见于此。"[④] 苏洵的《史论》、苏轼的《东坡志林》、苏辙的《历代论》以及他们的文集中都涉及大量的论史、评史。

三苏在史学评论上有着共同的理论色彩，这种理论色彩集中体现在苏洵的《史论》中。苏洵提出经史并立的思想。蒙文通分

---

① 苏洵：《嘉祐集》卷一一《上韩枢密书》，曾枣庄、金成礼《嘉祐集笺注》本，上海古籍出版社 1993 年版，第 301 页。

② 苏轼：《上韩太尉书》，《苏轼文集》卷四八《书》，中华书局 1986 年版，第 1381 页。

③ 苏辙：《栾城后集》卷七《历代论引》，《苏辙集》，中华书局 1990 年版，第 958 页。

④ 苏辙：《栾城集》卷二二《上曾参政书》，《苏辙集》，中华书局 1990 年版，第 385 页。

析其思想渊源："鉴于中唐以迄欧公、尹洙之论，专法褒贬义例，是明允于一时为绝识，故推明经史不相沿而用相资。"[①] 北宋时期史学批评先后经历重褒贬与重事实的不同阶段，苏洵经史并立的思想在一定程度上是针对这种史学批评的趋势而展开论述。

苏洵认为经学与史学有着共同的起源，在历史发展过程中逐渐走向了独立的两条不同途径。在上古圣王时代经学与史学混杂不分。孔子重视通过鲁国史书《春秋》来表明圣人之义：

> 史何为而作乎？其有忧也。何忧乎？忧小人也。何由知之？以其名知之。楚之史曰《梼杌》。梼杌，四凶之一也。君子不待褒而劝，不待贬而惩；然则史之所惩劝者独小人耳。仲尼之志大，故其忧愈大，忧愈大，故其作愈大。是以因史修经，卒之论其效者，必曰乱臣贼子惧。由是知史与经皆忧小人而作，其义一也。[②]

苏洵认为史学的目的与经学一致。孔子在整理《春秋》的过程中赋予史书与经书同样的价值，希望发挥其使"乱臣贼子惧"的劝戒作用。虽然苏洵过分扩大了"忧小人"在经学与史学中的作用，但肯定了二者有共同的起源，因而称之为"义一"。苏洵认为史学与经学在此后走上了不同的道路，有着不同

① 蒙文通：《中国史学史》，上海人民出版社 2006 年版，第 81 页。

② 苏洵：《嘉祐集》卷九《史论上》，曾枣庄、金成礼《嘉祐集笺注》本，上海古籍出版社 1993 年版，第 229 页。

的属性。“其义一，其体二，故曰史焉，曰经焉”，这种不同属性导致了经学与史学的区别，苏洵提出从事、词、道、法四个角度来审视二者的区别，“事以实之，词以章之，道以通之，法以检之”[①]。苏洵著述《史论》意在对经史关系提出自身的看法。

苏洵指出经与史的不同，“经以道、法胜，史以事、词胜”，并对经与史的关系作了论述，“经不得史无以证其褒贬，史不得经无以酌其轻重”，经史各有特色，它们相辅相成，才能共同发挥作用，因而苏洵视经史为并立的关系，提出了“经非一代之实录，史非万世之常法：体不相沿，而用实相资焉”[②]。苏洵认为随着时代发展，经学与史学的发展截然两途。因而在后世经史关系的讨论中，不必在史学的具体变化中强调经学的永恒价值，也不必单纯以经学的理想标准来质疑历史记载中的变化出入。

苏洵的《史论》影响了苏轼与苏辙。“经胜道法”使得苏轼不满宋代“正统论”在史学的记述中过多掺杂经学意味的褒贬。“史胜事词”又使得苏辙质疑古史记述，批评正史史料采摭的缺陷。

苏轼批评宋代兴起的正统论。苏轼把正统论视为名、实之争，“正统者，何耶？名耶？实耶？”关于名实之间的关系，苏轼指出：“天下固有无其实而得其名者，圣人于此不得已焉，而不以实伤名。而名卒不能伤实，故名轻而实重。不以实伤名，故天下不争。名轻而实重，故天下趋于实。”苏轼所论的“实”指

① 苏洵：《嘉祐集》卷九《史论上》，曾枣庄、金成礼《嘉祐集笺注》本，上海古籍出版社1993年版，第229页。

② 苏洵：《嘉祐集》卷九《史论上》，曾枣庄、金成礼《嘉祐集笺注》本，上海古籍出版社1993年版，第229页。

的是历史发展的现实，因而其指出“正统之为言，犹曰有天下云尔”[①]。关于名实关系的论述，苏轼认为名轻而实重，主张从历史实际的角度认识正统问题，

针对欧阳修与章望之“正统论”突出褒贬的现象，苏轼批评欧阳修“正统屡绝，而得之者少”的论述，启示了章望之的学说“故章子有以启其说”。欧阳修因后世得正统者少，而提出正统论希望能“为名甚尊而重也”，但苏轼批评说如果以此而论，则周文王未取天下与欧阳修所论的魏、晋、梁一样不得为正统，又如何体现尊崇，“必也使夫正统者，不得为圣人之盛节，则得之为无益。得之为无益，故虽举而加之篡君，而不为过”[②]。苏轼认为这样正统论名实不符，不能达到褒扬圣人而贬低篡逆的作用。

苏轼从名实的角度批评章望之的观点：“欧阳子曰皆正统，是以名言者也。章子曰正统，又曰霸统，是以实言者也。欧阳子以名言而纯乎名。章子以实言而不尽乎实。”苏轼认为章望之的霸统说，从取天下的方式来加以定义，是从历史的实际出发，但是他牵于“正统”“霸统”的名号，而不能真正反映王朝取天下之正否：“章子杂乎实，故虽晋、梁弑君之罪，天下所不容之恶，而其实反不过乎霸。彼其初得正统之虚名，而不测其实罪之所至于也。章子则告知曰：‘尔，霸者也。’夫以弑君得天下而不失为霸，则章子之说，固便乎篡者也。”章望之以取天下的方

① 苏轼：《正统论总论一》，《苏轼文集》卷四《论》，中华书局1986年版，第120页。
② 苏轼：《正统论辩论二》，《苏轼文集》卷四《论》，中华书局1986年版，第122-123页。

式来区分正统与霸统，这样晋、梁弑君而取天下在章望之看来也不过是霸统，则“实”如何分辨得位不正，“名”如何褒贬取天下以正？因而苏轼批评章望之的“霸统”之说为名实不副，“欧阳子纯乎名，故不知实之所止……章子之所谓霸统者，伤乎名而丧失乎实者也”[①]。苏轼强调以史实来确定正统论，反对章望之划分的“正统”与“霸统”。

经史之间存在着区别，史书不应受到经书褒贬的影响。这使得苏辙对于史书的评价更侧重事实的考校。通过分析史书中上古历史的史料来源，苏辙不仅对上古的事实进行了考证，而且由此展开了对于史书的评论。

苏辙著有《古史》，他采取的方法为“因迁之旧，上观《诗》《书》，下考《春秋》及秦汉杂录”，在材料上主要从儒家经典出发，而兼及杂史。在内容上“（古史）追录圣贤之遗意，以明示来世，至于得失成败之际，亦备论其故”[②]。苏辙秉持了苏洵经史并立的思想，认为经史有着共同的起源，史以事词胜，因而重视对历史记述的考察。苏辙视经书为记载上古史事的重要载体，并把它同史书的记述进行比较。由此苏辙的《古史》既是对事实的考证，又存在着对史料来源的评价。苏辙认为“司马迁作《史记》，记五帝三代，不务推本《诗》《书》《春秋》，而以世俗杂说乱之，记战国事多断缺不完”[③]。苏辙注意到《史

① 苏轼：《正统论辩论三》，《苏轼文集》卷四《论》，中华书局 1986 年版，第 123-125 页。
② 苏辙：《古史叙》，《景印文渊阁四库全书》第三七一册，台湾商务印书馆 1986 年版，第 207 页。
③ 苏辙：《栾城后集》卷一二《颍滨遗老传上》，《苏辙集》，中华书局 1990 年版，第 1284 页。

记》在上古史源的选取上更加倾向于战国材料，这是其分析史书史料来源的卓见，但苏辙由此对司马迁大加抨击不免有过激之嫌。苏辙特别看重经书中的事实记载，肯定其为信史，并以此校证史书。相较于苏轼不满经学褒贬在史学中的杂用，苏辙坚信经书记载而批评史书的史源。这种看似矛盾的观点，实际上是源自共同的理论基础——苏洵的“经史并立”论，经与史“义一”而“体二”。苏辙把经书视为上古信史，肯定经书具有的史学性质。苏轼不满史学掺杂褒贬，认为经与史之间有着不同的功用。

苏辙的这一立场也被苏轼认同。苏轼在《东坡志林》中称：

> 《史记》：“司马穰苴齐景公时人也。”其事至伟，而《左氏》不载，余尝疑之。《战国策》：“司马穰苴为政者也，闵王杀之，大臣不亲。”则其去景公也远矣。太史取《战国策》而作《史记》，当以《战国策》为信。凡《史记》所书大事，而《左氏》无有者，皆可疑。如程婴、杵臼之类是也。穰苴之书不可诬，抑不在春秋之世，当更徐考之。[①]

苏轼具备同苏辙类似的考证意识，其考证通过比较上古史料来源展开。苏轼认为司马穰苴在《左传》与《战国策》中有不同的记录，而《史记》的记述表明其在对待前秦史料的选取上倾向于战国史书。苏轼并非直接否定《史记》的记述，而是认

---

① 苏轼：《苏轼文集》卷六五《史评》，中华书局1986年版，第2002页。

为司马穰苴存在，但或许并非春秋时期之人。苏轼有意利用这一考证方法，比较《左传》与《史记》的差异，进而尝试考证其他历史人物的记载。苏轼有关《史记》的评价不是单纯地考证事实而是对其选取史料的倾向提出了批评。这里苏轼的方法意识是同苏辙类似的，都源自经史并立的思想。这使得三苏在评价史书过程中更具质疑精神，从事实的考证上升到史料来源的分析。由此，三苏对于古史的考证与批评有着更为鲜明的理论色彩。

三苏在经史关系的认识上，把重心放在了史学方面。苏辙在《史官助赏罚论》中提出“史官之权”：“域中有三权：曰天，曰君，曰史官。圣人以此三权者制天下之是非，而使之更相助。”①苏辙认为天之权与君之权在定“天下之是非”时都有所不足，因而需要史官之权加以补充：“盖史官之权，与天与君之权均，大抵三者更相助，以无遗天下之是非。”并列举了体现史官之权的代表，周史佚、鲁史克、齐南史、晋董狐、楚倚相，特别指出孔子作《春秋》是史官之权的代表：“仲尼因鲁之史官左丘明而得其载籍，以作为春秋是非二百四十年，虽其名为经，而其实史之尤大章明者也。”苏辙把《春秋》视为史书，认为孔子修订《春秋》是发挥史官之权。而对史官之权的内涵，苏辙认为是“贤人君子之功烈与夫乱臣贼子罪恶之状，于此皆可以无忧其无闻焉，是故古者圣人重史官”②。

① 苏辙：《栾城应诏集》卷一一《史官助赏罚论》，《苏辙集》，中华书局1990年版，第1346页。

② 苏辙：《栾城应诏集》卷一一《史官助赏罚论》，《苏辙集》，中华书局1990年版，第1347页。

苏辙关于“史官之权”的论述是采纳了苏洵《春秋论》中的理论框架，其“天之权”“君之权”“史官之权”分别对应了苏洵论述中的“天下之公”“天子之权”“圣人之权”。苏洵的《春秋论》以经史并立的观念分析《春秋》的性质，指出“迁、固之史，有是非而无赏罚，彼亦史臣之体宜而也”①。这里的“是非”或许即苏洵所论史胜的事词，而“赏罚”即经胜的道法。《春秋》兼有经史的性质，因而“《春秋》赏人之功，赦人之罪，去人之族……不徒曰此是此非，而赏罚加焉”②。《春秋》既记载是非，又存在赏罚。苏洵认为两者性质不同，“赏罚者，天下之公也；是非者，一人之私也。位之所在，则圣人以其权为天下之公，而天下以惩以劝；道之所在，则圣人以其权为一人之私，而天下以荣以辱。周之衰也，位不在夫子，而道在焉，夫子以其权是非天下可也”③。因而孔子作《春秋》是“假天子之权以赏罚天下”。这里“赏罚”与“是非”的论述如果纳入苏洵的经史并立的论述，则会发现“赏罚”代表着经学的道法是“万世常法”因而其权是“天下之公”，而“是非”代表着史学的事词为“一代实录”所以其权是“一人之私”。苏洵认为经史有着不同的性质，指出了迁、固史学有是非无赏罚，这是体现了史学的特点。苏洵在《春秋论》中推崇《春秋》兼有是非赏罚的属

① 苏洵：《嘉祐集》卷六《春秋论》，曾枣庄、金成礼《嘉祐集笺注》本，上海古籍出版社 1993 年版，第 164 页。

② 苏洵：《嘉祐集》卷六《春秋论》，曾枣庄、金成礼《嘉祐集笺注》本，上海古籍出版社 1993 年版，第 162-163 页。

③ 苏洵：《嘉祐集》卷六《春秋论》，曾枣庄、金成礼《嘉祐集笺注》本，上海古籍出版社 1993 年版，第 162 页。

性，赞扬孔子的假天子之权，而权天下是非赏罚。

在苏洵的论述中孔子作《春秋》是以私人记载的“是非”而行“赏罚”，共同发挥了经学与史学的作用。但这里的“赏罚”代表经学的“道法”，因而苏洵提出了一个疑问：“后之效夫子作《春秋》者，吾惑焉。《春秋》有天子之权，天下有君，则《春秋》不当作；天下无君，则天下之权，吾不知其谁与。天下之人，乌有如周公之后之可与者？与之而不得其人则乱，不与人而自与则僭，不与人，不自与而无所与则散。”[①] 那么后世是否该继续孔子的行为呢？这暗含了苏洵在经史关系论述中的缺陷。经学为“万世之常法”，史学为“一代之实录”。历史记载常新，而经学论述不变，那么史学在不断的记载中是否不用发挥经学的作用，或者不以道法胜的史学要表达经学的价值时又该如何？苏洵关于经史并立的论述，在一定程度上割裂了经史之间的联系。如果把孔子作《春秋》行赏罚看作经学，则后世的创新就存着僭越与误读经传的风险。如果把孔子《春秋》视为史学，其通过记载事实来实现赏罚，那么缺载后世事迹则存着后世褒贬与赏罚缺失的风险。因而针对后世如何模仿孔子作《春秋》的疑问，苏洵感慨：“呜呼！后之春秋，乱邪？僭邪？散邪？”[②] 苏辙的“史官之权”的论述，实际上是在苏洵讨论的基础上，回应了这一疑问，他从史学的角度肯定《春秋》的史学性质，赞

---

① 苏洵：《嘉祐集》卷六《春秋论》，曾枣庄、金成礼《嘉祐集笺注》本，上海古籍出版社1993年版，第164–165页。

② 苏洵：《嘉祐集》卷六《春秋论》，曾枣庄、金成礼《嘉祐集笺注》本，上海古籍出版社1993年版，第165页。

扬孔子作《春秋》是行史官之权，在经史关系的论述中突出了史学的作用，把史官之权与君之权、天之权等同起来，主张后世加强史官之权，通过不断著述“贤人君子之功烈与夫乱臣贼子罪恶之状”[①] 来发挥史学的劝戒作用，肯定了史学在记载客观历史过程中同样具有劝戒褒贬的功用。由此三苏关于经史并立的论述，在遇到经史之间的矛盾时，最终还是回到史学的立场。

二、“三苏”的批评之论

三苏在经史并立的论述中，强调历史记载的客观性，突出历史中变化发展的因素，但摆脱了传统褒贬束缚的史论与史评却使得三苏在看待历史时易陷入成王败寇的功利立场。

三苏史论与史评注重分析历史的变化发展，进而以此作为其立论的依据与出发点。王水照指出“三苏强调‘术’‘机’，强调‘智谋’‘权略’‘才智’”[②]。三苏在议论的过程中重视从历史事实出发，主张分析历史变化的“理势”，突出历史过程中影响社会的“风俗”，强调人在历史过程中对“智”的运用及“术”的利用。三苏对历史的分析具有突出历史变化发展的特性。

正是经史并立的思想，使得三苏不受宋代《春秋》学重视褒贬的风气的影响，把历史发展变化的趋势归因于社会背景的势与俗以及个人因素的智与术。因而三苏对历史的认识与评价有了

---

① 苏洵：《嘉祐集》卷六《春秋论》，曾枣庄、金成礼《嘉祐集笺注》本，上海古籍出版社 1993 年版，第 162-163 页。

② 王水照、朱刚：《苏轼评传》，南京大学出版社 2004 年版，第 258 页。

更为客观的立场，其评论往往具有出人意料的观点，但这也使得三苏的评价中充满了权谋与欺诈的因素。

三苏重视历史中“术”的价值，并把其与仁义相区别，认为它们各自发挥着不同的作用，这实际上是秉持了经史并立的思想立场。苏洵称：“圣人之道，有经，有权，有机……后世见三代取天下以仁义，而守之以礼乐也，则曰：圣人无机。夫取天下与守天下，无机不能……有机也，虽恶亦或济；无机也，虽善亦不克。”[①] 并在《权书叙》中称：“我以此书为不得已而言之之书也，故仁义不得已，而后吾《权书》用焉。然则权者，为仁义之穷而作也。”[②] 苏洵把权术视为仁义的重要补充，指出儒家只重仁义而不谈权术的做法是不对的，三代之时不采用权术也是难以取得天下的。三代圣人既采用仁义也使用权术，不通权术就不能发挥仁义的作用。苏轼言：“自三代之亡，天下以诈力相并，其道术政教无以相过，而能者得之。”[③]苏轼把三代描绘为诈力与道术并存的时代，并且天下为能者得之，在史论中苏轼把“术”提高到与“道”相等的地位。苏辙在论述中也重视权术在治理国家中的作用。苏辙曾称：“臣闻善治天下者，必明于天下之情，而后得御天下之术。术者，所谓道也。得其道，而以智加焉，是故谓之术。”[④] 三苏对权术的重视，表明他们主张从变化

---

① 苏洵：《嘉祐集》卷二《远虑》，曾枣庄、金成礼《嘉祐集笺注》本，上海古籍出版社1993年版，第80-81页。

② 苏洵：《嘉祐集》卷二《权书叙》，曾枣庄、金成礼《嘉祐集笺注》本，上海古籍出版社1993年版，第26页。

③ 苏轼：《魏武帝论》，《苏轼文集》卷三《论》，中华书局1986年版，第83页。

④ 苏辙：《栾城应诏集》卷六《君术》，《苏辙集》，中华书局1990年版，第1284页。

发展中分析与评价历史，积极肯定人在历史中的作用，反对从道德褒贬的角度去阐释历史进程。因而三苏对史学的评价，看重历史变化发展的因素，突出对人的主观能动性的肯定。

这种立场，使得三苏对于史书的记载具有突出的质疑精神。三苏关于史书修撰的分析往往通过其重视“权术”的视角来批评修撰者主观立场对于历史客观性的影响。苏轼在《东坡志林》的《论古》中从多个角度论述“武王非圣人”的观点，其指出：

> 武王亲以黄钺诛纣，使武庚受封而不叛，岂复人也哉？故武庚之必叛，不待智者而后知也。武王之封，盖亦有不得已焉耳。殷有天下六百年，贤圣之君六七作，纣虽无道，其故家遗民未尽灭也。三分天下有其二，殷不伐周，而周伐之，诛其君，夷其社稷，诸侯必有不悦者。故封武庚以慰之，此岂武文之意哉，故曰武王非圣人也。①

周武王册封商遗民并非本意，而且预料到被册封的武庚必有反叛之意。苏轼认为周武王是权谋之人，并非纯粹道德化的圣人，对于周武王的美化是后人孟子等修饰的结果：“伯夷、叔齐之于武王也，盖谓之弑君，至耻之不食其粟，而孔子予之，其罪武王也甚矣。此孔子之家法也……孟轲始乱之。”并批评这种做法“使当时有良史如董狐者，南巢之事必以叛书，牧野之事必

① 苏轼：《东坡志林》卷五《论古》，中华书局1981年版，第99页。

以弑书。而汤、武仁人也，必将为法受恶”①。苏轼认为周武王虽是“仁人”，但其做法是掺杂了权谋的结果。周武王并非圣人，历史记录也不应为其讳饰，对其的曲笔美化，反而影响了褒贬之义的发挥。

苏轼对于历史记述的分析，注重人的主观因素的影响，特别是突出对“权术”的分析，这使得苏轼在批评的过程中具有较为客观的立场，并且注意到史书修撰者主观因素对历史记载的影响。苏轼在《东坡志林》中曾论述：

> 高祖起兵，乃密召之，隋购之急，建成、元吉能间道赴太原，智云幼，不能逃，为吏所诛。高祖以父子之故，不能少缓义师数日，以须建成等至乎？以此知为秦王所逼，高祖逼于裴寂乱宫之事，不暇复为三子性命计矣。太宗本谋于是时借隋吏以杀兄弟，其意甚明。新旧史皆曲为太宗润饰杀兄弟事，然虽以欺后世矣。建成、元吉之恶，亦孔子所谓下愚之归欤。②

这里苏轼发挥了重视权谋的思想，把对历史事件的分析，进一步发展为对于正史曲笔的批评。苏轼认为唐高祖被迫起兵是受制于唐太宗，这使得困于隋朝境内的幼子智云惨死。唐太宗此举意在“借隋吏以杀兄弟”。苏轼此处分析未免牵强。隋末起事前

① 苏轼：《东坡志林》卷五《论古》，中华书局1981年版，第98页。
② 苏轼：《苏轼文集》卷六五《史评》，中华书局1986年版，第2033页。

途尚不可知，此后争位尚难预料，岂能预知后事而埋下伏笔。苏轼借重权谋的分析，得出了关于历史事件的不同认识，在此过程中进一步批评史书修史的不足，认为“新旧史皆曲为太宗润饰杀兄弟事”。无疑，后世史书对于唐太宗“宣武门之变”的讳饰，为其立论提供了思考空间。这使得苏轼在史学批评的过程中加深了对于修史客观性的认识。

这种重视史学客观性的批评不只存在于苏轼。在宋代《春秋》学大热，褒贬与正统之论兴盛的时期，苏辙也主张从史学的角度去理解与诠释《春秋》，强调其具有的史学性质。

苏辙在《春秋集解引》中提到“予少而治《春秋》，时人多师孙明复。谓孔子作《春秋》，略尽一时之事，不复信史。故尽弃三传，无所复取……近岁，王介甫以宰相解经，行之于世。至《春秋》，漫不能通，则诋以为断烂朝报，使天下士不得复学。呜呼！孔子之遗言而凌灭至此，非独介甫之妄，亦诸儒讲解不明之过也”[①]。宋代《春秋》学兴盛，主张舍弃经传而断以己意，苏辙对这种研究方法提出了批评，认为这种研究方法虽然摆脱了注疏之学的解释途径，但没有从史学考证的角度去理解，必然会导致后世学者过分依赖自我诠释，以致王安石难以融会贯通地解释《春秋》，就诋毁《春秋》为“断烂朝报”。苏辙批评宋代学者从经学角度过分曲解与诠释《春秋》的做法。

苏辙在研究《春秋》的过程中主张从史学角度加以分析，

---

① 苏辙：《春秋集解引》，《景印文渊阁四库全书》第一四八册，台湾商务印书馆1986年版，第2页。

提出“予以为，左丘明，鲁史也，孔子本所据依以作《春秋》，故事必以丘明为本”①。苏辙指出了《春秋》的史学性质，主张从史学的角度分析与评价《春秋》。苏辙对《春秋》的分析主要依据《左传》，“故凡《春秋》之事，当从史。《左氏》史也。《公羊》《穀梁》皆意之也。盖孔子之作《春秋》，事亦略矣，非以为史也，有待乎史而后足也。以意传《春秋》，而不信史，失孔子之意矣”②。《左传》相较《公羊》《穀梁》史学性质更明显，而苏辙认为《春秋》以鲁史为蓝本，主张从更接近史学的《左传》来解读《春秋》。苏辙反对经传的义理阐发，主张从史事角度出发分析《春秋》，并以此批评当时的《春秋》学，认为不信史则难以全面理解《春秋》。

在这种重视史学客观性的思想下，苏辙对于上古三代的认识更多的是从史学的角度加以分析。苏辙在《策问》中曾讨论三代与后世关于治国之策的区别：

> 三代之治，以礼乐为本，刑政为末，后世反之。儒者言礼乐之效与刑政之弊，其相去甚远。然较其治乱盛衰，其比后世若无以大相过者。盖夏后氏自禹再传而失国，乱者三世，商人再衰而复兴，周人一迁而不振，其贤于汉唐其实无几。至于汉文帝、唐太宗，克己裕人，海内安乐，虽三代之

---

① 苏辙：《春秋集解引》，《景印文渊阁四库全书》第一四八册，台湾商务印书馆1986年版，第2页。

② 苏辙：《春秋集解》卷一，《景印文渊阁四库全书》第一四八册，台湾商务印书馆1986年版，第5页。

盛王，何以加之？夫礼乐刑政，其功之异，岂特如此而已！今自祖宗创业，百有余年，法令修明，上下相维，四方无虞，求之前世，未有治安若今之久者。然而儒者论其礼乐，常以为不若三代，此为诚不若耶？为习其名而为稽其实也？不然，世之治安则不在礼乐欤？宜一有以断之。[①]

关于三代与后世礼乐刑政的认识问题，苏辙从历史现实的角度进行了考察，他指出三代之间也有衰亡之时，因而其兴衰与汉唐并无本质差别。而汉唐治世之时并不比三代为劣。由此苏辙质疑“儒者论其礼乐，常以为不若三代”。苏辙把三代从经学的地位置于史学的考察之中，认为三代兴衰之变等同于后世。苏辙提出不能以经学的观点简单地比照历史，更不能以经学的理想机械地贯彻于现实。他强调侧重事实而否定褒贬，认为应客观地认识历史的发展过程。由此，三苏对于历史的看法更加趋向于客观，并具有强烈的批评精神。

三、宋人评“三苏”的论史与评史

经史并立的思想使得苏洵关于历史的认识，更加摆脱了道德立场的束缚，这一方面使得三苏在对传统史书的认识过程中更加具有批判意识，另一方面他们对于历史变化发展的过分强调，使得宋代对于三苏之学的评价呈现分化的趋势。

---

① 苏辙：《栾城集》卷二〇《河南府进士策问三首》，《苏辙集》，中华书局1990年版，第356页。

史胜事词是三苏关于史学的重要认识。苏洵对司马迁、班固展开史学批评时，认为二者体现了史以事词见长的特色，同时他指出司马迁、班固的史学还保有以道、法见长的经学特点。然而这种特色是通过历史叙事的高超技巧实现的。“迁、固史虽以事辞胜，然亦兼道与法而有之，故时得仲尼遗意焉。吾今择其书有不可以文晓而可以意达者四，悉显白之：其一曰隐而章，其二曰直而宽，其三曰简而明，其四曰微而切。”苏洵通过分析司马迁、班固史书叙事的具体事例，指出他们在记载历史事实的过程中，通过对文辞的巧妙运用，而在史书的叙述中阐发出更多的内涵与意义。三苏在论史与评史的过程中贯彻了史胜事词这一观念。由于经与史有着各自的特点，发挥了不同的作用，因此三苏在论史与评史中强调史事的分析，重视文辞的应用，其文多具有较高的文学价值。

宋代学者多注意到三苏之学的这一特点。北宋举荐苏洵的雷简夫曾评价“简夫近见眉州苏洵著述文字，其间如《洪范论》，真王佐之才也；《史论》，真良史之才也”[①]。欧阳修则评价苏洵：“子之六经论，荀卿子之文也。”[②] 苏洵带苏轼、苏辙赴开封参加科举时，其文章曾名震一时。此后三苏史论因适应科举，而在宋代受到欢迎，三苏文集逐渐替代《文选》成为科举士子的必备读物。[③]宋代学者肯定与认可三苏的文章风格，并认识到其特色

① 邵博：《邵氏闻见后录》卷一五，中华书局 1983 年版，第 119 页。

② 苏洵：《嘉祐集》卷一二《上欧阳内翰第二书》，曾枣庄、金成礼《嘉祐集笺注》本，上海古籍出版社 1993 年版，第 334 页。

③ 任竞泽：《宋代文体学研究论稿》，商务印书馆 2011 年版，第 171-172 页。

在于内容上重视议论，在文辞上具有较高的叙事水平。

宋代张方平评价苏洵文章善叙事："左丘明、国语、司马迁善叙事，贾谊之明王道，君兼之矣。"[①] 认为苏洵文章兼具叙事的文辞之美与议论的阐明王道。曾巩称赞苏洵重视文辞，其文章无论多寡，不仅能明晰事理，而且能通达人情："盖少或百字，多或千言，其指事析理，引物托喻，侈能尽之约，远能见之近，大能使之微，小能使之著，烦能不乱，肆能不流……明允每于其穷达得丧、忧叹哀乐，念有所属，必发之于此。于古今治乱兴衰、是非可否之际，意有所择，亦必发之于此。"[②] 这些批评突出了苏洵文章议论在文辞叙事方面有着较高的水准，在论述的过程中有着出色的技巧。由此，针对三苏文章在文辞方面的优劣，韩淲称赞："欧阳公自醉翁亭后，文字极老，苏子瞻自雪堂后，文字殊无制科气象，介甫之罢相归半山也，笔力极高古矣，如曾子固见欧阳公后，自是迥然出诸人之上，老苏文字篇篇无斧凿痕，盖少作皆已焚之矣，其他吾不知也，本朝之文至此极盛矣。"[③] 把苏洵、苏轼等文章称为"极盛"，这些都是在赞扬其文辞叙事方面的长处。

三苏重视文辞，论史与评史以议论见长。其重议论的特色受到了宋代学者的关注。朱熹称："老苏说得眼前利害事却好。因说老苏，曰：'不能言而跷蹊者有之，未有言蹊跷而其中不蹊跷

① 张方平：《张方平集》卷三九《文安先生墓表》，中州古籍出版社1992年版，第717页。
② 曾巩：《曾巩集》卷四一《苏明允哀词》，中华书局1984年版，第560页。
③ 韩淲：《涧泉日记》卷下，《景印文渊阁四库全书》第八六四册，台湾商务印书馆1986年版，第790-791页。

者……东坡善议论有气节……东坡天资高明，其议论文词自有人不到处。’”[①] 指出苏洵的议论能够切中问题的关键，而苏轼的讨论总有出人意料的论述，肯定他们在议论中的自得之处。《耆旧续闻》称：“作文必要悟入处，悟入必自工夫中来，非侥幸可得也。如老苏之于文，鲁直之于诗，盖尽一作得此理。”[②] 认为作文不能靠侥幸，要有自己的体悟之处，并以苏洵之文为例，从侧面体现出对苏洵之文有自得之处的称赞，肯定并主张学习苏洵的文章特色。

三苏由于经史并立的立场，具有强烈的质疑与批判的精神，强调历史的客观性，突出历史中的变化因素。然而过分突出历史发展中的变化与权谋，又使得宋代学者批评三苏议论为“战国纵横之学”。

《邵氏闻见后录》记载王安石把苏洵、苏轼父子的文章都视为战国纵横之术，评价不高：“东坡中制科，王荆公问吕申公：‘见苏轼制策否？’申公称之。荆公曰：‘全类战国文章，若安石为考官，必黜之。’故荆公后修英宗实录，谓苏明允有战国纵横之学云。”又称：“或云（英宗）实录，王荆公书也。又书（苏）洵机论衡策文甚美，然大抵兵谋权利机变之言也。”[③] 曾巩评价苏洵文章特色为好策谋与喜言兵：“明允为人聪明辨智，遇人气和而色温，而好为策谋，务一出己见，不肯蹑故迹。颇喜言兵，

① 黎靖德编：《朱子语类》卷一〇三《本朝》，中华书局 1986 年版，第 3113 页。
② 陈鹄：《耆旧续闻》卷二，中华书局 2002 年版，第 303 页。
③ 邵博：《邵氏闻见后录》卷一四，中华书局 1983 年版，第 111 页。

慨然有志于功名者也。”[①] 南宋人郎晦之曾注苏洵的文集，认为苏洵《权书》的史论掺杂了苏秦、张仪等战国纵横的特点：“初老泉《权书》诸篇，好谈名事，颇近揣摩。二子仿其为文，虽奔放横溢，而言必快新，事必破的，未免荀、孟、陆杂仪、秦而用之，故谗者皆以为纵横好胜，卒被困屈。”[②]

宋代对《战国策》等纵横文章有着较低的评价：“《战国策》所载，皆纵横捭阖、谲诳相轧倾夺之说也，人读之则必尚其说之工，而忘其事之陋者。文辞之胜，移之而已。”[③] 认为这类文章是以文辞华丽夸张取胜，易使人沉迷于其中的阴谋权术。曾巩也批评道：“战国之游士则不然。不知道之可信，而乐于说之易合。其设心注意，偷为一切之计而已。故论诈之便而讳其败，言战之善而蔽其患。其相率而为之者，莫不有利焉，而不胜其害也；有得焉，而不胜其失也。”[④] 因而宋代把三苏史论视为战国纵横之术，多为一种负面的评价。

对于三苏的批评，最为激烈的则是以理学家朱熹为代表的观点。朱熹批评苏洵的《权书叙》：“尝读苏明允书，以为权衡之论为仁义之穷而作，窃以为此乃不知仁义之言。夫舒而为阳，惨而为阴。孰非天地生物之心哉？仁义之于人，亦犹是已。若仁义

---

① 曾巩：《曾巩集》卷四一《苏明允哀词》，中华书局1984年版，第561页。

② 郎晦之：《郎注苏老泉文集一则》，苏洵：《嘉祐集》附录二，曾枣庄、金成礼《嘉祐集笺注》本，上海古籍出版社1993年版，第540页。

③ 叶寘：《爱日斋丛钞》卷四，中华书局2010年版，第88页。

④ 曾巩：《曾巩集》卷一一《战国策目录序》，中华书局1984年版，第184页。

而有穷，则是天道之阴阳亦有穷也，而可乎？"[1] 朱熹认为"仁"的作用是无穷无尽的，不赞同苏洵认为权术为仁义补充的观点。他还"论东坡《刑赏论》'悉举而归之仁义'，如是则仁义乃是不得已而行之物，只是作得一痴忠厚。此说最碍理，学者所当察"[2]。他批评刑赏同仁义相互促进的观点，指出仁义要借助刑赏是降低了仁义的层次。朱熹认为三苏观点的流行会带来非常不好的影响。这是由于朱熹的理学思想主张义理贯彻于自然界与人类社会，甚至要创作《资治通鉴纲目》以理学思想来统辖对历史的认识。而三苏坚持经史并立的观点，经学与史学相互独立，在各自领域发挥作用。在史学的领域则从历史发展的理势以及个人因素的权术进行分析。这种经史并立的观点既使得三苏之文在宋代极具质疑与批评的精神，但是过分突出与强调历史中的权术因素，夸大议论的优点，掩盖其中的缺陷，也使得三苏之文易被批评为翻云覆雨的"战国纵横之学"。

第三节　曾巩与史学批评

一、评"良史"的境界

曾巩，字子固，建昌南丰人，宋代重要的文学家、史学家，出身官宦世家，父亲曾易占、祖父曾致尧都曾在朝廷任官。曾巩

---

① 朱熹：《晦庵集》卷二五《与建宁傅守札子》，《景印文渊阁四库全书》第一一四三册，台湾商务印书馆1986年版，第539页。

② 黎靖德编：《朱子语类》卷一〇三《本朝》，中华书局1986年版，第3114页。

曾任史官，有着丰富的修史经验。曾巩对“良史”概念作了理论性的概括，他在对“良史”概念的分析中，认识到古代经学源自史学，这使得他关于“良史”的认识带有“六经皆史”的雏形。曾巩丰富的修史经历，使得他对修史的问题提出了一系列批评意见，但是他以三代史学作为史学批评的标准，限制了他对史学的认识。

嘉祐二年（1057），在欧阳修主持的科举中，曾巩、曾牟、曾布三兄弟同时考中进士，同年考中者还包括王安石、苏轼、苏辙等。曾巩与王安石相识多年，在其尚未显达之时，曾多次举荐王安石。因变法主张与王安石并非一致，曾巩并未参加王安石变法，倒是其弟曾布成为王安石变法中的干将。曾巩曾任职史馆，先后负责编修《英宗实录》《六朝国史》等，并参与校对群史的工作。在文学上曾巩为“唐宋八大家”之一，主张撰写古文，在诗词文论上成就突出，其主要著作存世的有《元丰类稿》《隆平集》等。《宋史》本传评价：“为文章，上下驰骋，愈出而愈工，本原《六经》，斟酌于司马迁、韩愈，一时工文词者，鲜能过也。”①

曾巩曾任史官，编修过实录、会要、国史等，并校对群史，丰富的史学活动使得他对史学有着深刻的认识。曾巩曾整理会要，校对《南齐书》《战国策》《梁书》《陈书》《唐令》等史书，编修《英宗实录》《六朝国史》等，因《六朝国史》中的

① 脱脱等：《宋史》卷三一九《曾巩传》，中华书局1977年版，第10392页。

《太祖本纪》不合宋神宗之意，曾巩辞官致仕，一年后去世。

在撰修国史与校对史书的过程中，曾巩对“良史”的概念提出了批评性的理论总结，主张从“理”“用”“意”“情”四个范畴进行归纳与总结，并提出了“明”“道”“智”“文”的标准与原则。曾巩认为：“古之所谓良史者，其明必足以周万事之理，其道必足以适天下之用，其智必足以通难知之意，其文必足以发难显之情，然后其任可得而称也。”①

关于中国古代史学内涵与标准的认识，孟子提出了“其文则史，其事则齐桓、晋文，其义则丘窃取之”② 的论述；刘知幾也有史才三长的论述，提出了“才”“学”“识”的标准；北宋时期的吴缜从“事实”“文采”“褒贬”三者的关系论述了史书修撰的原则。由此可见，对于史学内涵的批评认识是一个逐渐发展与完善的过程，其中主要包含了对于史学叙事“文”的要求、历史记载“事”的考证、史学评价“义”的判断以及史学经世“用”的实践。曾巩关于良史内涵与境界的论述，在一定程度上继承与发展了这些论述。曾巩对“良史”内涵的认识是从史学的发展认知中总结出来的。他通过分析三代时的史学，来论述“良史”的内涵：

何以知其然邪？昔者，唐虞有神明之性，有微妙之德，使由之者不能知，知之者不能名，以为治天下之本。号令之

① 曾巩：《曾巩集》卷一一《南齐书目录序》，中华书局1984年版，第187页。
② 《孟子》卷八《离娄下》，《十三经注疏》本，中华书局2009年影印本，第5932页。

所布，法度之所设，其言至约，其体至备，以为治天下之具。而为二典者推而明之。所记者岂独其迹邪？并与其深微之意而传之。小大精粗，无不尽也；本末先后，无不白也。使诵其说者，如出乎其时；求其指者，如即乎其人。是可不谓明足以周万事之理，道足以适天下之用，智足以通难知之意，文足以发难显之情者乎？则方是之时，岂特任政者皆天下之士哉？盖执简操笔而随者，亦皆圣人之徒也。[1]

“所记者岂独其迹邪？并与其深微之意而传之。”尧舜时期的记载，不仅包含着其治理天下的事迹，同时也蕴含着使天下至治的精神与内涵。这种记载在曾巩看来，可以说是良史的境界，对事物的记载足以涵盖世间万物的规律，包含的道理足以解决现实问题，体现的智慧足以洞悉书本内外各种隐晦的难题，而文字的表述足以让人体认各种复杂情感。因此良史的记载得以超越时间的阻隔，使得后人理解尧舜时代变得毫无凝滞。曾巩以“无不尽也”“无不白也”来表述良史的周悉；以“如出乎其时”“如即乎其人”来表达良史的明达。“则方是之时，岂特任政者皆天下之士哉？盖执简操笔而随者，亦皆圣人之徒也。”曾巩相信“良史”境界在现实中是存在过的，因此特别突出地表扬记载史事的人“亦皆圣人之徒”，强调史家的重要作用：“盖史者所以明夫治天下之道也，故为之者亦必天下之材，然后其任可得

① 曾巩：《曾巩集》卷一一《南齐书目录序》，中华书局1984年版，第187页。

而称也。岂可忽哉！岂可忽哉！”①

曾巩对“良史”内涵的表述带有鲜明的史学批评色彩。在对良史内涵的表述中提出了四个范畴，即“理”“用”“意”“情”。这实际上总结了史学批评的四个维度，丰富了史学批评的内涵。同时他又在这四个范畴内，对良史的价值与标准提出了自己的看法，以“明”“道”“智”“文”作为“良史”范畴的标准。曾巩在对“良史”的批评认识下，提出作史的目的，认为：“将以是非得失兴坏理乱之故而为法戒，则必得其所托，而后能传于久，此史之所以作也。然而所托不得其人，则或失其意，或乱其实，或析理之不通，或设辞之不善，故虽有殊功韪德非常之迹，讲暗而不章，郁而不发，而梼杌嵬琐奸回凶慝之形，可幸而掩也。”②

二、评经史认知

随着五代混乱局面的结束，学术思想经历新的发展。在宋初孙复、石介、胡瑗三先生的倡导下，儒道复兴受到重视。北宋柳开、尹洙等接续晚唐风气继续推动古文运动。曾巩作为古文运动的代表之一，受到时代思潮的影响，强调对史学与经学关系的批评认识。

曾巩对于“良史”内涵的论述，以尧舜为事例，表述了良史不仅要记载三代的典制事迹，也要包含其立法的思想与旨趣。

---

① 曾巩：《曾巩集》卷一一《南齐书目录序》，中华书局1984年版，第188页。
② 曾巩：《曾巩集》卷一一《南齐书目录序》，中华书局1984年版，第188页。

曾巩对于经史关系提出了批评认识。首先关于经学的起源，曾巩认识到经学最早是源自对万物规律等的客观记载，同史学有着类似之处。曾巩在《王容季文集序》中称："叙事莫如《书》。其在《尧典》，述命羲和，宅土，测日晷星候气，揆民缓急，兼蛮夷鸟兽，其财成辅相，备三才万物之理，以治百官，授万民，兴众功，可谓博矣。然其言不过数十。其于《舜典》则曰：'在璇玑玉衡，以齐七政。'盖尧之时，观天以历象。至舜，又察之以玑衡。圣人之法，至后世益备也。曰七者，则日月五星。曰政者，则羲和之所治，无不在焉。其体至大，盖一言而尽，可谓微矣。其言微，故学者所不得不尽心。能尽心，然后能自得之。此所以为经，而历千余年，盖能得之者少也，《易》《诗》《礼》《春秋》《论语》皆然。其曰测之而益深，穷之而益远，信也。"①曾巩指出《尚书》中的《尧典》《舜典》都是通过对现实中天文、地理的观察记载，进而总结出各种的礼仪制度，指出："《易》《诗》《礼》《春秋》《论语》皆然。"这表明经学源自现实的观察与记载，从而具有与史学相同的属性。

曾巩从叙事的角度来认识经学的形成，即尧、舜、禹三代时记载的言行事迹成为后世经学的源头，而后人对于这些记载的研究与学习，经不断积累与实践成为后世的经学。曾巩的这种论述已经具有了"六经皆史"的雏形。清代史家章学诚提出的"六经皆史"，其内涵既包含着六经皆是三代史官记载的内容，同时

① 曾巩：《曾巩集》卷一二《王容季文集序》，中华书局1984年版，第199页。

六经也是先王的“政典”，是施政的依据。曾巩的认识实际上表明了他对于经史关系的观点，他是从史学的角度来认识经学的发展，从而恰当地认识到经学从史学中生成演化的过程。

曾巩的这种“六经皆史”的认识，可以说是他关于“经史关系”的一种卓见，他在文集中多次表达了这一观念。如《辞中书舍人状》中称：“窃以唐虞三代之君，兴造政事，爵德官能之际，所以播告天下，训齐百工，必有诏号令命之文，达其施为建立之意。皆择当世聪明隽乂、工于言语文学之臣，使之敷扬演畅，被于简册。以行之四方，垂之万世。理化所出，其具在此。至其已久，而谋谟访问，三盘五诰誓命之书，刻之为经。后世学者得而宗之，师生相传，为载籍首。吟诵寻绎，以求其归。一有发明，皆为世教。盖其大体所系如此。”[①] 曾巩认为后世称之为“经”、历代学者学习传承的，乃是当时史官记载的官制、诏令及事迹等具体的史事。进而曾巩称经书中的《春秋》与《尚书》主要来自史官之手的记录，“天子动则左史书之，《春秋》是也，言在右史书之，《尚书》是也”[②]。曾巩的这种“六经皆史”的观念在文集中的多次出现，表明他对于经史关系的认识是一贯的。

曾巩以史学来统辖经学的做法，也使得他把三代圣人之意，作为他史学批评认识的基础与标准。因而使得他对丁史学批评的认识，带有一种退步论的倾向，看不到历代史学发展中的进步与

---

① 曾巩：《曾巩集》卷三四《辞中书舍人状》，中华书局1984年版，第494页。

② 曾巩：《曾巩集》卷四九《史官》，中华书局1984年版，第661页。

变化，从而桎梏了他史学批评认识的深化。实际上，曾巩这种从史学角度认识经学起源发展的观点，影响乃至统辖了他的历史观与文学观。不只是史学批评，乃至文学批评等，曾巩都受到了这种观念的影响。

在《唐论》中曾巩称："由唐虞之治五百余年而有汤之治，由汤之治五百余年而有文武之治，由文武之治千有余年而始有太宗之为君。有天下之志，有天下之材，又有治天下之效，然而又以其未备也，不得与先王并而称极治之时。是则人生于文武之前者，率五百余年而一遇治世，生于文武之后者，千有余年而未遇极治之世也。非独民之生于是时者之不幸也，士之生于文武之前者，如舜虞之于唐，八元八凯之于舜，伊尹之于汤，太公之于文武，率五百余年而一遇。生于文武之后千余年，虽孔子之圣、孟轲之贤而不遇，虽太宗之为君而未可以必得志于时也，是亦士民之生于是时者之不幸也。故述其是非得失之迹，非独为人君者可以考焉，士之有志于道而欲仕于上者可以鉴矣。"[①] 曾巩以治世为分期标准，把历史划分为每隔五百年乃至一千年才出现数个治世时期。在这样的历史分期下，相较三代，历史上偶然出现的治世，仅仅只是历史上的短暂时期。曾巩无疑认为社会面对的是一种不断退步的状况，因而说"生于文武之后者，千有余年而未遇极治之世也。非独民之生于是时者之不幸也"。曾巩看不到后世历史的进步，因而也就对历史过程中的变化发展的丰富性缺少

① 曾巩：《曾巩集》卷九《唐论》，中华书局1984年版，第141页。

认知。

在文学批评上曾巩也保持了类似的观念，这种观念一定程度上与当时方兴未艾的古文运动相糅合。曾巩以三代圣人之意作为文章的批评依据，他在《王子直文集序》中称："由汉以来，益远于治。故学者虽有魁奇拔出之材，而其文能驰骋上下，伟丽可喜者甚众，然是非取舍，不当于圣人之意者亦已多矣。故其说未尝一，而圣人之道未尝明也。士之生于是时，其言能当于理者，亦可谓难矣。由是观之，则文章之得失，岂不系于治乱哉？"① 在曾巩看来，文学的发展同样保持了类似的发展轨迹，因远离治世，"由汉以来，益远于治"，以三代为标准，在文章著述上虽有文辞上的变法，但在表达"圣人之道"方面则处于一种退步的状态，"不当于圣人之意者亦已多矣"。

曾巩以三代为标准来衡量古今学者之间的差别。他在《相国寺维摩院听琴序》中称："古之学者，其役之于内外以持其心、养其性者，至于如此，此君子所以爱日而自强不息，以求至乎极也。然其习之有素，闲之有具如此，则求其放心，伐其邪气，而成文武之材，就道德之实者，可谓易矣……今学士大夫之于持其身、养其性，凡有待于外者，皆不能具，得之于内者，又皆略其事，可谓简且易矣。然所以求其放心，伐其邪气，而成文武之材，就道德之实者，岂不难哉？此予所以惧不至于君子而入于小人也。"② 曾巩认为古今学者是否"持其心"，造成了在成

① 曾巩：《曾巩集》卷一二《王子直文集序》，中华书局1984年版，第197页。
② 曾巩：《曾巩集》卷一三《相国寺维摩院听琴序》，中华书局1984年版，第212页。

材、道德修养方面的区别。曾巩的论述以古之学者为标准，而批评当今学者，还是坚持了他以三代而衡量当今的观点，认识不到历史的发展。曾巩在以皇帝口吻拟定的策问题目中，也秉持这样的观念，一定程度上表明他以三代作为古今之间君主的差别与治乱之间的缘由。他在《策问三》中称："意朕之所为，与古之所以致治者无异，而其效之不同，何也？二帝、三王、秦汉以来，迄于唐及五代，虽功德有间，然其所以治且昌，与夫所以衰乱失之者，其迹可考，其原必有在。方其治且昌也，所由之路，本末先后，其一致欤？抑有殊也？其衰乱失之也，浸渐积累，所以致之，一揆而已耶？抑不然也？知古今，明治乱，子大夫之职也。其具著于篇，朕将亲览。"①

从"六经皆史"的观念出发，一方面曾巩从史学的角度认识到经学的形成源自史学，另一方面曾巩关于经学源自史学的认识，又使得他把三代视为历史的实际存在，对其推崇备至，作为其历史、文学及史学批评的标准。因而曾巩在史学批评的过程中存在着观念的固化，对于史学的发展以三代为标准进行衡量，存在着逐渐退化的状况，他看不到历史过程中史学传统的延续以及史学发展的进步。

曾巩对史书批评秉持这样的标准，认为史书优劣取决于与三代关系的疏密。他在《唐令目录序》中称："《唐令》三十篇，以常员定职官之任，以府卫设师徒之备，以口分永业为授田之

① 曾巩：《曾巩集》卷二六《策问三》，中华书局1984年版，第409-410页。

法，以租庸调为敛财役民之制，虽未及三代之政，然亦庶几乎先王之意矣。后世从事者多率其私见，故圣贤之道废而苟简之术用。太宗能超然远览，绌封伦而纳郑公之议，其为天下国家之意，故能及此。而当是之时，遂成太平之功。使能推其类，尽其道，则唐之治，岂难至于三代之盛哉？读其书，嘉其制度有庶几于古者，而惜其不复行也。故掇其大要可纪者，论之于此焉。”[①] 曾巩赞扬《唐令》的编撰，认为《唐令》“虽未及三代之政，然亦庶几乎先王之意矣”。保留先王的制度精神，与三代的密切联系，成为曾巩赞扬《唐令》的重要原因，“读其书，嘉其制度有庶几于古者”。曾巩对《唐六典》的评价，也是出于类似的角度。他在《乞赐唐六典状》中称：“臣伏见圣恩，以新雕印《唐六典》颁赐近臣，以及馆阁。窃以唐初以尚书、中书、门下三省参领天下之事……则一本于尚书。……三代以来，其政最为近古，太宗所以致治者，盖出于此。”[②] 曾巩认为《唐六典》记载的唐代典制是以《尚书》为蓝本，其制度最接近于三代之制，从而使得唐太宗时期能够成为治世。曾巩由此对《唐六典》大加赞扬：“其所著者，盖先代之遗法也。其本原设官因革之详，上及唐虞，以至开元。其文不烦，其实甚备，信可谓善于述作者也。”[③] 认为《唐六典》叙述自三代以来的制度沿革，简洁而详备。由此曾巩批评司马迁：“两汉以来，为史者去之远矣。司马

① 曾巩：《曾巩集》卷一一《唐令目录序》，中华书局 1984 年版，第 189 页。
② 曾巩：《曾巩集》卷三四《乞赐唐六典状》，中华书局 1984 年版，第 487 页。
③ 曾巩：《曾巩集》卷三四《乞赐唐六典状》，中华书局 1984 年版，第 487 页。

迁从五帝三王既没数千载之后，秦火之余，因散绝残脱之经，以及传记百家之说，区区掇拾，以集著其善恶之迹、兴废之端，又创己意，以为本纪、世家、八书、列传之文，斯亦可谓奇矣。然而弊害天下之圣法，是非颠倒而采摭谬乱者，亦岂少哉？是岂可不谓明不足以周万事之理，道不足以适天下之用，智不足以通难知之意，文不足以发难显之情者乎！夫自三代以后，为史者如迁之文，亦不可不谓隽伟拔出之才、非常之士也。然顾以谓明不足以周万事之理，道不足以适天下之用，智不足以通难知之意，文不足以发难显之情者，何哉？盖圣贤之高致，迁固有不能纯达其情，而见之于后者矣，故不得而与之也。迁之得失如此，况其他邪？至于宋、齐、梁、陈、后魏、后周之书，盖无以议为也。”① 曾巩以三代史学为发展的极致，以当时史官为“圣人之徒”，而司马迁创制纪传体，著述《史记》，被他批评为“弊害天下之圣法，是非颠倒而采摭谬乱者”，是他论述的“良史”境界的反面。曾巩以三代作为评价史学的标准，在他看来，虽然秦汉以来史书撰述丰富，史家修撰不绝，但是却都处于一种退步的状态，没有把握三代圣人之意，这些成绩也就不足为论了，“盖无以议为也”②。

三、评修史

曾巩曾任史官，宋史本传及墓志铭中都提到他的修史才能与丰富的修史经历。曾巩的史才还曾引起宋神宗的注意，曾巩先后

---

① 曾巩：《曾巩集》卷一一《南齐书目录序》，中华书局1984年版，第188页。
② 曾巩：《曾巩集》卷一一《南齐书目录序》，中华书局1984年版，第188页。

主持修撰了《英宗实录》《会要》《六朝国史》等，在史馆期间先后校对了《南齐书》《战国策》等史籍。

在宋代国史的修撰中，墓志等成为重要的原始材料，国史中的人物传记的材料主要来源于此。曾巩在《英宗实录院申请札子》中曾提到“合立传者，并令供给行状、神道碑、墓志等，仰本家亲属限日近修写，疾速附递缴纳，赴实录院”[①]，在实际的国史修撰中重视墓志等原始材料。曾巩在《寄欧阳舍人书》中称：

> 夫铭志之著于世，义近于史，而亦有与史异者。盖史之于善恶无所不书，而铭者，盖古之人有功德材行志义之美者，惧后世之不知，则必铭而见之。或纳于庙，或存于墓，一也。苟其人之恶，则于铭乎何有？此其所以与史异也。其辞之作，所以使死者无有所憾，生者得致其严。而善人喜于见传，则勇于自立；恶人无有所纪，则以愧而惧。至于通材达识，义烈节士，嘉言善状，皆见于篇，则足为后法警劝之道。非近乎史，其将安近？
>
> 及世之衰，为人之子孙者，一欲褒扬其亲而不本乎理。故虽恶人，皆务勒铭以夸后世。立言者既莫之拒而不为，又以其子孙之所请也，书其恶焉，则人情之所不得，于是乎铭始不实。后之作铭者，常观其人。苟托之非人，则书之非公与是，则不足以行世而传后。故千百年来，公卿大夫至于里

① 曾巩：《曾巩集》卷三二《英宗实录院申请札子》，中华书局1984年版，第474页。

> 巷之士，莫不有铭，而传者盖少。其故非他，托之非人，书之非公与是故也。然则孰为其人而能尽公与是欤？非畜道德而能文章者无以为也。①

曾巩对墓志有着辩证的批评认识，认为墓志与史学之间存在着密切联系，主张恰当认识墓志在史书修撰中的价值。曾巩寄希望于良史作为解决墓志缺陷的方法。他分析了古今墓志的不同，提出了墓志与史学的区别。墓志要褒扬墓主的功勋，而史学要善恶必书。他也认识到墓志与史学之间的联系，墓志与史学同样具有惩恶劝善的价值与作用。在对墓志与史学的区别认识下，曾巩提出了对当今墓志修撰的批评，因墓志以颂扬为主，影响了国史对墓志内容的采撰，他反对在史传的编修中简单地吸纳墓志的内容。

曾巩重视史料的搜集，反对在国史的修撰中简单地因循抄录旧文，强调制度的重要性，主张依据制度完善国史修撰，批评史馆制度的一些不合理的因素。曾巩对史官的沿革有着批评认识，并结合自身的史官经历，提出了关于史官标准与责任的认识。

曾巩在《英宗实录院申请札子》中批评国史修撰中材料的不足，主张朝廷的各个部门应支持与协调，提供原始史料，完善国史的修撰："奉敕修撰英宗皇帝一朝实录……而未有日历，至于时政记、起居注，亦皆未备。今此论次，实忧疏略。其于搜访事迹以备撰述，尤在广博，使无阙遗。今取到修撰仁宗皇帝实录

---

① 曾巩：《曾巩集》卷一六《寄欧阳舍人书》，中华书局1984年版，第253页。

院行遣案卷看详，彼处累次陈情，乞搜探取借，应于合要照证文字前后条件。”曾巩提出要学习修撰《真宗实录》《仁宗实录》的经验，要求中书省、枢密院等提供原始材料，“今来本院合要中书枢密院检寻文字照证编修，欲乞依天圣、治平初体例施行”①。为了使国史更加翔实准确地记载高丽的内容，曾巩上奏请求询问当时入宋的高丽贡使、商人等，获得第一手的材料，补充中国史书中缺少确切纪年的部分。“盖自朱蒙至藏，可考者一姓九百年，传二十一君而失国，其后复自为国，而名及世次、兴废之本末，与夫王建之所以始，皆不可考。”曾巩强调国史材料来源的翔实与考证，主张通过使节搜集高丽本国的记载：“其使者宜知其国之君长兴坏本末、名及世次。欲乞诏谕典客之臣，问自德武之东也，其后何以能复其国，何以复失之，尝传几君，其名及世次可数否，王建之所以兴者何由……如其言可论次，足以补旧史之阙。”②

曾巩在国史修撰中重视修史制度的作用与价值。他在《史馆申请三道札子》中就国史的内容、立传的原则及史馆制度中的不足等提出了自己的看法。他重视修史的义例，在国史修撰前主张预定部分义例，同时又主张在修史的过程中逐渐完善义例，“今略具条目进呈。其余文义曲折，难预为定例者，须候著撰之际，徐更随宜”。曾巩论述了国史列传中人物采纳的原则，“名

① 曾巩：《曾巩集》卷三二《英宗实录院申请札子》，中华书局1984年版，第476页。
② 曾巩：《曾巩集》卷三一《请访问高丽世次札子》，中华书局1984年版，第462-463页。

位虽崇，而事迹无可纪者，更不必传。或善恶有可见者，则附见之”①。他的这一人物立传的原则在《英宗实录院申请札子》中也有类似的表述：“或虽官品未至，而事业勋绩可书，及丘园之士，曾经朝廷奖遇，凡在先朝薨卒者，例合于实录内立传。”②曾巩进而在札子中对史馆制度的缺陷提出了批评，主张国史修撰时应强化史馆制度中各级官府在史料上对史馆的支持，应落实各级官府向史馆提供原始材料的责任，“自宋兴以来，名臣良士或曾有名位，或素在丘园，其有嘉言善行、历官行事、军国勋劳，或有贡献封章，或有著述文字，或本家有碑志、行状、纪述之文，或他人为作传记之类，今来所修国史，须合收采载述”。要求各级官府“博加求访”，朝廷中有关机构也要积极配合史馆，“向来编集累朝文字，本局不见，得从初名目，及枢密院有编集机要文字，并两处有录得累朝御札手诏副本文字，欲乞令检送本局，以备讨论”③。曾巩的《申中书乞不看详会要状》虽然内容为说明史馆修撰的《会要》为何无法在短期内完成，但其中也包含了他对史馆制度的批评，指出不能把国史、会要等的修撰完全寄托在个人能力上，而应依靠史馆制度的完善，“伏以自来修撰国史，皆妙选众采，共当寄任。今通修五朝大典，属巩专领，已是一人而冒众材之任……修纂以来，经涉十有余年，编修等官，已更六人。限至秋季末成书，即今已是八月中旬。某若依限

---

① 曾巩：《曾巩集》卷三一《史馆申请三道札子》，中华书局1984年版，第461页。
② 曾巩：《曾巩集》卷三二《英宗实录院申请札子》，中华书局1984年版，第474页。
③ 曾巩：《曾巩集》卷三一《史馆申请三道札子》，中华书局1984年版，第462页。

修进，不惟须何考求首尾，参详得失，仍更并须检寻文字，照据其间，恐合更有更改损益。不独于巩以旬月而求就十有余年之功，又复于巩已于国史，是以一人而冒众材之任，惧不克堪”①。

宋代重视文治，对书籍的需求较大，加之传抄、刻印等传播因素的影响，使得书籍流传过程中产生的讹误较多，校对考证在宋代成为一项重要的工作。曾巩任职史官时对多种书籍进行了考校，在此过程中，对许多史书提出批评意见。他总结出校对的任务在于“校正其讹谬，而叙其篇目”②。

曾巩先后校订过《新序》《梁书》《列女传》《礼阁新仪》《战国策》《陈书》《南齐书》《唐令》等。他为校对的书籍撰写《目录序》，在《目录序》中包含了校对过程、史书评价、书目解题等内容。

曾巩在校对的过程中注重对版本的校勘，不仅利用朝廷的藏书，而且处处搜集民间藏书，比对校勘，纠正了书籍中的一些讹误，补充了典籍中的一些缺漏。他在《战国策目录序》中称：“刘向所定《战国策》三十三篇，《崇文总目》称第十一篇者阙，臣访之士大夫家，始尽得其书，正其误谬而疑其不可考者，然后《战国策》三十三篇复完。”③ 在《陈书目录序》中也提到：“其书亦以罕传，则自秘府所藏，往往脱误，嘉祐六年八月始诏校雠，使可镂版，行之天下。而臣等言梁、陈等书缺，独馆阁所藏，恐不足

① 曾巩：《曾巩集》卷三四《申中书乞不看详会要状》，中华书局1984年版，第494页。
② 曾巩：《曾巩集》卷一一《南齐书目录序》，中华书局1984年版，第187页。
③ 曾巩：《曾巩集》卷一一《战国策目录序》，中华书局1984年版，第183页。

以定著，愿诏京师及州县藏书之家，使悉上之。先皇帝为下其事，至七年冬稍稍始集。臣等以相校，至八年七月，《陈书》三十六篇者始校定，可传之学者。其疑者亦不敢损益，特各疏于篇末。”①

曾巩撰写的《目录序》包含了对史书的评价。他在《新序目录序》中称：“盖向之序此书，于今为最近古，虽不能无失，然远至舜禹，而次及于周秦以来，古人之嘉言善行，亦往往而在也，要在慎取之而已。故臣既惜其不可见者，而校其可见者特详焉，亦足以知臣之攻其失者。”②《新序》是汉代刘向编辑的历史故事类编。曾巩评价此书囊括了舜禹以来的嘉言善行。但是曾巩对此书并非全然肯定，主张“慎取”其内容，指出“故臣既惜其不可见者，而校其可见者特详焉，亦足以知臣之攻其失者”，对《新序》内容的仔细考校，曾巩可以充分发掘“慎取”中肯定的内容，彰显刘向在此书编辑中的不足，因此曾巩称通过校对体现了他对此书的批评。曾巩在《梁书目录序》中称：“夫学史者将以明一代之得失也，臣等故因梁之事，而为著圣人之所以得及佛之所以失以传之者，使知君子之所以距佛者，非外而有志于内者，庶不以此而易彼也。”③ 他因《梁书》中记载的崇佛事迹，而强调史学的劝戒作用。曾巩在《列女传目录序》中肯定了其记载的广博，但是对其记载内容的价值倾向则持批评态度。“向号博极群书……岂其所取者博，故不能无失欤？其言象计谋杀舜

① 曾巩：《曾巩集》卷一一《陈书目录序》，中华书局1984年版，第185页。
② 曾巩：《曾巩集》卷一一《新序目录序》，中华书局1984年版，第177页。
③ 曾巩：《曾巩集》卷一一《梁书目录序》，中华书局1984年版，第178页。

及舜所以自脱者，颇合于《孟子》。然此传或有之，而《孟子》所不道者，盖亦不足道也。凡后世诸儒之言经传者，固多如此，览者采其有补，而择其是非可也。”① 批评刘向对材料记载的选择，务求广博而不遵圣人之意，这或许同曾巩以三代圣人之义为标准的批评原则有关。

文学之士评史风气是宋代史学的特色之一。受到古文运动、科举形式变化等因素的影响，史学在宋代受到文人的关注与欢迎。文学之士评史一方面促进了宋代史学在社会中的传播与影响，如曾巩提出“良史”的概念，深化了宋代关于史学概念的认识。另一方面文学之士评史，对史学提出一些片面与极端的观点，阻碍了对史学的正确认识。如王安石关于史学的认识侧重从儒家的价值立场出发，“三苏”的史论具有夸大事实影响的倾向，这都在一定程度上对宋代史学的发展产生了不良的影响。

① 曾巩：《曾巩集》卷一一《列女传目录序》，中华书局1984年版，第180页。

结　语

宋代是中国古代史学发展的高峰。史学批评的繁荣即是宋代史学发展高峰的表现之一。宋代史学的反思与商榷成为时代的主题，涌现出一些重要的史学批评思想。对于以往史学的反省与新的史学见解的实践，使得史学批评推动了宋代史学发展的不同趋势。

史学批评的源头始于对以往史学的思考。宋初史学是在继承晚唐五代史学的基础上发展而来的。对于五代史学中存在文过饰非的情况，宋代中期以后爆发了强烈的不满与批判。由此对于新的史学发展方向的讨论，使得史学批评不断地深入展开。

宋代史学批评涉及的群体广泛，批评载体的形式多样，商榷的内涵与问题进一步深化。关于史学的讨论不限于史家，文人、官员、金石学家、经学家、理学家等群体亦广泛参与其中。在目录书、类书、笔记、文集等文献中有着诸多的讨论，这使得有关史学的讨论在社会上有了更广泛的传播与影响。

宋代史学批评进一步发展还体现在矛盾观点的不断涌现。两宋时期有关史学的讨论流行着不少相反的观点，并各自产生了重要的影响。如欧阳修与吴缜围绕事实、褒贬、文采的不同侧重，司马光、朱熹针对修史之法，以及由此引申出的李焘推重的“长编之法”与叶适重视的“古之史法”也几乎是针锋相对。郑樵推崇的会通思想及对断代史的批判同南宋初兴起的断代史修撰热潮形成了鲜明的对比。这些矛盾观点既反映了史学发展的差异，其背后又往往存在着突出的史学批评。

宋代史学批评不仅提出了一些新的问题，而且在旧的概念中发展出了新的内涵。如类书史部小序对于传统史学的总结与理论归纳。吴缜把对信史的理解建立在事实、褒贬与文辞的关系之上。曾巩发展了传统的良史概念，使之内涵更为丰富。苏辙关于史官之权的认识，无疑进一步发展了对于史官职责的认识。郑樵关于会通的理解与认识，使得会通的概念成为中国古代史学批评的重要主题。叶适进行古今史法的比较，从而归纳出有关“史法”的概念。这种史学批评的深化，使得宋代史学批评提出了一系列概念与问题。这种现象反映了宋代史学批评理论化的特色。白寿彝先生曾以宋代郑樵为例，肯定了宋代史学所具有的批评特色，认为“郑樵的史学思想是丰富的，也是具有批判的性质”①。

在这种理论化的现象之下，则是宋代史学批评自觉性的展开。如目录书中设立史评类的自觉，金石学中所具有的自觉的怀疑精神，笔记中补史评史的自觉意识，文人文集中的评史热潮，

---

① 白寿彝主编：《中国史学史教本》，北京师范大学出版社2000年版，第230页。

等等。这反映出在宋代质疑与批判的精神在更大的范围内得以拓展。

宋代史学批评与社会的发展关系较为密切，这使得有关史学功用的讨论广泛流行。这表现为史学在社会中有着重要的影响，有关史学的讨论受到各种群体的重视。皇帝重视从历史中吸取经验，官员强调历史经验并用以治理国家，在科举策问中也以此作为选拔官员的标准之一，乃至于史学成为政治上打击异己的手段。史论、史评受到读书人的广泛关注，大量文集中出现了论史、评史的内容，社会中存在着浓厚的经世致用的氛围。史学的功用与价值成为宋代史学批评讨论的重要内容。无论是欧阳修关于史学褒贬的重视、司马光强调"资治"的价值、曾巩认为的"道必足以适天下之用"[①]，还是金石学中关于金石考史的作用总结"制度法象之所寓，圣人之精义存焉"[②]，这些对于史学功用的推崇，在一定程度上刺激了宋代对于史学的批评与讨论。

这种对于史学功用的重视，受到宋代《春秋》学的影响，使得关于史学功用内涵的争论进一步催生了编年与纪传、史法等史学批评问题。由于《春秋》既是经书又是史书，在《春秋》学的影响下，如何发挥史学的功用？郑樵、苏辙等强调《春秋》史的性质，主张如是直书以此发挥借鉴历史经验的作用；朱熹、叶适则重视《春秋》经的属性，因而侧重褒贬之义在史学功用

---

① 曾巩：《曾巩集》卷一一《南齐书目录序》，中华书局1984年版，第187页。

② 吕大临：《考古图序》，容庚编：《宋人著录金文丛刊初编》，中华书局2005年版，第8页。

上的价值，关于史学功用的争论越发激烈。

由此，对于宋代史学批评，人们可以认识到：

史学批评与史学发展关系紧密，史学批评内化于史学发展的轨迹之中。宋代为中国古代史学批评的繁荣时期。宋代史学的发展推动了史学批评的进步，而史学批评的繁荣也促进了史学的发展。

史学批评涉及史学理论与史学史研究，具有宏观论述与微观考察相结合的特点。这一学科特色表明无论是对史学批评观点的发掘与整理，还是对于史学批评范畴理论的商榷与紬绎，都将占据研究的重要部分，具有同样的价值，不可偏废。

史学批评的研究还涉及主体与客体的关系，史学批评主体与史学主体的范围并不完全重合，这表明史学批评主体研究范围存在扩展的可能性。史学批评概念为“评论史家、史书、史学现象的著作（包括专文与专书及相关言论）”[①]，这一论述限定了史学批评的客体对象，隐含着史学批评主体的复杂性。史学批评主体的扩展在一定程度上增加了史学批评的研究困难，同时也昭示了史学批评更大的研究前景。

全书内容由李凯和陶晓姗共同完成。其中李凯撰写前言，第一章，第二章第一、二节，第三章第二节，第四章，第五章，第六章第一节，第七章，结语，并承担统稿工作。陶晓姗撰写第二章第三节，第三章第一、三、四节，第六章第二节。

---

① 瞿林东：《谈中国古代的史论和史评》，《东岳论丛》2008 年第 4 期。

主要参考文献

一、马克思主义经典著作

中共中央马克思恩格斯列宁斯大林著作编译局：《马克思恩格斯文集》，北京：人民出版社 2009 年版。

中共中央马克思恩格斯列宁斯大林著作编译局：《列宁文集》，北京：人民出版社 2009 年版。

毛泽东：《毛泽东选集》，北京：人民出版社 1991 年版。

二、历史文献

司马迁：《史记》，北京：中华书局 1959 年版。

班固：《汉书》，北京：中华书局 1962 年版。

荀悦：《汉纪》，《两汉纪》，北京：中华书局 2002 年版。

范晔：《后汉书》，北京：中华书局 1965 年版。

陈寿：《三国志》，北京：中华书局 1959 年版。

房玄龄等：《晋书》，北京：中华书局 1974 年版。

沈约等：《宋书》，北京：中华书局 1974 年版。

萧子显：《南齐书》，北京：中华书局 1972 年版。

姚思廉：《梁书》，北京：中华书局 1973 年版。

李百药：《北齐书》，北京：中华书局 1972 年版。

令狐德棻等：《周书》，北京：中华书局 1971 年版。

李延寿：《北史》，北京：中华书局 1974 年版。

李延寿：《南史》，北京：中华书局 1975 年版。

魏徵等：《隋书》，北京：中华书局 1973 年版。

刘勰：《文心雕龙》，黄叔琳、李详、杨明照《增订文心雕龙校注》本，北京：中华书局 2000 年版。

刘知幾：《史通》，浦起龙《史通通释》本，上海：上海古籍出版社 1978 年版。

杜佑：《通典》，北京：中华书局 1988 年版。

董诰等编：《全唐文》，北京：中华书局 1983 年版。

刘昫等：《旧唐书》，北京：中华书局 1975 年版。

欧阳修、宋祁：《新唐书》，北京：中华书局 1975 年版。

孙甫：《唐史论断》，《丛书集成初编》，北京：中华书局 1985 年版。

傅璇琮、徐海荣、徐吉军主编：《五代史书汇编》，杭州：杭州出版社 2004 年版。

王溥：《五代会要》，上海：上海古籍出版社 1978 年版。

薛居正等：《旧五代史》，北京：中华书局 1976 年版。

欧阳修：《新五代史》，北京：中华书局 1974 年版。

柳开：《柳开集》，北京：中华书局 2015 年版。

张方平：《张方平集》，郑州：中州古籍出版社 1992 年版。

宋祁：《景文集》，北京：中华书局 1985 年版。

李昉：《文苑英华》，北京：中华书局 1966 年版。

范仲淹：《范仲淹全集》，成都：四川大学出版社 2002 年版。

石介：《徂徕石介先生文集》，北京：中华书局 1984 年版。

孙复：《春秋尊王发微》，《景印文渊阁四库全书》，台北：台湾商务印书馆 1986 年版。

程颢、程颐：《二程集》，北京：中华书局 1981 年版。

欧阳修：《欧阳修全集》，北京：中华书局 2001 年版。

宋敏求：《春明退朝录》，北京：中华书局 1980 年版。

邵伯温：《邵氏闻见录》，北京：中华书局 1983 年版。

尹洙：《河南集》，《景印文渊阁四库全书》，台北：台湾商务印书馆 1986 年版。

司马光：《资治通鉴》，北京：中华书局 1956 年版。

司马光：《稽古录》，《丛书集成初编》，北京：中华书局 2011 年版。

司马光：《涑水记闻》，北京：中华书局 2006 年版。

司马光：《司马温公集编年》，李之亮《司马温公集编年笺注》本，成都：巴蜀书社 2009 年版。

司马光：《通鉴考异》，《景印文渊阁四库全书》，台北：台湾商务印书馆 1986 年版。

刘恕：《资治通鉴外纪》，上海：上海古籍出版社 1987 年版。

苏洵：《嘉祐集》，曾枣庄、金成礼《嘉祐集笺注》本，北京：中华书局 1993 年版。

苏轼：《苏轼文集》，北京：中华书局 1986 年版。

苏轼：《东坡志林》，北京：中华书局 1981 年版。

苏辙：《古史》，《景印文渊阁四库全书》，台北：台湾商务印书馆 1986 年版。

苏辙：《苏辙集》，北京：中华书局 1990 年版。

苏辙：《龙川略志》，北京：中华书局 1982 年版。

苏辙：《龙川别志》，北京：中华书局 1982 年版。

王安石：《王荆公文集》，李之亮《王荆公文集笺注》本，成都：巴蜀书社 2005 年版。

曾巩：《曾巩集》，北京：中华书局 1984 年版。

张载：《张载集》，北京：中华书局 1978 年版。

范祖禹：《帝学》，《景印文渊阁四库全书》，台北：台湾商务印书馆 1986 年版。

范祖禹：《范太史集》，《景印文渊阁四库全书》，台北：台湾商务印书馆 1986 年版。

李焘：《续资治通鉴长编》，北京：中华书局 1992 年版。

张邦基：《墨庄漫录》，北京：中华书局 2002 年版。

孟元老：《东京梦华录》，伊永文《东京梦华录笺注》本，北京：中华书局 2006 年版。

周煇：《清波杂志》，刘永翔《清波杂志校注》本，北京：中华书局 1994 年版。

王楙：《野客丛书》，北京：中华书局1987年版。

朱弁：《曲洧旧闻》，北京：中华书局2002年版。

蔡絛：《铁围山丛谈》，北京：中华书局1983年版。

文莹：《玉壶清话》，北京：中华书局1984年版。

张世南：《游宦纪闻》，北京：中华书局1981年版。

邵博：《邵氏闻见后录》，北京：中华书局1983年版。

李廌：《师友谈记》，北京：中华书局2002年版。

朱彧：《萍州可谈》，北京：中华书局2007年版。

魏泰：《东轩笔录》，北京：中华书局1983年版。

费衮：《梁溪漫志》，上海：上海古籍出版社1985年版。

王辟之：《渑水燕谈录》，北京：中华书局1981年版。

钱易：《南部新书》，北京：中华书局2002年版。

吴处厚：《青箱杂记》，北京：中华书局1985年版。

方勺：《泊宅编》，北京：中华书局1983年版。

程俱：《麟台故事》，张富祥《麟台故事校证》本，北京：中华书局2000年版。

沈括：《梦溪笔谈》，南京：江苏人民出版社2011年版。

范镇：《东斋记事》，北京：中华书局1980年版。

叶梦得撰，宇文绍奕考异：《石林燕语》，北京：中华书局1984年版。

黄朝英：《靖康缃素记》，上海：上海古籍出版社1986年版。

王观国：《学林》，北京：中华书局1988年版。

熊克：《中兴小纪》，福州：福建人民出版社1985年版。

王君玉：《国老谈苑》，北京：中华书局2012年版。

江少虞：《宋朝事实类苑》，上海：上海古籍出版社1981年版。

王黼：《重修宣和博古图》，扬州：广陵书社2010年版。

赵明诚：《金石录》，金文明《金石录校证》本，上海：上海书画出版社1985年版。

洪适：《隶释·隶续》，北京：中华书局1986年版。

容更编：《宋人著录金文丛刊初编》，北京：中华书局2005年版。

叶梦得：《避暑录话》，上海：上海古籍出版社2012年版。

杨仲良：《皇宋通鉴长编纪事本末》，哈尔滨：黑龙江人民出版社2006年版。

叶寘：《爱日斋丛抄》，北京：中华书局2000年版。

李纲：《李纲全集》，长沙：岳麓书社2004年版。

秦观：《淮海集》，上海：上海古籍出版社1994年版。

李心传：《建炎以来系年要录》，北京：中华书局1956年版。

李心传：《建炎以来朝野杂记》，北京：中华书局2000年版。

徐梦莘：《三朝北盟会编》，上海：上海古籍出版社2008年版。

罗大经：《鹤林玉露》，北京：中华书局1983年版。

王明清：《挥麈录》，北京：中华书局1961年版。

吴曾：《能改斋漫录》，上海：上海古籍出版社1979年版。

章如愚：《山堂考索》，北京：中华书局1990年版。

叶适：《习学记言》，北京：中华书局2009年版。

范镇：《东斋记事》，北京：中华书局2006年版。

胡寅：《斐然集》，《景印文渊阁四库全书》，台北：台湾商务印书馆1986年版。

胡寅：《读史管见》，长沙：岳麓书社2011年版。

胡宏：《胡宏集》，北京：中华书局1980年版。

黄震：《黄氏日抄》，《景印文渊阁四库全书》，台北：台湾商务印书馆1986年版。

王应麟：《玉海》，台北：大化书局1978年版。

周密：《齐东野语》，北京：中华书局1983年版。

何薳：《春渚纪闻》，北京：中华书局1983年版。

留正：《皇宋中兴两朝圣政》，南京：江苏古籍出版社1982年版。

高似孙：《史略》，《丛书集成初编》，上海：商务印书馆1939年版。

王应麟：《困学纪闻》，北京：中华书局2016年版。

洪迈：《容斋随笔》，北京：中华书局2015年版。

陆游：《老学庵笔记》，北京：中华书局1979年版。

吕祖谦：《吕祖谦全集》，杭州：浙江古籍出版社2008年版。

叶适：《水心集》，《景印文渊阁四库全书》，台北：台湾商务印书馆1986年版。

陈亮：《陈亮集》，北京：中华书局1987年版。

陈振孙：《直斋书录解题》，上海：上海古籍出版社1987

年版。

陆九渊：《陆象山全集》，北京：中国书店 1992 年版。

袁枢：《通鉴纪事本末》，北京：中华书局 1997 年版。

杨万里：《诚斋集》，《景印文渊阁四库全书》，台北：台湾商务印书馆 1986 年版。

晁公武：《郡斋读书志》，孙猛《郡斋读书志校证》本，上海：上海古籍出版社 1990 年版。

杨时：《龟山集》，《景印文渊阁四库全书》，台北：台湾商务印书馆 1986 年版。

郑樵：《通志》，北京：中华书局 1987 年版。

郑樵：《夹漈遗稿》，中华书局 1985 年版。

郑樵：《通志二十略》，北京：中华书局 1995 年版。

朱熹：《资治通鉴纲目》，《景印文渊阁四库全书》，台北：台湾商务印书馆 1986 年版。

朱熹：《伊洛渊源录》，台北：海文出版社 1968 年版。

黎靖德编：《朱子语类》，北京：中华书局 1986 年版。

叶适：《叶适集》，北京：中华书局 1976 年版。

叶适：《习学纪言序目》，北京：中华书局 1976 年版。

徐松：《宋会要辑稿》，北京：中华书局 1957 年版。

赵汝愚：《宋朝诸臣奏议》，上海：上海古籍出版社 1999 年版。

脱脱等：《宋史》，北京：中华书局 1985 年版。

马端临：《文献通考》，北京：中华书局 2011 年版。

宋濂等：《元史》，北京：中华书局 1976 年版。

顾炎武：《日知录》，黄汝成《日知录集释》本，上海：上海古籍出版社 2014 年版。

黄宗羲原著，全祖望补修：《宋元学案》，北京：中华书局 1986 年版。

纪昀等：《四库全书总目》，北京：中华书局 1965 年版。

阮元校刻：《唐宋注疏十三经》，北京：中华书局 2002 年版。

王鸣盛：《十七史商榷》，上海：上海古籍出版社 2013 年版。

赵翼：《廿二史札记》，上海：上海古籍出版社 2011 年版。

章学诚：《文史通义》，叶瑛《文史通义校注》本，北京：中华书局 1994 年版。

三、近人及今人专书

陈垣：《校勘学释例》，北京：中华书局 1959 年版。

王国维：《观堂集林》，北京：中华书局 1959 年版。

陈寅恪：《陈寅恪先生文集》，上海：上海古籍出版社 1980 年版。

陈寅恪：《金明馆丛稿》，上海：上海古籍出版社 1980 年版。

柴德赓：《资治通鉴介绍》，北京：求实出版社 1981 年版。

张煦侯：《通鉴学》，合肥：安徽人民出版社 1981 年版。

张孟伦：《中国史学史》，兰州：甘肃人民出版社 1983 年版。

白寿彝主编：《史学概论》，银川：宁夏人民出版社 1983 年版。

蒙培元：《理学的演变》，福州：福建人民出版社 1984 年版。

刘乃和、宋衍申主编：《〈资治通鉴〉丛论》，郑州：河南人民出版社 1985 年版。

周宝珠、陈振：《简明宋史》，北京：人民出版社 1985 年版。

刘乃和、宋衍申主编：《司马光与〈资治通鉴〉》，长春：吉林文史出版社 1986 年版。

牟润孙：《注史斋丛稿》，北京：中华书局 1987 年版。

钱穆：《朱子新学案》，成都：巴蜀书社 1987 年版。

尹达：《中国史学发展史》，郑州：中州古籍出版社 1987 年版。

许逸民、常振国编：《中国历代书目丛刊》，北京：现代出版社 1987 年版。

曾枣庄主编：《全宋文》，成都：巴蜀书社 1988—1994 年版。

陶懋炳：《司马光史论探微》，长沙：湖南师范大学出版社 1989 年版。

白寿彝主编：《中国通史》，上海：上海人民出版社 1989—1999 年版。

周一平：《司马迁史学批评及其理论》，上海：华东师范大学出版社 1989 年版。

马峦：《王安石年谱》，北京：中华书局 1990 年版。

宋衍申：《司马光传》，北京：北京出版社 1990 年版。

陈植锷：《北宋文化史述论》，北京：中国社会科学出版社 1992 年版。

吴怀祺：《宋代史学思想史》，合肥：黄山书社 1992 年版。

张晖：《宋代笔记研究》，武汉：华中师范大学出版社 1993 年版。

黄宽重：《宋史丛论》，台北：新文丰出版公司 1993 年版。

白寿彝：《白寿彝史学论集》，北京：北京师范大学出版社 1994 年版。

瞿林东：《中国古代史学批评纵横》，北京：中华书局 1994 年版。

洪本健：《欧阳修资料汇编》，北京：中华书局 1995 年版。

李天石：《宋辽金史研究概述》，天津：天津教育出版社 1995 年版。

饶宗颐：《中国史学上之正统论》，上海：上海远东出版社 1996 年版。

李昌宪：《司马光评传》，南京：南京大学出版社 1997 年版。

侯外庐、邱汉生、张岂之：《宋明理学史》，北京：人民出版社 1997 年版。

王树民：《中国史学史纲要》，北京：中华书局 1997 年版。

邓广铭：《邓广铭治史丛稿》，北京：北京大学出版社 1997 年版。

吴怀祺：《郑樵评传》，桂林：广西教育出版社 1997 年版。

王锦贵：《司马光及其〈资治通鉴〉》，郑州：大象出版社 1997 年版。

徐有富：《郑樵评传》，南京：南京大学出版社 1998 年版。

王懋竑：《朱熹年谱》，北京：中华书局 1998 年版。

马宗霍：《中国经学史》，北京：商务印书馆 1998 年版。

黄进德：《欧阳修评传》，南京：南京大学出版社 1998 年版。

瞿林东《史学与史学评论》，合肥：安徽教育出版社 1998 年版。

梁启超：《中国历史研究法》，上海：上海古籍出版社 1998 年版。

白寿彝：《中国史学史论集》，北京：中华书局 1999 年版。

瞿林东：《中国史学史纲》，北京：北京出版社 1999 年版。

白寿彝主编：《中国史学史教本》，北京：北京师范大学出版社 2000 年版。

吴泽：《史学概论》，合肥：安徽教育出版社 2000 年版。

汤勤福：《朱熹的史学思想》，济南：齐鲁书社 2000 年版。

钱穆：《中国史学名著》，北京：生活·读书·新知三联书店 2000 年版。

钱穆：《朱子学提纲》，北京：生活·读书·新知三联书店 2002 年版。

漆侠：《宋学的发展和演变》，石家庄：河北人民出版社 2002 年版。

陈振：《宋史》，上海：上海人民出版社 2003 年版。

刘叶秋：《历代笔记概说》，北京：北京出版社 2003 年版。

田浩：《宋代思想史论》，北京：社会科学文献出版社 2003 年版。

林时民：《中国传统史学的批评主义：刘知幾与章学诚》，台湾：台湾学生书局2003年版。

朱易安、傅璇琮等主编：《全宋笔记》，郑州：大象出版社2003—2012年版。

陈来：《宋明理学》，上海：华东师范大学出版社2004年版。

葛兆光：《中国思想史》，上海：复旦大学出版社2004年版。

何炳松：《浙东学派溯源》，桂林：广西师范大学出版社2004年版。

王水照：《苏轼评传》，南京：南京大学出版社2004年版。

余英时：《朱熹的历史世界》，北京：生活·读书·新知三联书店2004年版。

瞿林东：《中国史学的理论遗产》，北京：北京师范大学出版社2005年版。

冯承钧：《中国南洋交通史》，上海：上海古籍出版社2005年版。

白寿彝主编：《中国史学史》（六卷本），上海：上海人民出版社2006年版。

杜维运：《史学方法论》，北京：北京大学出版社2006年版。

刘家和：《史学、经学与思想》，上海：上海人民出版社2006年版。

蒙文通：《中国史学史》，上海：上海人民出版社2006年版。

谢保成：《中国史学史》，北京：商务印书馆2006年版。

吴怀祺：《中国史学思想史》，北京：商务印书馆2007年版。

杜海军：《吕祖谦年谱》，北京：中华书局 2007 年版。

金毓黻：《中国史学史》，北京：商务印书馆 2007 年版。

燕永成：《南宋史学研究》，兰州：甘肃人民出版社 2007 年版。

龚书铎、瞿林东主编：《中华大典·历史典·史学理论与史学史分典》，上海：上海古籍出版社 2007 年版。

周祥森：《史学的批评与批评的史学》，开封：河南大学出版社 2007 年版。

刘咸炘：《刘咸炘论史学》，上海：上海科学技术文献出版社 2008 年版。

罗炳良：《南宋史学史》，北京：人民出版社 2008 年版。

内藤湖南：《中国史学史》，上海：上海古籍出版社 2008 年版。

王盛恩：《宋代官方史学研究》，北京：人民出版社 2008 年版。

冯友兰：《中国哲学史》，北京：生活·读书·新知三联书店 2009 年版。

瞿林东、葛志毅主编：《史学批评范畴与史学文化研究》，哈尔滨：黑龙江人民出版社 2009 年版。

向燕南：《新旧唐书与新旧五代史研究》，北京：中国大百科全书出版社 2009 年版。

杜维运：《中国史学史》，北京：商务印书馆 2010 年版。

吴怀祺：《郑樵研究》，厦门：厦门大学出版社 2010 年版。

张三夕：《批评史学的批评：刘知幾及其史通的研究》，武汉：华中师范大学出版社2010年版。

白云：《中国史学批评史论纲》，北京：人民出版社2010年版。

瞿林东：《中国古代历史理论》（三卷本），合肥：安徽人民出版社2011年版。

李峰：《北宋史学思想流变研究》，北京：人民出版社2013年版。

赵海旺：《刘知幾史学批评研究》，王明荪：《古代历史文化研究辑刊》，新北：花木兰文化出版社2013年版。

杨翼襄、乔治忠、朱洪斌：《增订中国史学史资料编年》，北京：商务印书馆2013年版。

邓小南：《祖宗之法——北宋前期政治述略》，北京：生活·读书·新知三联书店2014年版。

索　引

D

F

J

K

L

M

N

O

P

Q

T

X

Y

Z

图书在版编目（CIP）数据

中国古代史学批评的兴盛：五代两宋时期 / 李凯，陶晓姗著．—长沙：湖南人民出版社，2020.7（中国古代史学批评史 / 瞿林东主编；第四卷）

ISBN 978-7-5561-2438-1

I. ①中… II. ①李… ②陶… III. ①史学史—研究—中国—五代（907—960）②史学史—研究—中国—宋代 IV. ① K092.4

中国版本图书馆 CIP 数据核字（2020）第 036444 号

ZHONGGUO GUDAI SHIXUE PIPING DE XINGSHENG（WUDAI LIANGSONG SHIQI）

中国古代史学批评的兴盛（五代两宋时期）

主　　编　瞿林东
著　　者　李　凯　陶晓姗
责任编辑　黎晓慧　贺　娅
装帧设计　杨发凯
责任印制　肖　晖
责任校对　杨萍萍

发行出版　湖南人民出版社［http://www.hnppp.com］
地　　址　长沙市营盘东路3号
邮　　编　410005
经　　销　湖南省新华书店

印　　刷　长沙超峰印刷有限公司
版　　次　2020年7月第1版
　　　　　2020年7月第1次印刷
开　　本　710 mm × 1000 mm　1/16
印　　张　33
插　　页　1
字　　数　342千字
书　　号　ISBN 978-7-5561-2438-1
定　　价　166.00元

营销电话：0731-82681529　（如发现印装质量问题请与出版社调换）